学ぶ人は、
変えて
ゆく人だ。

目の前にある問題はもちろん、
人生の問いや、
社会の課題を自ら見つけ、
挑み続けるために、人は学ぶ。
「学び」で、
少しずつ世界は変えてゆける。
いつでも、どこでも、誰でも、
学ぶことができる世の中へ。

旺文社

大学入学

# 共通テスト

# 倫理
# 集中講義

河合塾講師
**中川雅博** 著

旺文社

# 大学入学共通テストの特徴

## 「大学入学共通テスト」とは？

　　　「大学入学共通テスト」（以下「共通テスト」）とは，2021年1月から「大学入試センター試験」（以下「センター試験」）に代わって実施されている，各大学の個別試験に先立って行われる全国共通の試験です。

ほぼすべての国公立大学志望者，私立大学志望者の多くがこの試験を受験し，大学教育を受けるための基礎的な学習の達成度を判定されます。

## 共通テストの特徴は？

　　　単純な知識を問うだけの問題ではなく，「知識の理解の質を問う問題」「思考力，判断力，表現力を発揮して解くことが求められる問題」を重視するとされています。

「倫理」では，文章や資料を読み解きながら基礎的な概念・理論・考え方を活用して考察する問題や，多様な図・表を活用して，データに基づいた考察・判断を行う資料問題などが出題されます。

## 共通テストで求められる力は？

　　　センター試験では「教科の内容を覚え，正しく理解できているか」といった知識理解の面が重視されていましたが，共通テストでは「習得した知識を正しく活用することができるか」といった知識の運用力まで試されます。

必要な学習内容はかわりませんが，知識を問われるだけでなく，類似する思想家についての選択肢から正解を選ぶ，基本的な考え方を現実社会と結び付けてとらえるなどの力が求められます。

## どのように対策すればいい？

　　　センター試験と同じように，まずは知識のインプットが必要です。

その上で，問題を解きながら知識を定着させ，さらに応用問題で知識活用の道筋を学び，アウトプットのトレーニングを行うとよいでしょう。

本書では，共通テストの対策に必要な学習を1冊で完成することができます。本書を使い，知識のインプットからアウトプットまで，効率的に学習を行ってください。

# 本書の利用法

## 本書の特長

● **必修50テーマと厳選された学習項目**

「倫理」必修の50テーマと重要な学習項目を厳選し，掲載しています。要点が凝縮され，情報が無駄なく詰まっているため，最短距離で理解を深めることができます。

● **出題頻度によるテーマ・学習項目のランク付け**

過去10年分（2011～2020年）のセンター試験「倫理」を分析し，「どのような問題がよく出題されるか（頻度）」「その問題は，どのレベルまで理解が必要か（深度）」ということをrankや★で示しています。**センター試験の出題頻度は共通テストにも引き継がれると考えられる**ため，出題頻度を参考にして，さらに効率のよい学習が可能です。

● **取り組みやすいコンパクトな構成**

1テーマ4ページを基本とし，効率的かつ短期間での学習が可能です。「倫理」をこの本ではじめて勉強する人でも，無理なく取り組むことができます。

● **豊富な演習問題（基礎力チェック問題／チャレンジテスト）**

テーマごとに「基礎力チェック問題」があり，覚えた知識をすぐに演習問題で確認，定着させることができます。
全5回の「チャレンジテスト」は，共通テストの実戦演習として取り組みましょう。

● **別冊「必携一問一答問題集」**

一問一答形式の問題集が付属しています。テーマごとに過去のセンター試験問題やオリジナル問題を一問一答で答える形式になっています。正誤判定形式・空欄補充形式などがあり，受験生が間違えやすい問題を掲載しています。

## 本書の構成

### 1テーマの構成

❶ テーマの要点整理
必要かつ十分な要点を厳選しまとめた学習項目を，出題頻度とともに掲載しています。

❷ ここが共通テストのツボだ！
各テーマで，「ここだけ覚えておけば確実に得点できる！」というポイントや，受験生が苦手とするポイントを解説しています。直前期にこのページだけ読むのも効果的です。

❸ 基礎力チェック問題
過去のセンター試験をベースにした問題を，簡単な解説とともに掲載しています。

※「基礎力チェック問題」に使用しているセンター試験問題は，時事問題の変化などを考慮して，適宜改題しています。

## チャレンジテスト

共通テストの試行調査や過去問,センター試験の過去問で構成されています。解いたあとは必ず解説を読み,共通テストを解くための視点や考え方を確認しましょう。

## 索 引

巻末に,重要用語・欧文略語をまとめた索引をつけています。

## 本書を使った学習方法

共通テスト「倫理」対策の学習には,3つの重要な柱があります。

| 1 | 必要な学習内容を覚え,理解する ……………… インプット |
| 2 | 基礎的な問題を解き,理解を深める ………… アウトプット① |
| 3 | 応用問題を解き,知識の運用力を高める …… アウトプット② |

基本的な学習内容を覚え,理解できたと思ったら(= **1** ),演習で解答を導き出せるかどうかを試します(= **2** )。

そこで解けなかった問題は理解があいまいということなので,解けなかった問題の解説を読み,さらに **1** に戻り,あいまいな知識を定着させましょう。

**1** ⇄ **2** をくり返して基礎力が身についたら,共通テストレベルの応用問題に取り組み,知識の活用を訓練します(= **3** )。

一見難しそうな問題も,必ず基礎知識に基づいてつくられているので, **1** ～ **3** の学習サイクルを確立すれば,難問にも対応できるようになります。知識を確実に定着し,活用できるようになるまで,何度もくり返し学習を行ってください。

| 5

# もくじ

大学入学共通テストの特徴 ················································· 2

本書の利用法 ····························································· 3

---

## 第 1 編　西洋思想 ······················································ 9

### 1　西洋の源流思想

| | | | |
|---|---|---|---|
| 1 | 哲学の誕生 〜自然哲学者，ソフィスト，ソクラテス | rank **B** | 10 |
| 2 | 西洋哲学の原風景 〜プラトン | rank **A** | 14 |
| 3 | 古代ギリシア哲学の発展と変容 〜アリストテレスと ヘレニズム思想 | rank **A** | 18 |
| 4 | もう一つの西洋哲学の原風景 〜ユダヤ教とキリスト教 | rank **A** | 22 |
| 5 | 聖俗一致の宗教 〜イスラームの思想 | rank **A** | 26 |
| | チャレンジテスト ① | | 30 |

### 2　西洋の近代思想

| | | | |
|---|---|---|---|
| 6 | 西洋近代思想の幕開け 〜ルネサンスと宗教改革 | rank **B** | 34 |
| 7 | 伝統の保持と科学による革新 〜カトリック改革と科学 革命，そしてモラリスト | rank **C** | 38 |
| 8 | 新しい学問方法の模索 〜ベーコンとデカルト | rank **A** | 42 |
| 9 | 市民社会と人権思想の展開 〜ホッブズ，ロック，ルソー | rank **A** | 46 |
| 10 | 哲学的議論の深まり 〜経験論者と合理論者，そして啓 蒙思想家 | rank **C** | 50 |
| 11 | 認識論の展開と人格の尊重の思想 〜カント | rank **A** | 54 |
| 12 | 人間の生きている歴史や場の思想 〜ヘーゲル | rank **B** | 58 |
| 13 | 個人と社会の調和を目指す思想 〜アダム・スミス， ベンサム，ミル | rank **A** | 62 |

### 3　西洋の現代思想

| | | | |
|---|---|---|---|
| 14 | 観念論の克服と社会変革の思想 〜実証主義・進化論と 社会主義思想 | rank **B** | 66 |
| 15 | 理性主義・合理主義への反発 〜生の哲学と実存主義 | rank **A** | 70 |
| 16 | 実践的な思想と実践的な活動 〜プラグマティズムと ヒューマニズム | rank **C** | 74 |
| 17 | 西洋哲学の根幹を揺るがす思想 〜心理学と言語学 | rank **C** | 78 |

| 18 | 近代的理性の袋小路と公共性の復活 ～ドイツ語圏の現代思想 | rank B | 82 |
| 19 | 西洋中心主義や西洋的発想を批判する思想 ～フランス語圏の現代思想 | rank B | 86 |
| 20 | 公正な社会のための思想 ～英米語圏の現代思想 | rank B | 90 |
| | チャレンジテスト② | | 94 |

## 第2編　東洋・日本思想　　　　99

### 1　東洋の源流思想

| 21 | 解脱を求める古代インドの思想 ～バラモン教やジャイナ教など | rank B | 100 |
| 22 | 易行による万人救済の教えと思想 ～ブッダの教えと仏教思想の展開 | rank A | 104 |
| 23 | 仏教教団の分裂と発展 ～上座部仏教と大乗仏教 | rank B | 108 |
| 24 | 乱世に咲く古代中国の思想 ～諸子百家と孔子 | rank A | 112 |
| 25 | 儒家思想の展開 ～孟子と荀子 | rank A | 116 |
| 26 | 老荘思想と儒学思想の展開 ～道家（老荘思想），朱子学と陽明学 | rank A | 120 |
| | チャレンジテスト③ | | 124 |

### 2　日本の古代・中世思想

| 27 | 仏教の受容から鎮護国家の仏教へ ～記紀，奈良仏教，そして神仏習合 | rank B | 128 |
| 28 | 日本独自の仏教への礎 ～平安仏教と浄土信仰 | rank B | 132 |
| 29 | 末法の到来と他力による救済 ～末法思想と浄土系思想 | rank A | 136 |
| 30 | 自力による救済と仏国土の建設 ～禅宗と日蓮宗 | rank A | 140 |

### 3　日本の近世思想

| 31 | 幕藩体制を支える教えと批判 ～朱子学派と陽明学派 | rank A | 144 |
| 32 | 日本における儒学の展開と深化 ～古学派 | rank A | 148 |
| 33 | 日本的精神を求めて ～国学 | rank A | 152 |
| 34 | 町人としての自覚 ～民衆の思想 | rank B | 156 |
| 35 | 蘭学・洋学と幕藩体制を批判する思想 ～江戸中期から幕末の思想 | rank C | 160 |

## 4 日本の近現代思想

| 36 | 日本の近代国家化を支える思想 | ～啓蒙思想と自由民権運動 | rank A | 164 |
| 37 | 日本社会を支える精神の拠り所を求めて | ～国粋主義・国家主義とキリスト教の受容 | rank B | 168 |
| 38 | 早急すぎた近代化による矛盾の露呈 | ～社会主義運動と大正デモクラシー | rank C | 172 |
| 39 | 近代的自我の模索 ～森鷗外や夏目漱石などの文人 | | rank B | 176 |
| 40 | 西洋思想と日本的伝統の狭間で | ～西田幾多郎・和辻哲郎・柳田国男など | rank A | 180 |
| 41 | 軍国主義の末路と近代的自我の確立に向けて | ～丸山真男や小林秀雄など | rank C | 184 |
| | チャレンジテスト ④ | | | 188 |

## 第3編 現代社会の諸問題 ............................................. 193

### 1 心理学説・青年期・芸術論

| 42 | 「人間」とは何か | ～さまざまな人間類型論・人間観と心理学説 | rank A | 194 |
| 43 | 現代社会を生きる青年の特徴と課題 | ～現代社会を生きる青年の姿 | rank A | 198 |
| 44 | 芸術は精神をより美しく，豊かに深めるもの | ～西洋や日本の芸術観・美意識について | rank C | 202 |

### 2 現代社会の様相

| 45 | 現代社会の特徴と差別や偏見の克服 | ～大衆社会論・管理社会論を中心に | rank C | 206 |
| 46 | 日本社会の現状と課題 ～少子化・高齢化を中心に | | rank B | 210 |

### 3 現代社会の諸問題

| 47 | 科学は生命にどこまで関わることができるのか | ～生殖補助医療・再生医療・臓器移植などをめぐって | rank A | 214 |
| 48 | 地球環境の危機と人間の生活 ～環境問題や公害問題など | | rank A | 218 |
| 49 | 高度情報社会を生きる作法 | ～情報やメディアとのつきあい方 | rank B | 222 |
| 50 | 異なる文化との共生へ向けて | ～グローバル社会を生きる作法 | rank B | 226 |
| | チャレンジテスト ⑤ | | | 230 |

索引 .............................................................. 236

『大学入学共通テスト 倫理 集中講義』スタッフ
〔編集担当〕竹内 元樹 〔編集協力〕友人社
〔装丁デザイン〕内津 剛（及川真咲デザイン事務所） 〔本文デザイン〕伊藤 幸恵
〔本文組版〕幸和印刷株式会社 〔図版作成〕ユニックス 〔写真協力〕アフロ

# 第1編　西洋思想

　まずは，古代ギリシア思想，ユダヤ教・キリスト教思想，イスラームという西洋の源流思想を押さえたうえで，近現代思想の理解を深めていこう。

　源流思想の理解がおぼつかないと，その後に学ぶ近現代思想も分からなくなる。用語を覚えるだけではなく，思想内容をしっかり理解するようにしよう。なお，実際の入試では，イスラームについては最低でも1問出題されるから，細かいと思われることも，労をいとわず確認しておこう。

　近代思想に関しては，認識論（経験論と合理論）と社会哲学（社会契約説）と道徳論（観念論と功利主義）をめぐる議論をしっかり整理していくことが重要だ。各思想家の思想系譜や影響関係を確認し，関連する思想家を相互に比較しながら，その特徴をつかんでいくとよいだろう。

　19世紀後半から20世紀前半までの現代思想は，近代思想への批判や反省から生み出されていった。それゆえ，現代思想の分野では近代思想や現代社会の何を批判しているのかを押さえることが重要になる。20世紀後半以降の現代思想は，ドイツ語圏・フランス語圏・英米語圏ごとのテーマを意識して理解を深めよう。

　それでは，講義をはじめよう。

# 哲学の誕生
## ～自然哲学者，ソフィスト，ソクラテス

### 1 神話的（ミュトス）的世界観

古代ギリシアにおいて，人間としての生き方や世界への疑問は，長らく，叙事詩人による**神話**（**ミュトス**）が応えていた。それによれば，**世界の起源やそこで生じる出来事は神々の働きの結果である**（**神話的〔ミュトス的〕世界観**）。

✿**代表的な叙事詩人**
- **ホメロス**（『**イリアス**』『**オデュッセイア**』）…神の定めた運命に従いながらも，自己に課された義務を主体的な意志によって果たす英雄たちを描いた。
- **ヘシオドス**（『**神統記**』）…神話的表現で宇宙の生成について説明。

### 2 ロゴス的世界観・自然哲学の成立

労働は奴隷に任せ，時間的なゆとり（**スコレー**）を謳歌していた古代ギリシアの市民は，神話的思考に飽きたらず，**生活の労苦から離れて**，人間の**理性**（**ロゴス**）に基づき，**普遍的な真理を見出そうとする**学問的精神を生み出した。この静観的・観想的な態度を**テオリア**（観想）という。ここに，神話的思考を超えて，**自然（万物）の根源**（**アルケー**）や万物の生成を探究する**自然哲学**が生じた（**ロゴス的世界観**の成立）。

✿**自然哲学者とアルケー**
- **タレス**…万物の根源を**水**とする。最初の哲学者。
- **ヘラクレイトス**…万物の根源を**火**とする。「**万物は流転する**」。
- **ピタゴラス**…宇宙の調和と根源を**数**とする。魂の輪廻転生を主張。
- **エンペドクレス**…万物を構成しているのは，**土・水・火・空気**の四要素である。
- **デモクリトス**…**原子**（**アトム**）の集合と離散によって万物が形成されるとする。

### 3 ソフィストの活躍

ペルシア戦争を境に，人々の関心は，**自然**（**ピュシス**）の探究から人間社会における**人為的なもの**（**ノモス**），つまり法や社会制度の探究へ移っていった。なぜなら，アテネの民主政治において栄達するには，自然に関する知識よりも政治的知識や**弁論術**が必要だからである。これに応えたのが職業的教師の**ソフィスト**（知者）。

✿**代表的なソフィスト**
- **ゴルギアス**…不可知論（事物の本質は認識不可とする説）を主張。
- **プロタゴラス**…「**人間は万物の尺度である**」と唱え，**相対主義**を主張。

### ❖ ソフィストの活動がもたらしたメリットとデメリット

- メリット……社会生活に**自由な批判的精神**を導入して，合理的な考え方を徹底。
- デメリット…普遍的真理の否定は，ポリス（都市国家）の法律や掟など，人々に共通する価値の否定につながった。また，真理の追求よりも，弁論に勝つための詭弁が用いられるようになった。その結果，**ポリスの倫理観や道徳意識が動揺する**。

## 4　ソクラテスの生涯と思想

アテネの倫理観や道徳意識の動揺に危機感を抱いたのが<u>ソクラテス</u>（前470～前399）である。彼は，「**汝自身を知れ**」をモットーに掲げ，人々との<u>対話</u>（<u>問答</u>）を通じて，社会的栄達などに心を奪われている**アテネの人々の精神的な立て直し**を図ろうとした。

しかし，ソクラテスの言動は受け入れられず，かえって危険分子とみなされる。結果，「国家の認める神々を認めず，新しい神を信じ，青年たちを腐敗・堕落させた」として告訴され，**民衆裁判によって死刑の判決を受ける**（『ソクラテスの弁明』）。

ソクラテスは，「<u>ただ生きるということではなく，よく生きること</u>」が必要だと主張。友人らの脱獄の勧めを退け，遵法精神を重んじて自らの死刑を受け入れ，**よく生きようとする生き方を最後まで貫いた**（プラトン『クリトン』）。

### ❖ ソフィストとソクラテスの比較

- ソフィスト…有料の授業。**本当は知者ではないのに自分は知者だと誤認**。
- ソクラテス…無料の対話。**善美のことがらについて知らないということを自覚している**（<u>無知の知</u>）。この一点でソフィストに勝る（=**デルフォイの神託**（「ソクラテス以上の知者はいない」の真意）。

### ❖ ソクラテスの問答の特徴

- <u>問答法</u>…知を外から教え込むことはできない。相手が自ら知を深めていく手助け（<u>助産術</u>，<u>産婆術</u>）をするのみ。自らの独断や思い込みから自身を解放（無知の自覚）し，この無知の知を出発点として，自ら普遍的真理を求め，その探求心が<u>愛知</u>（<u>フィロソフィア，哲学</u>）にまで深められることをソクラテスは願った。
- **エイロネイア**（皮肉）…対話において，自分が無知であるように振る舞い，反対に相手の無知をさらけ出させる手法。当時の人々の価値観や生き方に対する厳しい批判を含んでいた。

### ❖ ソクラテスが求めたもの，行動や徳や幸福との関係

- **普遍的な真理と知**…魂（**プシュケー**）をできるだけよいものにすることが必要（<u>魂への配慮</u>）。それには，**人間の魂が，その固有の機能をよく果たすような徳（アレテー）について知ることが必要**（**主知主義**）。
- ソクラテスの立場…善や正を知らずに徳を備えることはできない（**知徳合一**）。徳は行動につながる（**知行合一**）。徳をもって生きることは幸福である（**福徳一致**）。

### ❖ ソクラテスの言行を伝える著作

- プラトン『饗宴』『ソクラテスの弁明』『クリトン』。ソクラテスに**著作はない**。

# ここが共通テストのツボだ!!

## ツボ ❶ 自然哲学者とソフィストとソクラテスの共通点と相違点を押さえておこう。

|   | 自然哲学者 | ソフィスト | ソクラテス |
| --- | --- | --- | --- |
| 関心 | ピュシス＞ノモス | ピュシス＜ノモス | ピュシス＜ノモス |
| 立場 | 普遍主義 | 相対主義 | 普遍主義 |

● あらゆる知識をもち，ソフィストとも対等に対話のできるソクラテスは，誰もが守るべき道徳があるという普遍主義的な立場をとった。

## ツボ ❷ ソクラテス裁判の意味とその死が残した問題の理解を深めておこう。

### ❖ソクラテス裁判の意味

**ソフィスト**の活動は，ギリシア世界の盟主アテネから，社会的基盤と一体性を奪っていった。その結果，アテネはペロポネソス戦争で敗北，覇権を喪失していく。

アテネの行く末を心配するソクラテスは，「**アテネの虻**」として，人々の倫理的自覚と社会的な一体性を回復しようとした。しかし，受け入れられず，逆に告訴された。

もっとも，この裁判には，ペロポネソス戦争での敗北の原因をつくった政治家・軍人のアルキビアデスらがソクラテスの弟子であったことから，彼らの政敵によってソクラテスが糾弾されたという一面もある。

### ❖ソクラテスの死が残した問題

裁判後，牢獄に拘留されていたソクラテスに対して，友人らは脱獄し国外逃亡することを勧めた。しかし，ソクラテスは受けいれなかった（プラトン『クリトン』）。

ソクラテスがこのような態度をとったのは，たとえ判決が不当なものであるにしても，脱獄・国外逃亡は，①個人の勝手によって判決を無効にすること，②帰属する社会のルールを無視するという不正を犯すこと，③**人間にとって最も大切なものである魂を損なうこと**にほかならないと考えたからである。

● ソクラテスは，倫理観や道徳意識の崩壊による，アテネ社会の一体性の喪失を懸念。ソクラテスは，社会的混乱を嫌い，遵法精神に従って自らの死刑判決を受け入れた。
  →（悪法の問題）良心に反する法律や判決に従う必要はあるのか？

# 基礎力チェック問題

**問1** 自然哲学者のデモクリトスは，原子（アトム）と空虚（ケノン）という概念を用いた原子論を唱えたが，この説の説明として最も適当なものを，次の①〜④のうちから一つ選べ。

① 陰気と陽気であるアトムが，空間としてのケノンにおいて運動する。
② 木火土金水の五種のアトムが，空間としてのケノンのうちで万物を構成する。
③ 全体としてのアトムが，空間としてのケノンの中で分離し万物を構成する。
④ 分離できないアトムが，空間としてのケノンにおいて運動し集合離散する。

**問2** プロタゴラスに関する記述として最も適当なものを，次の①〜④のうちから一つ選べ。

① ロゴスを重視し，世界理性に従って，怒りや肉体的欲望などの情念を抑制する禁欲主義の立場にたって生きることを理想とした。
② 民主政治が堕落しつつあるアテネにおいて，自らの無知を自覚すること，すなわち，いわゆる「無知の知」を哲学の出発点とした。
③ あらゆる物事の判断基準は，判断する人間それぞれにあるとし，各人の判断以外に客観的真理が存在することを否定した。
④ 万物の根本原理を「調和」の象徴としての「数」に求め，宗教と学術が一体となった教団を組織したが，当時の為政者に弾圧された。

**問3** 知をめぐるソクラテスの思想についての説明として最も適当なものを，次の①〜④のうちから一つ選べ。

① 対話を通して，相手が真なる知を探究することを手助けする問答法を用い，それを助産術とも呼んだ。
② 真理を探求したソフィストやその信奉者たちに議論を挑み，知の真偽を判断する基準は相対的なものであるとした。
③ まず実践を通して徳を身に付けることによって，次第に徳とは何かを知ることができるとする知行合一を説いた。
④ 知の探求は無知の自覚から始まるが，無知を自覚した者は誰でも，その状態を脱して善美の知を獲得できるとした。

---

**問1** 　　　　　　**[答]** ④
④ **適当**：<u>アトム</u>（**原子**）の説明として正しい。ケノンはいずれの選択肢においても「空間」と説明されている。
①②③ **不適当**

**問2** 　　　　　　**[答]** ③
③ **適当**：<u>相対主義</u>を説いた<u>プロタゴラス</u>についての説明。
① **不適当**：<u>禁欲主義</u>を説いた<u>ストア派</u>の思想家の説明。
② **不適当**：<u>「無知の知」</u>を説いた<u>ソクラテス</u>についての説明。
④ **不適当**：アルケーを「調和（ハルモニア）」の象徴としての<u>「数」</u>に求めた<u>ピタゴラス</u>の説明。

**問3** 　　　　　　**[答]** ①
① **適当**：ソクラテスが用いた<u>問答法</u>の説明として妥当。
② **不適当**：相対主義を説いたのは，ソクラテスではなく，<u>ソフィスト</u>。
③ **不適当**：ソクラテスは，まず徳について知ること（**主知主義**）を主張した。
④ **不適当**：ソクラテスによれば，人間は善美に関する真の「<u>知を獲得</u>」することはできない。

1 哲学の誕生 | 13

西洋思想 **1** 西洋の源流思想(2) rank

# 2 西洋哲学の原風景
## ～プラトン

## 1 プラトンの生涯

普遍的な真理や知を求めたソクラテスの精神を受け継いだのが弟子の<u>プラトン</u>(前427〜前347)。彼は，**ソクラテスの残した問題**(「魂とは何か？」「徳とは何か？」)の解決を目指す。

彼はアテネの名門の出身で，政治家としての将来を嘱望されていたが，ソクラテスの刑死を契機に，哲学者としての道を歩む。数多くの著述を通じて<u>イデア論</u>など独自の思想を展開。**アカデメイア**という学園を設立し教育活動にも従事。

❖**プラトンの代表的な著作**(ソクラテスと異なり，プラトンは多くの著作を残す)
  ・『ソクラテスの弁明』『クリトン』『饗宴』『<u>国家</u>』『法律』など。
  ・ほとんどがソクラテスを中心とする**対話篇**(対話形式を用いた哲学的著作)。

## 2 プラトンの思想～イデア論

プラトンは，<u>イデア</u>(真実在)のあることを主張(参照：**三角形のたとえ話**)。しかし，多くの人がイデアの存在に気づいていない(参照：**洞窟の比喩**)。

❖**イデアとは？**
  ・<u>イデア</u>…**現実に存在する個物をそのものたらしめる原型**。たえず移り変わる現実の感覚的世界(<u>現象界</u>)を超えた，永遠不変の理想的な<u>イデア界</u>(叡智界)にある。感覚で捉えられない。**理性的認識の対象**。
  ・<u>善のイデア</u>…イデア界にあって，さまざまなイデアを統括し秩序付けているもの。万物を照らしだし，育む太陽にもたとえられる(太陽の比喩)。哲学における究極の探究対象。

❖**二元論的世界観**(イデア界と現象界)

| イデア界<br>(イデア) | 永遠不滅 | 完全 | 本質 | 普遍 | 原型<br>(真実在) | 魂の故郷 |
|---|---|---|---|---|---|---|
| 現象界<br>(個物) | 生成変化 | 不完全 | 現象 | 個別 | 模像 | 魂は肉体という牢獄に囚われている |

・晩年のプラトンは，宇宙の製作者である神(デミウルゴス)が，イデアを見て，その似姿として，万物を創造したと論じている(『ティマイオス』)。こうした宇宙論は，**後のキリスト教神学に影響を与えた**。

14

## 3　プラトンの思想〜想起説

　プラトンによれば，魂はもともとイデア界に住んでいた（**魂は不死**）。人間として生まれるとき，魂が肉体に宿るが，魂はイデア界のことを忘れてしまう。しかし，人間の魂は，現象界の事物を手がかりに，イデア界やイデアのことを想起（アナムネーシス）し（『メノン』『パイドン』），**イデア界に憧れる気持ち（エロース）**を湧き起こす。

❖**「愛知（哲学）は死の訓練」**
- **肉体は魂にとって牢獄**（ソーマ＝セーマ）…愛知（哲学）は，死と同じように魂が現実の感覚的・肉体的な制約を脱することなので，「**死の訓練**」である。
- 死の訓練…**幾何学や天文学などを学んで訓練を積み，さらにはイデアを認識するための哲学を学ぶ必要がある。**

## 4　プラトンの思想〜魂の三分割説と四元徳

　プラトンによれば，**哲学を学ぶには，よき魂が必要。**

❖**魂の構造とよき魂**（参照：二頭立ての馬車のたとえ話）
- 魂…**理性**（知恵を愛する部分）・**気概**（名誉を愛する部分）・**欲望**（利得を愛する部分）という三つの部分からなる（**魂の三分割説**）。
- よき魂…理性が**知恵**の徳を，気概が**勇気**の徳を，欲望が**節制**の徳を備え，**理性が気概と欲望をコントロール**するとき，魂は**正義**の徳を発揮し，よき魂となる（**知恵・勇気・節制・正義**を古代ギリシアの**四元徳**という）。
- →これらが，魂や徳をめぐるソクラテスが残した問題に対するプラトンの答え。

## 5　プラトンの思想〜理想国家論・哲人政治

　プラトンは，魂の三分割説を国家に応用して，**理想国家**の姿を論じた（『国家』）。

❖**国家の構造と理想国家**
- 階級社会…能力差によって属する階級が異なる（階級間の越境禁止）。国家は，基本的に**統治者・防衛者・生産者**という三つの階級からなる。
- 理想国家…統治者が**知恵**の徳を，防衛者が**勇気**の徳を，生産者が**節制**の徳を備え，**統治者が防衛者と生産者をコントロール**するとき，国家は**正義**の徳を発揮し，実現される。守護者は，妻子や財産を共有。教育の国家統制。
- **哲人政治**…**哲人王**（統治者となった哲学者，あるいは哲学を学んだ統治者）による統治を模索。晩年は，護法官らによる「夜の会議」を構想（『法律』）。

❖**プラトンの政治思想の意義と評価**
- **民主制批判**…プラトンの政治論は，ソクラテスを死に追いやったアテネの民主政治が衆愚政治（愚かな民衆による政治）に陥っていることに対する批判。
- 全体主義・反民主主義・エリート主義…例えばナチス・ドイツは，プラトンをファシストの先駆者と見なした。

# ここが共通テストのツボだ!!

## ツボ❶ 魂の三つの部分と徳，国家の三つの階級と徳の関係を押さえておこう。

- プラトンは，国家は大きな一つの魂であると考えていたので，人間の一つの魂と一つの国家を同じように説いた。

## ツボ❷ プラトンが自説を説明するのに使ったたとえ話や比喩の概略を知ろう。

❖ **三角形のたとえ話（『国家』）**…人が描く三角形は，不完全である。それでも，それが「三角形」と呼ばれるのは，感覚的世界（**現象界**）を超えて，三角形の**イデア**（本質）が存在し，**その三角形のイデアをわけもっている**（**分有**している）から。

❖ **洞窟の比喩（『国家』）**…生まれたときから洞窟の中に座らされ，頭を固定されて，洞窟の奥の壁しか見ることができない囚人は，壁に映った背後の事物の影を実物だと思い込んでしまう。**感覚的世界に囚われている人々は，この洞窟の中の囚人と同じである。**

❖ **二頭立ての馬車のたとえ話（『パイドロス』）**…人間の魂は，二頭立ての馬車にたとえられる。**一方の馬が気概，もう一方の馬が欲望。この翼をもった二頭の馬を御する人間が理性。**二頭の馬を人間が御して目的地に行くように，人間の魂も理性が気概と欲望を御して，イデア界へと舞い上がる。

- 「三角形のたとえ話」はイデアの存在の証明のために，「洞窟の比喩」はアテネ社会の批判，「二頭立ての馬車のたとえ話」は魂の構造の説明に語られた。

## 基礎力チェック問題

**問1** プラトンが理想とした「魂の三部分」の相互関係についての説明として最も適当なものを，次の①〜④のうちから一つ選べ。
① 理性によって欲望を隠蔽し，その欲望の発現を気概によって防止する。
② 理性が命じ，その命じるところを気概が補助し，欲望がそれに従う。
③ 欲望によって気概を奮い立たせ，その気概が理性を生みだす。
④ 理性，気概，欲望が互いに相殺しあうことによって，全体の均衡を保つ。

**問2** プラトンが魂について論じた内容として最も適当なものを，次の①〜④のうちから一つ選べ。
① 人間の魂は死後に肉体から解放されてはじめてイデアを見ることになるとし，イデアへの憧れ（エロース）が哲学の原動力であると論じた。
② 人間の魂は生まれる以前にイデアを見ていたとし，感覚的事物を手がかりとしてイデアを想起すること（アナムネーシス）ができると論じた。
③ 人間の魂を国家と類比的に捉え，個々人の魂に正義の徳が具わるためには，国家全体の正義を確立することが必要であると論じた。
④ 人間の魂を理性，気概，欲望の三つの部分に分けて捉え，これら三部分が互いに抑制し合うことで正義の徳が成立すると論じた。

**問3** プラトンは，洞窟の比喩を用いて彼の思想を説いた。その比喩の説明として最も適当なものを，次の①〜④のうちから一つ選べ。
① 多くの人々は，魂が肉体から解放されるまで，快楽や欲望の束縛から脱することができない。それはちょうど，囚人が洞窟の中に死ぬまで縛りつけられて逃げられないのと似ている。
② 多くの人々は，個人的な生活にしか目を向けず，社会的理想を追求しようとはしない。それはちょうど，洞窟の中で生活している人々が，そこでの生活に安住し，洞窟の外に出て理想国家を建設しようとしないのと似ている。
③ 多くの人々は，普遍的な真理など存在せず，相対的にしか真理は語れないとする。それはちょうど，人々がそれぞれの洞窟の中でそれぞれの基準で真偽を判断し，その正否に他人は口を出せないのと似ている。
④ 多くの人々は，感覚されたものを実在だと思い込んでいる。それはちょうど，洞窟の壁に向かって繋がれている囚人が，壁に映った背後の事物の影を実物だと思い込んでしまうのと似ている。

---

**問1** [答] ②
② 適当
① 不適当：「隠蔽」や「防止」は不適当。
③ 不適当：「気概が理性を生みだす」は不適当。
④ 不適当：「互いに相殺しあう」は不適当。

**問2** [答] ②
② 適当
① 不適当：プラトンは，死なずとも，哲学を学ぶことによって<u>イデア</u>を見ることが可能と考えた。
③ 不適当：プラトンは人間の魂と国家を類比的に論じたが，「個々人の魂」と「国家全体の正義」に主従関係があると言っていない。
④ 不適当：プラトンによれば，<u>理性が気概と欲望を抑制（コントロール）</u>する。

**問3** [答] ④
④ 適当：プラトンが「洞窟の比喩」を語った背景には，真の知を求めて活動していた<u>ソクラテスのことを理解せず，死刑に処してしまったアテネ社会</u>に対する批判があることも知ろう。プラトンによれば，アテネの市民は表面的なことがらばかりで判断し，真実を知らない囚人と同じである。
①②③ 不適当

2 西洋哲学の原風景 | 17

西洋思想 **1** 西洋の源流思想（3） rank

# 3 古代ギリシア哲学の発展と変容
## ～アリストテレスとヘレニズム思想

### 1 アリストテレスの生涯

　アカデメイアで学び，プラトンの思想を批判的に継承したのが，弟子の<u>アリストテレス</u>（前384〜前322）。のちの大王アレクサンドロスの家庭教師を務めたこともある。後には，**リュケイオン**に学園を設立し教育活動に従事。**逍遙（ペリパトス）学派**を形成。

♣ **アリストテレスの代表的な著作**
- 『**形而上学**』『<u>ニコマコス倫理学</u>』『政治学』『弁論術』など。
- 哲学，政治，芸術，天文，生物など多くの分野を扱っている。**万学の祖**。

### 2 アリストテレスの思想〜事物の成り立ちについて ★★☆

　アリストテレスは，**イデアの実在性を批判。現実主義的な思想を展開**した。

♣ **形而上学と目的論的自然観**（『形而上学』）
- 個物のあり方…**真実在は，個物（個々の事物）**。個物は，**形相**（<u>エイドス</u>，本質）と**質料**（<u>ヒュレー</u>，素材）から成る。形相は**可能態（デュナミス）として個物に内在**しており，個物はそれを発現させて**現実態（エネルゲイア）**となる。
- **目的論的自然観**…自然界の変化や運動のすべてが，形相の実現という目的に向かって生成・発展していく。←近代の科学的自然観が成立するまで，西洋の中心的な自然観。

### 3 アリストテレスの思想〜人間観と市民としての徳について ★★★

　アリストテレスによれば，幸福を求めるのが現実の人間である。

♣ **幸福な生活**（『ニコマコス倫理学』）
- 人間の生…享楽的生活（幸福＝快楽），政治的生活（幸福＝名誉），**観想（テオリア）的生活**（幸福＝真理）にわけられるが，**観想的生活が最高の幸福をもたらす**。
- **観想的生活**に必要なもの…**知性的徳**と**倫理的徳**（習性的徳，性格的徳）。

| | |
|---|---|
| 知性的徳 | 思考の働きに関わる徳。**観想的生活を続けることで身につく**。真理を認識する<u>知恵</u>や実践的洞察を行う<u>思慮</u>など。 |
| 倫理的徳 | 感情や欲望の統制を伴う理性的選択に関わる徳。過不足を避けるように思慮が命じる**中庸（メソテース）**に従い，正しい行為を積み重ねること（**習慣化**）で身につく。<u>勇気</u>や<u>節制</u>など。 |

❖ **ポリスの成立に深く関わる倫理的徳～友愛（フィリア）と正義**
・人間…ポリスでの生活を通じて幸福や徳を得る（<u>人間はポリス的動物</u>）。
・特に重要な倫理的徳…ポリスの成立に深く関わる<u>友愛（フィリア）</u>と<u>正義</u>。

| 友愛 | 互いの善や幸福を思いやる相互的な愛。正義以上に重要。 |
|---|---|
| 正義 | <u>全体的正義</u>（ポリスの法律を守る）と<u>部分的正義</u>に大別。部分的正義は，<u>配分的正義</u>（能力や功績に応じて，名誉や報酬を与える）と<u>調整的正義</u>（裁判や取引などにおける各人の利害・損得を均等にする）にわけられる。 |

## 4 アリストテレスの思想～人間が実現できる政治形態は？

アリストテレスは，理想国家そのものではなく，**実現可能な政治形態を模索**。

❖ **現実の政治形態とその堕落形態**（『政治学』）

| 現実の政治形態 | | 堕落形態 |
|---|---|---|
| 統治者が一人の**王政** | → | 一人の支配者の横暴を許す**独裁政治** |
| すぐれた少数者による**貴族政治** | → | 門閥や富ある少数者が支配する**寡頭政治** |
| 市民全員が参加する**共和政治** | → | 愚かな民衆による**衆愚政治** |

## 5 ヘレニズムの思想～ストア派とエピクロス派

ギリシアの北に勃興したマケドニア王国によって，ポリスの自立が奪われていくと，アテネにおいて「**ポリスの一員としていかに生きるべきか**」と問うたソクラテス・プラトン・アリストテレスらの思弁的な哲学は後退。思想は，次第に世俗化し，**心の安らぎを求める人生論的なもの**に変わっていった。

❖ **ヘレニズム期を代表する思想①～エピクロス派（開祖：<u>エピクロス</u>）**（前342ごろ～前271）
・主張…公共生活から離れて（「<u>隠れて生きよ</u>」），気心の知れた人々（エピクロスの園）と，**永続的かつ精神的な快楽を追求**（<u>快楽主義</u>）。こうした快楽による魂の平安（<u>アタラクシア</u>）を実現するのが哲学の目的であり，理想である。
・立場…原子論を継承し，「死は我々に関わりなきもの」とした。

❖ **ヘレニズム期を代表する思想②～ストア派（開祖：<u>ゼノン</u>）**（前336～前264）
・主張…**情念（パトス）に動かされず**（<u>禁欲主義</u>），ロゴスに従って生きれば（「<u>ロゴス（自然）に従って生きよ</u>」），賢者の理想である不動心（<u>アパテイア</u>）の境地に達することができる。
・立場…**世界市民主義**（理性を共有する点で万人は平等）を説き，ローマ帝国時代の思想潮流を支配した。

❖ **その他のヘレニズム期の思想**
・**新プラトン主義**（プロティノス）…「（万物は）**一者（ト・ヘン）から流出する**」という一元論的な神秘主義思想を説き，**後の中世キリスト教思想に影響**を与えた。

# ここが共通テストのツボだ!!

## ツボ ① アリストテレスが唱えた徳論の構造について押さえておこう。

- 全体的正義と部分的正義（配分的正義・調整的正義）を明確に区別しておこう。
  - ・配分的正義…個別の事情を考慮する，比例を基礎とする正義。
  - ・調整的正義…個別の事情を考慮しない，平等を基礎とする正義。

## ツボ ② ストア派の思想家や，彼らの思想が後世に残した影響についても知ろう。

ストア派の学徒として，開祖のゼノンの他に，**セネカ**（政治家）(前5ごろ～後65)，**エピクテトス**（60ごろ～138ごろ）（もと奴隷の哲学者），**マルクス・アウレリウス**(121～180)（ローマ皇帝，『**自省録**』）など多彩な人々の名前が残っている。

彼らストア派は，ソクラテスの思想の一部を受け継ぐキュニコス派（犬儒派）のディオゲネス(前412?～前323?)らの影響を受けて，「すべての人間は世界国家の一員であり，世界市民として平等である」と説いた。こうしたストア派の思想は，**ローマの万民法や中世キリスト教の自然法思想，さらには近代自然法思想の成立に大きな影響を与えた。**

- アリストテレスまでの思想家たちのほとんどが奴隷制を容認したが，ストア派は，奴隷制を批判したり，万人の本性的な平等の思想を説いたりした。

## 基礎力チェック問題

**問1** 古代ギリシアの思想家アリストテレスの主張の記述として最も適当なものを，次の①〜④のうちから一つ選べ。

① 人間にとって最高に幸福な生活とは，観想によって把握された真理に基づいて政治的実践を営む生活である。
② 真の友愛は，自分にとっての快楽や有用性のみに基づくものではなく，善き人々の間で相手のために善を願うものである。
③ 個物から離れて，実在する超越的な形相が，感覚的な質料と結びつくことによって，この世界の様々な事物が生成する。
④ 各人の判断こそが善や正義などの基準であり，自らの経験と観察を重んじることによって知識が得られる。

**問2** アリストテレスの思想に関する記述として最も適当なものを，次の①〜④のうちから一つ選べ。

① 互いに異なる国々の慣習や文化を比較して，自国の諸制度に合わせて取り入れる調整的正義を説いている。
② 共同体的存在である人間が，社会における役割分担を推進するために必要とされる配分的正義を説いている。
③ 取引や裁判などにおいて，各人の利害や得失の不均衡を公平になるように是正する調整的正義を説いている。
④ 理性の徳としての知恵，気概の徳としての勇気，欲望の徳としての節制が均等である配分的正義を説いている。

**問3** エピクロスの倫理思想の記述として最も適当なものを，次の①〜④のうちから一つ選べ。

① 美のほとんどが便宜・効用という観念から生まれるのだから，快楽や苦痛は，美や醜の観念に必然的に伴うだけでなく，美や醜の本質をなす。
② いかなる快楽をも貪る人は放埓だし，あらゆる快楽を遠ざける人は逆に無感覚な人になる。私たちは，双方の中庸である節制を目指すべきである。
③ 快楽や苦痛は，その強さ，持続性，確実性，遠近性などと，それが及ぶ人々の数を考慮に入れることによって，その総計を計算することができる。
④ 私たちが人生の目的とすべき快楽は，放蕩者の快楽でも性的な享楽でもなく，身体に苦痛のないことと，魂に動揺のないことにほかならない。

---

**問1** [答] ②
② 適当
① 不適当：最高に幸福な生活は観想的生活。
③ 不適当：形相は，「個物から離れて，実在する超越的」なものではなく，個物に内在するもの。
④ 不適当：ソフィストらの相対主義の思想の説明。

**問2** [答] ③
③ 適当：調整的正義の説明として適当。
① 不適当
②④ 不適当：配分的正義とは，能力や功績に応じて，名誉や報酬をあたえること。

**問3** [答] ④
④ 適当：エピクロスが理想の境地としたアタラクシアの説明として適当。
① 不適当：エピクロスが唱えた快楽主義は，「美や醜の観念」とは無関係。
② 不適当：徳の獲得における中庸（メソテース）の重要性を主張したアリストテレスの説明。
③ 不適当：功利主義者のベンサムが主張した快楽計算の説明。

---

**3** 古代ギリシア哲学の発展と変容

# 4 もう一つの西洋哲学の原風景
～ユダヤ教とキリスト教

西洋思想 **1** 西洋の源流思想(4) rank **A**

## 1 ユダヤ教

古代ギリシア思想とともに，西洋思想の源流となるのが**ユダヤ教**と**キリスト教**。
**ユダヤ教**とは，神**ヤハウェ**を信じるユダヤ人（イスラエル人）の宗教（**ヤハウェ信仰**・**民族宗教**）。キリスト教の母体。神ヤハウェは，**全知全能で，世界を創造した唯一絶対の人格神**であり，ユダヤ人を救済の対象に選んだ（**選民思想**）。

✤ **ユダヤ教の特徴（旧約聖書〔ヘブライ語聖書〕）**
- **契約宗教**…ユダヤ人は，エジプトの圧政を逃れ，カナンの地へ向かう途中，シナイ山で宗教的指導者**モーセ**（生没年不詳）を通じて**十戒**を受け取った（旧約聖書「**出エジプト記**」）。これにより，ユダヤ人は十戒をはじめとする**律法**（トーラー）を遵守する義務と，ヤハウェから永遠の庇護と救済を受け取る権利を得た。
- **裁きの神・正義の神**…神ヤハウェは，律法を遵守しない者に罰を下す。
- **メシア信仰**…エジプトから解放された後も，ユダヤ人は様々な苦難の歴史を歩んだ。その度に，**イザヤ**（生没年不詳）や**エレミヤ**（前7～6世紀ごろ）や**エゼキエル**（前6世紀ごろ）などの**預言者**（神の言葉を伝える者）が，律法の遵守と**メシア**（苦難から人々を救う**救世主**）の出現を説いた。
- **律法主義**…後には**ファリサイ（パリサイ）派**や**サドカイ派**などの影響により，ユダヤ社会は，律法を厳格に遵守してさえいればよいという傾向を強めた。

## 2 イエス

律法主義の強まるユダヤ社会に，ヨゼフとマリアの子として**イエス**（前4ごろ～後30ごろ）が出現。イエスは，**洗礼者ヨハネ**（前6から2ごろ～後36ごろ）から洗礼を受け，新たな教えを説いた。

しかし，ユダヤ教の指導者たちの反発にあい，当時ユダヤを支配していた**ローマ帝国の名の下で，十字架による磔刑**に処せられた。もっとも，イエスは**処刑直後の日曜日に復活**し，弟子の**ペテロ（ペトロ）**（?～67ごろ）らの前に現れ，その後，昇天したとされる。

✤ **イエスの教え（新約聖書〔ギリシア語聖書〕）**
- **律法主義批判**…律法を守ることは大切だが，それを形式的に守るのではなく，**律法に込められている精神を知り，これを完成させる**ことを求めた（「安息日は，人のために定められた。人が安息日のためにあるのではない」）。
- **隣人愛の実践**…**人々に平等に注がれる，見返りを求めない神の愛**（**アガペー**）にならって（「**愛の神**」の教え），隣人愛の実践を求めた（「**敵を愛し，自分を迫害する者のために祈りなさい**」）。

❖ **イエスの死と復活，そしてキリスト教の成立**
- 契約の更新…イエスの復活を信じる人々の間で，**イエスは神の子**であり，**キリスト**（**メシア**）であり，彼を介して神との**新たな契約**が結ばれたという信仰（**キリスト教**）が生まれた。そして，各地に教会（**エクレシア**）がつくられた。

## 3　原始キリスト教

キリスト教が**世界宗教**へと発展する礎を築いたのが，ユダヤ教のファリサイ派から回心を遂げた**パウロ**(?~62/65)。彼は**異邦人伝道**に従事した。皇帝ネロ支配下のローマで殉教。

❖ **パウロの思想～贖罪思想**
- **贖罪思想**…人類が負う**原罪**（アダム以来の，神の求め・望みに反する傾向）は，一人ひとりが贖わなければならない。しかし，**神のひとり子であるイエスが，人類の代わりに贖った**（**十字架の贖い**）。ここには，人類に贖いをさせなかったという神の愛と許しが示されている。だから，父なる神と和解して，神とともに生きなければならない（新約聖書「**ローマ人への手紙**」）。
- （キリスト教の）**三元徳**…義とされる（神とともに生きる）には，律法を厳格に遵守する以上に，**信仰・希望・愛**（**キリスト教の三元徳**）を備えることが必要。

## 4　中世キリスト教哲学

2世紀ごろから，**教父**（会の指導者）らがキリスト教の教義を体系化しはじめた（**教父哲学**）。迫害は続いていたが，313年に公認され，392年にローマ帝国の国教となると，キリスト教は教会付属の学校で探究されるようになった（**スコラ哲学**）。

❖ **教父哲学～「最大の教父」アウグスティヌスの思想**(354~430)（『告白』『神の国』『三位一体論』）
- **恩寵による救い**…**原罪**を負う人間には悪をなす自由意志しかない。それゆえ，救われるためには神の恩寵（神の恵み）が必要。**プラトン哲学を援用しながら**，教会こそが神の国の代理人であると主張。
- **神の国**と**三元徳**…歴史は，欲望が支配する地の国と愛が支配する神の国の相剋であるが，最後には神の国が勝利すると論じた。また，**三元徳**（**信仰・希望・愛**）を四元徳（知恵・勇気・節制・正義）の上に位置づけた。
- **三位一体**…ニケーアの公会議で確立された「**父なる神・子なるイエス・聖霊**」は**本来一つの神の三つのペルソナ**（**位格**）であるというキリスト教の奥義を探究。

❖ **スコラ哲学～「教会博士」トマス・アクィナスの思想**(1225/26~74)（『神学大全』）
- 「**哲学は神学の侍女**」…「**自然の光**（**理性**）」による真理（哲学）と，「**神の恩寵**」による信仰の真理（神学）は，**対立も矛盾もしない**と主張。
　　アリストテレス哲学などを用いて，哲学とは，神が創造した秩序の探求であり，**哲学は神学を補完するもの**（神学の優位）と位置づけた。
- **自然法思想**…人間の理性に啓示された神の法が自然法。

# ここが共通テストのツボだ!!

## ツボ ① 西洋思想において「愛」と訳される言葉の違いを押さえておこう。

| エロース | プラトンは、より完全なものを求める知的な愛と定義した。 |
|---|---|
| フィリア | ポリスにおいて互いの幸福を思い合う愛。アリストテレスは、倫理的徳として正義と友愛が特に重要だが、その中でも友愛が大切であると説いた。 |
| アガペー | キリスト教で説かれる、無償で無差別の神の愛。 |

- エロース・フィリア・アガペーは、利己心などのマイナス・イメージで捉えられる東洋思想の「愛」とは異なり、いずれもプラス・イメージで捉えられている。

## ツボ ② 旧約聖書と新約聖書の違いを知り、ユダヤ教とキリスト教の特徴を押さえておこう。

| 旧約聖書 | 新約聖書 |
|---|---|
| ユダヤ・キリスト教の聖典。 | キリスト教の聖典。 |
| 主に**ヘブライ語**で記述。 | 主に**ギリシア語**で記述。 |
| 「出エジプト記」や「申命記」や「詩篇」などユダヤ人の歴史や思想に関する書物を集録。 | 「マタイ・マルコ・ルカ・ヨハネによる福音書」(前三つの福音書を**共観福音書**という)に加え、「ローマ人への手紙」をはじめとする書簡や使徒言行録などを集録。 |
| 救世主(メシア)の到来を説く。ただし、まだ到来しておらず、ユダヤ教徒はイエスをラビ(教師・学者)とは見なしても、救世主と見なすことはない。終末思想を説く。 | キリスト教徒はイエスを旧約聖書が到来を説く救世主と見なすので、イエス=キリスト(イエスは救世主である)と呼ぶ。終末思想と再臨したイエスが人類を裁くとする最後の審判の思想を説く。 |

- イエスの死後の紀元1〜2世紀にかけて成立した新約聖書は、ギリシア語を公用語の一種としていた地中海地方の人々にイエスの教えを伝えようという意図のもと編纂された。それゆえ、ユダヤ人の言葉であるヘブライ語ではなく、ギリシア語で記された。

# 基礎力チェック問題

**問1** 次のア～ウは，ユダヤ教やキリスト教における希望のあり方についての記述である。その正誤の組合せとして正しいものを，下の①～⑥のうちから一つ選べ。

**ア** イエスの活動以前から，ユダヤ教のなかでは，イスラエル民族を苦難から救う救世主（メシア）を待ち望む信仰が存在していた。

**イ** 初期のキリスト教会では，刑死したイエスがこの世の終わりにはじめて復活するとされ，そのことに対する希望に基づく信仰が生まれた。

**ウ** アウグスティヌスは，パウロによって基礎づけられた信仰・希望・愛の三元徳と，ギリシアの四元徳は等価だと考えた。

① ア 正 イ 正 ウ 誤 　　② ア 正 イ 誤 ウ 正
③ ア 正 イ 誤 ウ 誤 　　④ ア 誤 イ 正 ウ 正
⑤ ア 誤 イ 正 ウ 誤 　　⑥ ア 誤 イ 誤 ウ 正

**問2** 人間の罪について考えたイエスおよびパウロの説明として最も適当なものを，次の①～④のうちから一つ選べ。

① イエスは，ファリサイ派（パリサイ派）に倣って，神が与えた律法を遵守できない人々を救われることのない罪人とみなした。

② イエスは，自分が来たのは罪人を招くためであると述べ，神の愛は罪人が悔い改めることを条件として与えられると説いた。

③ 罪の意識に苦しんだパウロは，神に背いたアダムの罪が，生まれながらの罪として全ての人間に引き継がれていると考えた。

④ 異邦人への伝道にも従事したパウロは，神から十戒が与えられたことで全ての人間の罪が贖われたと考えた。

**問3** トマス・アクィナスに関する記述として最も適当なものを，次の①～④のうちから一つ選べ。

① 信仰と理性は相互に分離された異質な領域に属しており，神にかかわる信仰的実践を哲学によって基礎づけることはできないとした。

② 信仰と理性の区別を体系的に論じて，信仰の優位のもとで両者の統合を試み，倫理思想に関しても自然的徳は神の恩恵によって完成されるとした。

③ 一切は神から必然的に生じるものであり，倫理的問題に関しても，永遠の相のもとで事物を考察することによって判断されなければならないとした。

④ 人間の救済と滅びは神によってあらかじめ決定されており，人間は合理的で正しい行為によってもその決定を変更することはできないとした。

---

**問1** 　　　　　[答] ③

**ア：正文** ユダヤ教の**救世主（メシア）信仰**を背景にイエスが出現したことを思い出そう。

**イ：誤文** 「この世の終わりにはじめて復活する」が不適当。イエスは**刑死直後の日曜日**に復活したとされる。

**ウ：誤文** アウグスティヌスは，**三元徳を四元徳の上に位置づけた。**

---

**問2** 　　　　　[答] ③

③ **適当**

① **不適当：イエスは，ファ**リサイ派らの律法主義を批判し，神は「罪人」も救うと主張した。

② **不適当：神の愛（アガペー）**は，無償で無差別の愛である。

④ **不適当：十戒はモーセ**を通じてユダヤ人に与えられたが，その授受で罪が贖われたわけではない。

---

**問3** 　　　　　[答] ②

② **適当：**「自然の徳」とは，友情や親子の親愛の情などのこと。

① **不適当：トマス・アクィ**ナスによれば，**信仰と理性は矛盾しない。**

③ **不適当：**合理論の系譜に属する**スピノザ**の思想の説明。

④ **不適当：**宗教改革者**カルヴァン**の**予定説**を想定した記述。

**4 もう一つの西洋哲学の原風景**

西洋思想 **1** 西洋の源流思想(5)　　rank **A**

# 5 聖俗一致の宗教
## 〜イスラームの思想

### 1　イスラームとは何か？

<u>ムハンマド</u>(570ごろ〜632)が伝えた，唯一神<u>アッラー</u>の教えを信じる人々(<u>ムスリム</u>，イスラーム教徒)の宗教。世界三大宗教の一つ。

**♣イスラームの基本**
- 「**イスラーム**」とは？…もともと唯一神**アッラー**への絶対的服従を意味する。したがって，**イスラームは信仰であると同時に，法や制度，政治など，人間のあらゆる行為に関わるもの**である(<u>聖俗一致</u>)。
- <u>アッラー</u>…宇宙万物を創造(**全知全能の創造主**)し，自然の秩序や人類の守るべき規範を定めた唯一神。人間に無限の慈しみを与える存在。**絶対的な存在なので，どのような形にも偶像化され得ない**(<u>偶像崇拝の禁止</u>)。
- <u>クルアーン(コーラン)</u>…イスラームの聖典の中心。天使ジブラールを通じて**ムハンマドにアラビア語で下されたアッラーの啓示**を，ムハンマドの死後に編纂(へんさん)。イスラーム文化の基幹。翻訳不可。慣行(**スンナ**)を提示する**ハディース**(ムハンマドの言行録)や**シャリーア**(イスラーム法)も重視される。
- 開祖**ムハンマド**…ヒラーの洞窟で**アッラー**の声を聞いたムハンマドが，**神の使者(ラスール)**として人々に教えを説きはじめた。**最後で最大の預言者**。

### 2　イスラームの教え

**アッラーに帰依(きえ)し，すべてを委(ゆだ)ねなければならない**。ムスリムは，クルアーンを規範として日常生活を律し，<u>六信</u>・<u>五行</u>という宗教的なつとめを守る。

| 六信(六つの「信仰の柱」)と五行(宗教的義務)について |||
|---|---|---|
| 六信 | アッラー | アッラーを信じる。 |
| | 天使 | ムハンマドにアッラーの言葉を伝えた天使ジブラールなどの諸天使を信じる。 |
| | 啓典(聖典) | クルアーン(コーラン)を信じる。 |
| | 預言者 | ムハンマドを信じる。 |
| | 来世 | 天国・地獄を信じる。 |
| | 天命 | 森羅万象は，アッラーの意志によると信じる。 |

| 五行 | 信仰告白（シャハーダ） | 「アッラーにおいて神はなし。ムハンマドは神の使徒なり」と唱える。 |
|---|---|---|
|  | 礼拝（サラート） | 1日に5回，**メッカ**に向かって礼拝する。 |
|  | 断食（サウム） | ラマダーン月（断食月）の**日中**，一切の飲食を断つ。 |
|  | 喜捨（ザカート） | 貧者に対し，資産に応じた施しをする。 |
|  | 巡礼（ハッジ） | 可能ならば，一生に一度は**メッカ**に巡礼する。 |
|  | ジハード（異教徒への改宗の勧め，聖戦）が六番目の行とされることもある。 ||

❖ **その他のイスラームを特徴づける教え**
- **最後の審判**…アッラーの教えを実行する者は，最後の審判において天国に迎えられ，従わない者は地獄で罰を受ける。**アッラーが裁きを行う**。
- 聖職者の不在…イスラームにはイエス＝キリストのような「神の子」は存在しない。また，政治的な指導者やイスラーム法学者（**ウラマー**）はいるが，**聖職者はいない**。
- 万人平等…アッラーの下では，すべての人が平等であり，支配者と被支配者などの差別は否定される。
- **ハラーム**（禁忌）…豚食や飲酒など，宗教的に許されていないこと・もの。**宗教的に許されていること・ものを，ハラール**という。
- 無利子銀行…クルアーンの教えに従い，貸借した金銭などに対して，利子をとることができない。そのため，銀行は無利子銀行の形態をとる。

## 3　イスラーム世界の拡大

ムハンマドの死後，イスラーム共同体（**ウンマ**）は，**ハリーファ**（**カリフ**，イスラームの指導者で預言者の後継者）の指導のもと，拡大政策を採り大規模な**ジハード**（聖戦）を開始。イベリア半島から北アフリカをへてインダス川流域に達する広大な地域を支配した。

この大帝国において発達した**イスラーム文化は，古代ギリシアの学問を継承するとともに，独自の科学や哲学を打ち立て，ルネサンスをはじめ，西欧近代の学問・文化にも大きな影響を及ぼした。**

❖ **イスラームの現状**
- 現在の宗派…サウジアラビアを中心とする多数派の**スンナ（スンニー）派**とイランを中心とする少数派の**シーア派**に大別される。なお，**ムスリム人口が最も多い国は，インドネシア**。
- スンナ派とシーア派に共通の聖地…**メッカ**（ムハンマドが生まれた地，**カーバ神殿**），**メディナ**（ムハンマドの埋葬地，預言者モスク），**エルサレム**（ムハンマドが昇天してアッラーと対面した地，岩のドーム）。

# ここが共通テストのツボだ!!

### ツボ ① ユダヤ教とキリスト教とイスラームの共通点と相違点を確認しておこう。

|  | ユダヤ教 | キリスト教 | イスラーム |
|---|---|---|---|
| 神の捉え方 | 裁き・怒りの神 | 愛の神 | 99の属性をもつ神 |
| 啓典 | 旧約聖書 | 旧約聖書と新約聖書 | クルアーン,および旧約聖書と新約聖書の一部 |
| 安息日 | 土曜日 | 基本的に日曜日 | 金曜日 |
| 最後の審判 | 様々な解釈あり | イエスが裁く | アッラーが裁く |
| 聖地 | エルサレムなど | エルサレムやローマなど | メッカ,メディナ,エルサレム |
| その他 | 民族宗教,選民思想,偶像崇拝禁止 | 世界宗教,万民思想 | 世界宗教,万民思想,偶像崇拝禁止 |

● イスラームはユダヤ教やキリスト教から大きな影響を受けている。したがって,相違点のみならず共通点も少なくない。

### ツボ ② 六信・五行には,勘違いしやすい点があるので注意しよう。

|  |  | 注意点 |
|---|---|---|
| 六信から | アッラー | アッラーは,ユダヤ教のヤハウェやキリスト教の神と同一。 |
|  | 啓典 | 旧約聖書や新約聖書の一部も不完全ながらも啓典。ユダヤ・キリスト教徒は啓典の民。一定条件の下,その信仰は容認される。 |
|  | 預言者 | モーセやイエスも預言者。ムハンマド以降に預言者は現れない。 |
|  | 来世 | 来世(死後の世界)を信じる。前世(生前の世界)ではない。 |
| 五行から | 礼拝 | メッカに向かって行うので,祈る場所によって方角が異なる。 |
|  | 断食 | 断食は日中のみ。1日24時間丸1か月,断食をするわけではない。 |
|  | 喜捨 | 救貧税として制度化されている。 |
|  | 巡礼 | 可能ならば,一生に一度はメッカに巡礼する。 |

● 宗教に関しては特に,偏見を持たずに事実を押さえていくことが大切である。

# 基礎力チェック問題

**問1** イスラームの説明として最も適当なものを，次の①〜④のうちから一つ選べ。

① クルアーン（コーラン）は，ムハンマドと彼を取り巻く人々に下された啓示を，集録し，編纂したものである。

② イエスを救世主とみなすキリスト教の教えを継承し，ムハンマドを救世主と信じることは，六信の一つに数えられる。

③ 五行などの実践によって神への信仰を体現することだけでなく，天使の存在を信じることも信徒の義務である。

④ イスラームは，中東，東南アジアなどを中心に世界各地で信仰されており，少数派のスンナ派と多数派のシーア派に大別される。

**問2** イスラームにおける信仰と共同体の関係の記述として適当でないものを，次の①〜④のうちから一つ選べ。

① シャリーアはクルアーンと預言者ムハンマドの言行録を主な根拠としており，その立法者は神と考えられているので，シャリーアを守って生きることが神への信仰を体現することになる。

② イスラーム共同体は神に絶対的に帰依する者の集合であり，人種や民族の違いに関係なく，その信仰を受け入れた者すべてに常に開かれた共同体であると考えられている。

③ クルアーンの利子禁止の記述に従って，現在，無利子銀行が運営されているように，イスラームはその信仰に基づいた社会制度をも形成しようとする宗教である。

④ 預言者ムハンマドの後継者・代理人を意味するハリーファ（カリフ）は，信仰や政治の最高権威者として，神の新たな啓示を受けながら，共同体を統治する役割をもっている。

**問3** ムハンマドについて述べたものとして最も適当なものを，次の①〜④のうちから一つ選べ。

① 王の宮殿で育てられたが，荒野で啓示を受け，奴隷となっていた同胞を約束の地へと向かわせ，神から授けられた掟を人々に示した。

② 異民族による支配は，多神教の影響による宗教的な堕落や貧者を虐げる社会的不正に対する神の罰だとして，神の裁きと救済を説いた。

③ 山の洞窟で神から啓示を受け，預言者として，礼拝や喜捨などの宗教的義務を果たし敬虔な信仰生活を送るべきことを説いた。

④ 王子として生まれ育ったが，死や病気に直面する人間の苦しみについて思い悩み，王家を出て真理に達し，人々にそれを示した。

---

**問1** 　　　　　　[答]③

③ **適当**：天使の存在を信じることは，**六信**の一つ。

① **不適当**：クルアーン（コーラン）は，**ムハンマドにアラビア語で啓示されたもの**。

② **不適当**：ムハンマドは救世主ではなく，**最大の預言者**。

④ **不適当**：**スンナ派が多数派**であり，**シーア派は少数派**。

**問2** 　　　　　　[答]④

④ **不適当**：「神の新たな啓示を受けながら」が不適当。ムハンマドが最後で最大の預言者であるから，**ハリーファ（カリフ）が，新たな啓示を受けることはない**。

① **適当**：**シャリーアとはイスラーム法**のこと。

② **適当**：イスラーム共同体のことを**ウンマ**という。

③ **適当**：イスラームは**聖俗一致**の教え。

**問3** 　　　　　　[答]③

③ **適当**

① **不適当**：エジプトで奴隷状態になっていたユダヤ人を約束の地**カナン**へと導いた**モーセ**についての記述。

② **不適当**：バビロン捕囚（新バビロニアによってユダヤ人たちが捕虜として連行・移住させられた事件）の時期に活動した**エレミア**についての記述。

④ **不適当**：**ブッダ**についての記述。

---

第1編　西洋思想

**1** 西洋の源流思想

5 聖俗一致の宗教 | 29

# チャレンジテスト①(大学入学共通テスト実戦演習)

**問1** 古代ギリシア・ローマでは欲望をめぐって様々な考察がなされてきた。その説明として最も適当なものを，次の①～④のうちから一つ選べ。 (12年センター倫理追試)

① ソクラテスは，魂のそなえるべき徳が何かを知れば，その知を利用して，手段を選ばずあらゆる欲望を満たすことができるので，徳の知を追い求めていくべきだと説いた。

② プラトンは，人間の魂の三部分を二頭の馬とその御者に譬え，欲望的部分が御者として，理性的部分と気概的部分をあらわす二頭の馬を導いていくという人間の自然本性の姿を描いた。

③ アリストテレスは，欲望や感情に関わる倫理的徳のみに従うことと，知性や思慮に関わる知性的徳のみに従うこととの両極端を避け，両者の間の中庸を選択するような性格を身につけるべきであると説いた。

④ エピクロスは，快楽が人間にとっての幸福であるとみなしたが，その快楽とは，自然で必要な欲望を節度ある仕方で満たし，身体の苦痛や魂の動揺から解放された状態のことであると考えた。

---

**問1** [答] ④

④エピクロスは古代ギリシアの哲学者で，人生の目的は快楽であると主張したが，それは無制限に欲望を満たすものではなく，**苦痛のない魂の平静（アタラクシア）を追求する精神的な快楽**であった。
①ソクラテスは「欲望を満たす」ために，徳を知ることを説いてはいない。彼は，**「よく生きる」ために徳を知り，魂が徳を身につけるべきこと**を説いた。②プラトンによる魂の三分割説によれば，「**理性的部分が御者として，気概的部分と欲望的部分をあらわす二頭の馬を導いていく**」としなければならない。③アリストテレスが説く「中庸（メソテース）」とは，知性的徳と倫理的徳のバランスを取ることをいうのではない。知性的徳に属する思慮（フロネーシス）が，極端な行動を取らないように中庸を命じる。

第1編　西洋思想

**問2** 次の資料1・2は，古代ギリシアとローマの思想家が，恥と評判や名声との関係について述べたものである。その内容として最も適当なものを，下の①〜④のうちから一つ選べ。

(21年共テ倫理第1日程)

> **資料1** 〈ソクラテスがアテナイ人に向けて言った言葉〉
> 　金銭ができるだけ多く自分のものになるよう気を遣って恥ずかしくないのか。評判や名誉は気にしても，知恵と真実には気を遣わず，魂ができるだけ優れたものになるよう配慮しないで恥ずかしいと思わないのか。
>
> (『ソクラテスの弁明』より)
>
> **資料2** 〈キケロが友情について語った言葉〉
> 　友の命や評判が危機にある状況で，友の必ずしも正しくはない望みに手を貸す必要があれば，道を外れてでも手を貸して然(しか)るべきだ。ただし，あまりに恥ずべきことが結果しない限りで。友情のために許される言動にも限度があるのだ。
>
> (『友情について』より)

① ソクラテスは，知恵や真実や魂ではなく，評判や名誉ばかりを気遣うのは恥だとし，キケロは，友の命や評判のためなら，極度に恥ずべきことにならない限り，必ずしも正しくはない望みでも手助けすべきだとしている。

② ソクラテスは，知恵や真実や魂ではなく，評判や名誉ばかりを気遣うのは恥だとし，キケロは，友の命や評判のための手助けは，それが恥につながる限り，どのような場合でも行ってはならないとしている。

③ ソクラテスは，魂が優れたものになるよう配慮することより評判や名誉の追求を重視し，キケロは，友の命や評判のためなら，極度に恥ずべきことにならない限り，必ずしも正しくはない望みでも手助けすべきだとしている。

④ ソクラテスは，魂が優れたものになるよう配慮することより評判や名誉の追求を重視し，キケロは，友の命や評判のための手助けは，それが恥につながる限り，どのような場合でも行ってはならないとしている。

---

**問2** [答]　①

①ソクラテスについても，キケロについても資料文から読み取れる内容。

②後半が誤り。キケロは，**資料2**によれば，「あまりに恥ずべきことが結果しない限り」で友を助けるべきだと論じており，「恥につながる」手助けをすべて否定しているわけではない。③前半が誤り。ソクラテスは，**資料1**によれば評判や名誉よりも「魂ができるだけ優れたものになるように配慮」すべきだと説いている。④前半も後半も誤り。

チャレンジテスト①　｜　**31**

問3 次のメモは,信仰を「恥」と関連付けるパウロの言葉を,生徒Xが書き出したものである。 a ～ c に入る語句の組合せとして正しいものを,下の①～④のうちから一つ選べ。

(21年共テ倫理第1日程)

> **メモ**
>   パウロは,「わたしは a を恥としない。 a は, b ,信じる者すべてに救いをもたらす神の力だからです」と述べ,そして「人が義とされるのは c の行いによるのではなく,信仰による」と説いた。

① a 福音　b ギリシア人ではなく,ユダヤ人であれば　　c 律法
② a 福音　b ユダヤ人をはじめ,ギリシア人にも　　　　c 律法
③ a 律法　b ギリシア人ではなく,ユダヤ人であれば　　c 福音
④ a 律法　b ユダヤ人をはじめ,ギリシア人にも　　　　c 福音

---

問3 [答] ②

a :「福音」が入る。**パウロ**は**回心**したキリスト教徒であるから,イエスが伝えた**福音**という「神の力」による救済を主張する。

b :「ユダヤ人をはじめ,ギリシア人にも」が入る。パウロもしくはイエスは,「ユダヤ人が救済される」というユダヤ教の選民的な救済観に反して,**万人に救済の道が開かれている**ことを説いた。

c :「律法」が入る。ユダヤ教の**ファリサイ派**などは,律法の遵守による救済を説いていたが,イエスやパウロは,こうした**律法主義を批判**している。

以上のことから,最も適切な組合せは②となる。

**問4** 次の会話は，生徒Xとムスリムの留学生Zが，イスラームの戒律に則った経済活動について交わしたものである。会話中の　a　・　b　に入る語句の組合せとして最も適当なものを，下の①〜⑥のうちから一つ選べ。　　　　　　　　　　　　　　（21年共テ倫理第1日程）

X：今日，授業でイスラームについて習ったんだけど，　a　が禁止されているんだよね？　お金を集めたいときはどうするの？

Z：確かに，　b　シャリーアでは　a　が禁止されているよ。でも，例えばイスラーム銀行という機関もあって，事業者のためにお金を集める役割を担っているんだ。資金提供者は，共同事業者という位置付けが強くて，事業による損益を契約に従って配分するんだよ。

X：なるほど。イスラームの世界にはそういうお金の集め方があるのか。

① a　寄　付　　b　クルアーン（コーラン）やスンナなどに基づく
② a　寄　付　　b　ムハンマドの言行録のみに基づく
③ a　寄　付　　b　神の啓示のみを記録した
④ a　利　子　　b　クルアーン（コーラン）やスンナなどに基づく
⑤ a　利　子　　b　ムハンマドの言行録のみに基づく
⑥ a　利　子　　b　神の啓示のみを記録した

---

**問4** ［答］　④

　a　：「利子」が入る。イスラームは，「利子」を禁止している。もっとも，文脈からも「利子」が入ることが推測できるし，**ムスリムの義務としての五行の一つに「喜捨」があることを想起すれば，「寄付」は禁じられていないと判断できる。**

　b　：「クルアーン（コーラン）やスンナなどに基づく」が入る。「**スンナ**」とはムハンマドの言行のことで，「**シャリーア**」とはクルアーンやスンナなどをもとに体系化されたイスラーム法や範例のこと。

以上のことから，最も適切な組合せは④となる。

チャレンジテスト① | 33

西洋思想 ❷ 西洋の近代思想(1)　　rank B

# 6 西洋近代思想の幕開け
## ～ルネサンスと宗教改革

### 1　ルネサンス　

　中世カトリック教会は，やがて人々を封建的身分制度の枠内に押し込める足枷となり，宗教的純粋さも信望も失っていった。11～13世紀，教会は威信をかけて，イスラーム諸国が支配していた聖地エルサレムを奪還すべく十字軍を派遣した。

　その結果，イスラーム世界で高度に発展していたギリシア・ローマの学問がヨーロッパにもたらされ，東方貿易によって富を蓄積していた14～16世紀のイタリアの都市を中心に，ギリシア・ローマ文化の再生・復興運動(<u>ルネサンス</u>)が起きた。

　この運動は，やがてカトリック教会の権威や神中心の中世社会の呪縛から離れ，**人々に尊厳のある生き方を教える**<u>人文主義</u>(<u>ヒューマニズム</u>)の運動を伴なう。その担い手を<u>人文主義者</u>(<u>ヒューマニスト</u>)という。

**❖代表的な人文主義者**

- <u>レオナルド・ダ・ヴィンチ</u>(1452～1519)…**ルネサンス期の理想の人間像**である，様々な分野で能力を発揮し，すぐれた業績を残した**万能人(普遍人)の代表**。代表作は，人間が見るように世界を描く<u>遠近法</u>を駆使した『**モナ・リザ**』『**最後の晩餐**』。
- <u>エラスムス</u>(1466～1536)…ギリシア語を駆使した聖書の文献学的研究を通じて，教会の権威によってゆがめられていない福音書の復興を目指した。ルターとも親交があったが，後に決別。主著は，僧侶の腐敗を風刺した『<u>愚神礼讃(痴愚神礼讃)</u>』。
- <u>ピコ・デラ・ミランドラ</u>(1463～94)…**人間の尊厳**の根拠を，動植物とは異なり，人間には<u>自由意志</u>があることに求めた。主著は，演説草稿『<u>人間の尊厳について</u>』。
- <u>マキャヴェリ</u>(1469～1527)…**政治と宗教・道徳を分離**して考え，「**ライオンの力とキツネの狡猾さ**」をもった君主を求めた。主著は，『**君主論**』。

**❖その他，ルネサンス期に活躍した人々とその主著や作品**

- 思想分野…カンパネッラ(『太陽の都』)，**トマス・モア**(私有財産制のない理想社会を描いた『**ユートピア**』)
- 文学分野…**ダンテ**(トスカナ語による『**神曲**』)，**ペトラルカ**(恋愛を通じて個人の意識の目覚めを描いた『**カンツォニエーレ**』)，**ボッカチオ**(人間解放の精神を表現した『**デカメロン(十日物語)**』)，シェイクスピア(『ハムレット』『リア王』)，セルバンテス(『ドン・キホーテ』)
- 芸術分野…**ボッティチェリ**(『春(プリマヴェラ)』)，**ミケランジェロ**(『ダヴィデ像』『**最後の審判**』)，**ラファエロ**(『**アテネの学堂**』『**聖母子像**』)

# 2 宗教改革 ★★★

　この当時，カトリック教会は，大聖堂の改修などの資金集めのために，購入すれば罪の償いが免除されるという贖宥状（免罪符）の発行や，聖職者の位の販売，祈りや儀式の形骸化などにより，**人々に救いをもたらすものではなくなっていた**。

　こうしたカトリック教会の腐敗や堕落に対し，キリスト教内部からイギリスの**ウィクリフ**や，その思想に賛同したチェコ出身の**フス**などの批判者・改革者が現れた。

　改革運動はドイツの**ルター**（1483〜1546）が「**95カ条の意見書（論題）**」を公表したときに頂点に達し，教会よりも聖書を重視する**福音主義**を唱える人々（**プロテスタント，新教徒**）がカトリック教会から分離・独立しようとする**宗教改革**の運動にまで発展した。

　さらに，ルターの教えを徹底し，改革運動を進めたのが，フランス出身で，ジュネーヴにおいて宗教改革運動を指導した**カルヴァン**（1509〜64）である。

　カルヴァンの教えは，ジュネーヴにとどまらず，フランスの**ユグノー戦争**やイギリスの**ピューリタン革命（清教徒革命）**などにも影響を与えた

## ✤ルターの思想（『**キリスト者の自由**』，『**ルター聖書（ドイツ語訳聖書）**』）

- **信仰義認説**…神の恩寵により罪が赦され，神によって義と認められるのに，贖宥状の購入や教会への寄進などの外面的な善行は不要。**信仰のみ**が必要（←パウロやアウグスティヌスの教えへの回帰と捉えることもできる）。
- **聖書中心主義**…信仰の拠りどころは，**聖書のみ**（ルターは，聖書をドイツ語訳）。
- **万人司祭主義**…神への信仰に徹する者は，神の前ではすべて等しく司祭である。
- **職業召命観**…**職業に貴賤なし。どの職業も神からの召命（命令）**。各々の職業に努め励むことが神の意志に沿うこと。
- **エラスムスとの論争**…「救済は人間の自由意志による善行と神の恩寵による」と論じたエラスムスに対し，ルターは信仰義認説を唱えて反論。

## ✤カルヴァンの思想（『**キリスト教綱要**』）

- **予定説**…神は絶対であり，救われる者と救われない者を神はあらかじめ決めており，**人間は，神の決定を知ることも変えることもできない**。
- **職業召命観**…ルターの職業召命観を徹底。ひたすら勤勉に働き，質素・倹約に努めなければならず（禁欲主義），**勤勉に働いた結果として得られる利益は神の栄光を実現するための奉仕の結果であり，これが救いの確信を生む**。
- **神権政治**…ジュネーヴに招かれ，教会や市政の改革を進め，教会法を制定し，教会の指導のもとに市民に厳格な信仰生活を要求。

## ✤ウェーバーの分析（1864〜1920）（『**プロテスタンティズムの倫理と資本主義の精神**』）

- 聖職のみを召命とする中世的な思考を離れ，**職業人（専門人）**を理想とし，禁欲主義を説くカルヴィニズム（カルヴァンの思想）を受け継ぐ**プロテスタントの人々の職業倫理が，資本主義の精神（エートス）を育む基盤となった**と指摘。秘蹟を否定する思想が合理的な精神を育てた（**魔術からの解放**）と分析。

6 西洋近代思想の幕開け ｜ 35

# ここが共通テストのツボだ!!

## ツボ ❶ 自由意志をめぐる論争と近代的人間観について確認しておこう。

　自由意志をめぐる論争は，中世のペラギウス対アウグスティヌスの論争（「**救済されるのに自由意志が必要か不要か**」）から見られるものである。

　この論争は，極論すると，**自由意志による救済の肯定は神の存在の否定につながり，自由意志による救済の否定は人間の努力の否定につながる**ことによる。

　こうした背景を知っていれば，「神に似せてつくられた存在」とはいえ，「個」が抑圧された中世を離れ，**従来の宗教的権威から自己を解放し，自己の理性に基づいて，尊厳をもって，この世界を生きていく近代人の姿**が形成されつつあった近代初頭に，人文主義者のエラスムスと神学者のルターの間で自由意志をめぐる論争が再燃したことも納得できるだろう。

- 自由意志肯定派…ペラギウス，エラスムス，ピコ・デラ・ミランドラなど
  自由意志否定派…アウグスティヌス，ルターなど

## ツボ ❷ カトリックとプロテスタントの違いを押さえておこう。

|  | カトリック | プロテスタント |
|---|---|---|
| 共通点 | 神とイエス＝キリストは共通。聖霊の働きも認める。聖書もほぼ同じ（カトリックには外典がある）。 ||
| 教　会 | 人間的要素と神的要素が一体化したもの。 | 地上の教会は人間がつくった組織。 |
| 聖書解釈 | 教会が専有。 | 個人の良心に任される。 |
| 聖職者 | 宗教的権能がある**司祭**（**神父**）。司祭は男性のみ。妻帯不可。 | 信徒の代表の**牧師**。宗派によっては女性牧師もいる。妻帯可。 |
| その他 | 十字を切る。マリア信仰。礼拝を「ミサ」と呼ぶ。「聖歌」を歌う。 | 多くの宗派で十字を切らない。礼拝は「礼拝」。「賛美歌」を歌う。 |

- 神がつくった世界の階層的秩序を重視するカトリックに対して，神と人間の絶対的な相違と徹底した人間の平等を唱えるプロテスタントという大きな違いがある。

## 基礎力チェック問題

**問1** ルネサンス期の人物の説明として最も適当なものを，次の①〜④のうちから一つ選べ。

① ピコ・デラ・ミランドラは，植物や動物とは異なり，人間は自分で自分の生き方を決定できるという点に，人間の尊厳を見いだした。
② エラスムスは，人間は神の前で平等であり，誰もが聖書を拠り所とする信仰のみによって義とされると考えた。
③ トマス・モアは，現実社会のあり方を批判して，政治を宗教や道徳から分離して捉えるべきであると主張した。
④ ラファエロは，古典と聖書の文献学的な研究を通じて，教会の解釈によってゆがめられていない福音書の復興をめざした。

**問2** プロテスタンティズムに関する説明として適当でないものを，次の①〜④のうちから一つ選べ。

① ルターによれば，キリスト者はみな等しく神の前に立つものであり，その観点からは，世俗の者も司祭である。
② カルヴァンによれば，神は救済される人間とそうでない人間とを予め決定しているが，人間はその決定を知ることはできない。
③ ルターによれば，救済のために必要なのは，教会が勧める善行や功徳を積むことではなく，ただ神の恵みを信じることである。
④ カルヴァンによれば，現世での善行によっては救いを実現することができないので，現世の生活は積極的な意味をもたない。

**問3** 人間の自由意志と神の恩寵との関係をめぐる，ルターとエラスムスの立場の相違を記述したものとして最も適当なものを，次の①〜④のうちから一つ選べ。

① 両者はともに，現実の行為の原因が人間の自由意志であることを認めた。その意志的行為に関し，エラスムスはそれが神の恩寵によってのみ可能となったと主張し，ルターは人間本性と神との協力によるとした。
② エラスムスは，人間の救いに有効な善行の根拠として，神の恩寵に応答する自由意志を認めた。ルターは，神の恩寵によらなければ原罪を負った人間は善を欲することもできないとした。
③ エラスムスは，善悪両方に向かい得る自由を獲得することは，原罪を負った人間には不可能であるとした。ルターは，原罪によっても破壊されない人間本性によって，自由が可能となっているとした。
④ 両者はともに，人間の自由意志の存在を認めなかった。それを，エラスムスは自然全体の有する必然性を人間が免れ得ないからだとし，ルターは神の決定を免れ得ないからだとした。

**問1** [答] ①

① 適当
② 不適当：エラスムスではなく，ルターの信仰義認説の説明。
③ 不適当：トマス・モアではなく，マキャヴェリの主張。
④ 不適当：ラファエロではなく，エラスムスの主張。

**問2** [答] ④

④ 不適当：カルヴァンは，人々が現世の職業に励むことを奨励。
① 適当：ルターの万人司祭主義の説明。
② 適当：カルヴァンの予定説の説明。
③ 適当：ルターの信仰義認説の説明。

**問3** [答] ②

② 適当
① 不適当：エラスムスの見解とルターの見解が逆になっている。
③ 不適当：エラスムスは自由意志に積極的な意味を認めた。
④ 不適当：少なくとも，エラスムスは自由意志の存在を認めており，「両者はともに，人間の自由意志の存在を認めなかった」わけではない。

6 西洋近代思想の幕開け | 37

西洋思想 ❷ 西洋の近代思想(2) rank C

# 7 伝統の保持と科学による革新
～カトリック改革と科学革命，そしてモラリスト

## 1 カトリック改革

　プロテスタントの勢力が強くなる以前から，カトリック内部でも改革運動，すなわち**カトリック改革**（**対抗宗教改革**）が起きていた。
### ✤修道会の活躍
- **カトリック改革**の主役…**修道会**（誓願によって結ばれ，共同生活をするキリスト教信徒の組織）の活動。その代表的なものが，スペイン（バスク）出身の**イグナティウス・デ・ロヨラ**（1491～1556）が創設した**イエズス会**。厳格な内部規律と軍隊的な組織のもと，布教活動を行い海外へカトリックをもたらした。

## 2 モンテーニュ ★★★

　カトリックの多いフランスにおいて，カルヴァン派の人々（ユグノー）が勢力をもちはじめると，やがて40年近くにわたるカトリック対プロテスタントの陰惨な内戦が勃発。
　この**ユグノー戦争**のさなかに，**モラリスト**（人間性や道徳に関する思索を格言や箴言でもって書き記した人々）の一人とされる**モンテーニュ**（1533～92）が活躍した。
### ✤モンテーニュの思想（『**エセー**（**随想録**）』）
- 主張…宗教や思想を絶対視する**独断**や**傲慢**さが残虐行為や野蛮な戦争を引き起こす。それゆえ，常に「**私は何を知っているか（ク・セ・ジュ？）**」と内省的に問いかけ（**懐疑主義**），**自分を絶対視しない謙虚さと他人への寛容**が必要。

## 3 科学革命

　真実について自ら考える人間の精神の自立を促したルネサンスと宗教改革の流れを受け，ヨーロッパでは近代科学が成立。
　それは，アリストテレス以来の**目的論的自然観**から，精巧な機械のようなものとして自然を捉える**機械論的自然観**への転換を人々に促すものであった（**科学革命**）。
### ✤近代科学の特徴
- 方法…**観察や実験に基づいて**，自然そのものに内在する法則（自然法則）を見出す。そして，自然を質的にではなく量的に捉える（**数学的な量的定式化**）。
- 立場…**自然の秩序を明らかにすることは，宇宙を創造した神の栄光を讃えること**。したがって，科学革命を推進した人々に無神論者はいない。

## ❖ 科学革命の時代に活躍した人々

- **コペルニクス**（1473〜1543）（『**天球の回転について**』）…ポーランドのカトリックの司祭。古代のプトレマイオスの**天動説**を否定して，**惑星は真円軌道を描きながら太陽の周りを公転するという地動説**を研究。
- **ブルーノ**（1548〜1600）（『無限，宇宙および諸世界について』）…ドミニコ会の修道士だったが，修道会をぬけ，無限の宇宙には恒星を太陽とした無数の太陽系があるとする**汎神論**を主張。異端とされ，宗教裁判によりローマで火刑。
- **ガリレイ**（1564〜1642）（『天文対話』）…「**自然という書物は数学の言葉で書かれている**」という信念のもと，「物体落下の法則」などを発見。自作の望遠鏡による天体観測を行い，地動説を唱えたため，**宗教裁判にかけられ，有罪判決**を受けた。
- **ケプラー**（1571〜1630）（『宇宙の調和』）…ブラーエの天体観測の記録をもとに，いわゆる**ケプラーの三法則**を発見。**惑星は楕円軌道を描きながら太陽の周りを公転するという地動説**を提唱。
- **ニュートン**（1643〜1727）（『**プリンキピア**（自然哲学の数学的諸原理）』）…**万有引力の法則**によって，天体の運動を体系的・合理的に説明。**古典力学を大成**。彼は，「私に遠くが見えていたとすれば，巨人の肩の上に乗っていたからである」と述べた。
- **ゲーテ**（1749〜1832）…人間と自然を分離する**機械論的な自然観**を批判。汎神論の影響のもと，人間を取り巻き，人間もその一部をなす「**生きた自然**」という考え方（**有機体論的な自然観**）を提唱。

## ❖ パラダイム転換

- 科学の歴史…20世紀の科学史家**クーン**（1922〜96）は，科学の歴史は累積的な進歩ではなく，その時代に応じた**パラダイム**（その時代を制する科学的な常識・理論的範疇）が転換（**パラダイム・シフト**）する歴史であると捉えた（『**科学革命の構造**』）。そして，この17世紀に起きた科学的大転換を一つのパラダイム転換と見なした。

## 4　パスカル

17世紀，近代科学が宇宙や自然の法則を科学的に解明する一方，政治的・宗教的対立による悲惨な争いも続いていた。こうした状況を生きたのが，モンテーニュとともに**モラリスト**と称される，科学者であり哲学者でもある**パスカル**（1623〜62）である。

## ❖ パスカルの思想（『**パンセ（瞑想録）**』）

- 人間とは…「**人間はひとくきの葦にすぎない。自然の中で最も弱いものである。だが，それは考える葦である**」。ただし，人間の合理的な精神である**幾何学的精神**（推論と論証を行う科学的・合理的な精神）では人生の根本的な真理に触れられない。
- 主張…人間は，**偉大と悲惨**の**中間者**。賭事や娯楽などの**気晴らし**は，不安を増大させるだけ。心の安らぎは，**繊細の精神**（直感する心情）を働かせて，キリスト教の愛にならって生きることによって得られる。

# ここが共通テストのツボだ!!

## ツボ ① モラリストとまとめられるモンテーニュとパスカルは，生きた時代が異なる。二人が生きた現実を確認しておこう。

　人間の本性や様々な生き方を実生活に即して冷静かつ精密に観察し，人間としての生き方を追求した人々を**モラリスト**という。この代表者が，**モンテーニュとパスカル**。ただし，二人は生きた時代も，その思想も大きく異なる。

　**モンテーニュ**が思索を重ねたのは，フランスのユグノー戦争を経験した16世紀。彼は，人類救済の悲願を掲げている宗教の名においてさえ，凶暴性を発揮することを反省。**ソクラテスの無知の知，対話の精神に学ぶべきだ**と説いた。

　一方，デカルトと同時代人の**パスカル**が思索を重ねたのは，近代科学が大きく発展した17世紀。彼は科学者でもあったが，近代的な理性に限界を見て，心の安らぎを**キリスト教の信仰と愛に生きる生活**に求めた。

- モンテーニュ…ユグノー戦争(16世紀)。宗教に対する懐疑。理性への信頼。
  パスカル…科学の時代(17世紀)。宗教に救いを求める。理性の限界。

## ツボ ② 科学革命の時代に活躍した人々の特徴を押さえよう。

①古代の自然哲学者は，**思索**が中心。コペルニクスらは，**観察・実験**を重視した。
②古代の自然哲学者は，知的関心から自然について思索。科学革命を推進した人々は，宗教的な関心から自然について思索。→したがって，**無神論者はいない**。
③コペルニクスは，惑星は**真円軌道**を描くと考えた。ケプラーは，惑星は**楕円軌道**を描くと考えた。
④科学革命を推進した人々のうち，ブルーノは火刑に処された。**ガリレイは宗教裁判**にかけられたが，死刑にはなっていない。
⑤科学革命を推進した人々は世界を創造した**超越神**を信じ，**機械論的な自然観**の立場に立つが，ゲーテは**汎神論**を唱え，「**生きた自然**」という考え方(**有機体論的な自然観**)を提唱。

- 科学者だからといって無神論者とは限らないことに注意しよう。

# 基礎力チェック問題

**問1** モンテーニュの説明として適当でないものを，次の①～④のうちから一つ選べ。

① ギリシアやローマの賢者たちに倣って，よりよく生きるための方策を求めた。
② 鋭い人間観察に基づき，人間の生き方を独自の視点から探究した。
③ 神への信仰を否定し，地上の生活に積極的な意義を見いだして，多彩な能力を発揮した。
④ 思想の体系化を図らず，日々の思索を随筆の形で丹念につづった。

**問2** 様々な科学者についての記述として最も適当なものを，次の①～④のうちから一つ選べ。

① コペルニクスは，地動説を提唱し，『天球の回転について』という書物を著した。これを書いた彼の考えは，この世界を支配しているのは神である，という信念によって規定されていた。
② パスカルは，「パスカルの原理」を発見する一方で『パンセ』を著した。この中で彼は，神との対比において人間を考える葦とみなし，考えている限りにおいて存在するものであると論じた。
③ ガリレイは，宇宙は神が創造した絶対空間であり，地球はその中を動き回る惑星だと主張し，『天文対話』を著した。これは教会の見解を自然科学によって実証するもので，ひろく受け入れられた。
④ ニュートンは，万有引力の法則を発見して，『プリンキピア（自然哲学の数学的諸原理）』を著した。そこでの見解が聖書の記述に反するという理由で，彼は宗教裁判にかけられたが，自説は神の意にかなうものだと主張した。

**問3** パスカルの思想の説明として最も適当なものを，次の①～④のうちから一つ選べ。

① 人間には外的なものから受ける影響で様々な情念が生じるが，人間は，自らの意志によってそれらの情念を支配し，自分の行動を決定していくことができる高邁な精神をもつと考えた。
② 考えることに人間の尊厳を見いだし，特に，人間のあり方や事柄の本質を捉えるためには，推理や論証を行う能力だけではなく，直感的に物事を把握する能力が必要であるとした。
③ 人間にはその本性や感覚によって誤謬や錯覚が生じるが，実験と観察を通じて得られた知識によって，それらを取り除き，自然の一般的な法則を捉えることで，自然を支配できると考えた。
④ 自己自身を形成することに人間の尊厳を見いだし，特に，人間が自分の生き方を選択し，自らの存在のあり方を決定するためには，各自の自由意志が必要であるとした。

---

**問1** 【答】③
③ 不適当：「神への信仰を否定」が不適当。モンテーニュは，無神論者ではない。
①②④ 適当

**問2** 【答】①
① 適当
② 不適当：「考えている限りにおいて存在するものである」は，「パスカル」ではなく，デカルトの主張。
③ 不適当：ガリレイの主張は，「教会の見解を自然科学によって実証するもの」ではない。
④ 不適当：ニュートンは，宗教裁判にかけられていない。

**問3** 【答】②
② 適当：パスカルの思想の説明として適当。「推理や論証を行う能力」とは，幾何学的精神のこと。「直観的に物事を把握する能力」とは繊細の精神のこと。
① 不適当：デカルトの思想の説明。
③ 不適当：ベーコンの思想の説明。
④ 不適当：ピコ・デラ・ミランドラなどの人文主義者（ヒューマニスト）の思想の説明。

第1編 西洋思想　2 西洋の近代思想

7 伝統の保持と科学による革新 | 41

西洋思想 **2** 西洋の近代思想（3） rank

# 8 新しい学問方法の模索
## 〜ベーコンとデカルト

### 1 ベーコン

　ヨーロッパでは，ルネサンスや宗教改革の進展，さらには自然科学の発展に触発されて，中世の人間観や世界観が否定され，哲学も大きな進歩を遂げる。
　この一翼を担った一人が，「(イギリス)経験論の祖」とされる<u>ベーコン</u>(1561〜1626)。彼は，スコラ哲学を「効用のない真理」を追求する学問と批判した。

❖ **ベーコンの思想**（『学問の進歩』『<u>ノヴム・オルガヌム（新機関）</u>』）
- 「<u>知は力なり</u>」…新しい学問が追求すべきは，**自然を支配して人類の生活を改善するような力となる知識**である。

　こうした知識を得るには，自然をありのままに観察することが重要。そのためには，人間の内にある偏見・先入見（<u>イドラ</u>）を取り除くことが必要。

| 偏見・先入見（イドラ）について | |
|---|---|
| 種族のイドラ | 人間の本性に根差し，人間という種族に共通する感覚的な偏見。 |
| 洞窟のイドラ | 個人の視野の狭さや生い立ちなどに由来する，個人的な偏見。 |
| 市場のイドラ | 言葉の不適切な使用など，人間相互の接触から生じる偏見。 |
| 劇場のイドラ | 権威や伝統を無批判に受け入れることによって生じる偏見。 |

- 新しい学問の方法として，<u>帰納法</u>を提唱…帰納法とは，<u>イドラ</u>に惑わされず，**経験（自然をありのままに観察・実験すること）から集められた情報をもとに，有用で確実な一般的な法則を見出す方法**。スコラ哲学とは，まったく異なる。

### 2 デカルト

　哲学の進歩のもう一翼を担った人物が，「**(大陸)合理論の祖**」あるいは「**近代哲学の父**」とされる<u>デカルト</u>(1596〜1650)。数学者でもあった。彼は，イエズス会の学校でスコラ哲学を学んだものの，「世間という大きな書物」から学ぶために各地を遍歴。

❖ **デカルトの思想**（『<u>方法序説</u>』『省察』『情念論』）
- 新しい学問の方法として，<u>演繹法</u>を提唱…演繹法とは，**万人に平等に与えられている理性**（<u>良識</u>(ボン・サンス)）が，<u>明晰・判明</u>**な真理をもとに，合理的・論理的に推論を重ねて真理に至る方法**。スコラ哲学に似ているが，推論の出発点が異なる。

42

| デカルトが挙げた理性を正しく使用するための4つの規則 | |
|---|---|
| 明 証 | 疑いの余地なく明らかなものだけを真理として認める。 |
| 分 析 | 単純なものに分析する。 |
| 総 合 | 分析したものを総合する。 |
| 枚 挙 | 漏れがないようにすべてを数え上げる。 |

・哲学的思索の出発点…デカルトは，哲学の領域において，教会の教えや聖書の記述に代わる明晰・判明な真理を見つけようと，理性を駆使して，あらゆる経験，感覚による知識，数学的知識，さらには身体の存在まで疑った（**方法的懐疑**）。

　　この結果，**すべてを疑わしいと考えている間も，わたしは存在しなければならない。ゆえに，「考えるわたし」があることは疑い得ない**と確信するに至る。

　　そして，哲学的思索は，「**わたしは考える。それゆえにわたしはある（コギト・エルゴ・スム）**」という真理（**哲学の第一原理**）が出発点となると主張。

・真偽の基準…デカルトにとって，**真理とは教会や聖書などの権威によるものではなく，疑い得ない確実な真理である「考えるわたし」，すなわち人間のただ内なる精神（理性）にとって明晰・判明なものだけである。**

### ❖物心二元論・心身二元論をめぐる問題

・神の存在と物体の実在…デカルトによれば，不完全な人間が「完全な神」という観念をもっているのは，「完全な神」が存在しているから（神の人間学的証明）。

| 実体～属性（本質的な特徴） |
|---|
| 精神～思惟（考えること） |
| 物体～延長（空間的な広がり） |

　　その誠実な神が世界を支えているのだから，**この世界には思惟を属性とする実体（ほかに依存しない独立した存在）である精神とともに，数量化可能で延長を属性とする物体（身体）も実体として実在**しているとデカルトは主張。

┌ メリット…何ものにも依存しない自由な主体としての自己（**近代的自我**）という考え方を確立。他方，**自然を機械のような単なる物体と見なす哲学的な機械論的自然観を論証し，科学の発展に寄与。**

└ デメリット…**心と身体が別であるとすると，心と身体が連動しているという現実をうまく説明できない（心身問題）。**また，自然を単なる物体と見なすことは，人間の身体を含む自然の飽くなき利用への道を開くことになった。

### ❖道徳論～暫定道徳から高邁の精神へ

・道徳について…デカルトは，『方法序説』では，完全に基礎づけられた道徳の体系ができあがるまでは，社会常識などの**暫定道徳**に従うのがよいと主張。

　　しかし，後の『情念論』では，外部の影響から生まれた情念（感情や欲情）を，自ら統御する理性的な自由な精神（**高邁の精神**）の大切さを訴えた。

**8 新しい学問方法の模索** | 43

# ここが共通テストのツボだ!!

## ツボ ① 近代の帰納法や演繹法と，スコラ哲学の方法との違いを知ろう。

（実例）ソクラテスもプラトンもアリストテレスも死んだ。
↓
人間は死ぬ

（実例）人間は死ぬ
↓
ソクラテスは人間である。
ゆえに，彼は死ぬ。

- スコラ哲学…聖書の記述を推論の出発点とする演繹法。
  ベーコン……経験（観察・実験）を積み重ねる帰納法。
  デカルト……「考えるわたし」を推論の出発点とする演繹法。

## ツボ ② ベーコンやデカルトの思想と現代の諸問題を関連させておこう。

　ベーコンやデカルトの思想に代表される近代的な人間観や自然観によって，科学技術は大いに発展した。その一方で，人間の自我は，自然界から完全に切り離されてしまい，自らを理性の内に閉じ込めてしまった。

　自然も，人間の自我によって支配・操作される物質に貶められた。そして，自然は，生産のための手段としてのみ扱われ，人間の身体を含めた自然や生態系の豊かさが見失われることにもなった。

　これらの結果，**地球規模での**環境破壊が生じたり，動物や人間を機械としか見なさない動物機械論や人間機械論が唱えられたりすることになる。**前者は人類の生存そのものを脅かすことになり，後者は**生の尊厳**を無視することになりかねない**。また，二元論的な思考では，心身症などの心因性の身体疾患をうまく説明できない。

- 環境・生命倫理の問題の根底には，近代哲学に由来する問題が横たわっている。

# 基礎力チェック問題

**問1** ベーコンが批判した四つのイドラの記述として最も適当なものを、次の①〜④のうちから一つ選べ。

① 種族のイドラ：人間は、正確な感覚や精神を具えているが、個人的な性格の偏りや思い込みによって、事物の本性を取り違える可能性があるということ。
② 洞窟のイドラ：人間は、種に特有の感覚や精神の歪みを免れ得ないため、人間独自の偏見に囚われて、たやすく事物の本性を誤認してしまうということ。
③ 市場のイドラ：人間は、他者との交流の中で人が発した言葉を簡単には信頼しないため、しばしば真実を見失い、不適切な偏見を抱きやすいということ。
④ 劇場のイドラ：人間は、芝居等を真実だと思い込むように、伝統や権威を盲信して、誤った学説や主張を無批判的に受け入れてしまいがちだということ。

**問2** 精神に関するデカルトの見解として最も適当なものを、次の①〜④のうちから一つ選べ。

① 精神は、人間の根源にある欲望を統御する良心であり、教育を通じて社会の規範が内面化されたものである。
② 精神は、誠実なる神によって人間に与えられた良識であり、信仰に応じて各人に配分されているものである。
③ 精神は、思考を属性とする実体であり、延長を属性とする物体である身体から明確に区別されるものである。
④ 精神は、客観的な真理を追究しようとする高邁の心であり、情念と関わりをもたずに存在するものである。

**問3** 道徳についてのデカルトの考え方として適当でないものを、次の①〜④のうちから一つ選べ。

① 神の善性は懐疑をとおして認識される真理であり、この真理の認識が善い生き方にとって必要である。
② 情念とは精神の受動的な状態のことであって、情念を統御するところに徳がある。
③ 善と悪の根拠を明晰かつ判明に認識するまでは、行為についてどのような判断も下すべきではない。
④ 真偽を弁別する能力である良識は、すべての人間に平等に賦与されたものである。

---

**問1** [答]④
④ 適当
① 不適当：「種族のイドラ」ではなく、「洞窟のイドラ」の説明。
② 不適当：「洞窟のイドラ」ではなく、「種族のイドラ」の説明。
③ 不適当：「人が発した言葉を簡単には信頼しない」が不適当。「市場のイドラ」は言葉の不適切な使用から生じる。

**問2** [答]③
③ 適当
① 不適当：「教育を通じて社会の規範が内面化されたもの」が不適当。
② 不適当：「信仰に応じて各人に配分されているもの」が不適当。
④ 不適当：精神は、高邁の精神として情念（感情や欲情）を統御するので、「情念と関わりをもたずに存在するもの」ではない。

**問3** [答]③
③ 不適当：デカルトの暫定道徳論に照らして、「どのような判断も下すべきではない」は不適当。
①②④ 適当

8 新しい学問方法の模索

西洋思想 **2** 西洋の近代思想(4) rank

# 9 市民社会と人権思想の展開
～ホッブズ，ロック，ルソー

## 1 王権神授説と社会契約説

ヨーロッパでは，中世の封建社会が衰退すると，**王権神授説**を援用して国王の権力を正当化し絶対視する絶対王政の時代が到来した。

しかし，財産や教養のある人々（市民階級）を中心とする各地の民衆は，やがて君主による専制政治を打倒し，**市民革命**を成し遂げ，議会政治を確立した。こうした市民革命を支えたのが，**ホッブズ**（1588～1679）や**ロック**（1632～1704）や**ルソー**（1712～78）が展開した**社会契約説**である。

**王権神授説**
王権は神に由来する絶対的なものであり，人民は国王・国家の権威に服従しなければならないという説。フランスのボシュエらが説いた。

**社会契約説・自然法・自然権**
**社会契約説**とは，自然法・自然権思想によって立ち，**社会・国家は，それを構成する個人相互間の，自由意志に基づく契約によって成立する**という理論。
この社会契約説のもとになったのが，人間社会には自然界と同じように，人間の定めた約束事を超える普遍法則が存在するとする**自然法**思想。この自然法思想に基づいて主張される権利が**自然権**（個人が生まれながらにもつ権利）。

## 2 ホッブズ

社会契約説を唱えた一人が，17世紀の清教徒革命期に悲惨な内乱状態を経験した**ホッブズ**。彼は，人間を単なる物体と捉える唯物論を唱えたことでも知られている。

✣**ホッブズの社会契約説**（『**リヴァイアサン**』）
・自然状態（国家が存立する以前の状態）…利己的であり，自然権として**自己保存権**（自己保存のために必要なことをなす権利）をもつ人々が，自己保存の欲望を満たすために争う（「**人は人に対して狼**」「**万人の万人に対する闘争（戦争）**」）。
・社会契約…自然状態では，「人間の生活は孤独で，貧しく，険悪で，残忍で，短い」ので，**理性の命令（自然法）に従って，人々は自然権を統治者に全面的に譲渡**する約束をし，自然状態から脱して自らの命を保障されようとした。

✣**ホッブズの社会契約説の意義と影響**
・国家権力の根拠を，神ではなく市民相互の契約に求めたものであり，近代的な民

**主政治の理論の先駆け**となるものであった。しかし，結果的に，ホッブズの思想は，当時の絶対王政を肯定することになった。

## 3　ロック

名誉革命に参加し，「権利章典」の起草にも携わり，政教分離と寛容を説いた<u>ロック</u>も，独自の社会契約説を展開し，国家と社会のあり方を理論的に基礎づけた。

♣ **ロックの社会契約説**（『<u>市民政府二論</u>（<u>統治二論</u>）』）
- 自然状態…人は理性的で，自然権として**生命・自由・財産の所有（所有権）**をもって，おおむね自由かつ平和に暮らしている。しかし，自然状態では，法も公正に裁いて処罰する公的権力も存在しないので，**自然権の侵害をめぐって争いが生じても解決できない**。
- 社会契約…自然権の確保（所有権の保護）のために，人々は**代表者である政府（立法権は議会，執行権・同盟権は国王がもつ）に統治を信託**する約束をした（<u>議会制民主主義</u>・<u>代議制民主主義</u>）。なお，人々には<u>抵抗権</u>・<u>革命権</u>（信託に反する悪しき政府に抵抗したり，政府を取り替えたりする権利）があるとした。

♣ **ロックの社会契約説の意義と影響**
- 国家の主権が究極的には人民にあることや，政治が法の支配によって為（な）されるべきことを主張。**アメリカの独立宣言やフランスの人権宣言に影響**を与えた。

## 4　ルソー

18世紀のフランスの絶対王政下で，文明社会に批判的な目を向けた<u>ルソー</u>も社会契約説を展開した一人である。

♣ **ルソーの社会契約説**（『<u>人間不平等起源論</u>』『社会契約論』）
- 自然状態…**自己愛**と**憐憫の情（あわれみの心）**をもち，単純素朴で純粋無垢な自然人として，自由・平等・平和な理想的な生活をしている。しかし，孤独。
- 文明の形成…孤独を避けようと，人々は**私有財産制**と代議制を基礎とする文明を発達させたが，そこでは**不平等や悪徳が栄え，かえって自由が失われた**。
- 社会契約…失われた自由を回復するためには，人々は自発的に，**特殊意志**（個人の意志）でも**全体意志**（特殊意志の総和）でもない，<u>一般意志</u>（**譲渡も分割もできず，公共の利益を目指す全人民の普遍的意志**）への服従を相互に契約し，共同社会（**共和国**）を樹立する必要がある。

♣ **ルソーの社会契約説の意義と影響**
- ルソーは，文明社会において悪徳が栄えたり，人々が自由を失ったりしたのは，文明が代議制民主主義を発達させ，一部の人に政治的決定権を集中させているからだと見なした。
  そして，これとは異なる支配と服従関係のない<u>直接民主制</u>を構想。**人民主権の確立を目指したフランス革命の大きな原動力**となった。

# ここが共通テストの ツボ だ!!

## ツボ ① 社会契約説のもとになった自然法思想の起源について知ろう。

　自然法思想の起源は，理性が宇宙を支配していると考えた古代ギリシアの**ストア派**の思想にまで遡れる。彼らは，**理性が宇宙（自然）を支配している**と考えた。

　中世においては，キリスト教神学者が自然法思想を展開した。例えば，**トマス・アクィナス**は，世界は神の永遠の法（**永遠法**）によって支配されており，その法を**人間が理性によって捉えたものが自然法**であり，これは人間社会の基本規範であると説いた。

　近代では，「**自然法の父**」や「**国際法の父**」と呼ばれるオランダの法学者**グロティウス**<sup>(1583〜1645)</sup>（『**戦争と平和の法**』）が，**人間の理性に基づき，自然状態や自然権を考察**した。

- 　自然法思想の起源は，ストア派とキリスト教神学が説く法思想。
  自然状態や自然権について近代的な考察を行ったのがグロティウスら。

## ツボ ② ホッブズ・ロック・ルソーの思想の相違点を比較しておこう。

| | ホッブズ | ロック | ルソー |
|---|---|---|---|
| 人間の本性 | 自己保存的衝動 | 理性的 | 自己保存と憐憫の情 |
| 自然状態 | 「万人の万人に対する闘争」状態 | 自由・平和・平等だが，所有権が不安定 | 自由・平和・平等だが，人々は孤独 |
| 社会契約説 | 絶対権力者／市民 相互に契約 | 民主的代議政体／市民 相互に契約（共同社会） | 直接民主政体／市民 各自が一般意志と契約 |

- 　ホッブズ…宗教によらず，国家や法律の根拠を示したことに注目。
  ロック……私的所有権を根拠づけ，人民主権，法の支配をめぐる議論に注目。
  ルソー……人民主権を明確に基礎づける議論に注目。

## 基礎力チェック問題

**問1** 近代民主政治の理論的な基礎に関連する記述として最も適当なものを，次の①～④のうちから一つ選べ。

① ホッブズは，君主は外交権を握るべきであるが，国内においては，国民の信託を得た代表が国政を担当すべきであると説いた。
② ロックによれば，政府が国民の生命や財産を侵害した場合，国民は政府に抵抗する権利をもっている。
③ アメリカ独立革命を目撃したモンテスキューは，一般人民を主権者とする社会契約論を唱えて，フランス革命に影響を与えた。
④ 「人民の人民による人民のための政治」というリンカーンの言葉は，ルソーの説く一般意志と同じように，間接民主政治を否定している。

**問2** ロックの思想の説明として最も適当なものを，次の①～④のうちから一つ選べ。

① 権利は，すべて国家によって保障されるのだから，自然状態は万人の万人に対する戦いである，とロックは説いた。
② 自然状態から社会状態への移行を可能にするのは人間の本性であって，社会契約は関係ないとロックは説いた。
③ 平和状態は，社会契約後の国家間に成立するものだから，自然状態には存在しえない，とロックは説いた。
④ 理性と自然法が自然状態を支配しているかぎり，自然状態は基本的には平和状態である，とロックは説いた。

**問3** ルソーの社会契約説を説明した次の文章を読み，　a　～　c　に入る語句の組合せとして正しいものを，下の①～⑥のうちから一つ選べ。

　各個人は，人間としては　a　をもち，それは各個人が人民としてもっている　b　に反する，あるいは，それとは異なるものである。したがって，社会契約を空虚なルールとしないために，この契約は，次のような約束を暗黙のうちに含んでいる。すなわち，　b　への服従を拒む者は，共同体全体によってそれに服従するように強制されるという約束である。このことは，　c　であるように強制されることを意味する。

① a 特殊意志　　b 全体意志　　c 平　等
② a 全体意志　　b 一般意志　　c 平　等
③ a 一般意志　　b 全体意志　　c 自　由
④ a 特殊意志　　b 一般意志　　c 自　由
⑤ a 全体意志　　b 特殊意志　　c 平　等
⑥ a 一般意志　　b 特殊意志　　c 自　由

---

**問1**　[答] ②

② 適当
① **不適当**：「ホッブズ」ではなく，ロックの思想の説明。
③ **不適当**：「モンテスキュー」ではなく，ルソーの思想の説明。
④ **不適当**：リンカーンは，「間接民主政治を否定」しているわけではない。

**問2**　[答] ④

④ 適当
① **不適当**：「自然状態は万人の万人に対する戦い（闘争）である」と説いたのはホッブズ。
② **不適当**：「社会契約は関係ない」が不適当。
③ **不適当**：ロックは，自然状態を平和な状態と見なした。

**問3**　[答] ④

a：各個人の意志なので「**特殊意志**」がはいる。「全体意志」は，特殊意志の総和，一般意志は全人民の普遍的意志のこと。
b：「一般意志」がはいる。ルソーは，一般意志への絶対服従を説いた。
c：「自由」がはいる。ルソーによれば，人々が共同体を形成し，一般意志に従うのは，文明において失われた「自由」を取り戻すためである。

9 市民社会と人権思想の展開

西洋思想 **2** 西洋の近代思想（5） rank C

# 10 哲学的議論の深まり
## ～経験論者と合理論者，そして啓蒙思想家

## 1 （イギリス）経験論

　新しい学問の方法として，帰納法を提唱したベーコンと演繹法を提唱したデカルトの二人を出発点に，ヨーロッパの哲学界には，二つの哲学潮流が生まれた。
　そのうちの一つの潮流が，経験（観察・実験）を重視した**ベーコンにはじまる経験論**。イギリスを中心に発展していったことから，「**イギリス経験論**」とも呼ばれる。

♣（イギリス）経験論の系譜にある思想家
- **ロック**（『**人間悟性論**（人間知性論）』）…社会契約論者でもあるロックは，人の心はもともと「**白紙**（**タブラ＝ラサ**）」であると主張。つまり，人は生まれながらにはいかなる観念ももたず（**生得観念**の否定），**すべての観念は経験と反省によって得られる**と主張。
<small>(1685〜1753)</small>
- **バークリー**（『視覚新論』）…アイルランドの聖職者でもあった彼は，経験論を徹底し，**唯心論**の立場から「**存在するとは，知覚されること**」と主張。つまり，存在するのは，人間の知性とその経験，そして経験そのものを根底から支える神だけだと考えた。
<small>(1711〜76)</small>
- **ヒューム**（『**人間本性論**』）…バークリーが存在を認めていた人間の知性さえ，単一の実体ではなく，「**知覚の束**」にすぎないと主張。さらに，経験論を一層徹底し，**因果性（原因と結果のつながり）というものは，経験に基づいて想像力が作り上げた主観的な信念・仮説にすぎない**と主張（**哲学的懐疑論**）。
  → ヒュームの主張は，原因と結果によって成立する自然科学の存在根拠を脅かすものである。

## 2 （大陸）合理論

　もう一つの潮流は，真の認識は経験に基づかない，先天的な理性による認識であると考えた**デカルトにはじまる合理論**。特にオランダやドイツなどのヨーロッパ大陸で発展したことから，「**大陸合理論**」とも呼ばれる。

♣（大陸）合理論の系譜にある思想家
- **スピノザ**（『**エチカ**』）…「神が実在し，無限で完全なら，神に境界があってはならず，境界がないなら世界は神で満ちている」と論じた（**汎神論**）。この汎神論的な主張をもとに，デカルトが残した心身二元論（物心二元論）を乗り越え，**精神と物体（身体）は別々の実体ではなく，同じ神から流出する別の属性**なのだか
<small>(1632〜77)</small>

ら，精神と身体の作用は同時に起こると論じた。そして，些細な人間的なことがらに囚われず，**事物を必然的なものとして（永遠の相のもとに）認識することを，学問は為すべき**であると主張。

また，スピノザによれば，完全な神に偶然はないので，この世界の出来事は，すべて必然的に生起する。よって，自由な人間の行為というものはない。

・**ライプニッツ**（1646〜1716）（『モナドロジー（単子論）』）…**世界はモナド（単子）という非物質的で精神的かつ分割不可能な実体によって構成**されており，無数のモナドの間には神によって調和的な関係が定められていると主張（**予定調和説**）。

## 3　啓蒙主義

18世紀のフランスに，ロックなどの影響を強く受けた**啓蒙主義**を唱える思想家が現れた。彼らは，野蛮で未熟な状態からの脱出，すなわち身分制度などの因習や伝統という闇に支えられた**アンシャン・レジーム（旧体制）の束縛を否定して，理性の光によって，個人の自由や理性的精神を確立し，人間を解放**しようとした。

この代表が，『**百科全書**』（当時の最先端の科学的・技術的知識を紹介した大百科事典）の出版に協力した**百科全書派**をはじめとする**啓蒙思想家**たちである。

✤ **主な啓蒙思想家**
- **モンテスキュー**（1689〜1755）（『**法の精神**』）…二権分立論を説いたロックに対し，**三権分立論**（立法権・執行〔行政〕権・司法〔裁判〕権相互の抑制と均衡）を主張。
- **ヴォルテール**（1694〜1778）（『**寛容論**』）…宗教的不寛容や教会の横暴に対する批判を展開。**市民的自由**と**寛容の精神**を擁護。
- **ディドロ**（1713〜84）（『**ダランベールの夢**』）…宗教界や特権階級からの弾圧にあいながらも，『百科全書』を編集・刊行。その中心的役割を担う。**唯物論者**。
- **ダランベール**（1717〜83）…『百科全書』では，数学や力学など150の項目を執筆。

## 4　ルソーの文明批判

社会契約説を展開したルソーは，『百科全書』にも関わった。しかし，彼は文明化を進歩と見なして称揚したほかの思想家とは異なり，政治組織や社会制度だけではなく，人間性に立ち返って独自の思想を展開した。

・**文明批判**…ルソーにとって，**文明は悪徳のもと**であり，ほかの人が考えているように望ましいものではない。

・「**自然に帰れ**」…ルソーは，人々が自然状態においてもっていた人間らしさや感情を素直に表現できる，**自由で平等な社会を求めた**[☞p.47]。なお，「自然に帰れ」は，ルソー自身の言葉ではない。

・教育論…理性や自己抑制よりも**情緒と感情を高く称揚**し，『**エミール**』において，**自由教育**（児童の本性を尊重して自然な成長を促す教育）**を礼讃**した。こうした思想は，のちのカントに大きな影響を与えた。

10 哲学的議論の深まり　｜　51

# ここが共通テストのツボだ!!

## ツボ ① ヒュームの懐疑論が及ぼした様々な影響について知ろう。

　ヒュームは、①「**因果関係は、主観的な信念・仮説にすぎない**」と主張した。さらに、②「（キリストが復活したという）奇跡を見たという人がいたからといって奇跡が実際に生じたとはいえない」とも主張した。①は**自然科学の存在根拠を脅かす主張**であり、②はキリスト教の根源を否定することにもなる刺激的な主張であった。

　①に関しては、このヒュームの主張によって、カントは外界に因果律が支配する物体が実在すると思い込んでいた「**独断のまどろみ**」を覚まされたとして、**因果律の客観性の根拠を先験的な理性の能力に求める**批判哲学を構想した。

　②に関して、イギリスの牧師であり哲学者・数学者でもあったベイズ（1702～61）は、ヒュームの主張が間違っていることを数学的に証明しようとした。ベイズの思索は信仰を擁護することが動機であったが、**この因果関係を確率でもって記述するベイズの着想は、現在、AI（人工知能）の基本原理の一つをなすもの**となっている。

● 哲学的議論は、現在の最先端の科学技術にさえ影響を与えている。

## ツボ ② スピノザが説いた「神即自然」への理解を深めよう。

　物理学者のアインシュタイン（1879～1955）は、宗教的な見解についてラビから尋ねられたとき、「**私はスピノザの神を信じている。それは、あらゆる存在の秩序（ハーモニー）の中に現れ出る神であって、人間の運命や行動に関わる神ではない**」と応えたという。また、彼は、しばしば「**神は、サイコロを振らない**」とも発言した。

　これらの発言から、アインシュタインは、ユダヤ教・キリスト教が教えるような人格神を認めない汎神論者であり、この宇宙（自然）は合理的・調和的なものであって、そこに偶然はないと考えていたことが分かる。

　さらには、アインシュタインが親近感をもって「スピノザの神」に言及したのは、**スピノザがこの宇宙（自然）を貫く、偶然のない物理法則を「神」と呼び、その「神」の現れが、この宇宙（自然）だ**（神即自然）と考えていたからだともいえる。

● 「西洋思想の神＝ユダヤ教・キリスト教的な神」だと即断しないように。

# 基礎力チェック問題

**問1** ヒュームの懐疑論の説明として最も適当なものを，次の①〜④のうちから一つ選べ。

① 科学の方法は絶対的な真理を保証するものではないのだから，すべての判断を停止することによって心の平静を保つべきである。

② 最も賢い人間とは，自分自身が無知であることを最もよく知っている人間なのだから，自己の知を疑うよう心がけるべきである。

③ 帰納法から導かれる因果関係は，観念の習慣的な連合によって生じたのだから，単なる信念にすぎないことを認識すべきである。

④ 人間はたえず真理を探究する過程にある以上，真理は相対的なものでしかあり得ないので，つねに物事を疑い続けるべきである。

**問2** ライブニッツの思想の説明として正しいものを，次の①〜④のうちから一つ選べ。

① 真理を主張するには，個人の性癖や境遇などに囚（とら）われることで生ずる偏見を排除することが必要だと考える。

② ある主張は必ずそれと対立するものを含んでおり，それらを統一するところに真理の認識があると考える。

③ 個々人の精神はモナドであり，それぞれが表現する真理は，異なったままにあらかじめ調和がとれていると考える。

④ 真理というものは，自分にとって役立つものであり，個別的で相対的であるとともに条件的なものだと考える。

**問3** 18世紀に，当時のフランス社会を批判した思想家についての記述として正しいものを，次の①〜④のうちから一つ選べ。

① ディドロは，様々な国家制度を比較し，立法権・執行権・裁判権が互いに抑制し均衡をはかるシステムの重要性を認識し，それを欠いたフランスの専制政治を批判した。

② モンテスキューは，フランス政府からの度重なる発禁処分にもかかわらず，様々な学問や技術を集大成した著作を出版するとともに，人民主権の立場から，封建制を批判した。

③ ヴォルテールは，書簡形式の著作において，イギリスの進歩的な政治制度や思想をフランスに紹介することを通じて，フランスの現状が遅れていることを批判した。

④ パスカルは，人間が生まれながらにもつ自然な感情である憐（あわ）れみの情が，文明の発展とともに失われていくと分析し，不平等と虚栄に満ちたフランス社会を批判した。

---

**問1**　[答] ③

③ **適当**

① **不適当**：「すべての判断を停止することによって心の平静を保つべき」と唱えたのは，古代ギリシアの懐疑論者ピュロン。

② **不適当**：人々に「無知の知」の自覚を求めたソクラテスの説明。

④ **不適当**：モンテーニュの思想の説明。

**問2**　[答] ③

③ **適当**

① **不適当**：イドラの排除を唱えたベーコンの説明。

② **不適当**：弁証法で世界のあり方を説明しようとしたヘーゲルの説明。

④ **不適当**：プラグマティズムの立場から真理の相対性を唱えたジェームズの説明。

**問3**　[答] ③

③ **適当**

① **不適当**：「立法権・執行権・裁判権が互いに抑制し均衡をはかるシステムの重要性を認識」したのは，「ディドロ」ではなく，モンテスキュー。

② **不適当**：「モンテスキュー」ではなく，ディドロの事績の説明。

④ **不適当**：「パスカル」ではなく，文明批判を展開したルソーの事績の説明。

---

**10** 哲学的議論の深まり | **53**

# 11 認識論の展開と人格の尊重の思想 ～カント

## 1 カント

科学が進展した理性万能の時代に，理性の働きを再検討したのがドイツの<u>カント</u>(1724～1804)。
彼は認識論のみならず，**啓蒙主義者やルソーの影響のもと**，道徳哲学や人間学，さらに晩年には世界平和を唱える思想も展開した。こうした彼の思索を**批判哲学**（批判主義）といい，カントに代表されるドイツの思想を「<u>（ドイツ）観念論</u>」という。

✤**カントの代表的な著作**
・『<u>純粋理性批判</u>』『<u>実践理性批判</u>』『<u>判断力批判</u>』『<u>永遠平和のために</u>』など。

## 2 カントの認識論

カントは，哲学の二大潮流である**合理論と経験論に対する不満**を出発点に，人間の理性（精神）の働きのうち，まずは<u>理論理性</u>を分析。合理論と経験論を総合しつつ，**人間の認識は感性**（感覚）**と悟性**（知性）**が協働することで成立する**と主張（『純粋理性批判』）。

・出発点…合理論は独断論に，経験論は懐疑論に陥る（合理論は事実から遊離。経験論では認識の普遍的な正しさが保証されない）。つまり，**合理論と経験論では，あらゆる学問の基礎となる人間の認識を十分に説明できない。**
・主張の核心…認識の根拠を，認識の対象ではなく，先験的（ア・プリオリ）な理性の能力に求めた（「**認識が対象に従うのではなく，対象が認識に従う**」）。こうした変更を，カント自身が認識論における<u>コペルニクス的転回</u>と表現。

✤**理性について**

| 理性 | <u>理論理性</u>…現象界における科学的な認識に関わる理性の働きのこと。 |
|---|---|
| | ┌ **感性**…時間と空間という形式に従って，認識の素材を外から受け取る。この働きが直観。<br>└ **悟性**…量・質・関係・様相という形式（カテゴリー）に従って，感性が受け取った素材を整理し，概念をつくる。この働きが思考。 |
| | <u>実践理性</u>…道徳法則に従うように意志に働きかける理性の働きのこと。 |

## 3 カントの道徳哲学

カントは，**人間が自然法則（本能）のみに縛られた存在ではない**ことに注目し，人間の行為に関する分析を行う。そして，**行為の道徳性の有無を，その動機に従って判**

断する<u>動機説</u>（<u>動機主義</u>）の思想を展開し，人間の尊厳を謳った（『実践理性批判』）。
- 理性の命令と義務…カントは，自然界に自然法則があるように，人間にも普遍的な<u>道徳法則</u>（良心の声）があるという。そしてカントは，**個々人の理性（<u>実践理性</u>）が，道徳法則に合致するように個々人に命じるから，人はさまざまな場面で<u>義務</u>を感じる**という現実があると論じた。

　この理性の命令は，世間一般の忠告・助言のような<u>仮言命法</u>の形ではなく，常に普遍性を求める<u>定言命法</u>の形をとる。

❖ 仮言命法・定言命法の具体例と適法性・道徳性について

|  | 意志が<u>仮言命法</u>に従って行為する場合 | 意志が<u>定言命法</u>に従って行為する場合（<u>善意志</u>による行為） |
|---|---|---|
| 具体例 | もし商売で成功したいならば，客に愛想よくせよ（「**もし〜ならば，…せよ**」という形式）という命令。 | いついかなるときも，偽りの約束をしないようにせよ（「**…せよ**」という形式）という命令。 |
| 適法性道徳性 | <u>適法性</u>はあっても，道徳性がない行為（見かけ上は善い行為）。 | 普遍的な<u>道徳性</u>のある行為（真に善い行為，人間的な行為）。 |

- 道徳法則の定式化…理性は様々な命令を定言命法の形で下す。その命令は，「**汝の意志の<u>格率</u>（個人的な行動の原則）が常に同時に普遍的立法の原則として妥当し得るように行為せよ**（何かを為すとき，自分を含む万人が納得すると思えることを為せ）」という形式に集約できるという。
- 道徳性のある行為…カントは，道徳法則と合致した行為を為そうとする意志を<u>善意志</u>と呼び，これだけが，**この世で無条件に善いといえるものだと主張。行為が道徳性をもつには善意志を動機とするしかない**。

❖ カントにとって人間とは？　そして，人間の尊厳の根拠は？
- 人間の尊厳…人間は，ほかの動物と同様に自然法則（本能）にも従う。しかし，ほかの動物とは異なり，<u>道徳法則</u>にも従い得る。ここに<u>人格</u>（道徳法則に自ら進んで従う〔<u>自律</u>〕，自由な主体）としての<u>人間の尊厳</u>があるとカントはいう。
- 人格主義…こうした尊厳をもつ人間を，「**人格を単なる手段としてのみ扱うのではなく，<u>目的そのもの</u>（絶対的価値をもつもの）として尊重しなければならない**」とカントは説いた（<u>人格主義</u>）。

## 4　カントの社会哲学

カントは晩年，**道徳法則に従い，互いを目的として尊重する人々が住む国**（<u>目的の国，目的の王国</u>）を，人類が達成すべき究極の理想社会として掲げた。この理想社会の実現の第一歩として，世界平和が必要であると主張（『永遠平和のために』）。
- **世界平和の実現方法**…①将来の戦争を留保した平和条約の禁止，②軍隊の漸進的な削減，③各国の政治体制の民主化，④民主化された諸国による**世界平和機構の創設**などを国際連盟設立の約100年前に提案。

# ここが共通テストの ツボ だ!!

## ツボ ① カントの認識論について具体的に理解しておこう。

　猫の目は，人間の目の2倍の時間分解能があり，暗闇では人間の6倍以上よく見えているようだが，色彩に関しては人間の方が勝っている。例えば，猫は緑や青色は識別できるようだが，人間なら識別できる赤は識別できないだろうといわれている。

　このことをカント的に考えると，人間も猫も認識の対象から**感性**が受け取る素材は同じだが，それを整理し概念にする**悟性（知性）**が人間と猫で異なっている結果だと説明できる。さらに考えると，人間には同じ赤に見えているものも，人間以上の高い能力のある悟性をもつ宇宙人には別々の色に見えるのかもしれない。

　結局のところ，見ている対象の本当の色（物自体）は分からないのである。ましては，神の存在など，**経験できないものを認識することなどできず**，無理に議論しようとすれば，理論理性は**二律背反**の結果（相矛盾する結果）を導き出してしまう。

> ● カントは，認識の根拠を人間の外ではなく内に求め，その限界を明らかにした。

## ツボ ② カントがいう道徳性のある行為について，具体的な場面で考えてみよう。

　①将来も健康でありたいと思って，毎日ジムに通って体を鍛えている。
　②何があっても嘘をつかないことにしている。
　③間違えると嫌だから，分からなくても，教室では質問しないことにしている。
　④お金持ちになれそうだからという理由で，医学部を受験した。
　⑤赤信号で止まることは法律上の義務だから，毎回，止まるようにしている。

　上記の例のうち，カントのいう道徳性のある行為は②だけである。それ以外の①・③・④・⑤には，道徳法則に従う以外の動機が見出せるので，カントは道徳性を認めないだろう。もっとも，⑤に関しては，**道徳性はないものの，一般的には道徳的な行為**〔世間一般でそうすることが当然だと考えられていること〕と考えられる。

> ● カントは，たとえ行為の動機がよいものであろうと（例えば①），道徳法則に従うこと以外の動機に従った行為に道徳性を認めないことに注意。

56

## 基礎力チェック問題

**問1** カントの批判哲学についての記述として正しいものを，次の①〜④のうちから一つ選べ。

① 合理論と経験論の一面性を乗り越えるべく，両者の立場を総合して，人間が物自体を理性によって認識できると論じた。
② ヒュームの著作に影響を受け，自然科学の客観性を疑問視して，その基礎にある因果関係が主観的な信念であると論じた。
③ ロックの著作に影響を受け，人間の霊魂や神など，人間が経験できる範囲を超えた対象については，その存在を否定できると論じた。
④ 認識が成立する条件を考察し，人間の認識は，認識の素材を受け取る能力と，その素材を整理し秩序づける能力の両者から生じると論じた。

**問2** カントにとって，道徳的な人とはどのような人か。次の文章を参考にしながら，その事例として最も適当なものを，次の①〜④のうちから一つ選べ。

　無制限に善いと見なしうるものとしては，世界の内でも外でも，ただ善き意志しか考えられない。……善き意志は……意図された目的の達成に役立つことによってではなく，ただ意志することによって，つまり，それ自体で善いのである。
（カント『道徳形而上学原論』）

① Aさんは商売で客を公平に扱うことにしているが，それは，そうすることで信用が得られると考えているからである。
② Bさんは絶望的な状況にあっても死を選ばなかったが，それは，生き続けることが人間の義務であると考えたからである。
③ Cさんはいつも他人に親切であろうと努めているが，それは，他人からも親切にされたいと考えているからである。
④ Dさんはある嘘をついたが，それは，自分が嘘をつけば友人が助かることを知り，友情を大切にしたいと考えたからである。

**問3** カントは「目的の王国」という考え方を述べたが，その説明として最も適当なものを，次の①〜④のうちから一つ選べ。

① 人々が，他人を自分のための手段とのみ見なして行為することなく，お互いに人格として尊重しあって生きる社会が理想である。
② 神は，全宇宙の王としてすべてを支配し，教会はその代理を務めるのだから，教会への服従こそ道徳的共同体の基盤となる。
③ 社会は，皆が一致して追求する一つの目的によって統合されるのだから，個人の意志は社会全体の目的に統合されねばならない。
④ 自然界は，自然法則に受動的に従うものではなく，道徳的な完成への道を歩む一つの合目的的な機構である。

---

**問1**　[答] ④
④ 適当
① 不適当：「人間が物自体を理性によって認識できる」が不適当。
② 不適当：「因果関係が主観的な信念であると論じた」が不適当。
③ 不適当：「その存在を否定できると論じた」が不適当。

**問2**　[答] ②
② 適当：定言命法に従った行為。
① 不適当：「信用が得られる」ということを動機とする仮言命法に従った行為。
③ 不適当：「親切にされたい」ということを動機とする仮言命法に従った行為。
④ 不適当：一般によいものと考えられる動機であろうとも，道徳法則に合致しようとすることを動機として行為しない限り，それをカントは道徳的な行為とは認めない。

**問3**　[答] ①
① 適当
② 不適当：キリスト教（カトリック）的な世界観の説明。
③ 不適当：ルソーを想定した記述。
④ 不適当：設問が求めているる「目的の王国」ではなく，「自然界」についての記述になっているので正解にはならない。

西洋思想 **2** 西洋の近代思想(7)

# 12 人間の生きている歴史や場の思想 〜ヘーゲル

## 1 （ドイツ）観念論の展開

カントがこの世を去った1804年，フランスでナポレオンが皇帝となり，ヨーロッパの勢力図を塗り変えていった。こうした状況に応えたのが，『ドイツ国民に告ぐ』で知られる**フィヒテ**(1762〜1814)や，主客の根源的同一性（同一哲学）を説いた**シェリング**(1775〜1854)である。

彼ら「**（ドイツ）観念論**」の哲学者の中で最も重要なのが，これを大成し，フランス革命に出会い，革命によって生まれた市民社会の変容を見届けた**ヘーゲル**(1770〜1831)である。

❖ ヘーゲルの代表的な著作
・『**精神現象学**』『**エンチクロペディー**』『**法の哲学**』など。

## 2 ヘーゲルのカント批判

ヘーゲルは，カントの認識論や道徳論を批判しつつ，自らの思索を深めていった。
・認識論…カントは認識の正しさの根拠を理性の先験的な能力に求めたが，それでは，人間が住む現実や場そのものの理解が独善的なものになる。
・道徳論…カントの論じた自由は内面的な道徳的自由にとどまる。自由は，客観的に法・制度的自由としても保障されなければならない。

こうした批判を下敷きに，ヘーゲルは，主観的にも客観的にも自由を保障することを求め，**人間が生きている現実（人類の歴史）の運動・発展の過程と目的，そして，その現実において，人間が生きている場（人倫）の有り様について考察した。**

## 3 ヘーゲルの歴史哲学

人類の歴史を動かす主体は，一部の特権的階級ではなく，多くの市民や民衆である。もっとも，ヘーゲルは，人類の歴史の運動・発展には，個々人の意識の単なる総和ではない，**個々人の意識に先立つ必然性の法則が支配している**と考えた。

❖「**世界史は自由の意識の進歩である**」（『歴史哲学講義』）
・人類の歴史…ヘーゲルは，人類の歴史は，古代の王国の君主一人だけの自由な世界（東洋世界）から，古代ギリシア・ローマの市民たちの少数者の自由の世界（ギリシア・ローマ世界）へ，そして近代ヨーロッパの互いの自由を承認し合う，すべての人々が自由な世界（ゲルマン世界）へと発展してきたと見た。
・歴史の必然性…ヘーゲルは，偶然に見える歴史的過程の中にも，実は**自由**を求めて運動・発展するという一つの法則が支配していると考えた。このように歴史を

動かす論理・法則を**絶対精神（世界精神）**、その運動のあり方を**弁証法**という。

**絶対精神（世界精神）**

人類の歴史を根底で支配している論理・法則。ヘーゲルによれば、この絶対精神が人間の自由な活動を通じて（理性の狡知、理性の詭計）、自分の本質である自由を実現（自己外化）していく過程が歴史である。

**弁証法**

歴史をはじめ、人間の思考、自然や社会、文化などあらゆるものに見出される発展・運動のあり方。ヘーゲルは、「ある状態（正、テーゼ）のうちには、必ずそれを否定する力（反、アンチテーゼ）が含まれており、それらが総合・統一されること（アウフヘーベン、止揚）によって、より高次のもの（合、ジンテーゼ）になる。しかし、その合も一つの正に過ぎず、やがてまた止揚され、新たな合が生じる。…」というあり方をしながら、歴史をはじめ、あらゆるものが発展・運動すると考えた。

## 4　ヘーゲルの人倫の哲学　★★☆

カントの道徳論を極論すれば、奴隷の身であっても道徳法則に従っていれば自由な人格ということになるが、ヘーゲルはそれを認めない。ヘーゲルは、**内面的な道徳的自由が客観的に法・制度的自由としても保障されなければならない**と主張し（「**理性的なものは現実的であり、現実的なものは理性的である**」）、自由が実現され得る具体的な場（**人倫**）についても考察。ヘーゲルによれば、人倫は**家族**・**市民社会**・**国家**の三段階を経ながら弁証法的に発展する。

**人倫の三段階**

・**家族**………愛情で結ばれた共同体（**愛の共同体**）。しかし、個人の自由はない。
・**市民社会**…各自の利害を追求する**欲望の体系**。個人は独立し自由だが、常に争いがたえず、人間としての結びつきを失った**人倫の喪失態**。
・**国家**………家族のもつ人間相互の結びつきと、市民社会のもつ個人の独立性がともに活かされる人倫の完成態（地上における神の国）。

・主張と批判…ヘーゲルは、「**国家において人は真の自由を実現できる**」「**国家は人に安らぎと幸福をもたらす**」と主張。これに対しては、**国家の個人に対する優位性を強調し、当時の立憲君主制を擁護する理論だという批判**もある。

# ここが共通テストのツボだ!!

## ツボ ① ヘーゲルに大きな影響を与えた二人の思想家を知ろう。

ヘーゲルは，多くの思想家の考えを自らの思想体系に取り込んでいった。その中でも特に重要な二人が**ヘラクレイトス**と**スピノザ**である。

①「万物は流転する（万物流転）」と説いたヘラクレイトスの思索を，ヘーゲルは「**人類の歴史は弁証法的に運動・発展する**」という考えに取り込んだ。もっとも，ヘラクレイトスには発展という考えはないが，ヘーゲルは人類の歴史を発展的に捉えている点で両者は異なる。

②汎神論（神即自然）を唱えたスピノザの思索を，ヘーゲルは「**絶対精神（世界精神）という歴史を根底で支配している論理・法則がある**」という考えに取り込んだ。もっとも，スピノザの世界は必然が支配しており人間に自由はないが，ヘーゲルの世界では必然に荷担する人間の自由が認められている点で両者は異なる。

- ヘラクレイトスとスピノザの思想とヘーゲルの思想の共通点と相違点を知って，難しいヘーゲルの思索の理解の助けにしよう。

## ツボ ② ヘーゲル哲学の後世への影響について知ろう。

ヘーゲルは思想界に君臨し，ヘーゲル学派と呼ばれる集団を形成するに至った。彼の死後，この学派は左右に分裂したが，保守的な右派は時代の要請に応えられず衰退した。一方，ヘーゲル哲学から観念論的な傾向を取り除こうとした左派は，社会主義思想へと発展し，ヘーゲル哲学を離れてしまった。このヘーゲル左派を代表する人物は，**フォイエルバッハ**(1804〜72)，**マルクス**(1818〜83)，**エンゲルス**(1820〜95)らである。**彼らは個人よりも集団を重視し，歴史を支配する法則がある**とした点では，ヘーゲルと共通している。

ヘーゲルの**集団主義的・歴史主義的傾向を批判**したのが，実存主義思想の先駆者**キルケゴール**である。しかし，彼も実存への段階を弁証法的に説明するなど，ヘーゲルの影響を強く受けている。

- ヘーゲルの哲学は，社会主義思想によって制度的改革を目指す思想に，実存主義思想によって内面の解放を目指す思想に昇華されていった。

## 基礎力チェック問題

**問1** ヘーゲルによるカント批判として最も適当なものを，次の①〜④のうちから一つ選べ。

① 責務を担う主体は，この私自身であるから，道徳は自己の実存に関わる真理の次元で具体的に考える必要がある。
② 責務を果たす手段は，物質的なものであるから，道徳の具体的内容を精神のあり方から観念的に考えてはならない。
③ 責務を担う場面は，人間関係や社会制度と深く関わっているから，これらを通して道徳を具体化せねばならない。
④ 責務を果たす目的は，人々の幸福の具体的な増大にあるから，道徳的に重視すべきは行為の動機よりも結果である。

**問2** ヘーゲルの歴史観についての説明として最も適当なものを，次の①〜④のうちから一つ選べ。

① 絶対精神は，歴史の発展過程において，道徳によって人間を外側から，法によって人間を内側から規制し，最終的に両者の対立を総合した人倫において，真の自由を実現する。
② 絶対精神は，自らの抱く理念を実現する過程において，理性の狡知を発揮して，自らの意図に沿うように人間を操り，歴史を動かしていくことで，真の自由を実現する。
③ 絶対精神は，歴史の発展過程において，人倫によって人間を外側から，道徳によって人間を内側から規制し，最終的に両者の対立を総合した法において，真の自由を実現する。
④ 絶対精神は，自らの抱く理念を実現する過程において，理性の狡知を発揮して，国家同士を争わせ，歴史を通してそうした対立状態を保ち続けることで，真の自由を実現する。

**問3** ヘーゲルは市民社会の現実についてどのように考えたか。その説明として最も適当なものを，次の①〜④のうちから一つ選べ。

① 市民社会では，人々の自立が十分には自覚されていないが，愛情によって結びついた共同性が成立する。
② 市民社会では，人々が自分の欲望充足を目指して行為するため，人々の間で利害をめぐる対立状況が成立する。
③ 市民社会では，人々が競争することによって生み出される経済的な不平等は解消され，万人の自由を実現する共同性が成立する。
④ 市民社会では，人々は欲望実現のために結びつくので，法律の強制によらずして互いの利益を尊重した調和が成立する。

---

**問1** [答] ③
③ 適当
① 不適当：**実存主義者**によるカント批判である。
② 不適当：ヘーゲルが「精神のあり方から観念的に考えてはならない」と論じることはない。
④ 不適当：**功利主義者**によるカント批判である。

**問2** [答] ②
② 適当
① 不適当：**道徳は内側から，法は外側から人間を規制**する。
③ 不適当：「法」と「人倫」を入れ替えれば正文になる。
④ 不適当：**絶対精神が操るのは個人**，国家同士を争わせるのではない。

**問3** [答] ②
② 適当
① 不適当：市民社会は，「愛情によって結びつい」ていない。
③ 不適当：市民社会においては，「経済的な不平等は解消され」得ることも，「万人の自由を実現する共同性が成立する」こともない。
④ 不適当：市民社会の結びつきには「法律の強制」が必要。

西洋思想 2 西洋の近代思想(8)　rank A

# 13 個人と社会の調和を目指す思想
～アダム・スミス，ベンサム，ミル

## 1　古典派経済学の発生～アダム・スミス

　諸国に先駆けて市民革命を成功させた18世紀のイギリスでは，産業革命が進展していた。こうした社会に住む人々の哲学的関心は，**公益と私益(個人的な利益)の関係**や，政治生活の基準といった，人々の生活に直結することに向けられた。
　ヒュームの友人であり，「古典派経済学の祖」の**アダム・スミス**(1723～90)もその一人。

❖**アダム・スミスの思想**(『諸国民の富(国富論)』『道徳感情論』)
- 経済論…スミスは，各人の経済的な自由を主張したうえで，**各人の自由な利己心(私益)の追求が，まるで「(神の)見えざる手」が働くかのように社会全体の利益(公益)を増進させる**と主張。
　　こうした主張から，経済活動に対する政府の干渉を否定する立場である**自由放任主義(レッセ・フェール)** が生まれた。
- 道徳論…スミスは，無制限な私益の追求を認めたわけではない(したがって，スミス自身が自由放任主義を唱えていたとはいえない)。
　　むしろ，**人間には自分の行為を観察する「公平な観察者(第三者)」の共感(同感)を得ようとする道徳感情が具(そな)わっているため，この観察者の反感を買うような行動を避けようとする自己規制が自然に働く**と論じている。

## 2　量的功利主義の思想～ベンサム

　ヒュームの影響を受けつつも，**ベンサム**(1748～1832)は，近代科学の大きな影響のもと，**功利性の原理**を唱え，**量的功利主義**という社会改革のための道徳理論を構築。

❖**ベンサムの思想**(『道徳および立法の諸原理序説』)
- **功利性の原理**…幸福(快楽)を増やすものが善，減らすものを悪とする原理。この原理を道徳や法の原理とする立場を**功利主義**という。
- **量的功利主義**…社会は，**快楽を求め苦痛を避ける個人**からなる。したがって，為(な)すべき行為を明確かつ客観的に示すには，個々人の快楽を数量化して計算し(**快楽計算**)，**最大多数の最大幸福**(最も多くの人の最も多くの幸福)を実現する行為や政策を選択すればよいとする立場(**結果説**)。
- **制裁(サンクション)**…個人の利己的な行動を規制するには，**外的制裁**(他者からの強制)が必要であると主張。また，**パノプティコン(一望監視システム型刑務所**，円形状の建物の中央に常時，囚人を監視する看守を，そのまわりに独房を配

置する建物)の建設を提案。ベンサムは，人道的に，更正を促すものとして提案した。しかし，現代フランスの哲学者フーコーは，これに現代の監視社会・権力社会の原型を見出した。

| 物理的・自然的制裁 | 肉体的苦痛 |
| --- | --- |
| 政治的・法律的制裁 | 法律による罰<br>ベンサムが最も重視 |
| 道徳的制裁 | 社会的な非難 |
| 宗教的制裁 | 死後の裁き |

他方，ミルは内的制裁(良心)を重視

- **動物の権利**…ベンサムは，**人間と動物をわける根本的なものはない**のだから，人間同様，動物に対して苦痛を与える行為は悪であると主張。ここから，彼は**動物の権利**を主張した先駆者とされている。

## 3　質的功利主義の思想〜J. S. ミル

功利主義思想家のもう一人の代表が**ミル**（1806〜73）。彼は，利己主義的だと見なされていた功利主義の思想を利他的かつ理想的なものに修正した。

♣ **J. S. ミルの思想**（『自由論』『功利主義』）

- 人間観…人間は，成長とともに，質の低い幸福(快楽)よりも質の高い幸福を求めて**進歩する存在**。つまり，人間は「**満足した豚よりも，不満足な人間のほうがよい。満足した愚か者よりも，不満足なソクラテスのほうがよい**」のである。
- **快楽計算の否定**…快楽には，量の差だけではなく質的な差があり，人間としての尊厳や品位にふさわしい質の高い精神的快楽がある。したがって，**快楽を数値化することはできない**。
- **質的功利主義**…功利主義が目指すべきは，個々人の感覚的快楽の増大よりも，人としての誇りや尊厳の感情，あるいは他人のために尽くす**利他的な行為がもたらす個人的かつ社会全体の精神的快楽の増大である**とする立場。

　これに関して，ミルは，自らの功利主義思想を「**人からして欲しいと思うことを，人にもそのようにしなさい**」というイエスの隣人愛の教え(**イエスの黄金律**)を受け継ぐものだと見なした。

- **内的制裁**…人は成長とともに**良心**を発達させ，その責めを感じることに注目。ベンサムが挙げた四つの制裁に加えて，**良心**による**内的制裁**があることを指摘し，重視した。
- 自由について…**自由(特に精神的自由)が確保されていなければ，人は精神的快楽を求めることも，良心を働かせることもない**。それゆえ，功利主義の理想を実現するためにも，個人の自由は最大限に尊重されなければならないと主張。仮に**個人の自由が制限されるとすれば，その自由によって他人の自由が損なわれるときだけである**とも説いた(**他者危害原則**)。
- **女性参政権の拡大**…1865年の下院議員選挙に立候補し，女性参政権の拡大を掲げて当選。さらに『**女性の隷従**』を著し，広く女性解放を訴えた。

## ここが共通テストのツボだ!!

### ツボ ❶ ベンサムとミルとカントの思想の違いを押さえておこう。

　**ベンサムの思想は，近代科学の大きな影響を受けている**。それゆえ，彼は快楽という精神的なものを客観的な数値に置き換えて考えようとした。これに対して，**ミルは快楽を数値化することに反対した**。さらに，「人間」ならば，良心や共感の心があるから，より高級な快楽を選択するとした。良心を持ち出したことで，カントの思想に近づいたと思う人もいるだろう。

　しかし，**カントとミルの思想には決定的な違いがある**。**動機説**の立場をとるカントは行為の道徳性を考えるとき，行為の結果については考慮しない。これに対して，**結果説**をとるミルは動機よりも行為の結果から，行為の道徳性を考えようとする。

- カント……行為の結果は問わず。動機に基づいて行為の道徳性を評価。
  ベンサム…行為の動機は問わず。結果（数値化可）に基づいて行為の道徳性を評価。
  ミル………行為の動機は問わず。結果（数値化不可）に基づいて行為の道徳性を評価。

### ツボ ❷ 具体例とともに功利主義思想の問題点についても理解を深めておこう。

　環境問題や南北問題をめぐり，ハーディンが論じた「**救命ボートの倫理**」を功利主義的に考えてみよう。「救命ボートの倫理」とは，「**海難事故が起きた。最大60人まで乗ることのできる救命ボートに，すでに50人が乗っている。海には100人が投げ出されている。さて，このとき，どう行動すべきか？**」という想定問題である。

　ベンサムなら，全150人の社会的効用（社会的にどれだけ役に立つか否か）を計算し，さらに救命ボートの安全確保も考えて，社会的効用が高い順に50人を救命ボートに乗せるべきだと主張するかもしれない。これに対し，ミルは，すでに乗っている50人の良心に訴えて，何人か救命ボートから降りてもらうというかもしれない。

　もちろん，他の選択肢もあるが，いずれも何らかの批判を免れえないだろう。

- 道徳の原理として功利主義は説得力があるが，具体例をもとに考えると，一般には非倫理的に見える行動を是認する可能性もある思想ともいえることを知ろう。

# 基礎力チェック問題

**問1** アダム・スミスの思想の内容の記述として最も適当なものを，次の①〜④のうちから一つ選べ。
① 財の分配において各人を等しく一人として数える平等の原則が，道徳の原理であると同時に立法や行政を指導する理念となる。
② 道徳の原理となるのは共感であり，自己利益を追求する行為は，公平な第三者の視点から共感が得られる範囲内で是認される。
③ ある知識が真理であるか否かは，その知識に基づいて行動した場合に有益な結果が得られるか否かによって決定される。
④ 快楽には，人間らしい能力を発揮するときに感じられる高級な快楽と，動物的で低級な快楽とがあり，人間は高級な快楽を求めることができる。

**問2** ベンサムに従うと，人はどのように快楽や苦痛を計算すべきであるか。その具体例として最も適当なものを，次の①〜④のうちから一つ選べ。
① お喋りしながら缶入りのお茶を飲むよりも，お茶会の方が精神的な深さがある。こちらの方が高尚な快楽である。
② 彼女は立派な人格の持ち主で，誰からも尊敬されているから，彼女の得る快楽には二人分の快楽の価値を認めよう。
③ たちまち飽きがきてしまうような玩具よりも，長く遊べるような玩具の方が，大きな快楽を与えてくれる。
④ とてもおいしいご馳走だった。そのせいでおなかをこわしたとしても，ご馳走が与えた快楽が差し引かれるわけではない。

**問3** 「進歩」という観点から人間の歴史を考えたミルの思想についての記述として最も適当なものを，次の①〜④のうちから一つ選べ。
① 人類の歴史は，神学的段階，形而上学的段階，実証的段階という知の発展段階に並行して，軍事型社会，法律型社会，産業型社会の順に進歩する。
② 生物進化論は社会にも適用可能であり，適者生存の原理によって社会は進化する。
③ 個々人の多様な個性の自由な発展こそが社会の進歩をもたらすのであるから，他者に危害を加えない限り，自由の規制はするべきではない。
④ 人類の歴史は自由が実現される進歩の過程であり，人間の自由は国家において最高の形で実現される。

**問1** [答] ②
② 適当
① 不適当：自由放任主義的な立場をとるアダム・スミスは，道徳の原理を積極的には唱えない。
③ 不適当：ジェームズの思想の説明。
④ 不適当：快楽には質的な差異があると述べたのはミルである。

**問2** [答] ③
③ 適当：ベンサムは，快楽計算の基準として，強度・持続性・確実性・遠近性・多産性・純粋性・範囲の七つの基準を用いた。
① 不適当：ベンサムは，快楽の質的な差は考慮しない。
② 不適当：ベンサムにとって，快楽の価値が人によって変わることはない。
④ 不適当：「おなかをこわす」ことにより，快楽は差し引かれる。

**問3** [答] ③
③ 適当：他者危害原則を想起しよう。
① 不適当：実証主義を唱えたコントの思想の説明。
② 不適当：社会進化論を唱えたスペンサーの思想の説明。
④ 不適当：国家を人倫の完成態と捉えたヘーゲルの思想の説明。

13 個人と社会の調和を目指す思想

西洋思想 ③ 西洋の現代思想(1)

# 14 観念論の克服と社会変革の思想
~実証主義・進化論と社会主義思想

## 1 空想的社会主義

　18世紀半ばに興った産業革命によって，ヨーロッパの経済力は飛躍的に増大する一方，多くの労働者が劣悪な労働条件下で過酷な労働を強いられていた。
　こうした状況に対して，**人道主義的な立場から**，労働条件や労働者の生活環境を改善，あるいは理想社会を建設していこうとする人々が現れた。

❖**空想的（ユートピア的）社会主義者たち**（エンゲルスらが批判的に命名）
- **サン=シモン**（1760〜1825）（フランス）…産業者（資本家・科学者・労働者）の自主的管理・支配（合理的経済統制）による**搾取のない産業社会を構想**。
- **オーウェン**（1771〜1858）（イギリス）…紡績工場の経営者として，労働者の雇用環境の改善。その後，理想社会の建設を目指してアメリカに渡り，**自給自足を原則とし私有財産のない共同社会ニューハーモニー村**の建設を試みる（ただし，試みは失敗）。
- **フーリエ**（1772〜1837）（フランス）…商業活動の欺瞞を批判するとともに，**農業共同体（ファランジュや共同体住居ファランステール）を構想**。

## 2 実証主義・進化論

　19世紀には，社会主義思想のような実践的な思想が現れる一方，科学技術の発展を受けて，社会の進歩や進化を科学的・理論的に捉えようとする思想も現れた。

❖**実証主義者・進化論者**
- **コント**（1798〜1857）（フランス）…社会学の祖。経験を超えた知識を否定し，検証できる経験的事実だけを知識の源泉とすべきだと主張（**実証主義**）。
　さらに，自然諸科学が，そうした実証的段階に達しているのに対し，社会学が遅れていると批判。**実証科学としての社会学**の確立に尽力。
- **ダーウィン**（1809〜82）（イギリス，『種の起源』）…自然界においては生存競争が行われ，環境（生活条件）によりよく適応した個体とその子孫が生き残り，環境に応じた変異を起こさなかった個体は淘汰されると考えた。
　この**自然選択**（**自然淘汰**）こそが，生物が進化する要因だと主張（**生物進化論**）。
- **スペンサー**（1820〜1903）（イギリス）…彼も社会学の祖。人間の社会を生物のような有機体と捉え（**社会有機体説**），社会は，適者生存の法則によって，全体優位の集権的な軍事型社会から，個人優位の分権的な産業型社会へと進化すると論じた（**社会進化論**）。

## 3　科学的社会主義　★★★

オーウェンらの後，資本主義社会に内在する矛盾を経済学や哲学を駆使して明らかにし，その克服を目指したのが，ドイツの<u>マルクス</u>（1818～83）や<u>エンゲルス</u>（1820～95）。

### ✤マルクスの思想（『共産党宣言』『資本論』『経済学・哲学草稿』）

- 人間観・労働観…<u>人間は元来，労働を通して他人と関わり，人間的な連帯をつくり出し，そうした労働に喜びを見出す存在</u>（<u>類的存在</u>）である。

　しかし，資本主義社会では，労働が生活を維持するためだけの手段になり下がり，非人間的で苦痛を与えるだけのものになっている（<u>労働の疎外</u>）。

- <u>土台</u>と上部構造…<u>人間の歴史や社会の基盤は，生産活動（生産力と生産関係）にある</u>（「人間の社会的存在がその意識を規定する」）。法律・政治・文化などの人間の精神活動は，<u>土台</u>（<u>下部構造</u>）に支えられた上部構造にすぎない。

- <u>唯物史観（史的唯物論）</u>…労働者階級（プロレタリアート）が働けば働くほど資本家階級（ブルジョワジー）に富が集中し，労働者は貧しくなっていく。

　しかし，こうした状況は長くは続かず，たえず増大する生産力と，固定化する傾向をもつ生産関係との矛盾が，資本家と労働者の間の対立（<u>階級闘争</u>）を次第に激化させ，生産関係の変革（<u>社会革命</u>）を生み出す。

　つまり，マルクスは，<u>資本主義社会が必然的かつ弁証法的に社会主義社会，そして，その後の共産主義社会へ移行する</u>と分析。

- <u>労働者による革命理論</u>…<u>社会全体による生産手段の共有（社会的所有）を前提とする</u><u>共産主義社会</u>は支配や抑圧のない社会であり，ここにおいて人々は平和のうちに自己のあるべき姿を追求できると主張。

　ゆえに，<u>労働者は団結して</u><u>革命</u><u>を起こし，一刻も早く歴史を前進（社会主義社会へと移行）させなければならない</u>とマルクスは訴えた。

## 4　マルクス後の社会主義　

マルクスの社会主義思想は，後世に大きな影響を与え続けている。

### ✤マルクス後の主な社会主義者たち

- <u>レーニン</u>（1870～1924）（ロシア，『帝国主義論』）…ロシア革命を指導し，世界初の社会主義国家（ソ連邦）を実現。ただし，ソ連邦は1991年に崩壊。
- <u>毛沢東</u>（1893～1976）（中国）…中国の現状に応じた革命論（新民主主義論）を唱え，中国での社会主義革命を指導。ただし，現在の中国は，社会主義市場経済体制。
- <u>ベルンシュタイン</u>（1850～1932）（ドイツ）…マルクスの革命理論を否定。**議会制民主主義を通じた<u>漸進的な社会改良</u>**を主張（<u>修正マルクス主義</u>）。ドイツ社会民主党を指導。
- <u>ウェッブ夫妻</u>（1859～1947/1858～1943），<u>バーナード・ショウ</u>（1856～1950）（イギリス）…もとからマルクス主義に否定的。資本主義の欠陥の除去と，**<u>社会保障制度を完備した道徳的で自由な社会</u>**の実現を目指す（<u>フェビアン主義</u>）。イギリス労働党の結成に貢献。

# ここが共通テストのツボだ!!

## ツボ 1 コントの実証主義の主張について理解を深めておこう。

コントは，①自然科学の方法を積極的に受け入れ，②経験的事実によって検証される知識だけを本当の知識と考え，③人間や社会のあり方を捉えようとする。この立場から，コントは，人間の知識および社会は以下のように発展すると論じた。

神学的段階………あらゆる現象が，擬人化された超自然的な神の意志などを根拠として説明される段階。軍事的社会を形成。
↓
形而上学的段階…事物の起源や目的を，現象の背後にある本質・本性を想定して，抽象的に説明しようとする段階。法律的社会を形成。
↓
実証的段階………検証可能な経験的事実に即して諸現象の法則を探究し，それによって現象を説明しようとする段階。産業的社会を形成。

● コントが論じた人間の知識や社会の三段階説を確実に理解しておこう。

## ツボ 2 マルクスの思想の源泉を押さえておこう。

レーニンによれば，マルクスの思想の主な源泉は，以下の三つである。

①**ドイツ哲学**…主にヘーゲルとフォイエルバッハ。ヘーゲルからは，人類の歴史には運動・発展の法則があるという思想と弁証法を取り入れ，階級闘争論へと発展させた。ヘーゲルから観念論的要素を取り除いていったフォイエルバッハからは唯物論の思想を取り入れ，意識（絶対精神）について語るヘーゲルに対し，マルクスは「**人間の意識がその存在を規定するのではなくて，逆に，人間の社会的存在がその意識を規定する**」と述べ，社会的存在（土台，生産活動）を第一に探究した。

②**イギリス経済学**…アダム・スミス。経済・社会を分析する方法として取り入れ，資本主義経済のもとで，いかに労働者が搾取されているかを分析。

③**フランス社会主義**…サン＝シモンやフーリエらフランスの空想的社会主義者。マルクスは，彼らと搾取のない平等社会という理念を共有している。

● 三つの源泉の中でも，批判と受容が共存しているヘーゲルに注目しよう。

## 基礎力チェック問題

**問1** サン＝シモンの主張として最も適当なものを，次の①〜④のうちから一つ選べ。

① 資本主義における貧富の差，労働者や女性の隷属の主な原因は，商業資本家の強欲にあると説き，協同組合に基づく理想社会を構想した。

② 人間の性格に対して，家庭や教育，労働などの環境が与える影響は重大であると説き，アメリカに渡って理想の共同社会の建設を目指した。

③ 資本主義の弊害を除去するためには，利潤の公平な再分配や主要産業の国有化が必要であると説き，議会活動を通じた社会改革を目指した。

④ 産業を科学と有機的に結び付けることで組織化すれば，合理的な社会が作られると説き，労働者を含む産業者による社会の管理を目指した。

**問2** コントの主張として最も適当なものを，次の①〜④のうちから一つ選べ。

① 本当の知識は，合理的思考のみによって得られるものに限られるので，感覚に由来する知識は退けねばならない。

② 本当の知識は，観察された事実を基礎とするものに限られるので，経験を超えたものに関する知識は退けねばならない。

③ 本当の知識は，純粋に事柄を見る態度に基づくものに限られるが，実用のためのものでも知識として認められる。

④ 本当の知識は，実生活にとって有用なものに限られるが，宗教的なものも，有用であれば本当の知識として認められる。

**問3** マルクスの思想の説明として最も適当なものを，次の①〜④のうちから一つ選べ。

① 本来自由な人間は，自分のあり方を選ぶことで人類全体のあり方を選んでいるので，個々の状況において決断し社会参加することが求められている。

② 行為の結果は，個人の幸福よりも社会の幸福にとってどれほど有用かという視点から評価される。

③ 労働は自己実現活動であるはずだが，現実の労働者はその労働力が商品化されて搾取され，労働が苦役となっている。

④ 革命による根本的な体制変革ではなく，啓蒙や宣伝によって漸進的な改良を進め，社会保障制度の充実などが優先されるべきである。

---

**問1** [答] ④

④ 適当
① 不適当：フーリエについての説明。「協同組合」とは，ファランジュのこと。
② 不適当：オーウェンについての説明。「共同社会」とは，ニューハーモニー村のこと。
③ 不適当：ウェッブ夫妻についての説明。「産業の国有化」や「議会活動を通じた社会改革」に注目しよう。

**問2** [答] ②

② 適当
① 不適当：デカルトの主張。
③ 不適当：アリストテレスの主張。「純粋に事柄を見る態度」とは，観想（テオリア）的生活のこと。
④ 不適当：ジェームズの主張。

**問3** [答] ③

③ 適当：マルクスの「労働の疎外」の説明になっている。
① 不適当：サルトルの主張。
② 不適当：有用性に注目したのは，プラグマティズムの思想家たち。
④ 不適当：ウェッブ夫妻などフェビアン主義，もしくは修正マルクス主義のベルンシュタインの主張。

---

14 観念論の克服と社会変革の思想 | 69

西洋思想 ③ 西洋の現代思想(2)　rank A

# 15 理性主義・合理主義への反発
## ～生の哲学と実存主義

## 1 生の哲学（実存主義の先駆者）

19世紀中ごろから20世紀にかけてのヨーロッパでは、**理性主義・合理主義に偏った思想のあり方に反発し、本来の人間の生き方を回復しようとする思想が生まれた。**

❖**キルケゴールの思想**（『死に至る病』『あれか，これか』『不安の概念』）（1813～55）
- 絶望…自分のすべてを賭けて実現すべき主体的真理を追求するのが真の自己（現実存在，実存）である。にもかかわらず、人々は平均化・画一化されて大衆の一員となり、本来の姿を放棄し、自己喪失の状態（絶望）にある。
- **実存の三段階**…人は、快楽や美などの刹那的な快楽を求める美的実存の段階とその挫折、次に社会や家庭で誠実に倫理的な義務を果たそうと生きる倫理的実存の段階とその挫折を経験する。
  　しかし、最終の宗教的実存の段階、すなわち、理性によらず、**ただ一人で神と向き合う**単独者**として信仰に生きることで、真の自己を回復できる。**

❖**ニーチェの思想**（『ツァラトゥストラはこう言った』『善悪の彼岸』）（1844～1900）
- 時代批判…キリスト教道徳は、救いを来世に求め、弱者に、現世を支配する強者に対する怨恨（ルサンチマン）を植えつける。この現世否定的な奴隷道徳が、現代を**生きる意味や目的のない**ニヒリズム**の時代**としてしまった。
- 善悪の彼岸…また一方、学問の発達によって「神は死んだ」現代では、キリスト教道徳に基づく伝統的な価値や善悪の区別も意味を失っている。
- 発想の逆転…ニーチェは、反キリスト者の立場から、人が力への意志（より強大になろうとする根源的な生命力）という生の本来のあり方を取り戻す契機となるとして、この**意味も目的もなく無限に反復する**永劫回帰**の世界を**評価（能動的ニヒリズム）。
- 生の回復…この永劫回帰の世界を受け入れ（運命愛）、力への意志を体現し、「これが人生か、さらばもう一度」と人生を限りなく肯定し、**生きる意味や目的を自ら生み出す**超人**のごとくに生きよ**と人々に説いた。

## 2 実存主義（実存哲学）

20世紀になると、キルケゴールやニーチェの影響のもと、ドイツではヤスパース（1883～1969）やハイデガーが、フランスではサルトルが、科学技術の支配する大衆の時代において（1889～1976）　　　　　　　　　　　　　　（1905～80）人々が自己を喪失していることを批判し、実存を取り戻すための思想を展開した。

## ❖ ヤスパースの思想（『哲学』『理性と実存』）

- 現実の人間…自分の力や科学技術では克服できない限界状況（死・苦悩・闘争・罪の意識など）に直面したとき，人はその不安と絶望の中で挫折する。
- 真の実存…その挫折を通じて自己の有限性を自覚し，人間や世界を包みこみ，根底で支えている超越者（包括者）と出会う。これにより，人は支えを得て，本来の自己である実存に目覚める（実存開明）。

  こうした人同士が，理性によって，誠実に互いの根源を問いかけ合う実存的な交わり（愛しながらの戦い）を結ぶとき，真の実存が成立する。

## ❖ ハイデガーの思想（『存在と時間』）

- 現代社会について…現代は，あらゆるものを技術的な操作の対象とし，その利用価値を求めて奔走している時代。そこでは，「事物がどのようにあるのか」は問われても，「事物があるということ自体（存在）」は問われない（存在忘却）。

  つまり，現代は，存在の足場の見えない（故郷喪失）時代だと批判。

- 現代人について…人間は唯一，「存在とは何か？」と問うことのできる存在（現存在・ダーザイン）であるが，現代人は，モノのような没個性化・平均化した「ひと（ダス・マン）」の生に頽落している。

  つまり，現代人は，漠然とした不安からくる日常性にかまけ，「世界-内-存在（この世界において，人やあらゆるものとの関係性の中で自らのあり方を確かめる者）」としての自らのあり方を見失っていると批判。

- 実存の回復…このような状態から脱し，人が真の自己を取り戻すには，自分が，自ら引き受けるしかない死に向かって生きる存在（死への存在）であると自覚し，不安の中で良心に従い，人生を真剣に生きることが必要だと説いた。
- 晩年のハイデガー…世界が存在するという真理を見守る存在の牧人，それを言葉によって語る詩人としてのあり方に，本来の実存を求めた。

## ❖ サルトルの思想（『嘔吐』『存在と無』）

- 問題意識…第二次世界大戦後の近代思想や既存の価値観が崩壊していく中で，サルトルは，それまでの西洋哲学の本質規定的な傾向を批判し，実存に新たな光を当て，人間の尊厳を取り戻そうとした。
- 人間と神…サルトルによれば，人間はほかの存在とは違い，徹底して自由なものとして運命づけられている（「人間は自由の刑に処せられている」）。

  人間は，自由な選択（投企）によって自分自身をつくり上げる存在。つまり，あらかじめ本質が決まっていない存在（「実存は本質に先立つ」）。なぜなら，「人間に本質を与える神は存在しない」からだとサルトルはいう。

- 責任と社会参加…人間の自由な選択（行動）に中立的な態度などありえず，必ず自己や他者に影響を及ぼすから，その責任を自覚しなければならない。

  そして，究極的には全人類にも及ぼす責任を自覚して，自己や社会問題に積極的に関わるべきだという社会参加（アンガージュマン）の思想を説いた。

# ここが共通テストのツボだ!!

## ツボ ① 生の哲学や実存主義に共通する問題意識を確認しておこう。

### ❖生の哲学・実存主義の区分

| 2つの立場 | 19世紀 | 20世紀 |
|---|---|---|
| **有神論的実存主義**<br>（神との関わりの中で実存を確立） | キルケゴール<br>（デンマーク） | ヤスパース（ドイツ） |
| **無神論的実存主義**<br>（神を前提とはしないで実存を確立） | ニーチェ<br>（ドイツ） | ハイデガー（ドイツ）<br>サルトル（フランス） |

- この区分は，あくまで便宜的なもの。なぜなら，確かにサルトルは無神論者だが，ニーチェは無神論的実存主義者ではあるものの，無神論者ではないからである（神が存在していたことを認めていなければ，「神は死んだ」と主張できない）。

## ツボ ② 生の哲学・実存主義に関係の深い人々も押さえておこう。

① **ショーペンハウアー**（1788～1860）…『**意志と表象としての世界**』などにおいて，当時哲学界を席巻していたヘーゲル哲学に対抗できる思想を模索。
　人は**非合理で盲目的な衝動である「意志」**に突き動かされ，矛盾と苦悩の人生を歩まされているという**ペシミズム（厭世主義）**の思想を展開した。

② **ドストエフスキー**（1821～81）…ロシアの文豪。『カラマーゾフの兄弟』や『地下室の手記』や『罪と罰』などの小説を通じて，近代の合理主義に押しつぶされそうになっている人間の姿を描き，実存主義者たちに大きな影響を与えた。

③ **ボーヴォワール**（1908～86）…サルトルとともに生活し，『**第二の性**』において，「**人は女に生まれるのではない。女になるのだ**」と主張。女性の実存に目を向けた。

④ **メルロ=ポンティ**（1908～61）…『**知覚の現象学**』などにおいて，精神と身体の**両義性**を主張。身体を通して感じられ，体験された世界に生きる人間について考察。

⑤ **カミュ**（1913～60）…『シーシュポスの神話』『ペスト』『異邦人』で知られる実存主義的文学者。人間や人生の「**不条理**（不合理性）」に目を向けた。

- 哲学者（①③④）のみならず，文学者（②⑤）にも注目しよう。

## 基礎力チェック問題

**問1** キルケゴールについての記述として最も適当なものを，次の①〜④のうちから一つ選べ。

① 外面的な善行や客観的に認識される真理ではなく，聖書に基づく個人の純粋な信仰を重んじる信仰義認説を提唱した。
② 死に至る病とは，死への存在としての人間の本来性を自覚せず，他者と代替可能な自己のままに生きることだと指摘した。
③ 現代は，熟慮が情熱に優先し，誰もがどうすべきかを知っていながら，誰一人行動しようとはしない平均化された分別の時代であるとした。
④ 人生の意味を求める中で世界から拒絶されるという不条理に出会っても，人は神に救いを求めず，この不条理を直視して生きなければならないと主張した。

**問2** 現代人のあり方についてのハイデガーの考え方を示す文として最も適当なものを，次の①〜④のうちから一つ選べ。

① 人間の本来性から離れて，死への存在であることから目をそらし日常を生きる世人のあり方。
② 自分に引きこもらず積極的に社会に関わっていこうとする，本質に先立つ実存のあり方。
③ 自らを孤独や不安に陥れる自由から逃げ出し，集団や権威に追随していく大衆のあり方。
④ 新たな享楽を不断に求めて感覚的に生きることで，自己を見失ってしまった美的実存のあり方。

**問3** サルトルについての記述として最も適当なものを，次の①〜④のうちから一つ選べ。

① 日常的な道具は使用目的があらかじめ定められており，本質が現実の存在に先立っているが，現実の存在が本質に先立つ人間は，自らつくるところ以外の何ものでもないと考えた。
② 宇宙はそれ以上分割できない究極的要素から構成されているが，この要素は非物体的なもので，それら無数の要素が神の摂理のもとであらかじめ調和していると主張した。
③ 生命は神に通じる神秘的なものであるから，人間を含むすべての生命に対して愛と畏敬の念をもつべきであり，そのことによって倫理の根本原理が与えられると考えた。
④ 人が罪を赦され，神によって正しい者と認められるには，外面的善行は不要であり，聖書に書かれた神の言葉を導きとする，内面的な信仰のみが必要だと主張した。

---

**問1** 　　　　　　　　　　　[答]③
③ 適当
① 不適当：ルターについての説明。
② 不適当：「死への存在……生きることだ」と指摘したのはハイデガー。
④ 不適当：カミュの主張。「不条理」に注目しよう。

**問2** 　　　　　　　　　　　[答]①
① 適当
② 不適当：社会参加を説いたサルトルの考えを示す文。
③ 不適当：現代人の性格類型を権威主義的性格と類型化したフロムの考えを示す文。
④ 不適当：キルケゴールの説く美的実存の説明。

**問3** 　　　　　　　　　　　[答]①
① 適当：サルトルの「実存は本質に先立つ」という主張を思いだそう。
② 不適当：予定調和説を説いたライプニッツの説明。
③ 不適当：「生命への畏敬」を説いたシュヴァイツァーの説明。
④ 不適当：信仰義認説を説いたルターの説明。

---

15 理性主義・合理主義への反発 | 73

西洋思想 **3** 西洋の現代思想（3） rank

# 16 実践的な思想と実践的な活動
~プラグマティズムとヒューマニズム

## 1 プラグマティズム

　没落と頽廃が支配した19世紀末のヨーロッパに対し，開拓者精神（**フロンティア精神**）に溢れる新興国アメリカでは，**プラグマティズム（実用主義）**という独自の思想が発達した。これは，**科学の発達を積極的に受け止め，その実験的方法を人間生活全般に適用していこうとする傾向の強い思想**である。

### ♣ パースの思想（1839~1914）（「いかにして我々の観念を明晰にするか」（論文））

　**形而上学クラブ**を主催し，研究を重ねた**パース**が，「プラグマティズムの祖」。自らの主張を，ギリシア語のプラグマ（行動）にちなんで，プラグマティズムと命名。

・パースの主張…「**言葉の意味をはっきり理解するには，その言葉を使うことによって問題や状況，あるいはその解決策にどのような効果があらわれるかを考えてみればよい（プラグマティズムの格率）**」と主張し，経験的に確かめられない形而上学的な議論を，哲学的議論から排除した。

### ♣ ジェームズの思想（1842~1910）（『**プラグマティズム**』『**心理学原理**』）

　パースの思想を捉え直して広めたのが，パースの友人であった**ジェームズ**。

・**真理の有用性**…パースが言葉の意味の確定方法と考えたプラグマティズムを，**有用性を基準にした真理の確定方法**と捉え直す。それを，「**真理であるから有用，有用であるから真理**」と定式化。

・意義…ジェームズの主張に従えば，宗教的信念でさえ，心が安らぐなどの有用性があれば真である。宗教などのパースが切り捨てた経験的に確かめられない**形而上学的な議論も哲学的議論の対象とできる**。しかし，真理が状況によって決まる相対的なもの・個人的なものとなり，**真理の普遍性が主張できない**。

### ♣ デューイの思想（1859~1952）（『**哲学の改造**』『**民主主義と教育**』）

　ヘーゲルやダーウィンの影響を受けつつ，プラグマティズムを，言葉の意味の確定方法や真理の確定方法から，実践的な行動指針へと発展させたのが**デューイ**。

・**道具主義**…知性は真理の探究だけに関わるのではなく，日常生活における問題を解決し，環境に適合するための**道具**でもあると捉え直す。こうした知性を，**創造的知性**（**実験的知性**）という。

・**あらゆる理論は仮説である**…**創造的知性**を用い，試行錯誤を重ねていく，「**問題設定→仮説→実験→検証**」という科学的探求のあり方こそが，すべての知的探求に共通する理想的なあり方と主張。ただし，そこから出てくる知識・概念・理論

のあらゆるものは常に仮説であって，この**仮説は私たちの生活の改善に役立つ道具（手段）であるか否かによって，拒否・修正・拡張される**と主張。
- 教育問題・社会問題…道具主義の立場から，「**為すことによって学ぶ（Learning by doing）**」と表現できる**問題解決学習**という方法を提案。また，創造的知性によって社会を改善し，**多様な思想や価値を認める民主主義を実現することが必要**であると主張。

## 2　ヒューマニズム

世界には，非利己的な献身と強烈な求道心から，差別や戦争などの生命を脅かすものに対して，既存の枠組みに囚われずに救援・救済活動を展開する**ヒューマニスト**がいる。彼らは，「**世界の良心**」である。

### ❖絶対平和主義の思想
- **トルストイ**（1828～1910）…『**戦争と平和**』『**イワンのばか**』などで知られるロシアの文豪。**独自のキリスト教信仰の立場から**，あらゆる戦争に反対する**絶対平和主義**を主張。
- **ロマン・ロラン**（1866～1944）…『**ジャン・クリストフ**』などで知られる，**戦闘的ヒューマニズム**の立場を採ったフランスの作家。
- **ラッセル**（1872～1970）（イギリスの哲学者）と**アインシュタイン**（1879～1955）（ユダヤ系の物理学者）…第二次世界大戦後，核兵器廃絶・科学技術の平和利用を訴える（**ラッセル・アインシュタイン宣言**）。これを受け，**パグウォッシュ会議**（すべての核兵器と戦争の廃絶を訴える**科学者による会議**）が開催されるようになった。

### ❖非暴力主義・反差別運動の思想
- **ガンディー**（1869～1948）…インド独立の父。**スワデーシー**（国産品愛用）を展開し，イギリスからのインドの**スワラージ**（自治・独立）を勝ち取る民族解放運動を指導。彼は，心の純潔・清浄（**ブラフマチャリヤー**）と不殺生（**アヒンサー**）の実践によって純粋無垢な真理を体現し（**真理の把持**・**サティヤーグラハ**），迫害する相手の良心に訴え，迫害をやめさせようとする**非暴力・不服従**を説いた。1948年に暗殺。
- **キング牧師**（1929～68）…アメリカの黒人解放運動の指導者。バス・ボイコット運動をきっかけに，**非暴力主義**を唱えて**公民権運動**（人種差別反対運動）を展開。演説「**私には夢がある（I Have a Dream）**」は有名。1968年に暗殺。

### ❖生命尊重の思想
- **シュヴァイツァー**（1875～1965）…医師かつ神学者。「密林の聖者」。**生命そのものを軽視する態度の中に，現代文明の危機を見出す**。そして，生きようとする意志をもつあらゆる生命に対する畏敬の念（**生命への畏敬**）と，生きとし生けるものへの責任を説き，そこに倫理や道徳の存在理由があると主張。
- **マザー・テレサ**（1910～97）…旧ユーゴスラビア出身のカトリックの修道女。**インドにおいて**，「**死を待つ人々の家（ホスピス）**」や「**孤児の家（孤児院）**」をつくるなどして，相手の宗教や国籍を問わない，救援・救済活動を展開。

16 実践的な思想と実践的な活動　｜　75

# ここが共通テストのツボだ!!

## ツボ ① 共通テストにも通じるデューイの教育論について知ろう。

　デューイは，シカゴ大学実験学校で校長を務めたこともある。このときのことをまとめたのが『学校と社会』である。

　この中で，彼は，旧教育は教師や教科書などが中心で，児童を中心とする授業ではなかったと批判した。そして，実社会や実生活と切り離された「死んだ知識」ではなく，社会に意味のある活動を中心とした教育を追求した（彼は，これを「（教育における）コペルニクス的転回」と言った）。具体的には，**活動を通じて知識や技能を身につけさせる**という教育であり，これを体系化したものが問題解決学習である。

　『学校と社会』は1899年出版だが，そこには共通テストにも通じるものがある。

● 教育論を通じて，デューイの主張を確認しておこう。

## ツボ ② 非暴力主義の源泉や公民権運動時の活動家についても知ろう。

　ガンディーやキング牧師に大きな影響を与えたのが**ソロー**(1817~62)である。いわば非暴力主義の源泉といってもよい人物。彼は，メキシコ戦争に加担するマサチューセッツ州の人頭税の支払いを拒否して投獄された。そのときの様子を『**市民的不服従**』にまとめている。これは，ガンディーやキング牧師らの愛読書であった。

　なお，市民的不服従とは，良心に基づき，従うことができないと考えた特定の法律や命令に非暴力的手段で公然と違反する行為のことである。これに関連して，兵役のある国では，**良心的兵役拒否**（良心に基づく兵役拒否）といった問題がある。例えば**ドイツでは基本法（憲法）で国民の権利として認めている**が，そうした規定のない国では，兵役拒否は罪となる。

　また，公民権運動をめぐっては，黒人解放運動活動家**マルコムX**(1925~65)も活躍した（彼はアフリカにルーツをもつ黒人だが，先祖の名字は分からないとして，マルコムXと名乗った）。ムスリムであった彼は，**キング牧師らとは対照的に，暴力主義的な立場**を採ったことで知られている。しかし，彼もまた，1965年に暗殺された。

● 市民的不服従や良心的兵役拒否の問題にも注目しておこう。

## 基礎力チェック問題

**問1** 何を真理とするかも千差万別だと主張することもできる。その主張を支えるジェームズの考え方として最も適当なものを、次の①〜④のうちから一つ選べ。

① 真理を主張するには、個人の性癖や境遇などに囚われることで生ずる偏見を排除することが必要だと考える。
② ある主張は必ずそれと対立するものを含んでおり、それらを統一するところに真理の認識があると考える。
③ 個々人の精神はモナドであり、それぞれが表現する真理は、異なったままにあらかじめ調和がとれていると考える。
④ 真理というものは、自分にとって役立つものであり、個別的で相対的であるとともに条件的なものだと考える。

**問2** 環境に対する人間の適応について考えたデューイの主張として最も適当なものを、次の①〜④のうちから一つ選べ。

① 非人間的な環境を生み出す資本主義を廃棄して社会主義を実現するために、労働者階級の団結が必要だと主張した。
② できるだけ多くの人々が環境に適応して幸せになることが最善であるとして、善悪の基準を功利性に求めることを主張した。
③ 人間は、知性を道具として活用することによって、よりよく環境に適応し、社会を改良するのだと主張した。
④ 社会環境は適者生存のメカニズムにより自動的によりよい状態になっていくから、個人の自由な活動を放任すべきだと主張した。

**問3** ガンディーについて述べた記述として最も適当なものを、次の①〜④のうちから一つ選べ。

① 人は、人種に関わりなく、誰もが実質的に平等でなくてはならないとの考えから、社会で差別されていた黒人の解放を目指して、非暴力主義のもと、黒人差別撤廃運動を指導した。
② すべての命がもっている生きようとする意志に、人は愛と畏敬の念をもつべきであると考え、倫理の原理としての「生命への畏敬」という理念を抱きつつ、アフリカで医療事業に従事した。
③ 貧しい中でも最も貧しい人々にこそ尽くすべきであるとの思いから、カルカッタ（現コルカタ）などに「死を待つ人の家」や「孤児の家」を設けて、キリスト教の隣人愛の実践に生涯を捧げた。
④ 自らの欲望やそれに基づく行動を精神の力で制御するとともに、あらゆる命を傷つけたり殺したりすることなく、ともに平和を享受するべきであるとの立場から、非暴力・不服従の運動を指導した。

---

**問1** [答] ④
④ 適当
① 不適当：ベーコンを想定した記述。
② 不適当：ヘーゲルを想定した記述。
③ 不適当：ライプニッツを想定した記述。

**問2** [答] ③
③ 適当
① 不適当：マルクスら社会主義者を想定した記述。
② 不適当：功利主義者を想定した記述。
④ 不適当：スペンサーを想定した記述。

**問3** [答] ④
④ 適当
① 不適当：キング牧師についての記述。
② 不適当：シュヴァイツァーについての記述。
③ 不適当：マザー・テレサについての記述。

西洋思想 3 西洋の現代思想(4)　rank C

# 17 西洋哲学の根幹を揺るがす思想
## ～心理学と言語学

## 1 近代的理性の見直し

　デカルトを代表とする近代哲学では，感情・感覚・情念などは個人的で当てにならないが，「人間には理性があり，この理性をまともに用いれば，普遍的で正しい解答を得られる」と考えられていた。
　しかし，とりわけ**第二次世界大戦後の現代思想は，そうした近代哲学の根幹ともいえる真理・主体・理性などに疑問を投げかけていくことになる**。こうした動きを，19世紀末から急速に発達した言語学と心理学が後押しした。

## 2 心理学の発展

　心の研究は古代ギリシアからあった。近代に入り，デカルトの心身二元論やロックの心の研究を通じて，心理学として独立した学問となり，オーストリアの精神医学者<u>フロイト</u>(1856〜1939)の出現によって，大きく花開く。

❖**フロイトの思想**（『<u>夢判断</u>』『精神分析入門』）
- 心の深層…フロイトは，人間は心の深層に性的衝動（<u>エロス</u>）などの本能的欲望からなる<u>無意識</u>の領域をもち，これが人の心や行動に深く関係すると論じた。のちには，心の構造を三層にわけて説明。

　心の構造について
　<u>エス</u>（<u>イド</u>）…原始的で野性的な本能の領域。抑圧された欲望である<u>欲動</u>（<u>リビドー</u>）を溜め込む。
　<u>エゴ</u>（<u>自我</u>）…エスのもつ衝動を外界に適用させるように調整。
　<u>スーパーエゴ</u>（<u>超自我</u>）…両親の教育などによって刻み込まれた社会的規範（良心）。自我を統制し，エスを抑制する。

- 思想史上の意義…**人の心や行動が無意識に動かされているという主張は，近代哲学が確実な拠りどころとしていた主体や理性への信頼を揺るがしていく。**

❖**ユングの思想**(1875〜1961)（『心理学と錬金術』『無意識の心理』）
- <u>集合的無意識</u>…スイスの心理学者ユングは，**無意識は個人的であるとするフロイ**

トに反して，無意識には**集合的無意識**（普遍的な無意識）もあり，その要素を**元型**（**アーキタイプ**）と呼んだ。この元型は，個人の人格形成や創造的な精神活動の源泉になるという。

## 3　言語学の発展

　言語の研究も古代ギリシアからあった。言語学として大きく発達したのはサンスクリット語の発見による祖語への興味が契機。20世紀にはいり，スイスの言語学者**ソシュール**（1857～1913）の研究が知られるようになると，言語学にとどまらない影響を与えた。

　また，イギリスでラッセルから数学や哲学を学んだオーストリア出身の**ウィトゲンシュタイン**（1889～1951）も，現代の英米哲学（言葉を科学的・実証的に分析する**分析哲学**）へと受け継がれていく思想を展開した。

♣ **ソシュールの思想**（『一般言語学講義』〔弟子が講義をまとめた〕）
- 言語の構造…**ランガージュ**（人々の言語活動）を，**ラング**（ある言語共同体で共有されている言語体系）と**パロール**（ある言語共同体で行われている個々の発話）という概念を用いて説明。
- ラングとパロールの相関性…ラングに従ったものでなければ，パロールは意味をなさない。しかし，その一方で，パロールがラングを変化させる。つまり，**ラングとパロールは，相関的なもの・変化する可能性を常にもつものである**。
- 言語の**恣意性**…ある動物を「ね・こ（猫）」とも，"cat"とも，"Katze"とも呼んでもよいように，**対象（内容）とそれを示す言葉の結びつきに必然性はない**（**シニフィエ**〔意味・内容〕と**シニフィアン**〔言葉・表現〕の結びつきは恣意的）。
- 思想史上の意義…ソシュールによれば，例えば「犬」と見なしていた動物であっても，新たに「ハイエナ」という言葉を知ると，別の動物に見えてくる。このように，**人は，恣意的な言語を介して世界を分割（分節化）し，理解している**。
　これは，**自由で主体的だと考えられていた個々人の思考でさえも，普遍的とはいえない言語体系（構造）に規定されている**ということでもある。

♣ **ウィトゲンシュタインの思想**（『**論理哲学論考**』『**哲学探究**』）
- 前期思想（『論理哲学論考』）…「言語の混乱を取り除く試み（**言語批判**）」。命題（判断）は現実の事象に対応するとき真であり，意味のある命題とは経験的に真偽が判断できる判断のことだと主張。
　この立場から，**伝統的な哲学が論じてきた人生の意味や「神」や「善」などという「語り得ないことについては，沈黙しなければならない」**と主張。
- 後期思想（『哲学探究』）…後期のウィトゲンシュタインは，その都度の文脈や規則と実践の関係をめぐる言語の有り様を**言語ゲーム**と捉えて分析。
　すなわち，言葉は，客観的な根拠によって成り立っているものではなく，それ以上分析できない，**伝統的文化的に決められた生活様式というルール**を根拠として語られていると考えるようになった。

# ここが共通テストのツボだ!!

## ツボ ① フロイトと比較して，ユングの思想への理解も深めておこう。

- **フロイト**…無意識はあくまで，個人的無意識である。集合的無意識などない。
- **ユング**……個人的無意識の下には集合的無意識がある。

　ユングは，集合的無意識は神話や夢に登場するという。この事実から，人類に共通の**元型**という考えを導き出した。**元型は，個人の人格形成や創造的な精神活動の源泉**として働くとユングは考える。
　また，この元型として，ユングは，理想の異性像である**アニマ**（女性）や**アニムス**（男性），すべてを受容する**グレート・マザー**（**太母**）などを挙げている。

○ ユングの思想に従えば，集合的無意識があるからこそ，人は自分自身とも他者とも対話し，その内容を理解することができるということにもなる。

## ツボ ② ソシュールの思想を具体的に押さえておこう。

　例えば，「ヤバイ」という言葉。誰かの口から発せられる「ヤ・バ・イ」という音の連続によって意味されていることが，日本語の音や文法などを知っている人なら分かる，あるいは分かっているつもりになる。こうした発話を**パロール**といい，音や文法など，パロールの意味を確定する際の基準の総体を**ラング**という。
　もっとも，「このパンは，ヤバイ！」という発話の場合，「このパンは，腐っている！」という意味だろうか，それとも「このパンは，すごくおいしい！」という意味だろうか。昔は前者の意味で使っていたが，最近は後者の意味でも使うようだ。すなわち，「ヤ・バ・イ」という音の連続に普遍的で確実な意味はない。多くの人が新たな意味で使うようになれば，言葉の意味も変わってしまう。こうした事態を「パロールによってラングが変化する」という。
　つまり，**ソシュールの思想は，「言語も意味も常に変化するものであるから，言語で語られる思想にも普遍性がない」ということにもなりかねない主張**なのである。

○ ソシュールの思想が，哲学の根底を揺るがすものであったことを理解しよう。

## 基礎力チェック問題

**問1** フロイトが考えた無意識が現れる例として適当でないものを，次の①〜④のうちから一つ選べ。

① 複雑な感情を抱いている相手の名前を，言い間違えてしまう。
② もう一度行きたいと思っている場所に，忘れ物をしてしまう。
③ 朝日が昇るのを見ると，誰もが荘厳な感じを抱いてしまう。
④ 気掛かりなことがあると，何かに追いかけられる夢を見てしまう。

**問2** 次のア〜ウは，心についてのフロイトの考えを記述したものである。その正誤の組合せとして正しいものを，次の①〜⑥のうちから一つ選べ。

ア　自我（エゴ）は，人間の本能的衝動とも言うべきもので，即座に欲求充足を求める快楽原理に支配されている。
イ　超自我（スーパーエゴ）は，理想や価値，禁止や命令の体系を作り，自己を観察して評価する機能を担っている。
ウ　エス（イド）は，自我（エゴ）の本能的衝動を現実認識に照らして受け入れられるように調整する機能を担っている。

① ア　正　イ　正　ウ　誤
② ア　正　イ　誤　ウ　正
③ ア　正　イ　誤　ウ　誤
④ ア　誤　イ　正　ウ　正
⑤ ア　誤　イ　正　ウ　誤
⑥ ア　誤　イ　誤　ウ　正

**問3** ウィトゲンシュタインの「言語ゲーム」についての説明として最も適当なものを，次の①〜④のうちから一つ選べ。

① 言語は，日常生活の具体的な場面や状況に応じて使用されるが，我々は，他者との会話に参加しながら，適切な使用のルールを次第に身に付ける。その様子は，ゲームになぞらえられる。
② 言語は，語彙や文法といったルールのうえに成り立っている点で，ゲームになぞらえられる。そのなかでは，日常的な発話（パロール）が，構造としての言語（ラング）から区別される。
③ 言語は，人間の無意識の形成に深く関わっており，我々は成長の過程で，言語活動を通して，他者の欲望を自分自身の欲望としてつくりかえる。その様子は，ゲームになぞらえられる。
④ 言語は，語彙や文法といったルールを常につくりかえる点で，ゲームになぞらえられる。そのために，我々の日常的な会話では，語や概念の連関を解体する脱構築が常に行われる。

---

**問1**　[答] ③
③ **不適当**：本人が意識しない心の深層部分が荘厳な感じを抱かせているわけではないので，不適当。
①②④ **適当**：無意識が現れる例として適当。

**問2**　[答] ⑤
ア：誤文。「自我（エゴ）」ではなく，「エス（イド）」の説明になっている。なお，「本能的衝動」とは，リビドーのこと。
イ：正文。
ウ：誤文。「エス（イド）」と「自我（エゴ）」を入れ替えれば正文になる。

**問3**　[答] ①
① **適当**：後期ウィトゲンシュタインの言語ゲームの説明。
② **不適当**：ソシュールを想定した記述。「パロール」や「ラング」に注目。
③ **不適当**：ポスト構造主義者のラカンを想定した記述。「他者の欲望を自分自身の欲望としてつくりかえる」に注目しよう。
④ **不適当**：ポスト構造主義者のデリダを想定した記述。「脱構築」に注目しよう。

# 18 近代的理性の袋小路と公共性の復活
## ～ドイツ語圏の現代思想

### 1 現象学

「科学の世紀」ともいえる19世紀，キルケゴールやニーチェを先駆者として実存思想が唱えられる一方，ドイツに**万学の女王**である哲学の再建を試みる者が現れた。

それが，<u>現象学</u>を提唱し，ハイデガーやサルトルらに大きな影響を与えた<u>フッサール</u>(1859〜1938)である。彼の後継者がメルロ゠ポンティ(1908〜61)である。

♣ <u>フッサールの思想</u>（『イデーン』『ヨーロッパ諸学の危機と超越論的現象学』）
- <u>「事象そのものへ」</u>…事象が，<u>志向性</u>として考えられる意識の中でどのように構成されているかを，ありのままに考え直す（<u>現象学的還元</u>）ことを求めた。
  
  そのために，まずは，世界が自分の意識の外側に客観的に実在していると信じる「**自然的態度**」を<u>判断中止</u>（<u>エポケー</u>）しなければならないという。
- 影響…私たちの主観性は他者の主観性と協同的に機能するという間主観性の考え方や，ハイデガーの「世界 - 内 - 存在」という発想へと繋がった。

### 2 フランクフルト学派第一世代

1930年代からは，ヘーゲルの弟子やマルクスやフロイトの影響を受けた，<u>ホルクハイマー</u>(1895〜1973)や<u>アドルノ</u>(1903〜69)を中心とする<u>フランクフルト学派第一世代</u>の思想家が活躍する。

彼らはユダヤ系の出自であるがゆえに，ナチスが政権をとった一時期，アメリカに亡命した。戦後はドイツに帰国し，近代的理性や近代社会の分析を行う。

♣ <u>アドルノとホルクハイマーの思想</u>（『<u>啓蒙の弁証法</u>』）
- 理性の運命…近代的理性による啓蒙の過程は，野蛮から文明への進歩（脱呪術化）であるとこれまで考えられていたが，実ははじめから野蛮へと逆転する運命。
  
  なぜなら，近代的理性は，そのはじまりから，自然支配のための手段としての<u>道具的理性</u>という性格をもっていたから。
  
  **この理性は，外的自然を支配するだけでなく，感情や衝動といった人間の内的自然をも支配して抑圧し，また人間を画一的な管理と支配下におく。**
- 運命の現実化…この事態は必然的に人間の内面を<u>空洞化</u>し，ついには人間を野生化した自己保存の追求へと走らせる。こうして暴力と野蛮が生じる。ナチスのユダヤ人大量虐殺（<u>ホロコースト</u>）という蛮行はまさに，その現実化である。
- 理性の復権…理性には本来，人間の目指す目的や価値を批判的に吟味する働きもある。ホルクハイマーとアドルノは，こうした<u>批判的理性</u>の復権を唱えた。

## ✤ その他の主なフランクフルト学派第一世代の思想家

- ベンヤミン（1892〜1940）（『複製技術時代の芸術』）…複製技術の普及した現代においては，神秘的な力（<u>アウラ</u>）を欠く芸術作品が増えた。こんな時代だからこそ「批評」が必要であると説く。
- フロム（1900〜80）（『<u>自由からの逃走</u>』）…自由がもたらす不安と孤独に耐えきれず，自由から逃亡し，ファシズムに巻き込まれ，ファシズムを支えていく人々の心理（<u>権威主義的性格</u>）を分析。

## 3　ナチス・ドイツ（ナチズム）との対決

ナチズムの問題を出発点とする思想は，アドルノらのほかにもある。

### ✤ <u>フランクルの思想</u>（1905〜97）（『<u>夜と霧</u>』）

- 生きる意味…オーストリアの精神科医。自らの強制収容所での体験をもとに，人は常に人間らしい尊厳に満ちた生き方を求めていると主張。

### ✤ <u>アーレントの思想</u>（1906〜75）（『<u>人間の条件</u>』『<u>全体主義の起源</u>』）

- 悪の陳腐さ…ナチズムを支えていたのは平凡な人間だったと報告。
- 活動的生活の重視…人の行いを「生存のために必要な**労働**（labor），道具や作品をつくる**仕事**（work），言葉を交わしながら他者と共同体を営む**活動**（action）」の観点から捉え，**現代社会は「労働」の力が強くなりすぎていると批判**。

　そして，**古代ギリシアの直接民主制を模範に，「活動」こそが人間にふさわしい自由な行為であり，ナチズムのような公共性を破壊する全体主義を阻止するためにも必要だと主張**。こうした彼女の思想は，ハーバーマスに影響を与えた。

## 4　フランクフルト学派第二世代

フランクフルト学派第一世代を乗り越えていこうとしているのが，<u>フランクフルト学派第二世代</u>を代表する<u>ハーバーマス</u>（1929〜）である。

### ✤ ハーバーマスの思想（『<u>公共性の構造転換</u>』『<u>コミュニケーション的行為の理論</u>』）

- <u>生活世界の植民地化</u>…目的の効率的な達成を目指す現代の政治的および経済的なシステムは自立して，人々の日常生活（<u>生活世界</u>）の全般を支配。

　他方，人々は，このシステムによって，技術的な支配（テクノクラシー）を受け，技術的な指示（マニュアル）に従うようになり，社会への参加意識を失う。その結果，社会の統合が揺らぎ，民主的な社会統合に必要な公共空間（公共性）が破壊（<u>生活世界の植民地化</u>）されると批判。

- 民主的な社会を形成…「生活世界の植民地化」を避けるためには，支配関係のない人々の自由な<u>討議</u>が必要であると主張。

　つまり，**しっかりとした論拠を示して相手との了解を達成しようとする理性の対話的性質（<u>対話的理性</u>）に基づく相互了解（<u>コミュニケーション的合理性</u>）こそが，民主的な社会統合の基礎になる**と主張。

# ここが共通テストのツボだ!!

## ツボ ① ポパーとアドルノとの間で交わされた，社会科学の方法をめぐる論争（実証主義論争）についても知ろう。

　社会科学とは，法学や経済学や社会哲学などを含め，人間の社会のさまざまな面を科学的に探求する学術分野の総体のこと。その方法をめぐり，1960年代に，オーストリア出身の哲学者**ポパー**(1902~94)（『開かれた社会とその敵』）と，フランクフルト学派の批判的社会理論を代表する**アドルノ**との間で論争があった。この論争には，**ハーバーマス**も加わっている。

- ポパー…**反証可能性**のある命題だけが有意味であるという立場（**批判的合理主義**〔新実証主義〕）から，問題から出発して仮説を提起し，その論理的帰結を吟味して反証を試みる仮説演繹法を基盤とする「**批判的方法**」を社会科学にも適用すべきだと主張。
- アドルノ…出発点となるのは社会的現実を構成する事態。この事態は常に社会的全体性の中で構造化されるから，社会科学の方法はあくまで社会の全体性を過不足なく捉える「弁証法」に基づくもの（**批判理論**）でなくてはならないと主張。

　　・ポパー……反証可能性，批判的合理主義（新実証主義），批判的方法
　　・アドルノ…「弁証法」に基づく批判理論

## ツボ ② アーレントの周辺の人々について確認しておこう。

　ドイツ系ユダヤ人の**アーレント**は，マールブルク大学に入学後，ここで教鞭を執っていた**ハイデガー**と個人的な関係を深めた。**ヨナス**(1903~93)とは終生の友人となる。
　その後，フライブルク大学のフッサールのもとで一学期間を過ごした後，ハイデルベルク大学に赴き，**ヤスパース**の指導を受けつつ，博士論文は『アウグスティヌスの愛の概念』を提出した。
　1941年にアメリカに亡命後，さまざまな大学において，カントの政治哲学などについて講義を行ったり，『全体主義の起源』や『エルサレムのアイヒマン』などを発表したりした。こうした彼女の思想は，**ハーバーマス**に影響を与えている。

　　思想を理解するポイントは，思想家同士の影響関係を理解することである。

## 基礎力チェック問題

**問1** フッサールの思想の記述として最も適当なものを，次の①〜④のうちから一つ選べ。

① 人間は自己のあり方を自由に選択するため，実存が本質に先立つ。
② 事物は知覚と独立には存在せず，存在するとは知覚されることである。
③ 言語の限界を超える語り得ぬものについては，沈黙せねばならない。
④ 自然的態度を変更し，判断中止を行うことが必要である。

**問2** 20世紀以降の現代社会のあり方について述べた思想家の説明として最も適当なものを，次の①〜④のうちから一つ選べ。

① ホルクハイマーとアドルノによれば，個人を抑圧する現代の画一的な社会に対抗するためには，各人が不安のただ中で自己の死の可能性を直視し，本来の自己に立ち返らなければならない。
② ホルクハイマーとアドルノによれば，目的の価値を批判的に検討すべき理性が，任意の目的に手段が適合するか否かを判断するだけの道具と化し，人間自身も，規格化されて操作されるようになった。
③ アーレントによれば，私的な経済関係のみが増大している現代社会の商業主義に対抗するためには，伝統に根ざした共同体において共有される善を，個人の自由よりも優先しなければならない。
④ アーレントによれば，近代社会では，公共的な政治への関心が増大し，人間相互の関係を支える労働の価値が見失われた結果，大衆を動員する全体主義が生み出されるに至った。

**問3** ハーバーマスの「対話的理性」という考え方に合致している発言として最も適当なものを，次の①〜④のうちから一つ選べ。

① 議論をしても埋まらない立場の相違や利害の衝突は，多数者の意思に基づいて解決していく。それが，民主主義社会の公共性の原理でしょ。
② 多数決なんて乱暴だな。理想論って言われるかもしれないけど，みんなが互いに納得し合えるまで，とことん話し合いを続けるべきだよ。
③ 納得し合う必要もなくて，とことん意見をぶつけ合っていけばいいのさ。議論で一番大切なのは，互いの意見の違いを明らかにすることだからね。
④ 理想的な対話は，見知らぬ者同士では難しいよ。理性的に話し合うためには，互いに信頼し合える親密な関係が不可欠だよ。

---

**問1** ［答］④
④ **適当**：「判断中止」を**エポケー**という。
① **不適当**：**サルトル**についての記述。
② **不適当**：**バークリー**についての記述。
③ **不適当**：**ウィトゲンシュタイン**についての記述。

**問2** ［答］②
② **適当**
① **不適当**：**ハイデガー**を想定した記述になっている。
③ **不適当**：アーレントは伝統主義者ではない。**共同体論**を想定した記述になっている。
④ **不適当**：アーレントは，全体主義が生じた原因を，現代社会において「**労働**」が重視され，公共性が失われることに見出した。

**問3** ［答］②
② **適当**：ハーバーマスは，絶対的な真理は存在せず，**理性的なコミュニケーションを通して，他者と了解（合意）し合う**必要があると主張。
① **不適当**：「多数者の意思に基づいて」が不適当。
③ **不適当**：「納得し合う必要もなく」が不適当。
④ **不適当**：「親密な関係が不可欠」が不適当。

西洋思想 ③ 西洋の現代思想（6）　rank B

# 19 西洋中心主義や西洋的発想を批判する思想 〜フランス語圏の現代思想

## 1　構造主義

　戦後のフランスでは，サルトルの実存主義思想が一大旋風を巻き起こした。しかし，1960年代からは，**レヴィ＝ストロース**(1908〜2009)の思想が注目されるようになる。

❖**レヴィ＝ストロースの思想**（『親族の基本構造』『悲しき熱帯』『**野生の思考**』）

・フィールドワーク…構造言語学（ソシュールの思想に触れ，言語の構造が個人の言語使用を規定しているとするヤコブソンの言語学）を学び，その考え方をアマゾン川流域に住む先住民族の親族関係や神話の分析に応用。

・主張…先住民族の思考（**野生の思考**）を未開とするのは，西洋文明中心主義に基づく偏見である。なぜなら，**野生の思考は，文明社会が見失いがちな自然との共生という利点も含んでおり，決して劣るものではない。**

　西洋的な考え方でほかの文化を論じるのではなく，**自覚されていない構造の解明を目指す方法（構造主義）を模索することが必要。**

**野生の思考**

　抽象的なことがらを，身の回りにある具体的なものを用いて考える思考法（ブリコラージュ，寄せ集め細工）であり，人工的な抽象概念を使って考える西洋近代の科学的な思考法（**栽培の思考**）とは異なる。

・意義…**自覚されていない「構造」への注目は，人間の主体性を前提に構築されている伝統的な西洋哲学の根幹を批判することを意味する。**

　この観点から，レヴィ＝ストロースは，人間の主体性を偏重しすぎているとして，サルトルを痛烈に批判した。

❖**その他の構造主義者**

・**ボードリヤール**(1929〜2007)（『**消費社会の神話と構造**』）…現代人の消費行動は欲求の充足というよりも，**記号化された「モノ」を通じた差異化の行動**であると主張。

## 2　ポスト構造主義（ポストモダン）

　1960年代後半以降，**フーコー**(1926〜84)を先駆者として，レヴィ＝ストロースの構造主義を乗り越えていこうとする**ポスト構造主義**の思想が唱えられる。

❖**フーコーの思想**（『狂気の歴史』『**言葉と物**』『監獄の誕生』）

- **知の考古学**…人の考え方が形成されてきたプロセスは歴史の中に埋もれていると見なし，それを発掘することが必要であると主張。
- **狂気と理性**…近代社会は，**病気や狂気，犯罪といった反理性的なものを日常から排除してきた**。病院，裁判所，監獄，学校などの施設が，公権力や近代的秩序から逸脱することを異常だと見なす価値観を広め，そうした価値観からはずれた人々を「狂気」の人として排除した。

  さらに，**これらの施設が近代社会の価値観に無意識のうちに服従する「主体」を生み出す一方，こうした「主体」が相互に監視・規制し合うことで，権力関係が生じ，再生産されていく**とフーコーは論じた。
- **意義**…伝統的な哲学が前提とする「理性的な人間」という虚像を明らかにするとともに（西洋思想の人間中心主義が生み出した**「（主体的で理性的な）人間」の終焉**），西洋社会に構造的に組み込まれた権力の有り様を暴いた。

❖ **その他のポスト構造主義者**
- **リオタール**（1924〜98）（『ポストモダンの条件』）…現代は**「大きな物語」**ではなく，**「小さな無数の物語」**が日常生活の織物を織り上げ，言説は多様化すると論じた。
- **デリダ**（1930〜2004）（『エクリチュールと差異』）…世界を二項対立の図式で捉えようとする西洋哲学の伝統を批判し，新しい哲学を模索する**脱構築**を唱えた。

## 3　現象学の影響

　フッサールの現象学は，フランスで活躍した思想家たちにも大きな影響を与えた。
　例えば，サルトルと行動をともにしたこともある**メルロ＝ポンティ**（1908〜61）や，**ホロコースト**（ナチス・ドイツによるユダヤ人絶滅政策・大量虐殺）によって家族全員を奪われたという経験をもつユダヤ人の**レヴィナス**（1906〜95）である。

❖ **メルロ＝ポンティの思想**（『**知覚の現象学**』）
- **生きられる身体**…**精神と身体（物体）をわけたデカルトの二元論を批判**し，人間は身体を介して世界に巻き込まれているからこそ，人間は世界に関わることができると主張。身体の**両義性**に注目した。

❖ **レヴィナスの思想**（『**全体性と無限**』『**存在の彼方へ**』）
- **西洋哲学批判**…ハイデガーなどに代表される**伝統的な西洋思想は，自己を中心にすべてを説明しようとする暴力性（全体性）を備えており，他者を同化したり，排除したりしてきた**と批判。
- **他者**…現代社会は，「私」が自己の存在や主体性を確認できない闇に陥り，止めどない不安に苛まれる可能性に満ちている。**この不安から「私」を救ってくれるのが「顔（ヴィザージュ）」として迫ってくる他者**である。
- **共生を目指す倫理**…その他者は，「汝，殺すなかれ」をはじめとして，さまざまな要求をしてくる厄介者でもある。しかし，**この他者の要求に応えるとき，「私」は暴力的ではない主体性を取り戻すことができる**と主張。

# ここが共通テストのツボだ!!

### ツボ ① 現代フランス思想の主張を具体的場面で考えてみよう。

①**レヴィ=ストロースの思想の応用**…英語は論理的で，日本語は非論理的？ いや，それは英語帝国主義に毒された発想ではないか？ なぜなら，日本語を母語としている私たちは日本語を使っていても日常生活に不自由はない。日本語も論理的だ。

②**ボードリヤールの思想の応用**…ファッションや自動車，いや教養や娯楽にまつわるものも，なぜあなたはそれを求めた？ 必要だから？ 機能的だから？ 同じ機能をもったもっと安価な物があったはず。でも，安価な物を求めないのはなぜ？

③**フーコーの思想の応用**…学校では，生徒は教師の視線が気になる。そして，教師の視線を内面化し，教師の要求する答えを自分自身の答えとしてしまってはいないだろうか？

④**リオタールの思想の応用**…最近，大手テレビ局の番組は視聴率を下げている。その代わりに人々が見ているのが，ウェブ上の動画サイト。「大きな物語」よりも，「小さな無数の物語」が好まれているということだろうか？

● 思想は抽象的な観念ではない。人間の生や現実とともに考えるべきものだ。

### ツボ ② レヴィナスの思想と，日本語的な発言との類似性に注目しよう。

　日本語に特有の発言を聞いていると，どこかレヴィナス的な発想と共通していると感じることがある。

　例えば「お客様は神様です」という発話。この真意は，「誠心誠意，おもてなしさせていただきます」という倫理的な行動をするという決意表明ではないだろうか。それに，人間にとって，**神様は永遠に知ることのできない究極的な他者**である。客人という他人を，その神様にたとえているところがおもしろい。あるいは，「ご先祖様に顔向けができない」という発言。この真意は，「とんでもないことをやってしまった」という倫理的な後悔の念を示す言葉であろう。ご先祖様も究極的な他者である。

　この日本語のいずれの発言も，**究極的な他者を持ち出して倫理を語っている**。

● 人間の普遍性を前提に，西洋の思想と日本の思想の類似点を探ってみよう。

# 基礎力チェック問題

**問1** レヴィ=ストロースの思想の記述として最も適当なものを，次の①～④のうちから一つ選べ。

① 未開社会は，文明社会と同じく自由，平等，平和な社会であるが，所有の安定のために，契約を通じて文明社会に移行する。
② 文明社会は進歩した理想の社会であり，文明人は理性によって未開社会に特有の迷信，偏見，無知から解放されている。
③ 未開人の社会と違って，文明社会は富の不平等，支配と服従，悪徳などで満ちているが，その主な原因は財産の私有にある。
④ 文明人の理性的な思考は未開人の「野生の思考」に優るものではなく，文明社会が未開社会に比べて進歩しているわけではない。

**問2** フーコーについての記述として最も適当なものを，次の①～④のうちから一つ選べ。

① 西洋哲学を成り立たせてきた主体などの概念が覆い隠してきた問題を，歴史のなかで新たに問うために脱構築を主張し，理性の概念を捉え直した。
② 理性と狂気とが区別されるようになってきた西洋の歴史を分析し，確固とした理性という考えが歴史の過程の産物であることを明らかにした。
③ 非西洋の未開社会の実地調査を通して，西洋社会とは異なる独自の思考体系を見いだし，西洋の理性的思考を特権化するような考えを斥けた。
④ 自己意識のなかに取りこめない他者性が現れる場を「顔」という言葉で表現し，そのような他者に向き合えない理性の暴力性に照明を当てた。

**問3** メルロ=ポンティについての記述として最も適当なものを，次の①～④のうちから一つ選べ。

① 自己の死を自覚することによって，日常性に埋没した無責任で匿名的な「ダス・マン」のあり方を乗り越えていく態度を説いた。
② 人間を根源的に自由な存在として捉え，たえず未来へ向けて自己を投げ出し，新たな自己を創造していくあり方を主張した。
③ 死や苦のように克服できない究極の壁を限界状況と名づけ，これを直視することによって，人間は自己を包括する超越者の存在を感じるとした。
④ 人間の選択や思考は身体を媒介にしてなされるものだと考え，身体におけるくみ尽くしがたい経験を繰り返し取り上げ直す可能性を示した。

---

**問1** 　　　　　　　[答] ④
④ 適当
① 不適当：ロックの思想の説明。
② 不適当：レヴィ=ストロースの思想に照らして，「文明社会は進歩した理想の社会」は不適当。
③ 不適当：ルソーの思想の説明。

**問2** 　　　　　　　[答] ②
② 適当：フーコーが『狂気の歴史』で論じたことを想起しよう。
① 不適当：「脱構築」という言葉に注目できれば，デリダの思想の説明と分かる。
③ 不適当：「非西洋の未開社会」に注目できれば，レヴィ=ストロースの思想の説明と分かる。
④ 不適当：「顔」や「他者」に注目すれば，レヴィナスの思想の説明と分かる。

**問3** 　　　　　　　[答] ④
④ 適当：身体の両義性を説いたメルロ=ポンティについての記述。
① 不適当：ハイデガーについての記述。「ダス・マン」に注目しよう。
② 不適当：サルトルについての記述。「新たな自己を創造していくあり方」とは投企のこと。
③ 不適当：ヤスパースについての記述。「限界状況」に注目しよう。

---

19 西洋中心主義や西洋的発想を批判する思想 | 89

西洋思想 ③ 西洋の現代思想(7)　rank B

# 20 公正な社会のための思想
## ～英米語圏の現代思想

## 1 分析哲学の興隆 ★☆☆

1930年代のアメリカでは、プラグマティズムに代わって、ナチズムを避けて亡命してきたウィーン学団のカルナップらを中心に、**論理実証主義（科学経験主義）**が興隆。彼らは、**哲学の仕事は科学の命題の論理的分析にある**と考えた。

♣ **クワインの思想**（『論理学の方法』『ことばと対象』）(1908〜2000)

- 論理実証主義への批判…科学を進歩させるためには、還元主義から**理論的枠組みとしてのパラダイム全体を単位として真偽を問うホーリズム（全体論）**の見方に移行する必要があると主張。分析哲学において独自の世界を構築した。

## 2 正義論 ★★★

自由と平等を謳って建国されたアメリカでは、1960年代になっても黒人差別や人種差別が続いていた。こうした中、論理実証主義やクワインらの影響を受けた**ロールズ**が、**社会契約説やカントの思想を応用しつつ、公正な社会（フェアーな社会）**のあり方を模索した。(1921〜2002)

♣ **ロールズの思想**（『公正としての正義』『正義論』）

- 問題意識…誰もが関わらざるを得ない社会的条件（**社会的基本財**、自由や機会や所得など）の**公正**（フェアー）な配分のあり方を正義の問題として検討。
- 思考実験…**原初状態**を想定し、**正義を実現するために、あらゆる社会制度が則っていなければならない二つの原理原則（正義の二原理）**を導出し、現実社会のさまざまな社会制度もこの正義の二原理に従うべきであると主張。

> **原初状態・無知のヴェール・正義の二原理**
>
> ロールズは、**無知のヴェール**に覆われた人々（自己に関する情報をもたない人々）が集い、社会のあり方について話を交わす**原初状態**を想定し、以下の正義の二原理を導き出した。
> - 第一原理…自由の権利は他人の自由の権利を害さない限り、誰にでも平等に与えられなければならない（**平等な自由の原理**）。
> - 第二原理…所得と富の配分は不平等であっても、地位や職務につく機会が公平であり（**機会均等の原理**）、最も不遇な人々の境遇を改善する限りにおいて容認される（格差原理）。

- 現実との調和…ロールズは，現実の人間は試行錯誤を通して正義の二原理と人々の道徳的判断を一致させる（反照的均衡・反省的均衡）とも論じている。
- ロールズの影響…アファーマティブ・アクション（ポジティブ・アクション，積極的格差是正措置）などの福祉政策に哲学的根拠を与えたとされる。また，アメリカを中心に，ロールズが展開したリベラリズムの是非や，規範倫理学（あるべきルールを問題にする倫理学）をめぐる研究や議論を盛んにした。

❖ センの思想 (1933〜)（『貧困と飢饉』『不平等の再検討』）
- センの立場…格差や差別の是正を目指したロールズの考えに基本的には賛成。しかし，社会的基本財に注目するばかりでは社会の真の豊かさは測れないと批判。センは，インド出身で，アジア人初のノーベル経済学賞受賞者。
- 主張…真の豊かさや平等を測る基準として，「個々人が，その社会において，自由に自らの人生を選択できるか」という潜在能力（ケイパビリティ）に注目すべきと主張。
- 格差や差別を是正…民主主義を確立し，識字能力や自由な言語能力を育成するなどして，潜在能力を開発・発展させなければならないと主張。

❖ その他のロールズを批判した思想
- リバタリアニズム（自由至上主義）…ノージック(1938〜2002)（『アナーキー・国家・ユートピア』）など。徹底した個人主義・自由主義の立場から，ロールズの議論からは肯定されるアファーマティブ・アクションなどの国家による福祉政策を批判。政府の規模・役割・影響力を，個人の自由を侵すことなく，その自由を守るのに充分な程度に小さくすべきだとする最小国家論を主張。
- コミュニタリアニズム（共同体主義）…マッキンタイア(1929〜)（『美徳なき時代』）やサンデル(1953〜)（『リベラリズムと正義の限界』）など。人間の選択は社会的に共有されている共通善に照らして可能になるのであって，ロールズの議論における原初状態に集う，自己について何も知らない人々（負荷なき自我）では，実際には何も選択できず，正義の二原理は導出されないと批判。

## 3　文化・文明の研究

正義論のみならず，多民族国家のアメリカでは，文化・文明研究が盛んである。

❖ さまざまな文化論や文明論
- サイード(1935〜2003)（『オリエンタリズム』）…旧植民地に残るさまざまな課題を把握するための文化研究（ポスト・コロニアリズム）の開拓者。西洋は東洋を後進的・非合理的といった画一的な負のイメージで捉え，自らの優位を正当化することでアイデンティティを形成してきたと批判。こうした西洋のエスノセントリズム（自民族中心主義）的な傾向をもつ思考を「オリエンタリズム」という。
- ハンチントン(1927〜2008)（『文明の衝突』）…東西冷戦の終結以後の世界は，文明と文明との衝突が対立の主要軸になると主張（文明の衝突）。

# ここが共通テストのツボだ!!

## ツボ ① アファーマティブ・アクションの現実を確認しておこう。

**アファーマティブ・アクション**とは，就学や就職などにおいて，民族や人種や出自による差別や貧困を解消するための暫定的処置のこと。具体的には，差別を受けてきたグループに対して生活援助や奨学金などの制度を設け，実質的な平等が実現するように促す。これは，**形式的な平等**だけでは現実社会の差別や貧困は解消されず，真の公正のためには**結果の平等**を重視すべきだという主張に添うものである。

ただし，恵まれない少数派の人々の救済は，差別是正政策よりも，経済の拡大によって解消できると主張する者も少なくない。彼らは，**アファーマティブ・アクションは逆差別であると批判**する。実際，人種に基づくこうした措置が違憲であるとした判決もあり，アメリカでは人種に基づく措置を禁止している州もある。

- アメリカでも，アファーマティブ・アクションに対しては意見が割れている。

## ツボ ② 政府と市場はどのような関係をもつべきか？

**リベラリズム**をめぐる問題は，政府と市場の関係にまで及ぶ。

ロールズやセンらの**リベラリズム**は，競争そのものが成り立たなくなるような格差が生じることを恐れ，格差是正のために政府が積極的に市場へ介入することを是認するだろう。

一方，過度の政府の介入は，競争による社会の発展や個人の成長を阻害すると批判する人々もいる。フリードマンらの**新自由主義（ネオリベラリズム）**の立場をとる人々だ。この主張をより徹底させたのが，**ノージック**や**ハイエク**に代表される**リバタリアニズム（自由至上主義）**である。

はたして，どちらが妥当なのか？ 現在もさまざまな立場から議論が続いている。

- こうした対立の背景の根底には，人間観の違いがあることも見抜こう。
  - リベラリズム…人間は経済的欲求の充足のみを目指す生き物ではない。
  - ネオリベラリズムやリバタリアニズム…人間は欲望の充足，特に物質的な富の増大を主たる関心とする生き物である。

# 基礎力チェック問題

**問1** 次の文章は、科学および科学的な知識について論じたクワインの思想の説明である。文章中の□□□に入る語句として正しいものを、下の①〜④のうちから一つ選べ。

　科学について、理論に何か問題が生じても、どこかを少しずつ修正しながら、知識の体系それ自体を維持していくしかない。クワインによる、科学についてのこのような捉え方を、知の□□□と呼ぶ。

① パラダイム　② ホーリズム
③ カルヴィニズム　④ トーテミズム

**問1**　【答】②
② 適当
① 不適当:「パラダイム」とは、(科学的な)認識の枠組みのこと。
③ 不適当:「カルヴィニズム」とは、カルヴァン主義のこと。
④ 不適当:「トーテミズム」とは、トーテムと呼ばれる特定の動植物が、ある集団と特別な関係をもつとする考え方のこと。

**問2** 公正としての正義に関するロールズの思想内容の説明として最も適当なものを、次の①〜④のうちから一つ選べ。

① 部分的正義には、悪を犯した人には罰を与えるように、人々の利害得失を均等にする調整的正義があるとした。
② 幸福の計算において、各人を等しく一人として数えるという基準から、諸個人の利害を等しく計算することが正義にかなうと説いた。
③ 誰もが欲するであろう基本的な財の配分の正義を問題にし、基本的自由に対する平等の権利と、格差の是正のための原理を提示した。
④ 生命・自由・財産所有などの各人が生まれながらにしてもつ自然権を守ることを正義とし、その保障を政府の役割であるとした。

**問2**　【答】③
③ 適当
① 不適当:アリストテレスの調整的正義の説明。
② 不適当:ベンサムが唱えた功利主義思想の説明。
④ 不適当:ロックが唱えた社会契約説の説明。

**問3** センの思想についての説明として最も適当なものを、次の①〜⑤のうちから一つ選べ。

① 各人に対し、自ら価値があると認めるような諸目的を追求する自由、すなわち潜在能力を等しく保障することが重要であると指摘した。
② 各人には過剰な利己心を抑制する共感の能力が備わっており、めいめいが自己の利益を追求しても社会全体の福祉は向上すると考えた。
③ 相互不信に満ちた自然状態から脱することを望む各人が、自らの自然権を互いに放棄し合う、という形で社会や国家の成立を説明した。
④ 侵すことのできない権利をもつ各人から構成されるものとして、国家は国民のそうした権利を保護する最小限の役割のみを担うとした。
⑤ 自然法を人間理性の法則として捉えて国家のあり方を論じるとともに、諸国家もまた同じく普遍的な国際法に従うべきであると説いた。

**問3**　【答】①
① 適当:センの潜在能力に関する議論を思い出そう。
② 不適当:アダム・スミスの思想を想定した記述。
③ 不適当:ホッブズの社会契約論を想定した記述。
④ 不適当:ノージックの最小国家論を想定した記述。
⑤ 不適当:グロティウスの思想を想定した記述。

第1編 西洋思想　3 西洋の現代思想

20 公正な社会のための思想　｜　93

# チャレンジテスト②（大学入学共通テスト実戦演習）

**問1** 次の発表は，生徒が宗教改革期の思想について調べたものである。発表中の a ～ c に入る記述を下のア～カから選び，その組合せとして正しいものを，下の①～⑥のうちから一つ選べ。

(21年共テ倫理第2日程〈改〉)

---

**発　表**

宗教改革の中で，神との関係から世俗的生活の意義が問い直されます。 a と考えたカルヴィニズムでは，世俗的な職業は， b を実現するためのものとされました。この点に関して，20世紀の社会学者ウェーバーは，人々が， c 資本が蓄積された，と論じています。

---

ア　誰が救済されるかは，あらかじめ決まっている
イ　誰が救済されるかは，まだ決まっていない
ウ　神の栄光
エ　人間の救済
オ　救済の確信を得るために仕事に励み，禁欲的な生活を送ったから
カ　享楽的な生活を送るために仕事に励み，その結果として

① a―ア　　b―ウ　　c―オ
② a―ア　　b―エ　　c―オ
③ a―ア　　b―エ　　c―カ
④ a―イ　　b―ウ　　c―オ
⑤ a―イ　　b―ウ　　c―カ
⑥ a―イ　　b―エ　　c―カ

---

**問1** [答] ①

a ：**ア**が入る。**カルヴィニズム**（カルヴァン主義）によれば，神は誰を救い，誰を救わないかをあらかじめ予定している。こうした考え方を「予定説」という。

b ：**ウ**が入る。カルヴィニズムによれば，世俗の職業は，「神の栄光」を実現し，讃えるためのものである。

c ：**オ**が入る。ウェーバーは，『プロテスタンティズムの倫理と資本主義の精神』において，カルヴィニズムを信じる人々は，神の救済の確信を得るために，禁欲的に世俗的な職業に励み，その結果として，資本が蓄積され，近代資本主義を成立させる要因になったと論じた。

以上のことから，最も適切な組合せは①となる。

問2 ライプニッツの思想を踏まえた上で、ヴォルテールの次の詩を読み、その内容の説明として最も適当なものを、下の①〜④のうちから一つ選べ。　(21年共テ倫理第2日程)

> ライプニッツは、私に何も教えてくれない。
> 様々な世界があり得る中で最善の秩序を備えているはずのこの世界に、
> なぜ、終わりのない混乱があり、無数の不幸があるのか。
> なぜ、人間の喜びは虚しく、苦痛と混ざり合ってしまうのか。
> なぜ、罪なき者と罪人が、同じ災厄を耐え忍ばなければならないのか。
> こういった現実と、世界の最善の秩序とがどう結び付いているのか、
> 私には見えない。
> どうすれば、万事うまくいっているなどと言えるのか、
> 私には分からない。
>
> (「リスボン大震災に寄せる詩」より)

① 神は無数のモナドを互いに調和するように創造したと説くライプニッツに対し、ヴォルテールは、誰もが無差別に同じ災厄に耐えなければならないという事実にこそ秩序と調和を認め得る、と考えている。

② 神は無数のモナドを互いに調和するように創造したと説くライプニッツに対し、ヴォルテールは、無数の不幸に満ちた現実世界に、予定された調和を見いだすことはできない、と考えている。

③ 無数のモナドの間に保たれている調和を、経験的事実から帰納的に見出したライプニッツに対し、ヴォルテールは、事実から読み取れるのはむしろ混乱である、と考えている。

④ 無数のモナドの間に保たれている調和を、経験的事実から帰納的に見出したライプニッツに対し、ヴォルテールは、人間が現実に感じる苦痛や喜びの虚しさも、全体的な調和の一部にすぎない、と考えている。

---

問2 [答]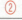

②資料から直接は読み取れないが、前半の**ライプニッツ**に関しては、彼が唱えた**モナド（単子）**論や**予定調和説**の説明として正しい。後半の**ヴォルテール**に関しては、彼が、資料の詩において、「（ライプニッツが説くように）最善の秩序がある」という見解に対し、異議を唱えていることと合致する。

①前半は正しいが、後半が資料の詩からは読み取れない内容である。③ライプニッツは、「調和を、経験的事実から帰納的に」見出してはいない。後半は、資料の詩から読み取れる内容である。④前半が誤っており、後半も資料の詩から読み取れない内容である。

**問3** 次の文章は，19〜20世紀における思想家たちと現実との関係についての説明である。文章中の ☐a☐・☐b☐ に入る語句の組合せとして正しいものを，下の①〜⑥のうちから一つ選べ。

(21年共テ倫理第1日程)

　　第二次世界大戦の過酷な現実が，強制収容所を経験したフランクルや，ナチスへの抵抗運動に参加したサルトルなど，20世紀の思想家たちに深い影響を与えたように，19世紀においても，思想家たちは当時の深刻な現実に直面する中で，それぞれの思想を形成していった。例えば，☐a☐ やフーリエが，搾取のない人道的な共同体を構想したのは，多くの労働者が低賃金で過酷な労働を強いられていた産業革命後の現実に対応するためだった。にもかかわらず，彼らの構想がマルクスらによって ☐b☐ と呼ばれた事実は，思想が現実の問題を実際に解消することの難しさを示している，と言えるだろう。

① a　エンゲルス　　b　科学的社会主義
② a　エンゲルス　　b　社会民主主義
③ a　エンゲルス　　b　空想的社会主義
④ a　オーウェン　　b　科学的社会主義
⑤ a　オーウェン　　b　社会民主主義
⑥ a　オーウェン　　b　空想的社会主義

---

**問3** [答]　⑥

☐a☐：「オーウェン」が入る。文脈上，☐a☐ には「人道的な共同体」を構想したが，マルクスらによって批判された人物を入れる必要がある。エンゲルスはマルクスの盟友で，『空想から科学へ』においてフーリエらを批判した人物なので，オーウェンが入る。

☐b☐：「空想的社会主義」が入る。エンゲルスは，史的唯物論などを説くマルクスの理論を「科学的社会主義」と評価したのに対し，オーウェンやフーリエらの主張は，資本主義の仕組みを解明することなく，それを道徳的に非難しただけにすぎないと批判した。そして，彼らの主張を「空想的社会主義」と呼んだ。「社会民主主義」は，一般に議会制民主主義を重視して漸進的改革を目指す穏健な社会主義のことをいう。

以上のことから，最も適切な組合せは⑥となる。

96

**問4** 歴史の捉え方や，歴史の中で生きる人間のあり方に関して考察した思想家についての説明として最も適当なものを，次の①〜④のうちから一つ選べ。　　　(21年共テ倫理第1日程)

① リオタールは，「小さな物語」が乱立し，歴史の全体が様々な立場から説明される状況を批判し，統一的な「大きな物語」の復権を説いた。

② フーコーは，真理が発見されるに至った歴史的過程を描くことで，人間が普遍的理性に基づく絶対的な真理を探求する「知の考古学」を提唱した。

③ レヴィ＝ストロースは，人間の社会が未開から文明へ発展するという文明史観に基づいて，未開社会を生きる人々の思考の独自性を強調した。

④ ヨナスは，時間の経過の中で現在の行為が将来にも影響を与えるため，現在の世代が将来世代に対して責任を持つとした。

--------

**問4** ［答］　④

④**ヨナス**は，世代間倫理を哲学的に基礎づけた20世紀の哲学者。

①前半と後半が逆。**リオタール**は，個別の「小さな物語」を超えた「大きな物語」によって，歴史や社会などあらゆる事象を説明しようとしたヘーゲルやマルクスらの理論は，現代というポストモダンにおいては，もはや通用しないと論じた。②**フーコー**の「知の考古学」とは，「普遍的理性に基づく絶対的な真理を探求」するものではなく，そのように見なされてきた真理を相対化し，それらが生み出された歴史的経緯を解明しようとするものである。③**レヴィ＝ストロース**は，「未開から文明へ発展するという文明史観」を批判し，「未開社会を生きる人々の思考」を「野生の思考」と特徴づけて，それが独自の意義をもつことを主張した。

チャレンジテスト②　｜　97

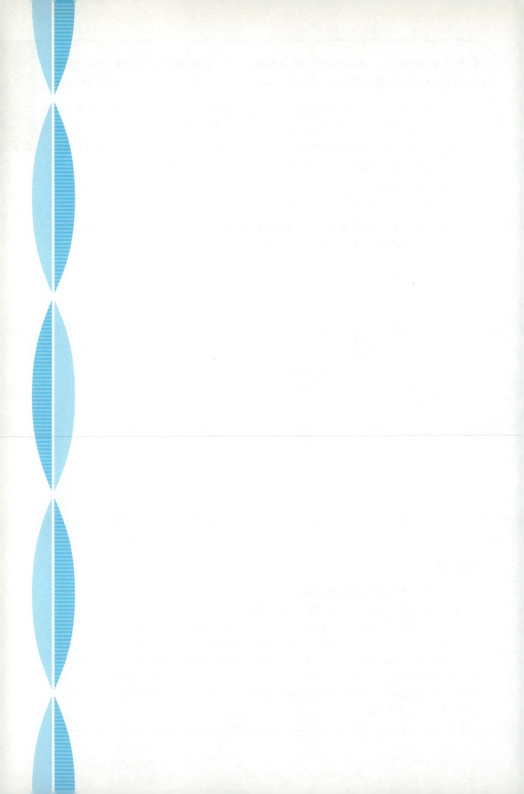

# 第2編　東洋・日本思想

　ここでは，インド思想と中国思想といった源流思想，そして日本思想を学んでいく。

　インド思想は，仏教思想が中心となる。漢字の用語が多くなるので，その文字の意味を考えれば，比較的理解しやすい一方，思い込みによる誤解も少なくない。一字一句確認しながら学習を進めよう。

　中国思想は，「道」をめぐって，儒家と道家の思想が中心になる。儒家が道徳的な生き方を重視するのに対して，道家は自然な生き方を重視した。この基本を押さえて，各思想内容を比較しながら理解を深めていこう。

　日本思想は，古代・中世思想，近世思想，近現代思想からなるが，そこには必ず対立する思想系譜が見出される。すなわち，古代・中世思想では「神道系の思想と仏教思想」，近世思想では「国学と儒学思想」，近現代思想では「西洋思想を積極的に受容しようとする思想とそれに反発する思想」というものである。この大きな対立軸を意識したうえで，古代・中世思想は鎮護国家の宗教から庶民の宗教へと変遷していく仏教思想の流れを，近世思想は「敬」や「孝」や「誠」などの思想の根幹となる語句を押さえながら儒学思想を，近現代思想は近代社会や近代的な「個」の確立という問題意識をもった啓蒙思想家などを中心に理解を深めていこう。

　それでは，講義をはじめよう。

# 21 解脱を求める古代インドの思想
## ～バラモン教やジャイナ教など

東洋・日本思想 ① 東洋の源流思想(1)　rank

## 1　古代インド社会　★★☆

　紀元前15世紀ごろに，中央アジアからインダス河畔に侵入した自称アーリア人が，**ヴェーダ**の神々を奉じる**バラモン教**（ヴェーダの宗教）を中心にインドの思想と文化の原形を形成。

・**ヴェーダ**…天空，太陽，月をはじめ風雨や雷電などの**自然現象を神とする多神教を奉じていた彼らは，紀元前12世紀頃，神々への讃歌集である聖典『リグ・ヴェーダ』を編纂。**

　続いて『サーマ・ヴェーダ』『ヤジュル・ヴェーダ』『アタルヴァ・ヴェーダ』の三つ（これら四つをまとめて**ヴェーダ**という）と諸注釈文献を編纂。

　これらはいずれも天啓（シュルティ）にもとづくもので，**神々は滅びてもヴェーダは残ると考えられるほど神聖視**された。

・古代インド社会の文化と身分制度…彼らは，先住民族を征服しながら東へ進み，紀元前10～7世紀ごろにはガンジス川流域に，氏族制の農耕社会と，宗教性の強い独自の文明をつくり上げた。

　さらに，**バラモン**（祭司）を頂点に，**クシャトリヤ**（王侯・武士），**ヴァイシャ**（庶民），**シュードラ**（隷属民）のほか不可触賤民などの身分に人々を出自で区分。今日の**カースト制**（ヴァルナ・ジャーティ制度）のもととなった厳しい身分制度を構築。

　**この身分制度は，1950年に制定された憲法で全面禁止**。しかし，今日まで根強く残っている。

## 2　ウパニシャッド哲学　★★☆

　時代が下るとともに，次第に多数の神々は実は唯一の神がさまざまな形をとって現れたものであり，その唯一の神の異なった名称にすぎないと考える人々が現れる。

　彼らの徹底した哲学的思索は，紀元前7～4世紀にかけて，ヴェーダの最終部分を飾る**ウパニシャッド**（奥義書）**として結実し，インド哲学の源流となる。**

❖ **ウパニシャッド哲学の教え**

　ウパニシャッド哲学は，祭祀よりも，宇宙の根本原理や，**常住不変の一元的原理の探求に関心を向け，業・輪廻や解脱の教えを発展**させていった（これらの教えは，後の仏教の自業自得や因果応報の思想にも受け継がれている）。
　こうしたウパニシャッド哲学の教えを背景に，次第にインドの人々は，**永遠に繰り返される輪廻を超越（解脱）する**ことを求めるようになる。

・**梵我一如**の教え…宇宙のあらゆる現象を生み出している不変・絶対の根本原理**ブラフマン（梵）**と，生まれ変わっても変化しない個人存在の本体である**アートマン（我）**といった原理を重視。

　　すべての生きものは，ブラフマンから生じたもの。それゆえ，元来，**アートマンとブラフマンは同一（梵我一如）**である。

・**輪廻（サンサーラ）・業（カルマ）**の教え…人間は死後に無になるのではなく，あの世に赴いたのち再びこの世に生まれ変わり，**生と死を循環（輪廻）する**。ただし，生まれ変わるといっても，人間に生まれ変わるとは限らず，人間に生まれ変わっても苦労も絶えない。また，**現世の行為（業）が未来の苦楽を導く**。

・解脱のための実践…**輪廻を超越（解脱）するためには，アートマンを自覚し，ブラフマンとの合一が必要**。そのためには，出家して修行者となり，**ヨーガ**などによる瞑想と禁欲，そして苦行を積むことが必要。

## 3　バラモン教の衰退と自由思想家

　紀元前6〜5世紀のインドでは，商工業の発達を背景に多くの都市が形成され，その都市を中心とした小国家が建設される。これに伴って，経済力を身につけた王侯や商工業者の力が強まり，バラモンの権威は次第に衰えていく。
　こうした中から，**易行による万人救済を説いたブッダ**（前463ごろ〜前383ごろ，前563〜前483ごろの説もあり）が活躍したのと同じころ，**あらゆる伝統や権威に囚われず，出家して遊行しながら教えを説く自由思想家**が登場。
　自由思想家の中でも，**ジャイナ教（ジナ教）を開いたヴァルダマーナ（マハーヴィーラ）**（前549〜前477ごろ）をはじめとする有力な六人の思想家を，仏教では「**六師外道**」と呼ぶ。

❖ **ジャイナ教（ジナ教）の教えと現状**

・教え…**断食などの苦行と不殺生（アヒンサー）などの慈悲を実践すれば，誰もが解脱できる**。また，真理は多様に言い表せるから，物事は一方的判断を避けて相対的に考察すべきである。

・現状…不殺生を実践しやすい商人層を中心に広がった。ジャイナ教徒の人口は現在，インドの人口の0.5％以下だが，多大な感化を与え続けている。

❖ **ヒンドゥー教**

　バラモン教は，先住民族の土着信仰と結びつきながら『ラーマヤナ』や『マハーバーラタ』などの国民的叙事詩や諸法典を発達させつつ次第に変質。2〜3世紀にかけて現在の**ヒンドゥー教**の基盤が形成され，インドの民衆の間に定着。

# ここが共通テストのツボだ!!

## ツボ ① アートマン（我）やヒンドゥー教に関する誤解を解いておこう。

- **アートマン（我）**…身体が滅んでも**アートマン（我）**は滅ばない。アートマンは，不滅・不変である。**不滅だからこそ輪廻する**。もっとも，認識の主体と対象という二元性を超えており，認識の対象にはならない。

- **ヒンドゥー教**…ヒンドゥー教という一つの宗教はない。これは，**インド的な複数の有神教宗派の教徒の総称，あるいはその民族的伝統**を意味する。したがって，人口の80％以上がヒンドゥー教徒であるが，インドの国教ではない。
  　この民族伝統では，**ブラフマー神**（創造を司る）と，多様な権化（化身）に姿を変えて人々を救済する**ヴィシュヌ神**（繁栄を司る）と**シヴァ神**（破壊を司る）の三神が，本来は一体（**三神一体**）であると説かれる。

● バラモン教は民間信仰などを取り入れ，ヒンドゥー教へと変質して土着化した。

## ツボ ② バラモン教・ジャイナ教・仏教の共通点と相違点，それらと西洋の思想との相違点を押さえておこう。

- **バラモン教・ジャイナ教・仏教の比較**…南アジアを発祥とする教えなので，**共通点も多いが，相違点もある**。それらは，以下の図のようにまとめられる。

|  | 苦　行 | 易　行 |
| --- | --- | --- |
| 救済の対象＝選民 | バラモン教 | なし |
| 救済の対象＝万民 | ジャイナ教 | 仏教 |

- **西洋の思想との比較**…西洋の思想の多くが，人間の「生」に対して肯定的で，現世から天国に至るという**直線的な歴史観**をもつのに対して，バラモン教・ジャイナ教・仏教は人間の「生」に対して悲観的で，**循環的な歴史観**をもつ。

● バラモン教・ジャイナ教・仏教をそれぞれ比較したり，これらの南インドに発する宗教思想と西洋の思想とを比較したりしよう。

# 基礎力チェック問題

**問1** バラモン教についての記述として最も適当なものを，次の①〜④のうちから一つ選べ。

① あらゆるものは固有の実体をもたず，絶えず移り変わっていくものだという真理を体得することを目指した。
② ブラフマン，ヴィシュヌ，シヴァを「三神一体」の最高神として崇拝する，インドの民間信仰から起こった。
③ ヴェーダにおける多神教的世界観を前提とし，神々への祭祀を通じて人々に利益をもたらそうとした。
④ 当時支配的であった祭祀中心主義を批判し，道徳否定論，唯物論，懐疑論などの立場をとった。

**問2** 古代インドのウパニシャッド哲学で追求された，輪廻を脱した境地の説明として最も適当なものを，次の①〜④のうちから一つ選べ。

① アートマンの中に変化しない要素はないことを認識し，執着をすてて永遠性を獲得した境地。
② アートマンと宇宙的原理が同一であることを直観し，それによって永遠性を獲得した境地。
③ アートマンが存在のよりどころとしている身体を不滅なものにすることによって，永遠性を獲得した境地。
④ アートマンを創造した神の行為を認識し，神の慈愛による救済を通して，永遠性を獲得した境地。

**問3** ジャイナ教の開祖ヴァルダマーナ（マハーヴィーラ）の教説として最も適当なものを，次の①〜④のうちから一つ選べ。

① 人間の思惟の形式は，世界の一部しか理解できない限定的なものであり，真理に到達するためには人間の思惟を否定しなければならない，と説いた。
② 運命によって人間の幸不幸は決まっており，人智の及ぶところではないので，いかに努力しても幸福になれるとは限らない，と説いた。
③ 人間の行為の善悪の究極的な基準は存在せず，悪行を行う人を非難する根拠もなく，善行も賞賛の対象にはならない，と説いた。
④ 解脱を目指して徹底した苦行主義に立つとともに，生き物に対する慈悲の行為として不殺生を実践しなければならない，と説いた。

---

**問1** ［答］③

③ **適当**：バラモン教の説明として適当。
① **不適当**：ブッダについての説明。
② **不適当**：ヒンドゥー教についての説明。
④ **不適当**：自由思想家（六師外道）についての説明。

**問2** ［答］②

② **適当**：「宇宙的原理」とはブラフマン（梵）であり，ウパニシャッド哲学が説く梵我一如（ブラフマンとアートマンの一致）の説明として適当。
① **不適当**：アートマンは不変・不滅。
③ **不適当**：身体は不滅ではない。
④ **不適当**：神がアートマンを創造したのではない。

**問3** ［答］④

④ **適当**：ジャイナ教の開祖ヴァルダマーナは，苦行と不殺生などの慈悲の実践を説いた。
① **不適当**：六師外道の一人で，不可知論を説いたサンジャヤ・ベーラッティプッタの説明。
② **不適当**：六師外道の一人で，宿命論を説いたマッカリ・ゴーサーラの説明。
③ **不適当**：六師外道の一人で，無道徳論を説いたプーラナ・カッサパの説明。

第2編 東洋・日本思想

1 東洋の源流思想

東洋・日本思想 **1** 東洋の源流思想(2) rank

# 22 易行による万人救済の教えと思想
## 〜ブッダの教えと仏教思想の展開

### 1 ゴータマ・シッダッタ ★★★

　インドで自由思想家が活躍したころ，**ゴータマ・シッダッタ**（ブッダ，釈迦）は，シャカ族の王シュッドーダナ（浄飯王）と母マーヤー（摩耶）の子として，カピラ城（現在のインドとネパールの国境付近）に生まれた。

　何不自由なく暮らしていたが，29歳で沙門（出家修行者）となる。35歳のころ，**ブッダガヤー**の菩提樹の下で悟り，**ブッダ**（覚者）となった。その後，**サールナート**（鹿野苑）での説法（初転法輪）を皮切りに，さまざまな**方便**を用いて教えを説いた。

　80歳のころ，**クシナガラ**で入滅。遺体は，荼毘（火葬）に付された。

・**四門出遊**の伝説…**ゴータマ**は，暮らしていた王城の門の外を歩く老人，病人，死者・葬式を見て，人生の苦しみを目の当たりにした。しかし最後に，出家者を見て，それらを乗り越えた姿に憧れ，出家を決意したとされる。

❖**ブッダの悟り**

　ブッダによれば，**煩悩**による世界の実像についての無知（**無明**）が執着を生み，**その執着が人の生を苦に満ちたものにする。ゆえに，煩悩を断ち切り，無明を脱すれば，解脱できる。苦行は不要。**

・世界の実像…ブッダによれば，いかなるものもそれ自体で存在することはできず（**無我**），すべては他のものとの因果関係によって生成・消滅する（**因縁説**），すなわち実体というものはないというのが本当の姿（**縁起の法**）。

・煩悩…**我執（実体への執着）・渇愛（激しい執着）**などを生み出す心の働き。人は，とりわけ，好むものをむさぼる**貪**，嫌いなものを憎み嫌悪する**瞋**，的確な判断が下せない**癡**という三つの根本的な煩悩（**三毒**）に惑わされる。

> **ブッダが挙げた人生の苦の具体例（四苦八苦）**
>
> **四苦**―**生・老・病・死**…生きる・老いる・病む・死ぬことの苦。
> ＋
> **八苦**
> ├**愛別離苦**…愛しいものと別れてしまう苦。
> ├**怨憎会苦**…怨めしく憎らしい者と出会う苦。
> ├**求不得苦**…求めるものを得られない苦。
> └**五蘊盛苦**…自らの身も心も思うようにならない苦。
>
> なお，五蘊とは人の心身を構成する，色（物質・肉体），受（感覚作用），想（表象作用），行（意志作用），識（認識作用）の五つのこと。

104

## ✤ ブッダの教え

ブッダは，四つの真理（四諦）を明らかにしつつ，**解脱するには，快楽にも苦行にも偏らない中道に徹することが必要である**として，解脱の妨げとなる歪みを正し，煩悩を断ち切るための正しい修行（八正道）を実践せよと説いた。

・**四諦**…「人の生は苦に満ちているが（苦諦），その苦の根本原因は煩悩にある（集諦）。ゆえに，煩悩を断ち切れば苦は消える（滅諦）。そのための正しい修行（八正道）がある（道諦）」という四つの真理。

・**慈悲**…解脱すれば人は自他の区別をしなくなり，他の人はもちろんのこと，生きとし生けるものすべて（一切衆生）を思いやることができる。**ブッダは，こうした心（慈悲）にもとづいた行いの大切さも説いた。**

### 八正道について

①正見……偏見をもって見るな。
②正思……邪なことを考えるな。
③正語……嘘や悪口を言うな。
④正業……他人に迷惑をかけるな。
⑤正命……しっかり勤めに励め。
⑥正精進……人格形成に努めよ。
⑦正念……生きる目的を忘れるな。
⑧正定……今の自分を見定めよ。

この修行法をまとめて三学（戒学，定学，慧学，まとめて戒定慧）ともいう。戒学は③④⑤に，定学は⑥⑦⑧に，慧学は①②に相当する。

## 2 ブッダ入滅後

ブッダ自身は，いかなる書物も残していない。それゆえ，ブッダの入滅後，弟子たちは信徒集団（サンガ）を形成し，根本思想である四法印などの教え，さらには戒律やそれらの注釈・解釈，すなわち経蔵・律蔵・論蔵の三蔵（大蔵経）を編纂しはじめた。

・**四法印**…変化するものに執着することで，すべてが苦となるが（一切皆苦），不変の実体など何一つなく（諸法無我），ただ変化していくものである（諸行無常）という世界の実像を悟れば，煩悩の炎は消え，心の安らいだ境地（涅槃，ニルヴァーナ）へと解脱することができる（涅槃寂静）という根本思想。

ブッタ入滅後，さまざまな仏教宗派が生じるが，これら四法印を否定する仏教の宗派はない。

ブッダの思想を図式化すると……

22 易行による万人救済の教えと思想 | 105

# ここが共通テストのツボだ!!

## ツボ ① 原始仏典にある幾つかの代表的な教えを知り、ブッダの思想にせまろう。

　ブッダの言葉をほぼそのまま伝えているとされる『スッタニパータ』や『ダンマパダ（法句経）』などの原始仏典を見ると，後の経典とは異なり，**ブッダの教えは，含蓄は深いが，方便（たとえ話など）を用いたシンプルなものであった**ことが分かる。

- 『スッタニパータ』…「出自ではなく行為によって賤しい人やバラモンに分かれる」と述べ（この「バラモン」は悟った人のこと），**出自による差別を否定**している。
　また，「母がたった一人の我が子を命賭けで守るように」というたとえを用いて，**生きとし生けるものへ無量の慈しみの心（慈悲）**について説いている。
- 『ダンマパダ（法句経）』…「怨みの連鎖を断ち切るために，怨みを捨てよ。…これは永遠の真理」と論じ，**悟りのための方策**を説いている。
- 『サンユッタ・ニカーヤ』…自分の教えを乗り物にたとえながら，この乗り物に乗るものは男女の区別なく涅槃の近くへ至ると述べ，**男女の平等**を説いている。
- 『ウダーナ（自説経）』…「此があれば彼がある。…此が滅すれば彼も滅す」と論じ，煩悩（此）と苦（彼）の因果関係（**縁起の法**）について説いている。

● ブッダは，平易な言葉で，人間の平等や慈悲の実践などを説いたことを知ろう。

## ツボ ② 仏教信者の生き方について知ろう。

　仏教信者とは，ブッダ（仏）・ブッダの教え（法）・ブッダの教えの実践者たち（僧）の三宝を敬い，それらに心身を委ねる（**三宝帰依**）人々をいう。
　仏教信者に求められる基本的な生活態度は，『ダンマパダ』によれば，「悪をなさず善を行う生活」である。このためには，**五戒**を実践しなければならない。
　五戒とは，**不殺生戒**（殺すな）・**不偸盗戒**（盗むな）・**不邪淫戒**（不貞を犯すな）・**不妄語戒**（嘘をつくな）・**不飲酒戒**（酒を飲むな）である。
　加えて，『スッタニパータ』によれば，**自己の欲望を抑え，人間のみならず，あらゆる生き物を慈しむ慈悲の心をもたなければならない。**

● 五戒の実践はすべての仏教信者に，八正道の実践は出家修行者に求められる。

# 基礎力チェック問題

**問1** ブッダが説いた四諦のそれぞれについての説明として最も適当なものを，次の①〜④のうちから一つ選べ。

① 「苦諦」とは，苦を引き起こす原因として，無知，欲望，執着といったもろもろの心の煩悩があるという真理である。
② 「集諦」とは，理想の境地に至るためには，八正道の正しい修行法に集中すべきであるという真理である。
③ 「滅諦」とは，煩悩を完全に滅することで，もはや苦が起きることのない平安の境地に達するという真理である。
④ 「道諦」とは，あらゆる事物が存在し変化していくには，必ず依拠すべき道理があるという真理である。

**問2** 仏教における言葉の問題についての記述として最も適当なものを，次の①〜④のうちから一つ選べ。

① 言葉は無常なる存在であるが，正しい言葉を語ることは，正しい実践の重要な要素とされ，いわゆる「八正道」の一つに挙げられている。また，嘘をつくことは，言葉による苦しみとして四苦の一つとされている。
② 正しい言葉を語ることは，正しい行為，実践をすることとは別であるとされ，いわゆる「八正道」には含まれない。一方，嘘をつくことは，言葉による苦しみとして四苦の一つとされている。
③ 言葉を含めすべての存在は無常な存在であり，言葉を語ることや嘘をつくことは，無常な存在に執着することである。したがって，両者ともに本質的には空しいこととされ，苦しみの原因として「集諦」に含められている。
④ 正しい言葉を語ることは，いわゆる「八正道」の中の一つとして，正しい実践の重要な要素と考えられている。また，嘘をつかないことは，殺生をしないことなどとともに，いわゆる「五戒」の中に挙げられている。

**問3** ブッダが苦について示した教えの説明として，次の①〜④のうちから一つ選べ。

① 苦諦とは，四諦の一つで，もろもろの煩悩が苦の原因であるという真理をいう。
② 一切皆苦とは，四法印の一つで，この世のすべてが苦しみであるという真理をいう。
③ 求不得苦とは，八苦の一つで，求めて得たものを失うことが苦しみであることをいう。
④ 五蘊盛苦とは，八苦の一つで，五つの要素からなる心の活動が苦しみであるをいう。

---

**問1** 〔答〕③

③ **適当**：「滅諦」の説明として適当。
① **不適当**：「苦諦」とは，人生が苦に満ちているという真理。
② **不適当**：「集諦」とは，苦の原因が執着を引き起こす煩悩にあるという真理。
④ **不適当**：「道諦」とは，涅槃に至る正しい修行方法があるという真理。

**問2** 〔答〕④

④ **適当**：八正道のうちの「正語」と，五戒のうちの「不妄語戒」の正しい説明。
① **不適当**：「嘘をつくこと」は，「四苦の一つ」ではない。
② **不適当**：「正しい言葉を語る(正語)」は「八正道」に含まれるが，「嘘をつくこと」は，「四苦の一つ」ではない。
③ **不適当**：ブッダは，「言葉を語ること」が「空しい」とは説かない。また，「集諦」とは，苦の原因が執着を引き起こす煩悩にあるという真理。

**問3** 〔答〕②

② **適当**：「一切皆苦」の適切な説明。
① **不適当**：「苦諦」を「集諦」に替えれば正文になる。
③ **不適当**：「求不得苦」とは，求めるものが得られない苦のこと。
④ **不適当**：「心の活動」は，受・想・行・識の四つ。これらに色を加えて「五蘊」という。

# 23 仏教教団の分裂と発展
## ～上座部仏教と大乗仏教

### 1　仏教教団の分裂

　ブッダの死から約100年後の紀元前3世紀ごろ、信徒集団は戒律の解釈などをめぐり、戒律を厳格に守っていくべきだという**上座部**と、戒律を柔軟に捉えるべきだという**大衆部**の2派に分裂（根本分裂）。

　その後も分裂を続け、2派は20部派くらいに分裂した（枝末分裂）。この時代の仏教を**部派仏教**（アビダルマ仏教）という。

　この部派仏教の時代の信徒は、煩悩のない悟りの境地に達した最高位の修行者である**阿羅漢**を目指して、自らの悟りの完成に努めた（**自利**）。

### 2　上座部仏教の伝播

　上座部の一部は、紀元前3世紀ごろ、セイロン（現スリランカ）に伝えられ、そこからさらにミャンマー、タイ、カンボジア、ラオスなど東南アジアに広がる。それゆえ、**南伝仏教**と呼ばれ、原始仏教以来の伝統を重視し、厳格な戒律護持を誇る。

　彼らにとっては、仏とは釈迦だけであり、修行者がなれるのは**阿羅漢**まで。そうした修行者を在家の信者が、お布施などの功徳を積むことで支えている。

### 3　大乗仏教の発展

　紀元前1世紀ごろには、大衆部に根ざした布教師や在家信者らを中心に、一切衆生の救済（**利他**）を目指す**菩薩**こそ理想であるとする革新運動が起きた。

　彼らは、出家者中心の部派仏教を「小乗」と呼んで批判。自らを「**大乗**（一切衆生を救う大きな乗り物）」と称し、理論探究とともに、**慈悲**の心にもとづく**利他**を重視し、利他を行う**菩薩**になろうと**六波羅蜜**（六度）に励んだ。

　この教えは急速に広まり、現アフガニスタンから中央アジアを経由し中国・朝鮮・日本などの東アジアにも伝わった。それゆえ、**北伝仏教**とも呼ばれる。

> **六波羅蜜について**
> ・**布施**…施しをすること。
> ・**持戒**…戒を守ること。
> ・**忍辱**…苦難を耐え忍ぶこと。
> ・**精進**…仏道の実践にひたすら励むこと。
> ・**禅定**…精神を集中して真理を観察すること。
> ・**智慧**…真理を見極め、悟りを完成させること。

大乗仏教は，それまでの経典とは別に，ブッダが語ったことにして新たな経典（『**法華経**』や『**涅槃経**』など）を生み出した。

❖ **大乗仏教を代表する教えと理論家**

- **空の思想**…2世紀ごろ，『般若経』を研究した**ナーガールジュナ**（**竜樹**）（150ごろ〜250ごろ）が，縁起の法を徹底して確立。彼の教えを受け継ぐ人々は，**中観派**を形成。

  彼によれば，**何も単独では存在しておらず**（**無自性**），すべては因縁・縁起によって成立したものであり，**関係性の中にある**（一切皆空）。さらに，人間の認識作用でさえも絶対的・永遠・不変ではない（五蘊皆空）。

- **唯識の思想**…4世紀ごろ，**アサンガ**（**無著**）（310ごろ〜90ごろ）と**ヴァスバンドゥ**（**世親**）（320ごろ〜400ごろ）の兄弟が確立。彼らの教えを受け継ぐ人々は，**唯識派**を形成。

  彼らによれば，**一切は心の奥底に潜む阿頼耶識（人類の深層無意識領域）の生み出す幻想に過ぎないのだから，それらに執着すべきではない**。この教えはヨーガの修行（瑜伽行）によって体得されるという。

❖ **如来蔵思想・一切衆生悉有仏性の思想の形成**

大乗仏教の時代，ブッダは亡くなったが，この世界とは別の世界が無数にあり，そこでは現在でも別の仏（**西方極楽浄土を主宰する阿弥陀仏**，東方瑠璃光世界を主宰する**薬師如来**など）が活動しているという多仏思想・信仰が興った。

この影響のもと，衆生にも仏性（仏になる因子）があるとする如来蔵思想が生まれ，**一切の衆生に仏性が等しく存在するという一切衆生悉有仏性**の思想へと発展した。

## 4　密教とチベット仏教

5〜6世紀ごろには，ヒンドゥー教と深い関係をもった**密教**が成立。以後，13世紀はじめまで中部インドや南インドで栄えた。

8世紀までには中期密教が中国に伝わり，それを9世紀に空海が日本に伝えた。

8世紀後半には後期密教がチベットに伝わり，**教理は空の思想にもとづき，実践は密教による****チベット仏教**（ラマ教）が生まれた。この仏法のみならず，チベットの政治や文化一般を率いる最高指導者を16世紀以降，**ダライ・ラマ**（教主）と呼ぶ。

13世紀には，この代々生まれ変わる生き仏の制度（転生活仏制）を特徴とするチベット仏教がモンゴルに伝わり，活仏制も取り入れられ興隆した。

## 5　インドの仏教のその後

13世紀初頭，インドの仏教はヒンドゥー教などとの競争に敗れて衰退していく。そして，**20世紀になってカースト制を否定する仏教が再評価・復興されるまで，インドでは仏教を支えた富裕層の衰退とともに滅亡状態**となった。

しかし，仏教の伝統は東南アジア，さらには**鳩摩羅什**（344〜413）や**玄奘**（602〜64）の仏典漢訳（漢訳の『大蔵経』など）や**達磨**（？〜530ごろ）によって中国にもたらされて発展する。その後，中国を経て，日本でも栄えた。

# ここが共通テストのツボだ!!

## ツボ ① 仏教伝播の道筋と，上座部仏教・大乗仏教の特徴を整理しておこう。

**上座部仏教**は，現在のスリランカを経て，タイなどの東南アジアに伝播（**南伝仏教**）。

**大乗仏教**は，中央アジアを経て，中国や日本などの東アジアに伝播（**北伝仏教**）

5～6世紀ごろに，**密教**（大乗の一派）が成立。8世紀までに中国に伝わり（これを9世紀に空海が日本に招来），8世紀後半にはチベット，13世紀にはモンゴルに伝播。

- 上座部仏教…東南アジアに伝播（南伝）。理想は阿羅漢。利他よりも自利を重視。
- 大乗仏教……東アジアに伝播（北伝）。理想は菩薩。自利よりも利他を重視。

## ツボ ② 「空」の思想への理解を深め，大乗仏教の教えにせまろう。

「**色即是空・空即是色**」などの言葉とともに，最もよく知られている経典の一つに**『般若心経（摩訶般若波羅蜜多心経）』**がある。これは，生老病死などの苦からの解放を目指した262文字程度しかない一種の呪文であるが，**その根本思想は「空」である**。

**「空」とは，空っぽ（何もない）という意味ではなく，「あること」と「ないこと」を同時に包摂する高次元の考え方**である。

比喩的に言えば，「空」は「ドーナツの穴のように，確かにあるけれど，そこには何もないようなもの」だと表現することができるだろう。

- 「空」を悟れば，物事への執着も捨てられ，苦から脱することもできるという考えを理解しよう。

## 基礎力チェック問題

**問1** インドの仏教教団は上座部と大衆部に分裂した。その中で,上座部仏教に関する記述として最も適当なものを,次の①〜④のうちから一つ選べ。

① ブッダを理想化した大乗経典を用いて俗人への布教を重視し,中央アジアを経て,中国,朝鮮,さらに日本に伝播した。
② ブッダが制定したとされる戒律を忠実に守り,スリランカでは国家の保護を受け,さらに東南アジアに伝わった。
③ アーリア人上層階層出身者の部派であったため,保守的で,外国人への布教を好まず,インド国内にのみ伝播した。
④ 中観や唯識の大乗仏教教理を完成し,チベットに伝播して国家の保護を受け,さらにモンゴルに伝わった。

**問2** 中国や日本に伝えられた大乗仏教の教えの記述として適当でないものを,次の①〜④のうちから一つ選べ。

① すべての衆生は仏となる本性を備えているという,「一切衆生悉有仏性」の教義を持つ。
② 竜樹によって理論化された,すべて存在するものは固定的な実体ではないという「空」の思想を持つ。
③ 自己の解脱とともに利他の慈悲の行いを重んじ,広く一切の衆生の救済を目指して貢献する「菩薩」を理想とする。
④ 最高の悟りを得た者としての「阿羅漢」を理想とし,自己一身の解脱に努力することを重視する。

**問3** 『法句経』に関する説明として最も適当なものを,次の①〜④のうちから一つ選べ。

① 初期のアーリア文化を伝えているバラモン教の聖典である。祭祀に関する文章や神々への讃歌が収録されている。
② 世親(ヴァスバンドゥ)の代表的な著作である。一切は心の表象にほかならないとする唯識派の教理を説いている。
③ 竜樹(ナーガールジュナ)の代表的な著作である。一切は「空」にほかならないとする中観派の教理を説いている。
④ 原始仏教における最古の経典の一つである。平易な比喩を用いて,簡潔に仏教の世界観や道徳観を説いている。

---

**問1** [答] ②

② **適当**: 上座部仏教についての説明として適当。
① **不適当**: 大乗仏教についての説明。
③ **不適当**: バラモン教についての説明。
④ **不適当**: 「チベットに伝播して国家の保護を受け,さらにモンゴルに伝わった」のは密教。

**問2** [答] ④

④ **不適当**: 部派仏教あるいは上座部仏教の説明になっており,不適当。
① **適当**: 「一切衆生悉有仏性」は,大乗仏教の教理。
② **適当**: 「空」の思想は,大乗仏教の教理。
③ **適当**: 大乗仏教の理想は「菩薩」。

**問3** [答] ④

④ **適当**: 『法句経(ダンマパダ)』は,『スッタニパータ』と並び現存経典のうち最古の経典。
① **不適当**: バラモン教の聖典ヴェーダの説明。
② **不適当**: ヴァスバンドゥの代表的な著作『唯識二十論』の説明。
③ **不適当**: ナーガールジュナの代表的な著作『中論』の説明。

東洋・日本思想 **1** 東洋の源流思想（4） rank

# 24 乱世に咲く古代中国の思想
## 〜諸子百家と孔子

## 1 古代中国と諸子百家の活躍 ★★☆

　紀元前1600年ごろに，殷（商）王朝が成立。この時代，人々は天の恵みを得るために共同の祖先神や川・大地・山などの自然神を祭り，さらにこれらの至上神としての天帝（上帝）の意志が卜占によって問われ，その神託によって政治が行われていた。

　紀元前11世紀ごろには周王朝が黄河流域に進出し殷を滅ぼす。この変革は，**天は有徳な者を新しい天子（支配者）とするという天の思想**によって正統化される。

❖諸子百家の活躍

　周王朝は，天子の下に一族や功臣などを諸侯として抑え込み，土地を世襲させる封建制度を確立。しかし，8世紀にはいると周王朝の勢力は次第に衰え，春秋・戦国時代が始まる。

　諸侯は富国強兵策を採る。この動きに応えて登場したのが，諸子百家と呼ばれる思想家たちである。

　その数は189家とも伝えられるが，特に後世に大きな影響を残すのは孔子（前551ごろ〜前479）や孟子（前372ごろ〜前289ごろ）を代表とする儒家，老子（生没年不詳）と荘子（前4世紀ごろ）を代表する道家である。

## 2 孔子 ★★★

　春秋・戦国時代の末期（周の封建制が廃れ，郡県制に移行しつつある時代），魯の国に生まれたのが孔子（著作なし）。彼は，周の摂政の周公旦に憧れて，周の封建制に政治や治国の理想を見出し，その新たな復活を目指した（温故知新）。

　50歳を過ぎて，理想を実現しようと諸国を遍歴したが受け入れられず，69歳のときに魯の国に戻り，弟子の教育に専念。73歳で没。

❖孔子の関心

　孔子の関心は，自然の神秘や死後の安楽ではなく（「**怪力乱神を語らず**」），**民衆が安んじて暮らせる理想社会の実現**という現実的な課題にあった。

## ❖ 孔子の主張

私利私欲で国内を混乱させることなく、また刑罰に頼ることもなく、仁を備えた君子が国家のトップに立ち礼を行えば（徳治主義）、民衆も安んじて暮らせるようになる（修己治人・修己以安人）。

- 仁…孔子の言行録『論語』によれば、「愛」、「忠（自分を偽らないこと、すなわち内面的な道徳心）」、「恕（自分の望まないことを他人にもしないようにする思いやり）」、「克己（欲望に打ち勝つこと）」などさまざまに定義される。
- 礼…道理に則した人や社会に関する決まりや定め、あるいは慣習法。孔子にとっては、昔のうまくいっていた周の時代に行われていた共同生活の秩序。
- 君子…仁と礼を備え、道を求めて不断に修養し、常に正しく生きる者。

孔子の思想のまとめ

 **『論語』に見る仁の定義**
- 「樊遅、仁を問う。子曰く、人を愛す（樊遅が「仁とは何ですか」と尋ねた。孔子先生は、「人を愛することだ」と答えた）。」
- 「曾子曰く、夫子の道は忠恕のみ（曾子が言うには、孔子先生が探求していたのは忠恕だけだ）。」
- 「顔淵、仁を問う。子曰く。己に克ちて礼に復る（克己復礼）を仁となす（顔淵が「仁とは何ですか」と尋ねた。孔子先生は、「欲望を制して、礼を再興することだ」と答えた）。」
- 「孝悌なるものは、それ仁をなす本か（孝〔父母に仕えること〕悌〔長兄に仕えること〕が、仁の基本である）。」

## ❖ 理想の実現の仕方

『礼記』や『大学』によれば、**まず徳を身につけ（修身）、家庭を円満にしたとき（斉家）、はじめて国を治めることができるのであって（治国）、その君子の徳によって天下が安定する（平天下）。**

後の朱子は『大学』を重視。朱子学の影響を受けた日本の朱子学派も同様。

## 3 　孔子の弟子たち

孔子の弟子たちは、孔子の死後、大きく二つの流れに分かれる。
- 忠恕学派（曾子学派）…仁や忠恕の心を重視。この流れを大成したのが**孟子**。
- 礼学派（子游学派）…礼や実際の政務を重視。この流れを汲むのが**荀子**。

# ここが共通テストのツボだ!!

## ツボ ① 『論語』などに見られる，よく知られている孔子の言葉を知ろう。

- 「いまだ生を知らず，いずくんぞ死を知らんや（生きていることさえよく分からないのに，どうして死のことが分かろうか）。」
- 「巧言令色，鮮ないかな仁（心にもないおべっかを使ったり，顔色をつくろったりする者に，本当に誠実な者は少ない）。」
- 「君子は和して同ぜず，小人は同じて和せず（君子は人と仲良くするが追随したりはしない。小人は追随はするが仲良くはしない）。」
- 「学びて思わざれば則ち罔し。思いて学ばざれば則ち殆し（せっかく学んでも，自分で考えてみないと知識は確かなものにならない。自分一人で考えるばかりで学ぶことをしなければ，独りよがりになって危険だ）。」
- 「徳孤ならず。必ず隣あり（徳を備えた人は決して孤立することはない。その人の徳を慕う者が必ず周囲にいる）。」

○ 四書五経からの引用が多いので，その意味や意図をしっかり理解しておこう。

## ツボ ② 墨家や法家など，儒家・道家以外の諸子百家についても知ろう。

- **墨家**…始祖は**墨子**。彼は，孔子の説く仁を**別愛**と批判し，人々が広く愛し合う無差別の愛である**兼愛**の必要性を主張。侵略戦争を否定（**非攻**）。また，身分を問わず才能のある者を登用する**尚賢**，むだな消費を節約する**節用**・**節葬**を説いた。
- **法家**…**韓非子**など。徳治主義を説く孔子ら儒家とは異なり，**信賞必罰の法律によって人民を統治する法治主義を主張**。各人には立場（名）に相応しい行為をすること（**名分**）を求めた。秦の始皇帝は法家の思想を採用し，中国を統一。
- その他…陰陽五行説を唱えた**陰陽家**（鄒衍），論理学を展開した**名家**（恵施や公孫竜），外交論を展開した**縦横家**（蘇秦や張儀），所説を折衷・統合した**雑家**，農本主義的な思想を唱えた**農家**（許行），軍事研究を行った**兵家**（孫子）など。

○ ・孔子と墨子…孔子は仁と礼を重視。墨子は孔子の説く仁を別愛と批判し，兼愛を主張。
・儒家と法家…儒家は徳治主義を主張。法家は法治主義を主張。

## 基礎力チェック問題

**問1** 中国では時間の運行も含め、自然の秩序や政治的秩序が天と結び付けられていた。次のア・イは、その天についての記述である。その正誤の組合せとして正しいものを、下の①〜④のうちから一つ選べ。

ア　周の王たちは、万物はすべて天の支配のもとにあるという信仰を背景として、自らを天と同一視し、自身の下す命令がとりもなおさず天命であると考え、王の権威を神聖化した。

イ　孔子は、「怪力乱神」を語らず、神秘的な存在について積極的に言及することを避ける一方で、「五十にして天命を知る」と述べ、天から与えられた使命を果たそうとした。

① ア 正　イ 正　　② ア 正　イ 誤
③ ア 誤　イ 正　　④ ア 誤　イ 誤

**問1**　[答] ③
ア：誤文。天(帝)に選ばれた周の王ら皇帝は、天子として、天(帝)を祭る儀礼を司るが、「自らを天と同一視」はしない。
イ：正文。『論語』によれば、孔子は、「吾十有五にして学に志す。三十にして立つ。四十にして惑わず。五十にして天命を知る。六十にして耳順う。七十にして心の欲する所に従いて、矩を踰えず」と述べた。

**問2** 次の文章は、孔子の礼についての説明である。文章中の　a　〜　c　に入れる語句の組み合わせとして正しいものを、下の①〜⑥のうちから一つ選べ。

　孔子は、社会を支える規範として礼を重んじたが、それは単に外形的なものではなく、内面性に裏打ちされるべきであると考えた。つまり、他者を愛する心持ちである　a　が、立ち振る舞いや表情・態度として外に現れ出たものが礼であるとしたのである。その実現には、私利私欲を抑えるとともに、他人も自分も欺くことなく、他人を自分のことのように思いやることが重要とされた。このうち、自分を欺かないことは、　b　と呼ばれる。このように礼を体得した　c　によって、秩序ある社会の実現も可能であると孔子は考えた。

① a 恕　b 忠　c 真人　　② a 恕　b 忠　c 君子
③ a 恕　b 信　c 真人　　④ a 仁　b 信　c 君子
⑤ a 仁　b 忠　c 真人　　⑥ a 仁　b 忠　c 君子

**問2**　[答] ⑥
a：「他人も自分も欺くことなく(信・忠)、他人を自分のことのように思いやること(恕)」によって実現される、「礼」を裏打ちする内面性(道徳心)は「仁」である。
b：「自分を欺かないこと」を、孔子は「忠」と呼ぶ。
c：孔子は「君子」による統治を求めた。「真人」は荘子の理想。

**問3** 古代中国の諸子百家についての記述として最も適当なものを、次の①〜④のうちから一つ選べ。

① 儒家は、上古の聖人の道よりも仁義礼智信といった社会生活に有益な徳を重視し、人々にこれを修得するよう説いた。
② 墨家は、平和主義者の立場から人民を不幸にする侵略戦争を否定するとともに、自他を区別せず広く平等に愛するよう説いた。
③ 道家は、現実の政治や社会の分野には関心を示さず、人々に作為を捨てて宇宙の根源である道に任せて生きるよう説いた。
④ 法家は、君主の徳による政治を否定し、法による信賞必罰を統治の根底に据えることで人民本位の政治を実現するよう説いた。

**問3**　[答] ②
② 適当：墨子の兼愛や非攻の思想の説明として適当。
① 不適当：儒家は、「上古の聖人の道」を重視するので不適当。
③ 不適当：道家の老子は、小国寡民などの政治思想を説いたので不適当。
④ 不適当：法家は、「人民本位の政治」は説かないので不適当。

第2編　東洋・日本思想
1　東洋の源流思想

24　乱世に咲く古代中国の思想　｜　115

東洋・日本思想 1　東洋の源流思想(5)　rank A

# 25 儒家思想の展開
## ～孟子と荀子

### 1　孟子

　孔子の仁の思想を受け継いだのが，孔子の死から約100年後，鄒に生まれた**孟子**。彼は，孔子の孫の子思の門人の下で学んだのち，理想を実現しようと魏・斉・宋・魯などの諸国を遍歴。しかし，理想を完全に実現することはできず，晩年は故郷に戻り弟子の育成と著作活動に専念。

#### ✤孟子の政治思想
　理想社会を実現する**王道政治**を模索。それには，**正義を守って邪悪を禁じ，仁政を施して人民の生活を保全する君主が必要**。武力や謀りごとを用い，残虐・無道な政治（**覇道政治**）を行う者は，君主の扱いをする必要がないと主張。
・主張の背景…王道政治の主張を裏付けたのが，民意に背く暴君は，宇宙の絶対神たる上天によって治者の地位から追放されるという**易姓革命**（命を革めて，治者の姓を易える）という古代の天の思想にもとづいた理論。

> 📌『孟子』に見る仁政
> ・「民を尊しと為し，社稷これに次ぎ，君を軽しとする（民が最も大切であり，村や国家がその次であり，君主を最後とする）。」

#### ✤孟子の倫理思想
　人間は生まれながらに**良知**（**良知良能**）を具えており，その性は善である（**性善説**）。この**良知**の芽（**四端**）を，自ら養い育てていくことによって，**四徳**（**仁・義・礼・智**）を実現しなければならない。
　四徳が充実してくると，人生のいかなる局面においても毅然とした不動の心である**浩然の気**が現れる。この浩然の気を具えた人は，どんな困難にあっても徳を実現しようとする。
・主張の根拠…例えば，井戸に落ちそうになっている子どもがいたとき，誰でもかわいそうだと思って助けるのは，人には，生まれながらに**惻隠の心**（忍びざるの心，他人に対する憐れみの心）があるからである。
　これと同様に，人には，**羞悪の心**（悪を憎み，不正を恥じる心），**辞譲の心**（謙遜する心），**是非の心**（物事の善悪を見分ける心），この四つの心（**四端**）が生まれながらに具わっていると主張。

## ♣ 政治思想と倫理思想の融合

上天に認められる君主となるには，<u>四徳</u>を実現した<u>大丈夫</u>でなければならない。しかし，**大丈夫が天下を治めるだけでは，平和は訪れない**。世の中の基本となる人間関係において<u>五倫</u>（<u>親</u>・<u>義</u>・<u>別</u>・<u>序</u>・<u>信</u>）の徳が実現されていなければならない。

 **四端・四徳と五倫，そして五常について**

四徳
- <u>仁</u>（<u>惻隠</u>から発展）…他人を思いやる。
- <u>義</u>（<u>羞悪</u>から発展）…為すべきことをなす。
- <u>礼</u>（<u>辞譲</u>から発展）…節を尊ぶ。
- <u>智</u>（<u>是非</u>から発展）…道理を心得る。
- 信…友情に厚い。

五常

※漢代に，**董仲舒**が四徳に「信」を加えて，儒教道徳の基本となる五常を確立。

五倫
- 父子の<u>親</u>…親は子を慈しみ，子は親に仕える。
- 君臣の<u>義</u>…君主は臣下を礼し，臣下は君主に忠である。
- 夫婦の<u>別</u>…男女それぞれの本分を乱さない。
- 長幼の<u>序</u>…長者を先にし，幼者を後にする。
- 朋友の<u>信</u>…友達に対して偽ったり，欺いたりしない。

## 2　荀子　★★☆

孔子の説く礼のもつ規範としての力に注目したのが，趙に生まれ斉や楚で仕官した<u>荀子</u>（前298ごろ～前235ごろ）である。この荀子の門下でありつつ，**法家**の思想を確立したのが<u>韓非子</u>。

### ♣ 荀子の思想

**人間の本性は悪（欲望の充足へと向かう傾向）だから**（<u>性悪説</u>），**古典を学ぶ学習や礼を学ぶ教育によって矯正すべきである**（<u>礼治主義</u>）。

- 主張の根拠…天が人をつくったので，君子も小人も本性や能力は同じだが，過去には悪逆非道な君主がいたように，現実の人間は生まれながらに利を好み，嫉妬心をもち，争い，社会を混乱させがちである。

 **『荀子』に見る人間観**

- 「人の性は悪にして，その善なるは偽りなり（人の本来の性質は悪であり，それが善である者は，人が手を加えたもの，すなわち人為の結果である）。」

## 3　儒学の成立　★☆☆

春秋時代から漢にかけて，儒教の経典が整理され，<u>四書</u>（『論語』『孟子』『大学』『中庸』），さらに<u>五経</u>（『詩経』『書経』『易経』『春秋』『礼記』）が成立（五経に，現存しない『楽経』を加えて**六経**という場合もある）。

漢代以降は，これらの経典を研究する**儒学**（経学）が成立。唐から宋における仏教の広まりに触発され，さらに経典の理論的統一と体系的な解釈に力が注がれた。

# ここが共通テストのツボだ!!

## ツボ ① 孟子にまつわる逸話から、何が読み取れるかを考えよう。

①**孟母三遷の教え**（ただし、史実ではないとも）…孟子とその母は、最初は墓地の近くに住んでいたが、孟子が葬式ごっこをはじめたので母は転居した。

　しかし、転居先が市場の近くであり、孟子が商人ごっこをはじめたので、母は再び転居した。今度の転居先は学問所の近くであったところ、ようやく孟子が学問を志すようになったという逸話。

②**孟母断機の教え**…孟子が学業半ばで帰ってきたとき、母はちょうど機を織っていた。孟子の姿を見て、母は織物を刀で切断し、「お前が学問を途中で辞めるのは私が織物を断ち切るのと同じことだ」と言って諫めたという逸話。

③**宣王の問い**…田斉の君主である宣王が孟子に向かって、殷の臣であった武王（周公旦の兄）が主君である殷の紂王（帝辛）を伐って周を打ち立てたことについて質問した。これに対し、孟子は次のように答えた。

　「仁を失った者は賊、義を失った者は残という。残賊の者は、もはや君主ではなく、ただの男である。だから、お尋ねの件は、ただの男の紂を殺したとはいえても、君主である主君を殺したことにならない」と。

- ①からは学問の重要性や親の義務を、②からは学問を続けることの重要性や親としてのあるべき姿を、③からは孟子が易姓革命を支持していたことを読み取ろう。

## ツボ ② 孔子と孟子、荀子と韓非子の主張や立場の違いについて知ろう。

- **孔子と孟子**…孔子は仁と礼による徳治主義を説いたが、**礼がいかに成立するかは論じていない**。これに対して、**孟子は生得の辞譲を育成すれば礼になる**と主張。
- **荀子と韓非子**…荀子は礼治主義を唱えつつ、**統治における道徳の意義を認めている**。これに対して、**韓非子**は法治主義を唱え、個人間での道徳は認めるとしても、**統治において道徳は無力と主張**。

　それゆえ、荀子は儒家の思想家とされるが、韓非子は法家と称せられる。

- 微妙な主張や立場の差異に注目して、重要な諸子百家の思想への理解を深めよう。

# 基礎力チェック問題

**問1** 孟子が唱えた王道政治についての説明として最も適当なものを，次の①〜④のうちから一つ選べ。

① 神秘的な事柄への関心を捨て，古来の儀礼を排することで，天と人を分離し，天の意志に左右されない人間中心の政治
② 武力による支配ではなく，人民の幸福を真に考え，まず生活の安定をはかり，そのうえで道徳的教化を目指す政治
③ 国家の規範として法律を定め，各身分の役割を明確にすると同時に，為政者による臣下の統制を国家の原則とする政治
④ 民衆からの過重な徴税を批判し，君臣の身分の区別なく，すべての人が農業に従事する平等な社会を目指す政治

**問2** 次のア・イは，孟子が説く四端についての記述である。その正誤の組合せとして正しいものを，下の①〜④のうちから一つ選べ。

ア　すべての人に，他人の不幸を憐れむ心，善悪を見分ける心などといった四端が生まれながらに具わっている。これらは仁・義・礼・智という四徳の芽生えであり，この四端を推し広げていくことで人は善を実現できる。
イ　すべての人に，他人の不幸を憐れむ仁という心，善悪を見分ける智という心などといった四端が生まれながらに具わっている。人はこの四端を拡充し，惻隠や辞譲といった四徳へと向上させていかなければならない。

① ア 正　イ 正　　② ア 正　イ 誤
③ ア 誤　イ 正　　④ ア 誤　イ 誤

**問3** 荀子の思想についての記述として最も適当なものを，次の①〜④のうちから一つ選べ。

① 荀子は，人の行為はすべて利己的で打算的なものと考え，国を治めるには法をもってし，法を犯したものを厳罰に処すべきだとした。
② 荀子は，すべての人のうちにある四端の心を開花させ四徳を備えた人間となるために，礼儀や習慣などの人為的な努力が必要だとした。
③ 荀子は，道徳や文化を否定し，人知の計らいを超えた道に従うという，作為を弄することのない無為自然の生き方こそ本当の礼だとした。
④ 荀子は，放っておけば欲望のままに行動し，悪へと傾きがちな人間本性を礼儀や習慣などの人為的な努力によって矯正しようとした。

---

**問1**　【答】②

② 適当：孟子の説く**王道政治**の説明として適当。
① 不適当：孟子は，**天の思想**を支持している。
③ 不適当：**韓非子**の**法治主義**を想定した記述。
④ 不適当：農家の農本主義的な思想を想定した記述。

**問2**　【答】②

ア：正文。**四端**（惻隠・羞悪・辞譲・是非）は**四徳**（仁・義・礼・智）の芽生えである。
イ：誤文。「仁」を「惻隠」に，「智」を「是非」に，「惻隠」を「仁」に，「辞譲」を「礼」に替えれば正文になる。

**問3**　【答】④

④ 適当：荀子が説く**性悪説**や**礼治主義**の説明として適当。
① 不適当：**韓非子**の**法治主義**を想定した記述。
② 不適当：**孟子の四端・四徳**に関する議論を想定した記述。
③ 不適当：**老子**の**無為自然**を想定した記述。

東洋・日本思想 **1** 東洋の源流思想(6) rank

# 26 老荘思想と儒学思想の展開
〜道家（老荘思想），朱子学と陽明学

## 1 道家（老荘思想） ★★★

　儒家の説く礼は，形式に流されやすい。この点を批判し，自然との一体化の中に人間の理想を見出したのが，伝説的な人物の**老子**や，宋に生まれたとされる**荘子**。
　なお，老子も荘子も，老荘思想・仏教・民間信仰を融合して形成された，不老長寿や仙人になる方法を説く**道教**の始祖とされているが，直接的な関係はない。

### ✤『老子』の思想

　**老子**の著とされる『老子』は，儒家を批判しつつ，**道**（タオ）**に従い，これと一体となって生きるとき**（**無為自然**），**人は本来の生き方ができ，幸福になれる**と説く。

- 思想の背景…『老子』によれば，万物を生み出す根源は，「無」や「無名」とも呼ばれる**道**。それゆえ，この道は人為や作為に先立ってある（**無為自然**）ものだから，人間の知や感覚の対象とはならない。
- 生き方の理想…『老子』は，人知に由来する無・有，美・醜，善・悪などの対立に囚われない生き方を説く。具体的には，**無邪気な嬰児のように，道に身を委ね，他と争わず身を低くする柔弱謙下という生き方を求めた。**
- 国家の理想…『老子』は，人間が自然のままに生活できる小さな自給自足の村落共同体的な国家（**小国寡民**）こそが無為自然の理想社会だと説いた。

> 『老子』の言葉
> ・上善は水の如し（水のようなあり方こそが，人間生活の理想だ）。
> ・大道廃れて仁義あり（道が分からなくなると，仁義を説く輩が出てくる）。

### ✤『荘子』の思想

　荘子の思想をまとめた『荘子』は，**こだわりを捨てて，天地自然と一体になるとき，人間は本来の調和的世界におさまり，心の平和と自由を得られる**と説く。

- 思想の背景…人間の知恵や判断は全体のほんの一部分に触れているにすぎない。美醜や大小，運不運，幸不幸，上下貴賤，自我非自我などは相対的な区別にすぎず，万物はおのずから調和している（**万物斉同**）と捉えた。
- 生き方の理想…世間的には無用のものにも有用なものがある（**無用の用**）のだから，**何事にも煩わされず，心を空しくして天地自然と一体になり**（**心斎坐忘**），**悠然と遊ぶように**（**逍遙遊**）**生きる真人**（至人）としての生き方を求めた。

120

## 2　儒学の展開～宋代の儒学

　儒教は儒学を成立させたものの，やがて思想性を失い，訓詁学（古典経典の解読と解釈）となってしまった。しかし，10世紀の宋の時代以降，仏教や老荘思想との論争や対立にせまられ，独自の発想と思索を重ねて，宋学を発展させた。

### ✤朱子の思想

　周敦頤らの思想を受け継ぎ，宋学を大成したのが朱子（朱熹(1130～1200)）。彼の思想（朱子学）は，「理（宇宙の本源・人間の理性的部分）」と「気（物質的素材・心的エネルギー）」の概念を用いた理論的なもの（理気二元論）であった（『四書集注』）。

　身分制度の尊重や君子権の重要性も説く朱子学は，明代には国教となった。さらには朝鮮半島の王朝や日本の徳川幕藩体制を支える理論として用いられた。

・思想の新しさ…**気を重視する従来の思想とは異なり，理を重視し，人間の本性を理と捉えた**（性即理）。
・本性の分析から実践へ…現実の人間の本性は気によって純然たる善ではない状態（気質の性）にある。それゆえ，理によって気を制御し，純然たる善の状態（本然の性）を実現しなければならない。
・実践と主張…**行為を慎み**（持敬・居敬），**読書などによって世の中の事物に触れて**（格物），**事物を成り立たせている理を知り**（窮理），**その理と通じる自己の本性を確かめ**（致知），**本然の性**を実現しなければならない。

## 3　儒学の展開～明代の儒学

　朱子と同時代の陸九淵は，「心を本然の性と気質の性に分けたのでは心が二つあることになってしまう。**心は一つであり，その一つの心が理を具えており，完全だ**（心即理）」と主張して，理と気を区別する朱子学を批判し，ただ心を見る心学を説いた。

### ✤王陽明の思想

　300年後に陸九淵の思想を再評価して発展させ，朱子学と並ぶ一大潮流を生み出したのが，明代の王陽明(1472～1528)である。その学問を陽明学という。彼は，儒学が出世や現世的な利益のための思想に堕落していくことに強く反発した。

　もっとも，王陽明の没後の陽明学派の人々は，各方面からの批判に耐えきれず，朱子学へと復帰したり，老荘思想へ舞い戻ったりして，陽明学は廃れる。

・朱子学批判…王陽明の思想を伝える『伝習録』によれば，儒学本来の「格物」とは，世の中の事物に触れることではなく，自己の心に内在する事物を格す（修正する）ことである。また，「致知」とは，致良知の略であり，人が生まれながらにもつ道徳知である良知を遮られることなく致す（発揮する）ことである。
・実践と主張…**理想的な生き方をするには，朱子学が説く読書などによるよりも，自分の心を見つめて歪みを修正し，ただ良知を発揮すればよい。**
　例えば実際に弓を引かなければ，弓の道が分からないように，そもそも，**理想的な生き方を知ることと良知を発揮することは不可分である**（知行合一）。

26 老荘思想と儒学思想の展開 ｜ 121

# ここが共通テストのツボだ!!

## ツボ ① 『荘子』に由来する故事を知り,荘子の思想への理解を深めよう。

- **樗木問答**…樗と呼ばれる,一見すると役に立たない大木がある。しかし,荘子は「そんな木は無用なるがゆえに,用材として伐採されることがない。だから大木になる。その木の下で悠々と昼寝でもしたらどうか」と答えたという話。

  これは,**無用であることが有用であるということ**を伝えている。

- **胡蝶の夢**…あるとき,荘子が蝶となり遊んだ夢を見て目覚めたが,自分が夢で蝶となったのか,蝶が夢見て今自分になっているのかと疑ったという話。

  これは,荘子という人間であれ蝶であれ,**人間が下す区別に囚われず,与えられた現実をありのまま十分に楽しんで生きることが必要**だと伝えている。

- 小国寡民という政治思想を語った老子と異なり,荘子は「無用の用」を説いたり,逍遙遊の境地に遊ぶ真人(至人)の生き方を追求するなど,政治には関心を示さなかった。

## ツボ ② 古代中国思想の概略を確認しよう。

仁と礼を説く孔子にはじまる古代中国の思想は,仁を重んじる忠恕学派を経て孟子の思想へ発展するとともに,礼を重視する礼学派を経て荀子の思想へ発展する。

さらに後代には,朱子学や陽明学へと展開する。

他方,儒家を批判したのが,墨家や法家。中でも,儒家の人為性に反発し,道に適った生き方を求めた道家は後代にも大きな影響を与えている。

- まず,仁(道徳)重視の儒家と,道(自然)重視の道家の相違に注目しよう。

## 基礎力チェック問題

**問1** 老子が説いた道についての記述として最も適当なものを，次の①～④のうちから一つ選べ。

① 道とは人間の従うべき道徳の規範であり，忠恕に基づいた礼の実践により体得されるものである。
② 道とは万物を生育する根源であり，絶えず移り変わる人間の幸不幸を超えた絶対的なものである。
③ 道とは万物を貫いている理法のことであり，天から我々に授けられた生まれながらの本性でもある。
④ 道とは差別がなく万物が斉しい境地であり，自己の心身を忘れ去ることで体得されるものである。

**問2** 道家のもう一人の代表的思想家である荘子の思想を述べたものとして適当でないものを，次の①～④のうちから一つ選べ。

① この世界は，道がおのずから現れたものであり，そこには対立や差別はない。この認識に立ち，一切の欲望や分別から自由になった人が真人である。
② この世界は，道がおのずから現れたものであるので，己の心を虚にして，心身とも天地自然と一体になる境地が理想である。
③ この世界は，道がおのずから現れたものであるのに，人間がそれを有用だとか無用だとか判断するのは，自己の価値観に囚われているためである。
④ この世界は，道がおのずから現れたものであり，人間社会の秩序も道に適っている。この認識に立った，社会規範にかなう行為が重要である。

**問3** 朱子の思想は，孟子の思想だけでなく，荀子の思想も取り入れて形成された。荀子の自己変革の思想を精緻に整えた朱子の学問修養論の記述として最も適当なものを，次の①～④のうちから一つ選べ。

① 心即理の認識に基づき，人はそのまま聖人なのだから，その聖人と同じ心を養うという居敬存養を説いた。
② 性即理の認識に基づき，人間は努力すれば聖人になれると考え，物の理を窮めるという格物窮理を説いた。
③ 心即理の認識に基づき，心の良知を具体的な実践の場で鍛え上げていく事上磨錬を説いた。
④ 性即理の認識に基づき，認識と行動をつねに一致させることが学問修養だと考えて知行合一を説いた。

---

**問1** [答] ②
② 適当
① 不適当：「道徳の規範」を重んじたのは，孔子ら儒家。
③ 不適当：老子は，道を「天から我々に授けられた生まれながらの本性」とは捉えない。
④ 不適当：荘子の万物斉同の思想を想定した記述。

**問2** [答] ④
④ 不適当：「社会規範にかなう行為が重要である」という主張は，孔子ら儒家を想定した記述。
①②③ 適当

**問3** [答] ②
② 適当：朱子は，「格物窮理」，すなわち「格物致知」と「窮理」を説いた。
① 不適当：「心即理の認識」は，陸九淵や王陽明の認識。
③ 不適当：王陽明の事績の説明。
④ 不適当：「知行合一を説いた」のは王陽明。

# チャレンジテスト③（大学入学共通テスト実戦演習）

**問1** 次のメモは，仏教の世界観について調べた生徒が作成したものである。メモ中の a ・ b に入る記述の組合せとして最も適当なものを，下の①〜④のうちから一つ選べ。

(21年共テ倫理第2日程)

> **メモ**
> インドにおける仏教の縁起思想の中には，全てのものは a という考えがあることが分かった。「先生」を例にして考えてみると， b と理解することができる。

① a 独立して存在するから，固有の本性を持つ
  b 先生は，宇宙の根本原理（ブラフマン）の一つであり，先生としての固有の本性を持つ

② a 独立して存在するから，固有の本性を持つ
  b 先生は，先生自身の努力だけで先生としての能力を保ち続けているのであり，先生としての固有の本性を持つ

③ a 他に縁（よ）って存在するから，固有の本性を持たない
  b 先生は，宇宙の根本原理（ブラフマン）から生じたものであり，根本原理に縁っているため，先生としての固有の本性を持たない

④ a 他に縁って存在するから，固有の本性を持たない
  b 先生は，生徒など他のものに縁って先生たり得ているのであり，先生としての固有の本性を持たない

---

**問1** [答] ④

a ：「他に縁（よ）って存在するから，固有の本性を持たない」が入る。仏教の教えによれば，**すべては他のものとの因果関係によって生成・消滅する**（因縁）。したがって，**実体というものはないというのが世界の本当の姿である**（縁起の法）。

b ：「先生は，生徒など他のものに縁って先生たり得ているのであり，先生としての固有の本性を持たない」が入る。「**宇宙の根本原理（ブラフマン）**」を前提とする思想はバラモン教などであり，仏教はこれを想定しない。また，仏教の説く因縁や縁起の法によれば，あらゆるものは他との関係において，属性を獲得するのであり，それだけで「固有の本性を持つ」ことはない。

以上のことから，最も適当な組合せは④となる。

**問2** 次の文章は，大乗仏教における「菩薩」の行うべき実践についてブッダが説いたとされているものである。ここで述べられていることについて，大乗仏教の思想を踏まえて説明した文章として最も適当なものを，下の①～④のうちから一つ選べ。

(14年センター倫理本試)

　菩薩の道を志したものは，ここでつぎのような考えを起こさなければならない。……「彼ら（衆生）すべてを，私は，涅槃の世界に引きいれなければならない。しかもなお，たとえそのように無数の衆生を涅槃に導いたとしても，実はいかなる衆生も涅槃にはいったのではない」と。
　それはなぜかというと，もしも菩薩に衆生という観念が生ずるならば，彼を菩薩と呼ぶべきではないからである。それはまたなぜか。もし彼（菩薩）に自我という観念が生ずるなら，あるいは衆生という観念，命あるものという観念，個我という観念が生ずるなら，彼を菩薩と呼ぶべきではないからである。

(『金剛般若経』より)

① 菩薩はまだ仏ではないため，衆生の固定的実体をすべては把握できない。それゆえ，菩薩は，衆生を導く働きを放棄し，自分の悟りの完成を目指して努力すべきである。

② すべての衆生は，いかなる固定的実体ももってはいない。そのことを理解したうえで，菩薩は，導く自分にも導かれる衆生にも執着することなく，衆生を涅槃へと導くべきである。

③ 菩薩はまだ仏ではないため，衆生の固定的実体をすべては把握できない。それゆえ，菩薩は，まずは自分にとって身近な衆生から徐々に涅槃へと導くよう努力すべきである。

④ すべての衆生は，いかなる固定的実体ももってはいない。そのことを理解したうえで，菩薩は，まずは自分が悟りを開き仏となり，その後，衆生を涅槃へと導くべきである。

第2編　東洋・日本思想

----

**問2**　[答]　②

　②大乗仏教は，すべての存在には固定的実体はない（無自性）と説く。また，「菩薩」とは，悟りを開くべく修行中の身ではあるが，**衆生と共に歩み導き，利他行を実践する存在**である。
　①「衆生を導く働きを放棄し」が不適当。③「衆生の固定的実体をすべては把握できない」ということは，固定的実体があることになり不適当。④「まずは自分が悟りを開き仏となり」が不適当。

チャレンジテスト③ | 125

**問3** 生徒Aは，人間のあり方を水になぞらえた言葉を伝える次の**資料1・2**を紹介した。孔子や老子の思想を踏まえて，**資料**から読み取れる内容として最も適当なものを，下の①〜④のうちから一つ選べ。

(21年共テ倫理第2日程)

> **資料1**　〈孔子の言葉〉
>
> 　そもそも水は，広く万物に生命を与えながらそれ以上の余計なことをしないという点が，徳ある人のようだ。
>
> (『荀子』より)
>
> **資料2**　〈老子の言葉〉
>
> 　最上の善とは水のようなものだ。水は万物に利益を与えて争うことがなく，誰もが嫌がる低湿地に落ち着く。
>
> (『老子』より)

① 自分のわがままを抑え，人の心を思いやることに基づく社会秩序を追求した孔子は，**資料1**によると，徳ある人は，あらゆるものに生命を与える水のあり方に譬えられると考えた。

② 自然の現象を超えた神秘的な現象を解き明かすことを目指した孔子は，**資料1**によると，徳ある人は，あらゆるものに必要以上に関わる水のあり方に譬えられると考えた。

③ 万物の根底にある道に従って生きることを本来の生き方だと考えた老子は，**資料2**によると，誰もが嫌がる場所を避けて流れ行く水のあり方を，最上の善と表現した。

④ 他人にへりくだることのない自然な生き方を説いた老子は，**資料2**によると，あらゆるものに利益を与えながらも軋轢を生じさせることのない水のあり方を，最上の善と表現した。

----

**問3** [答]　①

　①前半部分は孔子が説いた忠・恕（自分のわがままを抑えること・人の心を思いやること）の説明として正しい。後半は**資料1**の「水は，広く万物に生命を与え」るという記述と合致する。

　②前半は誤り。『論語』に「子不語怪力乱神」とあるように，孔子は「自然の現象を超えた神秘的な現象」については語らなかった。後半も誤り。**資料1**の「水は……余計なことをしない」という記述に反する。③前半は正しい。老子の説く無為自然と合致する。しかし，後半は誤り。**資料2**の「水は……誰もが嫌がる低湿地に落ち着く」という記述に反する。④前半が誤り。老子の説く柔弱謙下の思想に反する。後半は，**資料2**の「水は万物に利益を与えて争うことがなく」という記述と合致する。

126

**問4** 荘子の思想を，儒家の思想と比較して説明した文として最も適当なものを，次の①～④のうちから一つ選べ。

(14年センター倫理本試)

① 過不足のない，調和のとれた中庸の状態を維持することを目指す儒家とは異なり，「心斎坐忘」を唱え，足を組んで座り，心を統一して，宇宙を支配する絶対神と一体となるべきと説いた。

② 儒家が，礼に従って家から国，そして天下へと社会の秩序を実現していこうとするのとは異なり，「小国寡民」を唱え，小さな共同体のなかで，何ものにも拘束されることなく質素に生きるべきと説いた。

③ 親に対する孝や，兄に対する悌を基礎とする道徳を重視した生き方を説いた儒家とは異なり，「万物斉同」を唱え，道徳的な判断や，あれやこれやといった物事の区別も相対的なものにすぎないと説いた。

④ 儒家が，身近な者に対する仁愛を他者に押し広げていくべきと説いたのとは異なり，「逍遙遊」を唱え，他者との関係を断ち，天地の間に充満する浩然の気を養い，安楽に生きるべきと説いた。

**問4** [答]　③

③例えば孔子は孝・悌を説き，孟子は親子の親の徳の必要性を説いた。これに対して，荘子は，人間の知恵や判断は全体のほんの一部分に触れているにすぎず，美醜や大小，幸不幸や上下貴賤なども相対的な区別にすぎず，万物はおのずから調和している（万物斉同）と説いた。

①「心斎坐忘」とは，「足を組んで座り，心を統一して，宇宙を支配する絶対神と一体となるべき」ではなく，何事にも煩わされず，虚心になって天地自然と一体になることをいう。②「小国寡民」を説いたのは老子。④「浩然の気」について論じたのは孟子である。

チャレンジテスト③ | 127

東洋・日本思想 **2** 日本の古代・中世思想（1） rank **B**

# 27 仏教の受容から鎮護国家の仏教へ
~記紀，奈良仏教，そして神仏習合

## 1 古代の日本

仏教や儒教が伝来する以前の日本においては，畏怖すべき存在を「**神**（**カミ**）」と呼び，自然界のあらゆるものに，神が宿ると考えられていた（**アニミズム**）。

### ✤古代日本人の習俗
- 解明の手がかり…神話を含む歴史書の**記紀**（『**古事記**』や『**日本書紀**』），最古の歌集『**万葉集**』，地方の風土文化を記録した『**風土記**』など。
- 宗教観…神は，人には計り知れない力で自然の秩序や人々の生活に関与する存在。**おのずからなった**，よい神から祟り神（恐ろしい神）まで多数の神々（**八百万の神**）が存在。究極的な神はいないとされる（「祀るとともに祀られる神」）。
  **神により世界が創造されたという考えもない**。古代の日本人は，神からの恵みを共同体にもたらそうと，神を饗応するさまざまな**祭祀**を行った。
- 倫理観…古代の日本人は，農耕生活を中心とする共同体に害を及ぼす行為（**罪**や**穢れ**）を忌避。これらを取り除くために神事（**祓い**〔**祓え**〕や**禊**）を行う。
  古代社会においては，**見透かせない黒心・濁心や隠し立てのある暗き心・私心を嫌い，嘘偽りがない心**（**清明心・清き明き心**）がよしとされた。
- 世界観…古代の日本には，さまざまな世界観が併存。
  例えば「天には神々が住む**高天原**，地下には生者も往来可能な，死者が住む**黄泉国**があり，その両者の間に人間が住む**葦原中国**がある」や，「この世のほかに，地下あるいは海の彼方に**トコヨ**（**常世**）の国がある」などと考えられていた。

## 2 縄文時代から飛鳥時代

縄文時代から弥生時代をへて，3世紀後半には，大和地方に「オオキミ（大王，のちの天皇）」を中心とする**ヤマト王権**が成立。6世紀末には，奈良盆地南部の飛鳥の地に大王の宮が営まれる飛鳥時代となった。このころ，**日本に仏教が伝来**する。
伝来当初は，単なる外来の神（**蕃神**）の教えとして理解され，その受容をめぐって崇仏派と排仏派が対立。しかし，推古天皇の摂政であったとされる**聖徳太子**（**厩戸王**）（574〜622）らの努力によって，貴族層を中心に仏教の受容が加速した。

### ✤聖徳太子の活躍
- 『**三経義疏**』の撰述…大乗仏教教典（『**法華経**』・『**勝鬘経**』・『**維摩経**』）の注釈書。

- 憲法十七条の制定…仏教や儒教などの影響のもと，**官吏の心得**を論じた法文。
  憲法十七条は，**仏の目から見れば人はみな凡夫**（欲望に囚われた無知な存在）だという仏教的な人間観を前提として，意見が異なっても怒らず，皆で議論をして事を進めるべきだと説くなど，**和の精神**によって貫かれている。

 **憲法十七条の代表的な文言**
第一条　和をもって貴しとなし，忤ふること無きを宗とせよ。
第二条　篤く三宝を敬へ。三宝は仏・法・僧なり。
第十条　…我必ず聖にあらず，彼必ず愚かに非ず。共に是凡夫のみ。

- **世間虚仮，唯仏是真**…「世間は虚しく，ただ仏だけが真理である」という聖徳太子の辞世の言葉とされるもの。

## 3　奈良仏教

奈良時代，朝廷の保護のもと，仏教は**鎮護国家**の役割を担って発展していく。他方，民間では「**私度僧**（官許を得ていない僧）」による民間布教が行われていた。

- **鎮護国家**の仏教…僧尼令が導入され，官寺の整備や官僧の育成も進み，**国家の安泰を祈る鎮護国家の役割**を担った**南都六宗**（三論宗・成実宗・法相宗・倶舎宗・律宗・華厳宗）が形成され，さまざまな教理研究が進められた。
  また，**聖武天皇**（701〜56）と光明皇后の発願により，諸国に，『金光明経』などの**護国の経典**を祀る**国分寺**（僧寺と尼寺）も建設される。さらに「総国分寺」として**東大寺**が整備され，**盧舎那仏**（奈良の大仏）が造立・安置された。
- 民間布教…自らは受戒している**行基**（668?〜749）に率いられた，私度僧などを含む集団が，**諸国をめぐり，救済施設の設置や土木事業を行って**人々の信望を集めた。
  彼らは朝廷の許しを得ず活動していたので，たびたび弾圧されたが，のちには，行基は**勧進**として大仏造立に参加し，**大僧正**の位を贈られた。
- **鑑真**（688?〜763）の来日…仏教が盛んになるにつれ，戒律を無視する僧尼が増加。そのため，唐の高僧である鑑真を招来し，東大寺に授戒のための**戒壇**（僧尼として認める儀式を執り行う場）を建立。戒律の統一と僧尼の管理を図った。鑑真は，**唐招提寺**を建立。

## 4　神仏習合（神仏混淆）

仏教伝来時から明治政府が神仏分離令（神仏判然令）を発するまで，土着の信仰や古来の神々への信仰と仏教は，その関係を深めていった（**神仏習合・神仏混淆**）。

- 具体例…①**修験道**（開祖は，**役小角〔役行者〕**）。在家主義。**古来の山岳信仰と仏教の融合**。**山伏**〔修行者〕は，山で修行し，**験力**と悟りを得る），②神社に付属する**神宮寺**が設けられ，神前で読経，③寺院で鎮守の神が祀られる，④山王神道や両部神道などが唱える**本地垂迹説**［☞p.133］，など。

27　仏教の受容から鎮護国家の仏教へ　｜　129

## ここが共通テストのツボだ!!

### ツボ ① 日本文化の「重層性」に注目していこう。

　日本では，古くから神々に対する信仰があったが，これに仏教や儒教，さらにはキリスト教が受容されていった。ここには，宗教間の対立を回避するための知恵がある。
　宗教だけではない。現代においても，室町時代以来の能・狂言や江戸時代の浄瑠璃，これらと西洋風の演劇やオペラが共存している。
　このように，外来の文化を排斥せず受容し，過去の文化を捨てずに温存するなど，**多様な文化を共存させている姿**を，**和辻哲郎**は**日本文化の「重層性」**と呼んだ。

- 日本社会のみならず，一人の人間の内部でも諸文化が同時に共存している。

### ツボ ② 記紀（『古事記』『日本書紀』）に記されている神話の概略を知ろう。

①**国生み・神生み**…男神**イザナキ（イザナギ）**と女神**イザナミ**の二柱が結婚し，日本の国土や神々を生み出した話。
②**黄泉国**…火の神の出産時のやけどにより亡くなり，**黄泉国**の住人となったイザナミを追って，イザナキが黄泉国へと赴く話。しかし，イザナキは穢れて醜くなっていたイザナミの姿に驚いて逃げ帰り，穢れを清めるために**禊**をした。その結果，**アマテラス**や**スサノヲ**らが生まれた。
③**天岩戸**…アマテラスが統治する高天原において，スサノヲが狼藉を働いた。これに怒ったアマテラスが岩戸に隠れた話。スサノヲは**祓い**として罪に応じた物品を献じるように命ぜられるとともに，高天原から追放された。
④**八俣遠呂智（八岐大蛇）**…出雲国に住む八つの頭と八つの尾をもつ大蛇をスサノヲが退治した話。その尾から出てきた剣（草薙剣）がアマテラスに献上された。
⑤**天孫降臨**…**ニニギ**が高天原の神の命を受け，三種の神器（八咫鏡・天叢雲剣〔草薙剣〕・八尺瓊勾玉）を携え，高天原から高千穂峰へ天降り，葦原中国を治めた話。**ニニギの曽孫が神武天皇**とされる。

- 記紀は，素朴な民話ではない。さまざまな素材を取捨選択してつくり上げられた政治的神話である点に注意。

# 基礎力チェック問題

**問1** 古代の日本の思想についての説明として最も適当なものを，次の①～④のうちから一つ選べ。

① 自然の様々な事物に宿る八百万の神々への信仰が，外来思想の影響を受けることなく，神道と呼ばれる日本独自の宗教として体系化された。
② 古代国家が形成される過程で，『古事記』や『日本書紀』が編纂され，神々の系譜が天皇につながる神話として統合された。
③ 日本神話では，天地はおのずから「なった」のではなく，イザナギとイザナミの二神の意志によって「つくられた」とされている。
④ 罪や悪は，人間の心の中から出てくる穢れであると考えられたため，それを清めるための儀式として，禊や祓があった。

**問2**「十七条憲法（憲法十七条）」のなかには，「凡夫」であることを自覚させることによって心を正そうとした条文がある。その条文の抜粋として正しいものを，次の①～④のうちから一つ選べ。

① まごころ（信）は正しいこと（義）の根本である。役人はいつもまごころに努めるべきである。……まごころをもてば何事も可能になる。
② 人には，おのおのその任務がある。担当者の任命を適切に行え。……事柄の大小にかかわらず適任者を得たならば，世の中は必ず治まる。
③ 他人のなした善は，これを隠さないで顕し，また，他人が悪をなしたのを見たならば，必ずそれをやめさせて正しくしてやれ。
④ 心の怒りを絶って，……意見の違いに怒らないようにせよ。……他人が怒ったとしても，むしろ自分に過失がなかったかどうかを省みよ。

**問3** 奈良仏教についての説明として最も適当なものを，次の①～④のうちから一つ選べ。

① 世俗を離れた山岳中に寺院を開き，学問と修行のための道場とした。
② 積極的に政権の内部に参加し，国政を直接的に指導した。
③ 世俗権力からは自立した世界を，独立の宗派として築こうとした。
④ 自らの思索と修行の上に，独自の教義や理論体系を確立しようとした。

---

**問1** [答] ②

② 適当
① **不適当**：「外来思想の影響を受けることなく」が不適当。
③ **不適当**：日本神話では，天地は「つくられた」のではなく，おのずから「なった」と考えられている。
④ **不適当**：穢れは外から付着するものと考えられた。

**問2** [答] ④

④ 適当：第十条からの抜粋。誰もが凡夫（欲望に囚われた無知な存在）であるから，怒りを抑えよと述べた条文。仏教的な精神が反映されている。
① **不適当**：第九条からの抜粋。役人の心構えを述べた条文。儒教的な精神が反映されている。
② **不適当**：第七条からの抜粋。適材適所について述べた条文。儒教的な精神が反映されている。
③ **不適当**：第六条からの抜粋。勧善懲悪について述べた条文。儒教的な精神が反映されている。

**問3** [答] ②

② 適当：奈良仏教は，鎮護国家の役割を担っていたことを思い出そう。
① **不適当**：「山岳中に寺院を開き」が不適当。
③ **不適当**：「独立の宗派」が不適当。
④ **不適当**：「独自の教義や理論体系」が不適当。奈良仏教は，中国仏教の影響が大きい。

---

27 仏教の受容から鎮護国家の仏教へ

# 28 日本独自の仏教への礎
～平安仏教と浄土信仰

## 1 奈良仏教から平安仏教へ

南都六宗の過度な政治への関与を嫌った桓武天皇は，794年，平安京に遷都。

これと同じころ，**最澄**（伝教大師）(767～822) や **空海**（弘法大師）(774～835) が唐から伝えた教えは，天皇の庇護を受けて，**新しい鎮護国家の役割を担う国家仏教へと発展**していく。

その一方で，それら新たな教えは，奈良仏教とは異なり，**衆生の救済（衆生済度）を強く意識した教え**でもあった。

## 2 天台宗（最澄）の隆盛

最澄は，東大寺で受戒したのち，故郷の近江（滋賀県）の**比叡山**に入り，一乗止観院（のちの**延暦寺**）を創建。教学研究と修行に励み，**天台宗**こそ真の教えだと確信。

804年，唐へ留学。帰国後，**(日本)天台宗**を開き，四宗兼学（円教〔法華経〕・密教・坐禅〔止観〕・戒律）を説く**独自の仏教を目指す**が，新宗派の生みの苦しみを味わう。

ただし，最澄の死後も比叡山は，朝廷や貴族に支えられて繁栄。弟子の円仁と円珍らが唐に留学し密教を学んでからは，密教も隆盛（**台密**）。**比叡山は，浄土宗・禅宗・日蓮宗などの鎌倉仏教を生み出す土壌**となった（**日本仏教の母**）。

♣ 最澄が伝えた教えや，最澄の事績（『**山家学生式**』『**顕戒論**』）
- 天台宗…隋の時代の天台山の智顗（天台大師）が大成した教え。涅槃経の**一切衆生悉有仏性**（生きものは皆，仏になる可能性がある）などの思想を取り入れつつ，**法華経の教えが真実，ほかは方便（仮の教え）**と説く（〔**法華**〕**一乗思想**）。
- 奈良仏教との論争（三一権実論争）…法華経の解釈をめぐり，法相宗の**徳一**と，最澄が対立。論争は，晩年にまで及んだ。徳一は，悟りには差があり（**三乗思想**），仏性のない者もいると主張。最澄は，万人成仏を説いて応戦。
- 戒壇設立をめぐる苦難…最澄は『**山家学生式**』（天台僧の修行規則）や『顕戒論』（奈良仏教批判書）を著し，**大乗戒壇**を設立して，比叡山を「**一隅を照らす**」人材（国に有用な人材）育成の場にしようとしたが，戒壇設立は最澄の死後。

## 3 真言宗（空海）の隆盛

同じころ，讃岐（香川県）に生まれた**空海**も活躍。空海は，出家宣言ともいえる『**三教指帰**』で儒教・道教・仏教の優劣を戯曲構成で論じ，仏教こそ最高の真理であると確信。大学（官吏養成機関）を辞め，四国での修行の生活に入る。

804年，唐へ留学（最澄と同じ一行）。空海は，密教を学び，その正統な後継者として日本に帰国。紀伊（和歌山県）の高野山（のちに金剛峯寺を建立）や，都の入り口の東寺（教王護国寺）を下賜され，これらを拠点に活動した。

　空海は，密教を最高の教えとする独自の真言密教（東密）を展開。その空海の教えを受け継ぐ真言宗は，空海の死後も朝廷や貴族に支えられて繁栄した。

♣ 空海が伝えた教えや，空海の事績（『三教指帰』『十住心論』『秘蔵宝鑰』）
- （中期）密教…インド古来の信仰・呪術・祈禱を取り入れ，呪術的な加持祈禱へと発展させた大乗仏教の教え。宇宙の永遠の真理そのものを大日如来と見なす広大な宇宙論を展開。それを図絵（マンダラ〔曼荼羅〕）で象徴的に表現。
- 密教と顕教…空海は，天台宗など密教以外の仏教思想を顕教（言語・文字で伝えられるブッダの教え）と呼び，密教こそが最高の教えであると説いた。
- 即身成仏の教え…空海は，三密（印契を組む身密，諸仏の力を引き出す真言〔マントラ〕を唱える口密，心で仏を念ずる意密）を修すれば，大日如来の力と一体化し，その身のままで（現世において）衆生を救済する仏になれると説いた。
- 教育改革…空海は，僧俗共学の学校である綜芸種智院の建設を提唱。

## 4　神仏習合の深化

　平安時代には神祇制度も整い，神仏習合がさらに進んで，**日本の神々はインドの仏や菩薩が化身として現れた姿だとする本地垂迹説**が説かれるようになった。

　こうした教えに基づいて，平安時代後期には，**山王神道**（天台宗系）や**両部神道**（真言宗系）などの神仏習合の神道説が成立し，神道教義の展開を促した。

## 5　浄土信仰

　平安中期9〜10世紀ごろから，貴族政治の動揺や相次ぐ戦乱による社会不安を背景に，**浄土信仰**（特に，衆生の救済を誓った**阿弥陀仏**（阿弥陀如来）への信仰や，阿弥陀仏が主宰する（西方）極楽浄土への憧れが流行。これに伴い念仏が広まった。

　浄土信仰は，末法元年とされる1052年創建の**平等院の鳳凰堂**などにも影響。

♣ 空也（阿弥陀聖・市聖）の活躍
- 活動…「南無阿弥陀仏（阿弥陀仏に帰依する）」と称えながら，各地を遊行し，道路・橋・寺などを造ったり，**行き倒れの死者を火葬**したりした。
　　彼の活動は，**口で称える簡便な念仏（口称念仏）が民衆に広がる基礎**となる。

♣ 源信（恵心僧都）の活躍（『往生要集』）
- 活動…天台宗の原則を守りつつ，浄土教の理論と修行を研究・体系化。
　　『**往生要集**』において，**地獄の有り様を詳しく描写**する一方，**厭離穢土・欣求浄土**（穢れたこの世を一刻も早く離れ，極楽浄土を欣んで求めよ）と説き，極楽往生する最善の方法として，一心に仏を想い描く念仏（**観想念仏**）を提示。
　　彼の教えは，特に藤原道長をはじめとする**貴族層に大きな影響**を与えた。

# ここが共通テストのツボだ!!

## ツボ ① 奈良仏教（南都六宗）と，天台宗や真言宗を比較しておこう。

　奈良仏教は鎮護国家の仏教として発展した。これに対して，天台宗や真言宗は，**奈良仏教に代わる鎮護国家の仏教**であるとともに，本来の仏教がもっていた**衆生済度の側面をもつ仏教としても発展**する。その際，**日本的な伝統をも包含**していった。
　例えば，空海の即身成仏の教えは，神秘的な思想に見えるが，宇宙や自然と融和し一体化しようとする**日本人古来の宗教的心情の現れ**とも考えられる。

- 天台宗や真言宗は中国から移入された仏教であるが，日本仏教の原点でもある。

## ツボ ② さまざまな仏（如来や菩薩）の特徴を押さえておこう。

　仏滅後，成道した（悟りを開いた）ブッダや成道以前のブッダが区別されたり，**ブッダ以外にも仏がいる**と考えられたりするようになる。また，ヒンドゥー教などの影響を受けながら，さまざまな属性や得意分野をもつ仏が生み出された。

| 区分 | 概念 | 具体例 |
| --- | --- | --- |
| 如来 | ブッダが成道した後の姿が基本。 | 釈迦如来，大日如来，阿弥陀如来など。 |
| 菩薩 | ブッダが修行中の姿が原形。 | 弥勒菩薩，地蔵菩薩，観音菩薩など。 |

　このほか，如来が衆生済度のために化身した姿である明王（不動明王など），古代インドの神々が土台となっている天部（弁財天など）などもいる。
　空海の時代には，**宇宙の永遠の真理そのものである大日如来**が信仰された。
　平安後期には，社会不安を背景に，**阿弥陀如来**が信仰を集めた。阿弥陀如来は**法蔵菩薩**として修行をしていたとき，衆生救済を願って四十八の誓願を立て，その第十八誓願（**王本願**）で，生きとし生ける者すべてが救われるまで，私は如来にならないと誓った。
　また，阿弥陀如来以外にも，仏滅後56億7千万年経つと地上へ下って如来になる弥勒や，弥勒不在の間に人々を極楽へと導く地蔵，一切の人々を観察して，その苦を救うのが自在な菩薩である観音（観世音）への信仰も普及した。

- まずは大日如来と阿弥陀如来の特徴と，それらの仏が信仰された社会背景を確認しよう。

# 基礎力チェック問題

**問1** 最澄や空海の思想について述べた文章として正しいものを，次の①〜④のうちから一つ選べ。

① 最澄は，すべての生命あるものは生まれながらに仏であるとした。一方，空海は，人は真言を唱えることで，宇宙の真理そのものである大日如来の境地に至り，成仏できると説いた。

② 最澄は，仏になれるかどうかは人の資質により差異があるとした。一方，空海は，人の本性は生まれながらに宇宙の本質である大日如来の一部であるから，資質に関係なく成仏できると説いた。

③ 最澄は，人の資質に差異はなく，自らの仏性を自覚して修行すれば，等しく成仏できると説いた。一方，空海は，人は密教の修行をすれば大日如来と一体化し，その身このままで成仏できると説いた。

④ 最澄は，仏になれるかどうかは人の資質により差異があるとした。一方，空海は，手に印を結び，口に真言を唱え，心に仏を憶いながら死に至るならば，必ず成仏できると説いた。

**問2** 密教と顕教についての空海の考えの説明として最も適当なものを，次の①〜④のうちから一つ選べ。

① 顕教は出家者自身の悟りを追求する教えだが，密教は大日如来の秘密の慈悲に基づき，在家者を対象とする教えである。

② 顕教は釈迦が言葉によって説いた教えだが，密教は言葉の働きを信頼せず，大日如来を中心に世界を図像化した教えである。

③ 顕教は釈迦が人々の能力に応じて説いた仮の教えだが，密教は，大日如来が自らの境地そのものを説いた秘密の教えである。

④ 顕教は自力による悟りを目指す教えだが，密教は自力よりも，大日如来からの働きかけという他力を重視する教えである。

**問3** 天台宗の僧侶であった源信の説明として最も適当なものを，次の①〜④のうちから一つ選べ。

① 諸国を旅し，井戸や池を掘り，阿弥陀仏の名をとなえながら野原に遺棄された死者を火葬して歩き，阿弥陀聖と呼ばれた。

② 日本において往生を遂げたとされる人物の伝記を集め，『日本往生極楽記』を著し，後世の往生伝や説話集に，大きな影響を及ぼした。

③ 念仏をとなえれば誰でも往生することができると説き，行き合う人々に念仏札を配りながら諸国を遊行し，捨聖と呼ばれた。

④ 極楽浄土や地獄について述べた書物を著し，浄土に往生するためには，阿弥陀仏の姿を心に思い描く必要があると説いた。

---

**問1** [答] ③

③ 適当
① 不適当：最澄は，万人に仏性があるとは説いたが，「生まれながらに仏である」とは説いていない。また，空海によれば，即身成仏には，口密のみならず，身密や意密も必要。
②④ 不適当：「最澄は…差異があるとした」が不適当。最澄は，万人成仏の教えを説いた。

**問2** [答] ③

③ 適当：「顕教」と「密教」には，顕教が一般の人々が理解できる内容の教えであるのに対し，密教は大日如来そのものの難解な教えであるという違いがある。
① 不適当：出家者・在家者は無関係。
② 不適当：言葉・図像の区別は無関係。
④ 不適当：自力・他力の区別は無関係。

**問3** [答] ④

④ 適当：「極楽浄土や地獄について述べた書物」とは，『往生要集』のこと
① 不適当：空也の説明。
② 不適当：慶滋保胤の説明。
③ 不適当：一遍の説明。

東洋・日本思想 ② 日本の古代・中世思想(3) rank

# 29 末法の到来と他力による救済
〜末法思想と浄土系思想

## 1 末法思想と時代背景

　摂関政治が行き詰まり、11世紀には院政（上皇による政治）がはじまり、政治はますます混乱。比叡山や興福寺などは僧兵化（武装化）。災害・疫病も続発したため、まずは貴族の間で、**仏の力が及ばない末法が到来した**という教えが広まった。

　僧兵の対策に武士が登用されるようになると、次第に政治の実権が貴族から武士へ移る。こうした世の中、明日の生に不安をもつ人々が、万人平等、簡便で確実に極楽への往生を約束してくれる教えを求めた。

### 正像末の三時とは？

　奈良時代に伝えられた中国由来の仏教には、教・行・証（教え・修行・悟り）のある**正法**、その後の教・行が残る**像法**、そして最後に教だけが残り、仏の力が及ばない**末法**が1052年からはじまるという歴史観が含まれていた（右図参照）。

　なお、末法は、概念上では、「この世の終わり」ではない。

|   | 正法 | 像法 | 末法 |
|---|---|---|---|
| 教 | ○ | ○ | ○ |
| 行 | ○ | ○ | × |
| 証 | ○ | × | × |

## 2 法然の活躍（浄土宗）

　人々の望みに応えたのが美作（岡山県）出身の**法然**（源空）。比叡山での修行中、源信の『往生要集』に出会う。そこに引用される善導の教えに触れ、**天台宗の教えに満足できなくなる**。やがて、比叡山を下りて**浄土宗**を開き、人々を教化。

　法然は、貴賤男女の区別なく、**他力易行**による救済を説いた。しかし、この新しい教えに対する旧仏教界（比叡山や奈良仏教）からの弾圧は激しく、法然は1207年には還俗させられ、讃岐（香川県）に流罪（承元の法難）。

　しかし、戒律を守り善行を積む人が、**ひたすら念仏すること（専修念仏）によって救われる**と説く**他力易行**の教えは多くの支持を集め、知恩院などを中心に発展した。

♣**法然の教え**（『**選択本願念仏集**』『一枚起請文』）
- **聖道門**と**浄土門**…末法の世に生まれ、素質・能力に劣る人々にとって、聖道門（自力の修行による悟り）は困難。救いは、**ひたすら阿弥陀仏の力（他力）にすがって極楽へ往生し、悟りを得ること（浄土門）**によるほかはない。
- **他力易行**と**口称念仏**（**称名念仏**）…法然は、往生の手だてとして、**ほかの修行法を捨て、専ら「南無阿弥陀仏（阿弥陀仏に帰依する）」と称えよ**と説いた。

## 3 親鸞の活躍（浄土真宗）

　京都に生まれ，法然の弟子となった親鸞（1173〜1262）も念仏者の一人。彼も比叡山で学問・修行を重ねていたが，失望。夢で聖徳太子のお告げを受け，法然の門下となった。

　しかし，5年ほどで「承元の法難」にあい，還俗させられ，妻帯などの破戒を理由に，法然とは別の越後（新潟県）へ流罪。この後は，姓を愚禿，名を親鸞と改め，**僧でもなく俗人でもない非僧非俗の立場**を没するまで貫いた。

　1211年には赦免されたが，妻の恵信尼と幼子らとともに東国に住み，布教に邁進。

　1231年には故郷の京都に戻り，人知れず，『教行信証』を完成。また，東国の同朋のために，和讃（仏教の教えを日本語で讃えた歌）をつくった。しかし，東国では善鸞（親鸞の子）らが念仏と加持祈禱を結びつけた異端を広めたため，善鸞と絶縁。

　90歳で生涯を閉じた**親鸞には開宗の意図はなかったが**，その教えは直弟子が率いた専修寺や，血縁の覚如や蓮如が率いた本願寺の門徒（信者）によって**真宗・浄土真宗**として開立され発展した。

❖ **親鸞の教え**（『教行信証』『三帖和讃』）

- 念仏について…極楽往生は，念仏の回数によらない。阿弥陀仏の本願［☞p.134］を信じ，阿弥陀仏にすべてを任せるという心を込めた念仏が必要と親鸞は説く。
  その念仏で，すでに極楽往生は決まっており，その後の**日常の念仏は，阿弥陀仏によって救済されることに対する報恩感謝の念仏**であると親鸞は説いた。
- **悪人正機**…弟子の唯円が親鸞の言葉を残した『歎異抄』は，親鸞が「**善人なをもて往生をとぐ，いはんや悪人をや**」と述べたと伝えている。
  つまり，親鸞は，信心を欠いたまま，自力で善を行う人（善人）さえ往生するのだから，**阿弥陀仏が救おうとしている人，すなわち仏の教えに従いたくても従えない煩悩を抱えた悪人が往生できないわけはない**と説いた。
- 晩年の親鸞…すべてのものごとは，仏の計らいのままに，形や是非善悪を超えて絶対の真理の現れであるとし（**自然法爾**），**人は，あらゆる自力の計らいを捨てて，仏の法に従う必要がある**と説いた（**絶対他力**）。

## 4 一遍の活躍（時宗）

　鎌倉中期に念仏を民衆に広めたのが，伊予（愛媛県）出身の**一遍**（遊行上人・捨聖）（1239〜89）。信濃の善光寺などで参籠したのち，すべてを捨て，諸国に教えを説く遊行を開始。臨終の折，携えていた書物をすべて焼き捨てたので，**自著は残っていない**。一遍は一代限りと考えていたが，その教えは**時宗**として発展した。

❖ **一遍の活動**

- 諸国を遊行…**空也を先師と仰ぎ**，諸々の念仏聖の活動を受け継ぐ。行き合う人々に「南無阿弥陀仏，決定往生六十万人」と記した**念仏札**を配り，全国を遊行して念仏を広めた。また，**踊り念仏**を催して，人々に念仏を広めた。

# ここが共通テストの ツボ だ!!

## ツボ ❶ 浄土宗や浄土真宗などの念仏宗は，しばしば弾圧されたが，大きく発展した。その理由を考えてみよう。

　法然や親鸞が流罪となった1207年の事件以外にも，法然滅後の1219年や1222年には院宣として，1234年や1235年には幕府より念仏停止の宣下があった。このように念仏宗に対して何度も念仏停止の命令があったのは，**現世を穢土，来世を浄土と見なす浄土教系の教えは，個人の救済を願う教えにとどまらず，現世（の権力）の否定の教えと見なせる**からである。

　それゆえ，例えば「承元の法難」に至る奏上（念仏批判の訴え）は，現世の権力と深く結びついた比叡山や興福寺が行ったのであり，念仏停止を宣下したのは朝廷であった。

　もっとも，数々の弾圧にもかかわらず，浄土宗や真宗・浄土真宗は大きく発展した。それは，ひとえに**万人に開かれた，混迷する時代の人々の望みに応える教え**であったからであろう。

- 捉え方によっては，念仏は現世否定・現世打倒の宣言でもあるという側面に注目。

## ツボ ❷ 悪人正機説のみならず，親鸞の教えについての理解を深めよう。

①悪人正機の意味を誤解して「悪人が救われるのなら，積極的に悪事を為そう」という者が現れた。これを「**本願ぼこり**」という。もちろん，親鸞のいう**悪人**とは，**阿弥陀仏の救いの対象である，自らの煩悩を自覚し反省した人**のことである。

②浄土教系の思想では，**念仏行者が臨終のとき，阿弥陀仏が紫雲に乗って迎えに来るという来迎の教え**があるが，これを親鸞は重視しない，なぜなら，親鸞によれば，信心をもった瞬間に人は救われており，来迎を期待する必要はないからである。

③**自己の往生のみを願うことは，慈悲の教えに反する**。それゆえ，浄土系の思想は，自己の功徳（善行）を他人に振り向けてともに往生しようと願う**往相回向**とともに，往生した者が再びこの穢土に還り，衆生を教導しともに浄土へ向かう**還相回向**を説く。

　しかし，**親鸞は回向の主体は阿弥陀仏のみとし，衆生による回向を説かない**。

- 従来の浄土教系の教えと，親鸞の教えの差異を論理的・合理的に把握しておこう。

138

## 基礎力チェック問題

**問1** 「末法」の説明として最も適当なものを，次の①〜④のうちから一つ選べ。

① 地獄・餓鬼・畜生・修羅・人・天の六道を輪廻して，再びもとの地獄へと生まれかわる時期。
② 「南無阿弥陀仏」を唱えることで，この世で苦しんでいる人間を救いとってくれる阿弥陀が来迎する時期。
③ 現世の破壊と混乱の中から悪神が出現し，さらに無秩序で混沌とした状態へと転落していく時期。
④ 仏陀の入滅後千五百年あるいは二千年を経て，仏陀の教えのみが残り，修行も悟りも存在しなくなる時期。

**問2** 親鸞の思想についての記述として最も適当なものを，次の①〜④のうちから一つ選べ。

① 阿弥陀仏の救済の力は絶大である。念仏を唱える人間は誰でも浄土に往生できるが，そのためには自己の煩悩を自覚し，日常生活のすべてを捨てなければならない。
② 念仏を唱えること以外の，一切の自力の修行を廃すべきである。阿弥陀仏は煩悩を抱えた人間のために称名念仏を選んだのだから，それのみを修行すれば往生できる。
③ 自力の修行で煩悩を克服することは困難である。浄土に往生するためには，日頃念仏を唱えるとともに，臨終の際に煩悩が生じないようにすることが特に重要である。
④ 煩悩を抱えた人間が浄土に往生できるのは，完全に阿弥陀仏の救済の力による。自ら唱えているように思っている念仏や信心すら，阿弥陀仏の働きに由来する。

**問3** 「踊り念仏」の説明として最も適当なものを，次の①〜④のうちから一つ選べ。

① お札を配りながら布教を行うという，誰にでもできる簡単な救いの方法であり，伊勢神道などの他宗教にも取り入れられた。
② 坐禅などの自力的修行を行う者が，誰にでもできる簡単な救いの方法として補助的に実践したものである。
③ 一心不乱に念仏や仏を讃える言葉を唱えながら踊り続けるという，誰にでもできる簡単な救いの方法である。
④ 太鼓などを打ち鳴らして踊りながら，南無妙法蓮華経を唱えるという，誰にでもできる簡単な救いの方法である。

---

**問1** [答] ④
④ 適当
① 不適当
② 不適当：浄土系の思想では，一般に，人が臨終の折に，阿弥陀仏が来迎すると説く。
③ 不適当

**問2** [答] ④
④ 適当：親鸞が説いた自然法爾の思想の説明。
① 不適当：一遍の説明。
② 不適当：親鸞は，念仏を「自力の修行」とは捉えない。
③ 不適当：法然の説明。

**問3** [答] ③
③ 適当
① 不適当：「伊勢神道などの他宗教にも取り入れられた」が不適当。
② 不適当：「自力的修行を行う者が…補助的に実践」が不適当。
④ 不適当：踊り念仏では，「南無妙法蓮華経」と唱えるのではなく「南無阿弥陀仏」と称える。

第2編 東洋・日本思想

2 日本の古代・中世思想

29 末法の到来と他力による救済 | 139

# 30 自力による救済と仏国土の建設
## 〜禅宗と日蓮宗

### 1 栄西の活躍（臨済宗）

鎌倉時代，宋との交流が活発になると，中国やインド（天竺）に赴いて仏教の真髄を捉えたり，学問上の疑問の解決を中国仏教に求めたりする志をもつ僧が増えた。

その一人が，比叡山で学び，1168年と1187年に宋に留学して**臨済禅**を修めた**栄西**（ようさい）（1141〜1215）。帰国後，栄西は天台宗の復興を求め，**禅**（**臨済宗**）**こそ末法の教えである**と主張。

しかし，比叡山は栄西を迫害。朝廷も禅宗を禁止したが，公家に対抗意識をもつ鎌倉幕府の保護は篤く，**建仁寺**を創建。東大寺の再建にも尽力した。

室町時代には，臨済宗の有力寺院（京都・鎌倉五山）を中心に**五山文化**が栄えた。

❖ **栄西の教え**（『**興禅護国論**』『**喫茶養生記**』）
- **臨済禅**…**看話禅**あるいは**公案禅**とも。師家（先生）から出された**公案**（問題）を解くことで，真理を体得しようとする禅。
- 喫茶…将軍源実朝に良薬として茶を勧め，『**喫茶養生記**』を献じた。

### 2 道元の活躍（曹洞宗）

**末法思想や他力の信仰を批判**して，坐禅による自力救済を追求したのが**道元**（どうげん）（1200〜53）。道元も比叡山で学んだ後，建仁寺で栄西門下の明全に師事し，ともに宋に渡った。遍歴の後，天童山の如浄のもとで修行し，**曹洞禅**の法統を受け継ぐ。

帰国後，坐禅を広めようとしたが，比叡山から迫害されたため，宇治に隠棲。**為法捨身**（仏法のためには身を捧げること）を説く道元は，**祈禱や念仏を否定**。比叡山の圧力を逃れ，1244年には，越前（福井県）に大仏寺（のちの永平寺）を開き隠棲。そこで弟子を教える傍ら，禅の真髄を語る『**正法眼蔵**』をまとめた。

**晩年には礼仏や読経すらも余分なものと考えた**道元には，開宗の意図はなかったが，弟子が教団化を進めて**曹洞宗**を確立。積極的に女人成道などを説き，大きく発展。

❖ **道元の教え**（『**正法眼蔵**』，弟子の**懐奘**による『**正法眼蔵随聞記**』）
- **曹洞禅**…**黙照禅**とも。公案を用いることなく，ひたすら坐禅すること（**只管打坐**）によって内面の自由な境地を体得しようとする禅。
- **身心脱落**…道元は，身も心も尽くして坐りぬくとき，欲望など一切の束縛から解き放たれて，人は本来備えている悟りを得ると説いた。
- **修証一等**（**修証一如**）…修行と悟りの体得（証）は不二一体。つまり，日々の生活を規則正しくくり返し，為すべきことを為す実行の中に，真理や悟りがある。

## 3 日蓮の活躍（日蓮宗）

　法華経至上主義の立場から、社会改革による人々の救済を志したのが日蓮（1222～82）。日蓮も比叡山で学んだが、浄土教と妥協する天台宗に反発して下山。浄土教に対抗できる末法の救いを求め、1253年、出身地の安房（千葉県）で立宗宣言を行う。

　すぐさま安房を離れ、鎌倉で他宗を排撃しながら、辻説法（街角演説）と折伏（説得）により布教。さらに、外国の日本侵略を予言し、王仏冥合の必要を説いた『立正安国論』を鎌倉幕府に提出。しかし、受容されず、逆に伊豆や佐渡への流刑を被った。

　これらの苦難のうちに、法華経の行者（利他行に励む菩薩）であるという自覚を深める。赦免されたのち、鎌倉に帰還。幕府へ諫暁するも拒絶されたため、身延山（山梨県）に隠棲（現在の久遠寺）し、弟子を育成。

　しかし、病を得、常陸（茨城県）に湯治に向かう。その途中の1282年、池上で入滅。その教えは、日進らにより日蓮宗（法華宗）として広まり、全国規模の教団に発展。

✤ **日蓮の教え**（『立正安国論』『開目抄』『観心本尊抄』）
- **法華経至上主義**…日蓮は、権力者をはじめ人々が『法華経』を所依の経典とすることを求め、「南無妙法蓮華経（法華経に帰依する）」と唱えれば（提唱題目・唱題）、その功徳を譲り与えられ、誰でも仏になることができると主張。
- **他宗排撃**…「念仏無間・禅天魔・真言亡国・律国賊（念仏宗は無間地獄に堕ちる教え・禅宗は悪魔のなすわざ・真言宗は国を滅ぼす・律宗は国賊、いわゆる四箇格言）」という立場から、法華経重視の天台宗を除く、他宗を排撃。
- **日蓮の望み**…仏法（法華経）に基づく王法（政治）を行い（王仏冥合）、来世ではなく、現世を、万人が救済される仏国土（仏の世界）とすること。

## 4 旧仏教界の動き

　平安末期から鎌倉時代にかけて、多くの新しい宗派が生まれたが、旧仏教界もこうした動きを黙って見ていたわけではない。

　例えば、『摧邪輪』を著した華厳宗の明恵（高弁）（1173～1232）や法相宗の貞慶（1155～1213）は、法然の教えを邪見だと批判。また、律宗の叡尊（1201～90）や忍性（1217～1303）らは、社会的弱者の救済に尽力した。

## 5 神と仏の関係（本地垂迹説から反本地垂迹説へ）

　元寇（元と高麗による日本侵攻）により鎌倉幕府は弱体化。後醍醐天皇が鎌倉幕府を倒し、親政（建武の中興）をはじめたころには、日本は神の国だとする神国思想が広がる。

　この流れを受け、伊勢神宮外宮の神官である度会家行は、本地垂迹説を否定し、正直の徳を重視する伊勢神道（度会神道）を大成。これは、仏や菩薩は日本の神々が化身として現れた姿だとする神本仏迹説（反本地垂迹説）を説く神道説である。

　さらに、室町時代になると、室町幕府に反した伊勢神道に代わり、吉田兼倶が、神本仏迹説を大成し、創始した吉田神道（唯一神道・卜部神道）が興隆した。

30 自力による救済と仏国土の建設　｜ 141

# ここが共通テストのツボだ!!

## ツボ ❶ 禅宗の基本的な考え方と，栄西の伝えた臨済禅と道元の伝えた曹洞禅の違いを押さえよう。

禅宗の開祖とされる，南インド出身で中国に渡った**達磨**（ボーディダルマ）が説いた「**不立文字・経外別伝・直指人心・見性成仏**」が禅宗の基本的立場を示す言葉（四聖句）として知られている。

これは，「悟りは文字や言葉によることなく，修行を積んで，心から心へ伝えるものであり，坐禅によって，自分の奥底に存在する仏心・仏性になり切って，真実の人間となれ」という意味である。**達磨の精神を受け継いでいるのが臨済宗や曹洞宗であるが，「公案（問題）」を重視する・重視しないなどの坐禅の仕方には違いがある。**

- ・臨済禅…師家（先生）から与えられる「公案（問題）」を検討しながら，自己の本性を見る坐禅（公案禅・看話禅）。壁を背にして坐禅をする。
- ・曹洞禅…公案を重視せず，一切の思慮分別を絶滅し，自己の本性を見る坐禅（黙照禅）。壁に向かって坐禅をする（面壁）。

## ツボ ❷ 法華経の重要性を知り，法華経をめぐる日本仏教の流れをまとめよう。

「諸経の王」と呼ばれる『**法華経**』（正しい教えである白い蓮の花の経典）は，古くは聖徳太子・最澄・日蓮，近代にはいってからは，宮沢賢治・河上肇・北一輝ら多くの人々に影響を与えてきた。**日本の思想は，法華経抜きで語ることはできない。**

法華経は，部派仏教と大乗仏教の対立を乗り越え，仏教を統合しようという意図をもって書かれた。大きく二部からなる。前半（迹門）では，**誰もが平等に成仏できる**という仏教思想の原点が説かれている。そして，後半（本門）では，**ブッダは遠い過去に悟りを開き成仏し（久遠実成），以来，輪廻転生して人々を教化し続けた**ことが明らかにされる。

- 日本仏教の展開は，大きく見ると，「聖徳太子による法華経の導入～奈良仏教の隆盛～平安時代の法華経主義と密教～念仏を説く浄土思想・坐禅を説く禅宗の隆盛～日蓮による『法華経』主義の復活」という流れで捉えられる。

# 基礎力チェック問題

**問1** 日本臨済宗の開祖である栄西の教えとして最も適当なものを、次の①〜④のうちから一つ選べ。

① 仏の眼差しから見れば、貧富や身分の上下は見せかけにすぎない。為政者は仏の眼差しを心にとめて人々に対するべきだ。
② この世界は、欲望や苦悩に満ちている。この世をけがれた世として厭い、極楽浄土に往生することを願い求めなければならない。
③ 山川や草木といった、心をもたないものさえも仏性をもち、ことごとく真理と一体になって成仏することができる。
④ 末法の時代であっても戒律を守り、坐禅の修行に励み、国家に役立つ優れた人物を育成することが重要である。

**問2** 道元の言う悟りについての説明として最も適当なものを、次の①〜④のうちから一つ選べ。

① 自分の力を頼りに善をなそうとする人は、ひたすら仏の他力をたのむ心が欠けているから、阿弥陀仏による救済の誓願の対象ではない。だが、自力の心を捨てて他力をたのめば、極楽往生ができる。
② 他人が是とすることを自分は非とし、自分が是とすることを他人は非とする。だが、自分が必ず聖人であるわけではなく、他人が必ず愚人であるわけでもない。ともに凡夫にすぎない。
③ 手に印を結び、口に真言を唱え、心を仏に集中させるという身・口・意の三密の修行によって、仏の力が修行者に加わり、速やかに悟りの境地に至ることができる。
④ 仏道を習うということは自己を習うことである。それは自己を忘れることである。自己を忘れることはあらゆる存在に実証されることである。そして、それは自己や他者への執着から解き放たれることである。

**問3** 神仏習合の説明として適当でないものを、次の①〜④のうちから一つ選べ。

① 神道と仏教が重なり合うことを意味し、それぞれの要素は変質しつつも消滅はしない。神社に神宮寺がおかれるなどはその例である。
② 神道と仏教が重なり合うことを意味し、神道または仏教いずれかが支配的に理解されることもある。本地垂迹説などはその例である。
③ 神道と仏教が重なり合うことを意味し、神と仏が同体であるとみなされることもある。権現信仰などはその例である。
④ 神道と仏教が重なり合うことを意味し、そのことで両者は一つの教えへと昇華される。近代の国家神道などはその例である。

---

**問1** [答] ④
④ 適当
① 不適当：日蓮を想定した内容
② 不適当：源信を想定した内容。
③ 不適当：涅槃経にある「草木国土悉皆成仏」を想定した記述。主に最澄の死後の比叡山で盛んになった本覚思想の教え。これに対抗して、栄西は自力（坐禅）の修行を説いた。

**問2** [答] ④
④ 適当：『正法眼蔵』にある「仏道をならふといふは、自己をならふなり。自己をならふといふは、自己をわするゝなり。自己をわするゝといふは、万法に証せらるゝなり。万法に証せらるゝといふは、自己の身心および他己の身心をして脱落せしむるなり」の内容。
① 不適当：親鸞が説いた他力本願や悪人正機説の内容。
② 不適当：聖徳太子による憲法十七条の第十条の内容。
③ 不適当：真言密教の三密の行の説明。

**問3** [答] ④
④ 不適当：近代日本における宗教政策は従来の神仏習合の慣習を否定し、国家神道と仏教を明確に分離したものなので、「一つの教えへと昇華される」は不適当。
①②③ 適当

第2編 東洋・日本思想　2 日本の古代・中世思想

30 自力による救済と仏国土の建設 | 143

東洋・日本思想 ③ 日本の近世思想(1)　rank A

# 31 幕藩体制を支える教えと批判
## ～朱子学派と陽明学派

## 1　朱子学派（京学系）

　儒教の伝来は仏教よりやや古く，5世紀ごろ。聖徳太子の憲法十七条を見てもわかるように，大和朝廷は儒教の政治思想に注目し，**国家構築の柱として積極的に摂取**。やがて人々の日常的な道徳の支柱としても，広く受け入れられるようになった。

　ただし，儒教の学問である**儒学が大きく発展したのは江戸時代**。**臨済宗五山の出身の儒者が，徳川幕藩体制を正当化する理論を提供**したことをきっかけに，「正学」とされ，全国の藩校などで教えられるようになってからである。

### ❖ 藤原惺窩の事績と思想（1561～1619）

- 事績…近世儒学の祖。もとは相国寺（臨済宗）の禅僧。**出世間の道（世俗を離れる道）を説き，人倫（人間関係）を無視する仏教に失望。還俗して儒者となる。将軍家康から仕官を求められたが，辞退**。弟子の林羅山を推挙。
- 思想…包括的に宋明の儒学を受容。惺窩にはじまる朱子学派を京学という。

### ❖ 林羅山の事績と思想（1583～1657）（『三徳抄』『春鑑抄』）

- 事績…日本朱子学の祖。大学頭を輩出する林家の祖。もとは建仁寺（臨済宗）出身の禅僧。藤原惺窩の門人，将軍家康に謁見したのち顧問となり，以後，家康・秀忠・家光・家綱の4代の将軍に仕え，江戸幕府の文教政策の確立に尽力。
　林家の私塾は，1790年の寛政異学の禁（江戸幕府による学問統制）を経て，幕府直轄の**昌平坂学問所**（昌平黌）に発展。

- 思想…朱子学の影響のもと，自然の秩序・法則（理）として「天は高く，地は低い」ように，**人間関係にも上下や分（身分・職分）の定まった理（上下定分の理）があり**，その理が保たれれば，国はよく治まると主張。
　さらに，羅山は，**私利私欲に走らず，理の現れと考えられる礼（礼儀法度）に則って行動することで，現実社会の秩序を保持せよと主張した**。そして，その心の中に私利私欲がないかと戒め，つつしむ心持ちを「**敬**」といい，これを心に常にもち続けることを人々に求めた（**存心持敬**）。

### ❖ その他の朱子学者

- **木下順庵**（1621～98）…将軍綱吉の侍講を勤めるかたわら，新井白石・室鳩巣・雨森芳洲らすぐれた人材を輩出。弟子たちが木門学派を形成。
- **貝原益軒**（1630～1714）（『養生訓』『大和本草』）…筑前（福岡県）黒田藩に出仕。動植物・鉱物などの効能を研究する本草学や教育，歴史など多くの分野で活躍。

- **新井白石**(1657〜1725)…家宣・家継の二代の将軍に仕えた。キリスト教宣教師の尋問録『**西洋紀聞**』において，西洋の自然科学には理解を示す一方，**キリスト教は拒絶**。
- **室鳩巣**(1658〜1734)…家宣，家継，吉宗の三代の将軍に仕え，吉宗期には享保の改革を補佐。
- **雨森芳洲**(1668〜1755)…対馬藩に仕え，互いに欺かず争わない「**誠信の交わり（まごころ外交）**」を信条に，中国語や朝鮮語を使って朝鮮王朝との外交に活躍。

## 2　朱子学派（南学系）

朱子学派には，京学以外に，土佐（高知県）の南村梅軒にはじまる南学もある。この流れを汲むのが**山崎闇斎**(1618〜82)であり，その弟子の一人が佐藤直方である。

### ❖南学系の儒者

- **山崎闇斎**…禅僧であったが，還俗して儒者となる。会津（福島県）藩主で，家綱の輔弼役（実質的な副将軍）の保科正之を指導。弟子たちが崎門学派を形成。
　　闇斎は，羅山以上に「敬」と「義」の厳格な実践を説いたり（**大義名分論**），**神と人の合一（神人合一）や皇統の護持を説く垂加神道**を提唱したりした。
- 佐藤直方…崎門学派の一人。しかし，垂加神道などを批判したため，破門。直方自身は純粋な朱子学の理解に努めた。備後（広島県）福山藩などの藩儒を歴任。

## 3　陽明学派

林羅山と同時代の**中江藤樹**(1608〜48)も，朱子学を学んでいた。しかし，その外面的で形式主義的な考え方に満足できなくなり，**人々の心情や，時・処・位（時期・場所・身分）に応じた実践を重視する教え**を説くようになった。

### ❖中江藤樹の事績と思想（『**翁問答**』）

- 事績…伊予（愛媛県）の大洲藩に仕えていたが，母の介護のために近江（滋賀県）に帰郷。農村生活をしながら，思想形成。そのため，**近江聖人**と仰がれた。
- 思想…身分制度は認めつつも，道徳の主体という点で，すべての人間は平等であると考えた。そして，**あらゆる道徳の根源は「孝」**であると主張。
　　藤樹によれば，**「孝」は，親に対する孝行を意味するだけではなく，宇宙万物を貫く普遍的な原理**。具体的には，愛し敬う心（**愛敬**）のこと。
　　**晩年には陽明学に傾倒**（そのため，藤樹は「**日本陽明学の祖**」とされる）。その影響のもと，人の心の奥底には理非を正しく知る良知が具わっており，その良知を行い，現すこと（**知行合一**）が大切だと説いた。

### ❖その他の陽明学者

- **熊沢蕃山**(1619〜91)…中江藤樹の門人。岡山藩で藩政に携わり，儒学の精神を農政（治山治水）や教育制度改革に活かして，民衆の生活安定を図った。しかし，経世論を展開した『**大学或問**』で幕府を批判したとして幽閉され，晩年は隠棲。
- **大塩平八郎**(1793〜1837)…江戸後期の陽明学者。もと大坂町奉行の与力。天保の大飢饉のときに幕政を改めさせようと挙兵した（大塩の乱，1837年）が失敗し，自害。

# ここが共通テストのツボだ!!

## ツボ ① 朱子学が後世に及ぼしたさまざまな影響を確認しよう。

　儒学には,仏教にない世俗倫理があり,その倫理は中国古代の周時代の封建制度をモデルにしてつくられたものであった。そのため,とりわけ**林羅山らの朱子学派の思想**は**体制擁護という側面が強く**,江戸幕府にとって好都合であった。しかし,後世に対する朱子学派の影響は,それにとどまらない。ここでは,主な四点について指摘しておく。

①朱子学の重視する名分論が,幕末期に,分(朝廷からの権力代行の立場)に応じた働きをしていない**幕府は倒すべきだという思想(倒幕論)** を生みだした。

②朱子学の経験的・合理的思考が本草学や農学の発展を促したのみならず,**西洋自然科学の受容の母胎**になった。

③朱子学の説く「理」が自然法のような役割を果たして,**国家平等の思想と諸国間を律する万国公法(国際法)の存在を受容する基盤**になった。

④朱子学の思想は,仁義忠孝を説く『教育勅語』などに見られるように,**近代日本にも影響**を与えた。

● 朱子学派の展開思想は,体制擁護の思想にとどまるものではない。

## ツボ ② 日本陽明学の特徴と,その受容史について知ろう。

　陽明学派の思想は,開祖の王陽明の意図とは異なり,**反体制的な思想を生み出しやすかった**。そのため,陽明学は,江戸時代には「正学」となることはなく,寛政異学の禁以降は,昌平坂学問所で講じられることもなかった。

　しかし,消え入りはしなかった。その性質ゆえ,吉田松陰,西郷隆盛,佐久間象山ら**幕末の維新運動に関係する人々に,陽明学は大きな影響を与えた。**

　さらには,明治後期から大正にかけて,陽明学は,明治政府の行きすぎた欧化政策の反動として高揚したナショナリズムや武士道の見直しの動きと結びついて,死生を超え**た純粋な心情と行動力とを陶冶する実践倫理**として興隆した。また,「日本資本主義の父」と称される渋沢栄一や作家の三島由紀夫も王陽明に傾倒していた。

● 影響を受けた人物や傾倒していた人物の事績から,王陽明の思想にせまろう。

## 基礎力チェック問題

**問1** 次のXとYは、それぞれ誰についての説明か。その組合せとして最も適当なものを、下の①〜④のうちから一つ選べ。

X 万物を貫く普遍的な理を想定し、人の心のうちに宿る理を善とした。理の正しい発現を妨げる人欲を悪とし、善の発現に向けて、事物の理を窮め、心をつつしむ修養を説いて、官学の祖となった。

Y 従来の朱子学者は日本の神々を中心に考えてきたと批判し、朱子のみを尊ぶ立場を選び、家や国家を超えた理に基づいて考えるべきだと説いたため、師に破門された。

① X-林羅山　Y-木下順庵
② X-林羅山　Y-佐藤直方
③ X-貝原益軒　Y-木下順庵
④ X-貝原益軒　Y-佐藤直方

**問2** 朱子学に関わりのある儒学者について説明した文章として正しいものを、次の①〜④のうちから一つ選べ。

① 藤原惺窩は、禅僧として朱子学も学んでいたが、やがて仏教を離れた。彼は、理に従って欲望を捨てることで、本来の心を保ち、天と合一できるとして、神道を取り入れた神儒一致を主張し、垂加神道を創始した。
② 中江藤樹は、はじめ朱子学を学んだが、やがて疑問を抱くようになり、陽明学に共鳴するようになった。彼は、すべての人が良知を身につけ、それを実践する知足安分が重要だと述べた。
③ 雨森芳洲は、朝鮮語に通じた朱子学者であり、対馬藩に仕えて朝鮮通信使との外交などにあたった。彼は、朝鮮の風俗・慣習を理解し、日朝の友好的な関係のあり方を模索した。
④ 新井白石は、朱子学を学び、やがて幕府の政策立案に関与した。彼は、宣教師から西洋各国の政治や地理を聞いて記録し、朱子学の立場にありながらキリスト教の信仰に寛容さを示した。

**問3** 次の文章は、中江藤樹について述べたものである。文章中の　　　に入る語句として最も適当なものを、下の①〜④のうちから一つ選べ。

中江藤樹は、孝を宇宙の根本原理であり、人間社会の最高の徳であると主張した。彼の主張の基本にあるのは、　　　が、天地を貫く道の根本であるとする考えである。

① 血のつながる者同士の自然な情愛
② 弱者に対しておのずとわきおこる憐れみの情
③ 親は尊く、子は卑しいという天地の理
④ 先祖代々の家業への専念と富の蓄積

---

**問1** 　[答]②
X：林羅山の説いた上下定分の理と居敬窮理の説明になっている。
Y：佐藤直方は、「自分が生まれた国や父母を、薬売りのようにわがままに自慢するのでは、天下の公理とは言えない」と、師の山崎闇斎の垂加神道を批判した。

**問2** 　[答]③
③ 適当
① 不適当：「垂加神道を創始した」のは、「藤原惺窩」ではなく、山崎闇斎。
② 不適当：「知足安分」を唱えたのは、「中江藤樹」ではなく、石田梅岩。
④ 不適当：「キリスト教の信仰に寛容さを示した」が不適当。新井白石は、キリスト教を拒絶。

**問3** 　[答]①
① 適当：中江藤樹は、「孝」を愛敬と言い換え、すべての人は、同じ宇宙の根源から生まれた同胞として、身分や立場の違いにかかわらず、互いに愛し合うべきだと説いた。
② 不適当：惻隠の心の説明。
③ 不適当：上下定分の理の説明。
④ 不適当：「孝」と家業や富は、無関係。

第2編 東洋・日本思想
3 日本の近世思想

31 幕藩体制を支える教えと批判　147

東洋・日本思想 ③ 日本の近世思想（2） rank

# 32 日本における儒学の展開と深化
## 〜古学派

## 1 聖学（山鹿素行）

　仏教や朱子学の教えは，人間の欲望に対して，消極的か否定的である。特に林羅山以下の朱子学派は「理」を強調するあまり，しばしば孔子や孟子の言動とかけはなれた空理空論を展開し，日常生活における実践に欠けるところがあった。
　これらを克服していこうとしたのが，**山鹿素行**(1622〜85)，**伊藤仁斎**(1627〜1705)，**荻生徂徠**(1666〜1728)である（彼らは，後に**古学派**とまとめられるが，特別な師弟関係はない）。

✤ 山鹿素行の事績と思想（『**聖教要録**』『**中朝事実**』）
- 事績…会津（福島県）生まれ。古学（聖学）の祖。林羅山に朱子学を，小幡景憲や北条氏長に武芸や兵学を学ぶ。はじめは朱子学を奉じていたが，『**聖教要録**』を著し，朱子学を批判したため，保科正之により赤穂藩に幽閉。ただし，厚遇。
- **士道論**…生業に忙しく，人倫の道を追求する余裕のない農工商の民の**道徳的指導者（三民の師表）**となり，**聖人の道を実現するのが**泰平な世の中における**武士の職分である**と主張。
- 日本主義…中国こそ世界の中心（中華）とする朱子学派に反し，臣が君を倒す易姓革命によって王朝がたびたび変わる中国ではなく，万世一系の天皇が支配し，君臣の義が守られている**日本こそが中華（中朝）である**と主張。

## 2 古義学（伊藤仁斎）

　山鹿素行は，朱子学派からの脱却を目指したが，朱子学派と同じ四書五経にもとづく思索であるため，脱却しきれずに終わった。これを行ったのが**伊藤仁斎**。

✤ 伊藤仁斎の事績と思想（『**論語古義**』『**語孟字義**』『**童子問**』〔いずれも死後刊行〕）
- 事績…生家は京都の材木商。朱子学をはじめさまざまな思想遍歴を重ねたが，最終的には，後世の解釈によらずに，孔子や孟子を直接理解しようとする**古義学**を提唱。35歳のときに堀川に**古義堂**（堀川学校）を開き，全国から門人を集めた。生涯仕官せず，市井の儒者として過ごした。
- 古義学の成立事情…四書の精読にもとづき，朱子学派が孔子の遺書（思想の集大成）と見なしていた『大学』を遺書ではないと論証し，『**論語**』**こそが孔子の思想を余すことなく伝えている**と主張。『論語』を「**最上至極宇宙第一の書**」と称賛。
- **仁**と**誠**…**孔孟の思想の根幹は，「仁」すなわち愛**であり，これは義（為すべきことを為し，為すべきでないことを為さないこと）によって補われると主張。

また，人間はさまざまであって，朱子学のように情や欲を否定したり条理として人倫を説いたりするのは間違いであり，眼前の世界を「一大活物」とみなし，道理は人とともに日常活動のうちにあると説いた(人倫日用の道)。
　さらに，偽りのない純真な心情として「誠」であること(真実無偽)が，仁を成り立たせる条件だと考え，「誠」であるためには，自分を偽らず(忠)，他人を欺かないこと(信)を実践しなければならないと説いた。
・和合の思想…仁斎は，上下の関係の秩序を重んじる朱子学派とは異なり，「我よく人を愛すれば，人またよく我を愛す」という確信のもとに，「相愛し相親しむ」人々の和合を理想とした。

> **清き明き心（清明心）と「正直」と「誠」**
> 古代の清明心，神道が重視する「正直」，仁斎が説く「誠（偽りのない純真な心情）」，これらは，心の純粋さを尊重する点で共通している。このように，日本の倫理思想は，西洋のような客観的・普遍的な倫理規範から倫理を語る姿勢と異なる。

## 3　古文辞学（荻生徂徠）

　朱子学を「憶測にもとづく虚妄の説にすぎない」と喝破し，古代中国の古典を読み解く方法論としての古文辞学を確立して儒学研究を深化させたのが荻生徂徠。

### ✿荻生徂徠の事績と思想（『弁道』『弁名』）

・事績…江戸生まれ。林鷲峰・林鳳岡に学ぶものの，父の流罪により上総（千葉県）で独学に励む。将軍綱吉の側近の柳沢吉保に仕えて，幕政にも影響を与えた。のちに日本橋茅場町に蘐園塾を開く。弟子たちが蘐園学派（徂徠学派）を形成。
・方法論…古学の考え方を徹底し，孔子らが理想とした六経を古代の中国語（古文辞）のまま学ぶべきことを提唱（古文辞学）。その結果，中国の思想は本来，抽象的な天理や個人的な道徳的修養を目指していたのではないことを解明。
・経世済民の学…徂徠によれば，中国の思想が目指していたのは，よき統治。その見本は，古代の伝説的統治者の統治法（先王の道・安天下の道）。具体的な統治法は，礼・楽・刑・政（礼節・音楽・刑罰・政治）が書かれている六経にある。
　それゆえ，徂徠は，山崎闇斎や伊藤仁斎を批判して，六経を探究し，これを時代や国の状況に応じて実践することこそが儒学の役目だと主張。こうした主張は，後の経世済民の学（経世学・現実社会の諸問題への対策を説いた政治経済論）の発展に寄与した。

### ✿蘐園学派の事績と思想

・太宰春台（1680～1747）…徂徠学の経世学や訓詁的な側面を発展させた。さらに，『弁道書』などでは徂徠学を宗教論に適用して神道批判を展開。国学界に波紋を投げた。
・服部南郭（1683～1759）…京都生まれ。徂徠学の影響を受けつつも，政治的現実からは身を引き，ひたすら詩文を楽しみ，そこに人間性の解放を求めた。

# ここが共通テストのツボだ!!

## ツボ ❶ 『葉隠』の武士道を知り，山鹿素行の思想史上の立場を知ろう。

山鹿素行は武士に**三民の師表**となることを求めたが，古来，「兵の道」「武者の習い」とも呼ばれた武士道（武士の生き方）は，名と恥を重視し，主君との心情的な一体関係を理想とするものであった。

例えば，鍋島（佐賀）藩士の**山本常朝**による『葉隠』は，山鹿素行より後の時代に著されたものだが，古来の伝統を受け継ぎ，恋にたとえて，**主君への忠誠と死をも厭わない献身**を説き，武士の本質は「**死ぬことと見つけたり**」と論じている。

- 『葉隠』と比較して，山鹿素行の士道論の先進性を理解しよう。

## ツボ ❷ 元禄赤穂事件を通じて，荻生徂徠の学問の特徴を捉えよう。

江戸時代中期1702年，のちに**元禄赤穂事件**と称される事件が起きた。これは，赤穂藩主浅野内匠頭の仇を討つため，家臣ら浪士が謀議を図り，江戸の吉良上野介邸に討ち入って吉良を殺害した事件。内匠頭は前年3月に，江戸城で吉良に斬りかかる刃傷事件を起こし，切腹とお家取りつぶしの処分を受けていた。吉良にはお咎めなしとなったことに家臣だった大石内蔵助らが反発して引き起こしたものであった。

事件後，浪士は大名家にて身柄を拘束。その処分をめぐって，論争が起きた。すなわち，赤穂浪士の行動は「義」か否か，浪士への処分はなしかありかというものである。**赤穂事件は，封建制と法治主義の矛盾が顕わになった事件**であった。

朱子学派を代表する室鳩巣や林鳳岡らは，浪士の行動は儒教的道義に適っており，浪士は義士であると主張。一方，荻生徂徠や佐藤直方は，これを認めなかった。

特に徂徠は，この事件を，私論では忠義，公論では罪人と見る。そして，「**もし私論をもって公論を害せば**」，今後「**天下の法は立つべからず**」として，義士論を批判。**徂徠の主張は，公と私，あるいは法と道徳の連続性を主張する朱子学とは異なるもの**であった。幕府もこの意見に従い，浪士らに切腹を命じたとされている。

- ・肯定派…朱子学派（京学）を代表する室鳩巣や林鳳岡など。
- ・否定派…古学派（古文辞学）の荻生徂徠や崎門学派の佐藤直方など。

## 基礎力チェック問題

**問1** 山鹿素行が説いた士道の記述として最も適当なものを，次の①～④のうちから一つ選べ。

① 武士の禄は奉公に対する代償であり，君臣関係も売買関係で捉えるべきだ。
② 武士はいちずに主君を思うことが大切であり，奉公三昧に徹するべきだ。
③ 武士は農工商三民を倫理的に導く者としての，自覚と責任を持つべきだ。
④ 武士も遊民として暮らすことは許されず，生産活動に従事すべきだ。

**問2** 伊藤仁斎が朱子学者を批判した内容として最も適当なものを，次の①～④のうちから一つ選べ。

① 彼らは，社会で定まっている上下の身分も徳の有無によって入れ替わるという易姓革命の理を説いたため，他者に対してむごく薄情になりがちである。
② 彼らは，形式的な理によって善悪のあり方を厳しく判断してしまうため，少しの過ちも許さない傾向に陥り，他者に対してむごく薄情になりがちである。
③ 彼らは，天人合一のための修養として私欲を抑える愛敬を重んじたが，私欲を抑えることの強制は，他者に対してむごく薄情になりがちである。
④ 彼らは，心に内在する良知と理としての行為とを一致させるべきであるという知行合一を説いたため，他者に対してむごく薄情になりがちである。

**問3** 荻生徂徠についての説明として最も適当なものを，次の①～④のうちから一つ選べ。

① 聖人の言葉に直接触れるために古代中国の言語を研究する必要を訴え，後の国学の方法論にも影響を与えた。
② 孔子以来，儒教が重要視する孝を，人倫のみならず万物の存在根拠とし，近江聖人と仰がれた。
③ 実践を重んじる立場から朱子学を批判し，直接孔子に学ぶことを説き，『聖教要録』を著した。
④ 『論語』『孟子』の原典に立ち返ることを訴え，真実無偽の心として誠の重要性を主張した。

---

**問1** [答] ③
③ 適当
① 不適当:「売買関係で捉えるべきだ」は不適当。
② 不適当:「葉隠」を想定した記述。
④ 不適当:「生産活動に従事すべき」が不適当。

**問2** [答] ②
② 適当：伊藤仁斎は，「理」に偏る朱子学者の姿勢を批判した。
① 不適当：山鹿素行が『中朝事実』で行った，朱子学者批判にも通じる主張を想定した記述。
③ 不適当：「私欲を抑える愛敬を重んじた」が不適当。中江藤樹が説いた「愛敬」を，朱子学が説く「居敬」に替えれば正文になる。
④ 不適当：「良知」と「行為」の一致を求める「知行合一を説いた」のは，朱子学者ではなく，中江藤樹ら陽明学者。

**問3** [答] ①
① 適当
② 不適当：近江聖人と仰がれたのは，中江藤樹。
③ 不適当：『聖教要録』を著したのは，山鹿素行。
④ 不適当：「誠」を重視したのは，伊藤仁斎。

第2編 東洋・日本思想　3 日本の近世思想

32 日本における儒学の展開と深化 | 151

東洋・日本思想 3 日本の近世思想(3) rank

# 33 日本的精神を求めて
## ～国学

### 1 国のおこり

儒学は中国の古代社会を理想とするため，それを日本社会に適用しようとするとズレが生じる。神道と儒学との融合を試みた儒者もいたが，違和感は拭えなかった。

こうした状況において，儒学や仏教の規範的で説教を中心とする考え方を退け，『古事記』『日本書紀』『万葉集』などの日本の古典の読解を通じて，古道（古の道），すなわち**日本の古代の姿をありのままに捉えようとする国学**の運動が生じた。

この運動の先駆者が，真言宗の僧の**契沖**（1640〜1701）や，**荷田春満**（1669〜1736）である。

❖ **契沖の事績**（『万葉代匠記』）
- 事績…**国学の祖**。日本の古典を文献学的・実証的に研究。水戸藩から委嘱を受けて書いた『**万葉代匠記**』やその他の著作は，歴史的仮名遣いの成立など，後世に大きな影響を残した。

❖ **荷田春満の事績**（『創学校啓』）
- 事績…京都伏見稲荷の神官の家の生まれ。国粋主義的な感情から，国史・律令・有職故実，さらには和歌や神道を研究。復古神道を提唱。『創学校啓』を幕府に献じて，将軍吉宗に国学の学校建設を求めたが，実現しなかった。

### 2 賀茂真淵の活躍

荷田春満の研究を受け継いだのが，浜松の神官の家に生まれた**賀茂真淵**（1697〜1769）。

❖ **賀茂真淵の事績と思想**（『万葉考』『国意考』）
- 事績…彼は，30歳過ぎの身で妻子をよそに春満を頼りに学問一途の生活に入る。彼の研究スタイルは古文辞学の延長線上にあり，『万葉集』を中心に古典研究を進めた。晩年には，田安宗武（将軍吉宗の次男）に仕えたこともある。
- 思想…詩人的精神をもつ彼は，『万葉集』の古歌の調べそのものの中に古代の精神を把握し，理屈に走り人為的で狭苦しい儒学や仏教の影響を受けた「**からにぶり**」とは異なる古代日本の理想的な精神を見出した。
  賀茂真淵によれば，それは儒学や仏教のような説教めいたところのない**簡素で力強い精神**を指す「**高く直き心**」であり，これは**男性的でおおらかな歌風である**「**ますらをぶり（益荒男振）**」によって表現されている。
- 古代への復帰…『国意考』において，儒教倫理による統治の無効性を説き，古代日本の理想的な精神である「高き直き心」に立ち帰ることを主張。

152

## 3　本居宣長の活躍

賀茂真淵の研究には，詩人らしい直感的洞察に富んだものがある反面，実証性に欠ける面があった。これを乗り越え，国学運動を大成したのが**本居宣長**(1730〜1801)である。

✤**本居宣長の事績と思想**(『玉勝間』『古事記伝』)

- 事績…真淵の弟子。伊勢（三重県）松阪生まれ。京都に遊学。松阪で医師開業。1763年，松阪を来訪した真淵を訪れて触発され，王朝文学の研究とともに，『古事記』の研究を本格的に開始。30年余りの歳月をかけて，『古事記伝』を完成。
- 思想…宣長は，「師の説なりとて，かならずなずみ守るべきにもあらず」と述べ，賀茂真淵の「ますらをぶり」を受け入れず，**女性的で温厚優和な歌の作風を意味する「たをやめぶり（手弱女振）」を文芸と人間性理解の基礎**に据えた。

　本居宣長は，悲しむべきことを悲しみ，喜ぶべきことを喜び，正しく事物のあり方を知る心で捉える「**もののあはれ**」が和歌や『源氏物語』の本質を読み解く鍵になると主張。

　この「もののあはれ」を知る人こそ真に心ある人，「よくもあしくも，生まれたるままの心」である**真心**をもつ人，**大和心（大和魂）**をもつ人である。

　本居宣長は，儒教的な考え方を，**漢意**に由来する「さかしら」な態度として否定し，真心の原形が表現されているのが，儒教や仏教が日本に移入される以前の『古事記』だという確信に至る。そして，日本には神によって創始され，天皇によって受け継がれてきた「**惟神の道**」があり，その**神々の振る舞いに発する習俗に，私心を捨てて従うことが，日本固有の道である**と主張した。

## 4　本居宣長以後の国学

国学は，「宣長没後の門人」を自称した**平田篤胤**(1776〜1843)に至って，新たな展開を見る。

✤**平田篤胤の事績と思想**(『霊能真柱』)

- 事績…出羽（秋田県）生まれ。江戸に出て苦学。『**霊能真柱**』を著し，立場を確立。宣長の古道論を肥大化させて受け継いだ平田篤胤の思想は，のちの尊王攘夷や国粋主義などにさまざまな影響を及ぼした。
- 思想…霊魂は死後，みな（穢き悪しき）**黄泉国**に行くとする本居宣長の思想を退け，**現世のあらゆる場所に遍在している幽冥界にとどまる霊魂もある**と主張。

　また，古道と神道を結びつけ古道を体系化。神道から，仏教・儒教要素を排斥して，日本が万国の源の国とする日本本源論と天皇を最高位とする皇国尊厳論を主張し，**古来の神道への復帰を主張した復古神道**を大成。

✤**その他の国学者**

- **塙保己一**(1746〜1821)（『群書類従』）…盲目の学者。水戸藩による『大日本史』の校正にも携わる。和学講談所を設立して実証主義的な国学の流れを発展させた。
- **伴信友**(1773〜1846)（『比古婆衣』）…宣長の考証学を継承して，近世考証学を大成。

# ここが共通テストのツボだ!!

## ツボ 1 賀茂真淵と本居宣長の研究対象や主張の違い，魂の行方をめぐる本居宣長と平田篤胤の違いを押さえておこう。

|  | 主な研究対象 | 主 張 |
|---|---|---|
| 賀茂真淵 | 『万葉集』 | 日本固有の生き方（道）は，「高く直き心」に従った生き方であり，「高く直き心」は「ますらをぶり（益荒男振）」によって表現されている。 |
| 本居宣長 | 『源氏物語』『古事記』 | 日本固有の生き方（道）は，「真心」にしたがって生きていく惟神の道である。「真心」とは，「もののあはれ」を感じとる心であり，「たをやめぶり（手弱女振）」によって表現されている。 |

|  | 魂の行方について |
|---|---|
| 本居宣長 | 身分の貴賤や生前の行いのよしあしにかかわらず，死後は誰の魂もみな黄泉国に赴く。 |
| 平田篤胤 | 死後の魂は，生者の世界である顕世から，顕世の内にある幽冥界に赴く。そして，生前によい生き方をした者は，人々に幸せをもたらす神となる。 |

● 国学者は漢意を否定する点では共通するが，差異も見逃さないようにしよう。

## ツボ 2 さまざまな神道説について押さえておこう。

|  | 主要人物 | 内 容 |
|---|---|---|
| 伊勢神道 | 度会家行 | 反本地垂迹説を唱える。正直の徳を唱える。 |
| 唯一神道 | 吉田兼倶 | 反本地垂迹説を唱える。 |
| 垂加神道 | 山崎闇斎 | 朱子学と神道の融合。天人合一や天皇への忠誠を唱える。 |
| 復古神道 | 平田篤胤 | 仏儒の教えを排した神道。天皇への忠誠を唱える。 |

● 伊勢神道［☞p.141］・垂加神道［☞p.145］・復古神道［☞p.153］が唱えられた時代背景についても確認しておこう。

# 基礎力チェック問題

**問1** 朱子の人間観を批判し，儒教的な古典解釈を批判した国学者の一人に契沖がいる。契沖に関する記述として最も適当なものを，次の①〜④のうちから一つ選べ。

① 日本人の心を伝える文献である『万葉集』の研究に取り組み，『万葉代匠記』を著して，古代日本人の精神を学ぶべきだと主張した。
② 『万葉集』の研究によって，日本人の心の典型としての「ますらをぶり」を発見し，儒教や仏教が入る以前の古代精神を復活させようとした。
③ 『万葉集』や『古事記』などの古典研究の基礎を築き，古語の本来の意味である古義を明らかにしようとする復古神道を開いた。
④ 『古事記』などの研究に基づいて『霊能真柱』などを著して，儒教や仏教を強く批判して独自の復古神道を広めた。

**問2** 人間的な感情を発見した国学の思想の具体的内容を説明した文として最も適当なものを，次の①〜④のうちから一つ選べ。

① 賀茂真淵は，神話や和歌の世界に「直き心」を見出したが，彼はそれを，当時の町人の精神に通じるものと考えた。
② 賀茂真淵は，神話や和歌の世界に，仏教の来世観とは異なる死生観を発見し，死の恐怖を克服しようとした。
③ 本居宣長は，和歌や物語の本質を，揺れ動く感情を描くことにあると捉え，欲望を規制する道徳とは異なる「道」の存在を説いた。
④ 本居宣長は，和歌や物語の世界に，感情のままにふるまう人間像を発見し，欲求のおもむくままに行為すべきであると主張した。

**問3** 平田篤胤に関する説明として最も適当なものを，次の①〜④のうちから一つ選べ。

① 古道の研究を，特に歌論の中に展開し，「ますらをぶり」に日本的心情の典型を見いだして，そこにおける「高く直き心」を理想とした。
② 仏教・儒教・神道の教えをそのまま受け取るのではなく，教えの成立過程から，それぞれの思想史上の意義を相対的に見ることを説いた。
③ 功名や利欲を離れた純粋な心情に徹して，己の誠を尽くせば天道と一体になると説き，幕末の志士たちに勤皇の精神を強調した。
④ 古来の神道の姿を求めて，復古神道を提唱し，現実の生の背後にある死後の霊魂の行方を論じて，その教えは民間にも広まった。

---

**問1** [答] ①
① 適当
② 不適当：「ますらをぶり」から，賀茂真淵の説明と分かる。
③ 不適当：復古神道は，特定の開祖がいるわけではないが，平田篤胤が体系化したといわれる。
④ 不適当：「『霊能真柱』」や「復古神道」から平田篤胤の説明と分かる。

**問2** [答] ③
③ 適当
① 不適当：「直き心」は，「町人の精神に通じる」ものではない。
② 不適当：「死の恐怖」こそが人間的な感情であり，克服することは反人間的ともいえる。
④ 不適当：本居宣長が，「欲求のおもむくままに行為すべきである」と主張したことはない。

**問3** [答] ④
④ 適当
① 不適当：「ますらをぶり」や「高く直き心」などから，賀茂真淵の説明とわかる。
② 不適当：「仏教・儒教・神道の教えを…相対的に見る」から，江戸中期の富永仲基を想定した記述とわかる。
③ 不適当：「誠」や「勤皇の精神を強調」などから，吉田松陰を想定した記述とわかる。

第2編 東洋・日本思想　3 日本の近世思想

33 日本的精神を求めて　155

# 34 町人としての自覚
## ～民衆の思想

### 1 江戸の文学

17世紀後半から発展した商品経済によって，自給自足を建前とする農業経済が崩れていく中，自らの経済的な力に誇りと満足感をもち，**義理・人情に即して自然のままに生きようとする町人（おもに商人）の姿**を肯定的に描く作家が現れた。

❖**町人作家**
- **井原西鶴**(1642〜93)（『**日本永代蔵**』『世間胸算用』）…浮世草子作家。**この世を仏教的な憂世（無常の世界）ではなく，浮世（享楽的な世界）と捉え**，恋愛や富を追求して享楽的に生きる町人の姿を生き生きと描いた。
- **近松門左衛門**(1653〜1724)（『**曽根崎心中**』）…浄瑠璃作家。伝統的な規範（**義理**）と自然な感情（**人情**）の板挟みとなる男女の姿を描いた。

### 2 商人の思想

思想界においても，町人の中から，**形式的な礼を重んじる**武士の朱子学的な価値観とは異なる独自の思想を展開する人々が現れた。

❖**代表的な町人思想家**
- **石田梅岩**(1685〜1744)（『**都鄙問答**』）…丹波国（京都府・兵庫県）の農家の生まれ。京都の商家に奉公しながら独学で諸学を学ぶ。神道・儒教・仏教を基盤としつつ，平易な実践道徳（**石門心学・心学**）を講じた。

  梅岩は，「**商人の買利（売利）は士の禄に同じ**（**正直**と**倹約**にもとづいた商いによる利潤の追求は，天理に適う正当な行為。武士が俸禄〔給与〕をもらうのと同じ）」と述べ，当時は卑しいとされていた商業活動を正当化。

  また，彼は「四民かけては助け無かるべし」と述べて商人の立場を肯定するとともに，「足るを知り，高望みをせず，自分の境遇に満足せよ（**知足安分**）」と諭す一方で，人間に貴賤はなく**士農工商は社会的分業の表現**にすぎないと主張。

  さらに，誰もが正直と倹約を実践すれば，人々が互いに活かし合う，「先も立ち我も立つ」社会が実現すると主張。

> 石田梅岩よりも約100年早く，もと武士で後に曹洞宗の僧となった**鈴木正三**は，仏教的な観点から「**世法即仏法**（世人の振る舞いそのものが仏法を行ずること）」と主張し，世俗的な営利活動を肯定する思想を展開した。主著は，『万民徳用』。

- 手島堵庵(1718〜86)…石田梅岩の弟子。京都に明倫舎などの学校をつくり，自己批判を軸とする精神修養の教えに心学を変換し，心学の布教に努めた。
- 西川如見(1648〜1724)(『町人嚢』)…町人出身の天文暦学家。封建的身分制を肯定しつつも，人々の間に尊卑があるという考えに根拠はないと主張。「ただこの町人こそ楽しけれ」と述べ，武士とは異なる町人独自の生き方を肯定。

### 3　農民の思想

18世紀中ごろになると，さらに商業経済の発達に伴う武士の経済的行き詰まりのために，農民への年貢の取り立てが厳しくなり，農村の生活は窮乏の度を増した。こうした状況の下，農民の立場に立つ新しい思想が生まれた。

♣農民の立場に立った人物
- 安藤昌益(1703〜62)（『自然真営道』『統道真伝』）…秋田生まれの医師。「仁と云ふは，罪人の根なり」と断罪。自ら耕すことなく農民に寄生する武士や僧侶らを「不耕貪食の徒」と糾弾し，彼らが支配する身分制社会を「法世」と呼んで批判。

    彼は，支配する者も支配される者もおらず，誰もが農耕に従事（万人直耕）する平等社会を「自然世」と呼んで理想化し，この自然世への復帰を主張。
- 二宮尊徳(1787〜1856)…相模（神奈川県）出身。理論先行型の朱子学者とは異なり，「農は万業の大本なり」と唱え，自らの農業体験にもとづいた現実的な教えを展開。

    彼は，農業は自然の営み（天道）と人間の営み（人道）とによって成立すると捉え，貧窮を避けるには，人道を改善して生産力を上げればよいと主張。

    具体的には，「勤労と倹約によって合理的な生活をし（分度），それらによって得られた余剰を将来の自分や社会に還元せよ（推譲）」，「天地や人々の恩に報いよ」と説いた（報徳思想）。

### 4　江戸の学問状況

さまざまな町人思想が興隆していく中，18世紀後半には，朱子学的・思弁的な合理主義の伝統に縛られない経験的な合理主義を展開した人々も現れた。

♣経験的な合理主義を展開した人物
- 富永仲基(1715〜46)（『翁の文』）…大坂の商人が設立した懐徳堂出身の学者。儒教・仏教・神道を批判・検討し，多くの仏典は上書きを重ねており（加上説），大乗仏教はブッダの教えではないと論じた（大乗非仏説論）。
- 三浦梅園(1723〜89)（『玄語』）…豊後（大分県）の医師。朱子学が回避していた天文学などの自然の問題に対し，実証的な研究のみならず，宇宙の諸現象を根源的に説明する条理学を展開。これは，西洋科学に通じる自然哲学。
- 山片蟠桃(1748〜1821)（『夢之代』）…懐徳堂出身の学者。仏教・儒教・神道が唱える前科学的な宇宙観を批判。霊魂不滅などを否定する経験主義的な無鬼論を主張したり，地動説を支持したりした。

# ここが共通テストのツボだ!!

## ツボ ① 町人思想は内容だけではなく、それが栄えた時代背景も押さえておこう。

　江戸の学問をリードしてきた儒学者たちは、おもに為政者である武士の道徳を問題にしてきた。ここには、町人や百姓のような人々は、武士に導かれることしかできない存在であるという考えがあった。

　しかし、**18世紀の江戸時代中期になると、商業経済が発達して町人が豊かな生活をすることも特別なことではなくなる。また一方で、農村が疲弊して、封建社会の基盤である農業が社会の中でどのような位置を占めるべきかも問われるようになった。**

　これらを背景に、農業や生活必需品を生産する自給的な手工業が社会の本であり、商工業は末であるとする、それまでの社会観（農本思想）にかわって、それまで蔑視されてきた商業を見直し、その営利活動を積極的に肯定する思想（**石田梅岩**など）や、農業のあり方を考え直す思想（**安藤昌益**や**二宮尊徳**など）が説かれるようになった。

- 諸子百家の農家をはじめ、東アジア諸国では農本思想がさまざまな形をとって現れることにも注目しておこう。

## ツボ ② 石田梅岩・安藤昌益・二宮尊徳が江戸時代の封建制に対してどのような立場をとったかを整理しておこう。

| | 立　場 |
|---|---|
| 石田梅岩 | 江戸時代の封建制を表面的には是認。その一方、身分制度は職分の違いにすぎず、基本的に人間は平等であると考えた。 |
| 安藤昌益 | 江戸時代の封建制を全面的に否定。武士らが支配する身分制社会を批判し、万人直耕の平等社会を追求した。 |
| 二宮尊徳 | 江戸時代の封建制の是非については語らない。諸藩に仕えたり幕臣になったりするなどして、諸藩や諸村の窮状を救った。 |

- 石田梅岩や二宮尊徳とは異なり、安藤昌益は封建制に批判的なため、江戸時代には知られていなかった。彼が広く知られるようになったのは、駐日カナダ大使であるノーマンが『忘れられた思想家』で紹介してから。

# 基礎力チェック問題

**問1** 商人が行うべき道について石田梅岩が説いた内容として適当でないものを，次の①〜④のうちから一つ選べ。

① 商人の道においては，倹約が大切である。倹約の徳は，単に物を節約するだけではなく，正直の徳と結び付き，物と人とを有効に生かす原理である。
② 正当な仕方で利益を増やすことが商人にとっての正直であり，商人には，競争相手との駆け引きに勝って，自分の商売が繁盛するように考える競い合いの心が大切である。
③ 商人が正当な利益を得るためには，買い手に自分が養われていると考え，互助の精神を大切にして，買い手が満足するように努力すべきである。
④ 商人が正当な商売で得ることができた利益は，商人の社会的な役割に対する正当な報酬であり，その利益は国を治める武士が報酬として受け取る俸禄と同じである。

**問2** 「封建社会の安定」に批判の目を向けた思想家に，安藤昌益がいる。彼の思想を言い表すものとして適当でないものを，次の①〜④のうちから一つ選べ。

① 封建社会のような人為的社会は，人間の差別観や貧富の差を助長するから批判すべきである。
② すべての人々は天地自然の本道である農業に直接従事し，自給自足の生活を営むべきである。
③ いかなる職業も上下の区別がなく神聖であり，仏道の実現のためには各自が職業に精励すべきである。
④ 儒教，仏教，神道といった伝統思想は，堕落した社会を保守するものであるから批判されるべきである。

**問3** 生徒Xが記した次のメモ中の_____に入る言葉として最も適当なものを，下の①〜④のうちから一つ選べ。

> **メモ**
> 二宮尊徳は，天道たる自然に対する人道の意義を論じ，「農は万業の大本」と述べ，農民に誇りを与えた。さらに，彼は，人の生き方として報徳思想を説き，その具体的実践として_____という生活態度を教え示した。

① 義理と人情　　② 愛敬と良知
③ 真心と勤勉　　④ 分度と推譲

---

**問1**　【答】②

② **不適当**：石田梅岩は，皆が<u>正直</u>と<u>倹約</u>を実践すれば，人々が互いに活かし合う社会が実現すると主張。したがって，彼が駆け引きに勝つことや利益増大が大切と説くことはない。
① **適当**：梅岩は，<u>倹約</u>を説いた。
③ **適当**：梅岩は，「先も立ち我も立つ」と述べ，相互扶助の大切さを説いた。
④ **適当**：梅岩は，「商人の買利は士の禄に同じ」と主張。

**問2**　【答】③

③ **不適当**：「安藤昌益」ではなく，「世法即仏法」の教えを説いた<u>鈴木正三</u>の思想の説明。
① **適当**：安藤昌益は，<u>法世</u>を批判する思想を展開した。
② **適当**：安藤昌益は，<u>自然世</u>に理想社会を見た。
④ **適当**：安藤昌益が武士や僧侶を「<u>不耕貪食の徒</u>」と糾弾したことから適当と推論する。

**問3**　【答】④

④ **適当**
① **不適当**：<u>近松門左衛門</u>などに関連する語。
② **不適当**：<u>中江藤樹</u>などに関連する語。
③ **不適当**：「真心」は，<u>本居宣長</u>に関連する語。

第2編　東洋・日本思想　3　日本の近世思想

34　町人としての自覚　159

# 35 蘭学・洋学と幕藩体制を批判する思想
## ～江戸中期から幕末の思想

### 1 西洋文化の受容と対応 ★★★

江戸時代を通じて，日本は「鎖国」と呼ばれる政策を採る。そして，**多くの儒学者は，仏教やキリスト教に対して，思想としての儒教の正当性と優位性を確立することや，儒学理論を確立することに知的関心を向けていた。**

こうした中でも，将軍家宣や家継に仕え，『西洋紀聞』を著した新井白石(1657～1725)のように西洋の技術に関心をもつ者もいた。もっとも，彼もキリスト教などの**西洋の道徳にはまったく関心を示さなかった。**

> **キリスト教と日本**
>
> キリスト教が日本へ伝えられたのは，室町時代の1549年，イエズス会の宣教師の**フランシスコ・ザビエル**による。以後，南蛮貿易が盛んになるとともに，宣教師が相次いで来日し，進んだ西洋文化を伝えていた。
>
> 江戸幕府も当初は布教を許していたが，1613年には全国で布教を禁止。1637年の島原の乱以後は，キリシタン（キリスト教徒）弾圧を強化した。

将軍吉宗が享保の改革の際に実学を奨励すると，唯一の西洋への窓口であったオランダを通じて，医学・天文学・兵学などの**実用的な西洋の知識が日本にもたらされ，蘭学**（後には**洋学**）として興隆。

#### ✿代表的な蘭学者・洋学者

- **青木昆陽**(1698～1769)…飢饉対策として，サツマイモの栽培を奨励。前野良沢は，彼の弟子。
- **志筑忠雄**(1760～1806)…ニュートン力学や自然哲学を翻訳・紹介。
- **前野良沢**(1723～1803)・**杉田玄白**(1733～1817)…日本で最初に人体解剖を行った山脇東洋らの影響のもと，西洋医学書『ターヘル・アナトミア』を『解体新書』として翻訳・刊行。翻訳の苦労を杉田玄白は，『蘭学事始』に記した。
- **大槻玄沢**(1757～1827)…杉田玄白・前野良沢の弟子。江戸における蘭学の一大中心地となる私塾の芝蘭堂を設立。
- **緒方洪庵**(1810～63)…大坂で活躍した医師。私塾の適塾（適々斎塾）を主催し，福沢諭吉や大村益次郎などの逸材を輩出。
- **シーボルト**(1796～1866)…幕末に来日したドイツ人医師。長崎郊外で鳴滝塾を主催し，高野長英らを育成。

## 2 蘭学・洋学の影響

蘭学や洋学が育んだ普遍主義的な思考は，脱中華主義・脱自国中心主義を促した。例えば，東洋に忍び寄る西洋諸国の圧力に危機感を覚え，**渡辺崋山**(1793〜1841)(『**慎機論**』)や**高野長英**(1804〜50)(『**戊戌夢物語**』)らは，蘭学者の団体である尚歯会(蛮社)を結成し，西洋の実用的知識だけではなく，広く国際情勢の知識を得ようとした。

彼らは，1837年，米国商船モリソン号砲撃事件を知り，幕府の鎖国政策を批判したため，厳しく処罰された(蛮社の獄)。

## 3 幕末の思想

幕府も新しい対外政策を掲げたが，復古主義的なものでしかなかったため，世の中は根本的な変革を求めるようになった。

**藤田東湖**(1806〜55)・**会沢正志斎**(1782〜1863)らによって名分論・尊王論・国体論・攘夷論・経世論が有機的に結びつけられ，尊王攘夷運動に大きな影響を与えた(後期)**水戸学**の影響のもと，国内が倒幕へと傾く一方で，西洋文明に対峙する思想も必要とされた。

改革の担い手も，**儒学者**から，**儒教的教養**をもちつつ，国家大義に従事しようとする在野の人々(**志士**)に移っていく。

### ✤ 幕末を代表する思想家

- **佐久間象山**(1811〜64)…信濃(長野県)出身の兵学者。「**東洋道徳，西洋芸術**」(『**省諐録**』)と述べ，東洋の伝統的な精神を堅持しつつ，西洋の優れた科学技術を学ぶべきだと主張。吉田松陰，勝海舟，坂本龍馬，加藤弘之などを指導。
- **横井小楠**(1809〜69)…肥後(熊本県)出身。彼は「**堯舜孔子の道を明らかにし，西洋器械の術を尽くす**」べしと主張。列国と平和的な貿易関係を結んで西洋の技術や知識を受容し，民富を増進して東洋的な大義を世界に広めるべきだと考えた。
- **吉田松陰**(1830〜59)(『**講孟余話**』)…長門(山口県)出身。**松下村塾**を主宰し，佐久間象山や横井小楠にはなかった倒幕の理論を打ち出す。高杉晋作，久坂玄瑞，伊藤博文などを指導。日本固有の国体を強調し，尊王論を超えて**一君万民論**を唱え，藩の枠を超えて人々が忠誠を尽くす対象は天皇であると主張。

  さらに晩年(「**安政の大獄**」において死罪を宣告されたころ)には，「在野の志士よ，立ち上がれ(**草莽崛起**)」と訴えた。

## 4 江戸幕府の終焉

水戸学や吉田松陰の尊王攘夷論は，やがて久坂玄瑞，真木保臣らの「激派」の志士を経て，攘夷が不可能なことが分かると，尊王討幕運動へと変質していく。その指導的地位にあったのが，例えば長州(山口県)の高杉晋作，薩摩(鹿児島県)の大久保利通，土佐(高知県)の坂本龍馬ら政治的リアリズムの立場を採った志士たちであった。

そして，日本は1867年の**大政奉還**を経て新時代を迎えることになる。

# ここが共通テストのツボだ!!

## ツボ ❶ 江戸時代から明治に至る思想の流れの概略を押さえておこう。

| 江戸初期<br>(和魂和才) | → | 江戸中後期～幕末<br>(和魂洋才) | → | 明治期<br>(洋魂洋才) |
|---|---|---|---|---|
| 道徳…東洋 |  | 道徳…東洋 |  | 道徳…西洋 |
| 技術…東洋 |  | 技術…西洋 |  | 技術…西洋 |
| ↑ |  | ↑ |  | ↑ |
| **林羅山**などをはじめとする，朱子学者の活躍。 |  | **杉田玄白**や**佐久間象山**などの蘭学者・洋学者の活躍。 |  | **福沢諭吉**ら**明六社**の同人を中心とする西洋主義者の活躍。 |

- 「和魂和才」や「和魂洋才」の「和」は日本のみを意味しているのではなく，「東洋」を意味していることに注意しよう。

## ツボ ❷ 尊王運動や攘夷運動についての理解を深めておこう。

　尊王思想は，もとは儒学にも見られた考え方である。もっとも，日本においては天皇を頂点とする階層秩序として捉えられた。将軍でさえ，この階層秩序の中で天皇を崇拝すべきであると主張された。
　攘夷運動も儒学に起源をもつ考え方である。しかし，日本においてそれは夷狄つまり外国勢力を追い払うことと捉えられるようになり，攘夷は幕府の最も重要な職責として要請された。
　このような二つの考え方は，外国船の日本沿岸への来航に対する危機感と幕府の弱体化に対する懸念に促されて尊王攘夷運動として主張され，やがては討幕運動へと変化していった。
　さらに，それは，明治維新後は**忠君愛国**という考え方に姿を変えていく。

- 西洋の市民革命期の社会契約説などとは異なり，倒幕の理論は人権思想にもとづくものではなく，容易に忠君愛国という考えに変容しやすいものであったことに注目しておこう。

# 基礎力チェック問題

**問1** 江戸時代の日本におけるキリスト教の受容についての記述として最も適当なものを，次の①～④のうちから一つ選べ。

① 神への信仰だけではなく，学問や技術などをもたらし，当時の文化に少なからぬ影響を残した。
② 難解なキリスト教の神学をもとにしていたので，当時の日本人には理解しがたいものとして排除された。
③ 幕府によって禁止され，明治維新まで西洋の思想や学問を学ぶことも一切許されなかった。
④ 江戸中期に新井白石の『西洋紀聞』に詳しく紹介され，江戸の人々に広く受け入れられた。

**問2** 江戸時代に活躍した蘭学者・洋学者の事績の説明として最も適当なものを，次の①～④のうちから一つ選べ。

① すべての人が直接に生産活動に携わり自給自足する，搾取のない平等な社会を理想として，封建社会を否定した。
② 欧米のアジア進出に対する危機感から，西洋に対抗するためには，西洋の科学技術を積極的に導入すべきだと，開国論を唱えた。
③ 個々人が西洋文明の精神を学び一身の独立をはかることが，欧米列強の中で国の独立を守ることにつながると主張した。
④ 仏教は，現世を離脱することだけを求め，この世における日常的な人間関係をないがしろにするものであると，仏教批判を展開した。

**問3** 吉田松陰の思想についての記述として最も適当なものを，次の①～④のうちから一つ選べ。

① 天道にかなうとは，功名や利欲を離れた純粋な心情に徹し，己の誠を尽くすことにほかならない。我が国の主君に忠を尽くす勤皇の精神は，この誠において，天道に通じている。
② 日常卑近な人間関係における愛こそが天道にかなうものである。人々が孔子の道に立ち返り，他者に対して忠信や恕の実践に努めるならば，互いに愛し親しむ和合が実現する。
③ 日々営まれる農業こそ，自然の根源的な生成活動としての天道にかなう営みである。万人が直接に農業に携わる自給自足の生活に復帰すべきであり，農民に寄生している武士や町人は無用である。
④ 天道は事物のおのずからなる働きであるが，そこに人道が加わることによって事物の働きは完全になる。分に応じた倹約によって得た富を社会に還元することによって，天地や他者の恩恵に報いなければならない。

---

**問1** [答] ①
① 適当
② 不適当：「潜伏キリシタン」もおり，「排除された」は不適当。
③ 不適当：「一切許されなかった」は不適当。
④ 不適当：「広く受け入れられた」は不適当。

**問2** [答] ②
② 適当：渡辺崋山や高野長英ら蘭学者・洋学者の開国論を想定した記述。
① 不適当：自然世を理想とした安藤昌益を想定した記述。彼は，蘭学者・洋学者ではない。
③ 不適当：独立心を求めた福沢諭吉を想定した記述。彼は，明治期に活躍した。
④ 不適当：藤原惺窩などの儒学者を想定した記述。

**問3** [答] ①
① 適当
② 不適当：中江藤樹の「愛敬」の思想を想定した記述。
③ 不適当：安藤昌益の法世・自然世論を想定した記述。
④ 不適当：二宮尊徳の報徳思想を想定した記述。

第2編 東洋・日本思想 3 日本の近世思想

35 蘭学・洋学と幕藩体制を批判する思想 | 163

東洋・日本思想 **4** 日本の近現代思想（1） rank

# 36 日本の近代国家化を支える思想
## ～啓蒙思想と自由民権運動

### 1 明六社の活躍～「西洋」の輸入

　明治新政府は、西洋を追いかけるべき目標とすると同時にライバル視して、**富国強兵を柱とする近代化政策**を推進。

　当時のアジアには、欧米諸国が強大な生産力・軍事力を背景に進出してきており、日本の独立を脅かしていたため、政策推進にはスピードが求められた。

　この一翼を担ったのが、**福沢諭吉**（1834～1901）ら**明六社**に結集し、**西洋の近代思想の摂取や紹介に努め、国民を文明開化の方向に導こうとした啓蒙思想家**である。

### 2 福沢諭吉

　明六社の同人のうち、国民に最も大きな影響を及ぼしたのが**福沢諭吉**。彼は、豊前（大分県）中津藩の下級武士の子として生まれ、幕府の使節の随員として三度も欧米を見聞し、さらには**慶應義塾**を開いた。

❖ **福沢諭吉の思想**（『学問のすゝめ』『文明論之概略』）

- **天賦人権論**…下級武士のみじめさを知っている福沢諭吉は、「**門閥制度は親の敵で御座る**」（『福翁自伝』）と言うように、封建的身分秩序に極めて批判的。

　『学問のすゝめ』において、西洋近代の自然権思想に基づき、「**天は人の上に人を造らず、人の下に人を造らずと云へり**」と語り、人間には生まれながらに平等の権利があると唱えた。もっとも、**学問の有無による貴賤の差は許容**。

- 保守派への反論…保守派から西洋かぶれと批判された福沢諭吉は、『文明論之概略』において、人間の平等を基盤とする**西洋文明は、人類の究極の文明ではないにしても、「半開」の日本が目標とすべき文明**だと反論。

- **独立自尊**・**実学**…西洋文明にあって東洋・日本に欠けているものは、他人や政府に依存せず、自ら判断し行動するという（無形の）**独立心**。

　この獲得には、儒学などの観念的な虚学ではなく（ただし、「天賦」というように**儒学を全面否定したわけではない**）、「人間普通日用に近き**実学**（読み・書き・算盤から西洋の実用的・実証的学問まで）」が必要だと主張。

　福沢諭吉が個々人に独立心や実学を求めたのは、「**一身独立して一国独立す**」と言うように、西洋列強に対する国家の独立を可能にするため。

- **脱亜論**…はじめは封建的意識からの脱却を説き、民権と国権の調和を模索したが、のちには激動する国際的な情勢の中で**官民調和・富国強兵論を支持し、「ア

ジアの悪友（中国・朝鮮）」とは手を切り，西洋文明を受け入れて西洋列強に対抗すべきだと主張したとされる。

## 3　自由民権運動

近代化を急いだ明治政府も一枚岩ではなかった。実際には，明治維新に功績のあった薩摩藩・長州藩の出身者が政府の要職を占める藩閥政治の色彩が濃くなる。

この傾向に反対して，1873年の外交問題を契機に，当時の政府首脳である参議の半数が職を辞した事件が発生。さらに翌年，その中心にいた板垣退助らが，左院へ「民撰議院設立建白書」を提出。

これ以後，日本全国で十数年にわたり，国会開設要求を中心に，国民の自由と権利をめぐって<u>自由民権運動</u>が繰り広げられた。

## 4　中江兆民

自由民権運動の理論的指導者の一人が，土佐出身の<u>中江兆民</u>（1847～1901）。彼は24歳でフランスに留学。帰国後は仏蘭西学舎（のちの仏学塾）を開き教育に従事するとともに，フランス流の急進的な民主主義を紹介。「**東洋のルソー**」と称された。

✤ **中江兆民の思想**（『**民約訳解**』〔ルソー『社会契約論』の翻訳・解説〕，『**三酔人経綸問答**』）

- 植民地政策批判…当初は「**自由は取るべきものなり貰う可き品に非ず**」と主張し，選挙民の心得などの民主主義の理論を展開。
  さらには，「**民権これ至理なり，自由平等これ大儀なり**」と述べて，**民権の普遍性を主張し，列強による植民地政策を批判**。
- 二つの民権…自由民権運動がひとまず終息し，政府主導での立憲制の樹立の道程が見えはじめたころ，『三酔人経綸問答』を出版。姿勢をやや軟化させた。
  中江兆民は，この中で，民権を<u>恩賜的民権</u>と<u>恢（回）復的民権</u>にわけ，日本の現状を鑑みて，立憲政治を確立し，**恩賜的民権を恢（回）復的民権へと育てていくことが大切**だと主張。

| 恩賜的民権 | 為政者が上から人民に恵み与える民権。 |
|---|---|
| 恢（回）復的民権 | 人民が自らの手で獲得する民権。 |

もっとも，これは天賦人権論を日本に根付かせられなかった苦渋の主張。最後には『**一年有半**』で，「**我日本古より今に至る迄哲学無し**」と喝破。

✤ **その他の自由民権運動家**

- <u>植木枝盛</u>（1857～92）…土佐出身。私擬憲法案の一つ『**東洋大日本国国憲按**』を起草。これは，中江兆民が晩年に説いた漸進的な近代化を目指す民権思想とは異なり，連邦制国家や一院制議会の開設とともに，**抵抗権・革命権を明記**するなど，人民と政府は対立するものだという前提に立った，民主的かつ急進的な内容をもつ憲法案。

# ここが共通テストのツボだ!!

## ツボ ① 明六社の同人10人のうち，主要な人物の事績を区別できるようにしよう。

| | |
|---|---|
| 森有礼 | 薩摩（鹿児島県）出身。イギリスおよびアメリカに留学。**初代文部大臣**として学校令を制定（1886年）。廃刀論や男女同権の**一夫一婦制**や婚姻契約による結婚を説く一方，良妻賢母を国是とすべきと主張。 |
| 西周（『百一新論』） | 石見（島根県）出身。オランダに留学。百科全書派的な学風をもち，「哲学」や「理性」などの多くの**翻訳語を考案**。西洋哲学の普及に尽力。また，兵部省（陸軍省）に出仕，軍人訓戒などの起草に関係。 |
| 中村正直 | 江戸（東京都）出身。昌平坂学問所の教授だったが，洋学を志してイギリスに留学。個人主義道徳を強調し，スマイルズ『**西国立志編**』やミル『**自由之理**』を翻訳・出版。キリスト教解禁にも影響を与えた。 |
| 加藤弘之（『人権新説』） | 但馬（兵庫県）出身。佐久間象山に兵学を学ぶ。天賦人権論者であったが，**後年はドイツ流の国家主義と進化論を信奉し，天賦人権論や民権論やキリスト教を攻撃**。 |

その他，津田真道・**西村茂樹**・箕作秋坪・杉亨二・箕作麟祥，そして**福沢諭吉**。

● 森有礼・西周・中村正直・加藤弘之，それに西村茂樹と福沢諭吉に注目。

## ツボ ② 啓蒙思想家と自由民権運動家の共通点と相違点を押さえておこう。

　明六社に集った啓蒙思想家も自由民権運動の理論的指導者も，ともに日本の近代化を志向したことは共通。しかし，前者の多くが，明治新政府との関わりをもっており，「**上からの（政府主導による）近代化**」を志向する。

　これに対して，後者は，「**下からの（民衆の立場に立った）近代化**」を志向する。それゆえ，自由民権運動に共鳴したのは，封建制度がなくなり特権を奪われた士族階級や地租の軽減を求める地主たちであった。これに後，政府の失策によって経済的に困窮した農民が加わり，埼玉県秩父郡などで農民が武装蜂起する事件が起きた。

● ・啓蒙思想家………「上からの（政府主導による）近代化」を志向する傾向。
・自由民権運動家…「下からの（民衆の立場に立った）近代化」を志向する傾向。

## 基礎力チェック問題

**問1** 次のア・イは明六社のメンバーに関する記述であるが，それぞれ誰のことか。その組合せとして正しいものを，下の①〜④のうちから一つ選べ。

ア　夫婦の相互的な権利と義務に基づく婚姻形態を提唱し，自らも実践した。
イ　「哲学」，「理性」等の訳語を案出し，西洋哲学移入の基礎を作り上げた。

① ア　中村正直　　イ　加藤弘之　　② ア　中村正直　　イ　西周
③ ア　森有礼　　　イ　加藤弘之　　④ ア　森有礼　　　イ　西周

**問2** 福沢諭吉の西洋文明観の説明として最も適当なものを，次の①〜④のうちから一つ選べ。

① 当時の世界を野蛮，半開，文明の三つに分け，ヨーロッパ諸国とアメリカを文明国，日本や中国などアジア諸国を半開の国としたが，それは相対的な分類であって，ヨーロッパやアメリカの文明は日本が文明化するための当面の目標なのだ，と唱えた。
② 西洋文明は日常の生活に役立つ実学において優れているから，日本はそれを西洋から積極的に導入しなければならないが，道徳は西洋のまねをすべきでなく，儒学のために損なわれた日本の伝統を復活して，新しい国民道徳を作るべきだ，と主張した。
③ 当初，政府の表層的な西洋模倣策を批判して，平民の生活レベルにおける全面的な西洋的文明化を説いたが，後にその立場を捨て，西洋列強に対抗するために，日本の軍事的膨張を積極的に主張した。
④ 普遍的な天賦人権の立場からみて，西洋の文明にも良い点と悪い点があるとし，日本はその良い点のみを学んで取り入れ，植民地主義などの悪い点に関しては正々堂々と批判をしていくべきだ，と唱えた。

**問3** 啓蒙思想家の一人である中江兆民に関する説明として適当でないものを，次の①〜④のうちから一つ選べ。

① 『三酔人経綸問答』を著し，恩賜的民権から立憲君主制を経て恢復(回復)的民権に移行すべきだと説いた。
② ルソーの『社会契約論』を『民約訳解』として翻訳するなど，急進的なフランス啓蒙思想の移入に努めた。
③ 平民社を設立し，『平民新聞』で反戦平和の大切さを訴えるなど，自由民権運動を積極的に推進した。
④ 『一年有半』『続一年有半』を著し，神や霊魂の存在を否定するなど，独自の唯物論を述べた。

---

**問1**　[答] ④
ア：一夫一婦制を説いたのは，森有礼。中村正直は，ミルの紹介者として知られている。
イ：翻訳語を考案したのは，西周。加藤弘之は，後年，進化論の立場を採ったことで知られている。

**問2**　[答] ①
① 適当：福沢諭吉の西洋文明観の説明として適当。
② 不適当：「新しい国民道徳を作るべきだ」と唱えたのは西村茂樹。ただし，彼は儒学を中心とする国民道徳の必要性を説いた。
③ 不適当：徳富蘇峰の思想を想定した記述。
④ 不適当：三宅雪嶺の国粋保存主義などを想定した記述。

**問3**　[答] ③
③ 不適当：幸徳秋水の事績の説明。
①② 適当
④ 適当：中江兆民は，神や霊魂の存在を信じない唯物論的な思想の持ち主であったことも覚えておこう。

---

36　日本の近代国家化を支える思想　｜ 167

# 37 日本社会を支える精神の拠り所を求めて
## ～国粋主義・国家主義とキリスト教の受容

### 1 国粋主義と国民道徳

　明治の文明開化以来，西洋の文物の急激な流入は，鹿鳴館に代表される西洋の風俗の模倣に走る皮相な欧化主義や西洋崇拝の風潮を生んだ。

　これに反発するかのように，**日本独自の伝統を再評価して国家意識・民族意識を高揚しようとする**国粋主義の動きが現れる。これは，自由民権運動の過激化を反省したエリート層の間で，日本本来の姿に立ち返ろうという潮流が現れたものである。

　これらに呼応して，明治政府も1890年（明治23年），井上毅と元田永孚の起草による，**忠と孝を中心徳目として国家・天皇への忠誠（忠君愛国）を説く**教育勅語を発布。これを全国の学校に配布し，その精神に則った国民道徳を形成しようとした。

❖ 主な国粋主義者・国家主義者
- 西村茂樹（1828～1902）（『日本道徳論』）…明六社の同人。表面的な西洋崇拝を批判し，**西洋哲学の長所を取り入れつつ，儒教を基盤とする**国民道徳の必要性を主張。東京修身学社（現・日本弘道会）を創設し，国民道徳の普及に尽力。
- 井上哲次郎（1855～1944）…哲学者。ドイツ観念論の移入に努めるとともに，キリスト教を反国体的と攻撃。天皇制にもとづく国家主義を主張。
- 陸羯南（1857～1907）…ジャーナリスト。新聞『日本』を発刊。国民の対外的独立と国内統一を説く国民主義を主張。
- 三宅雪嶺（1860～1945）（『真善美日本人』）…哲学者。教育者の井上円了や志賀重昂，宗教者の島地黙雷らと政治評論団体の政教社を結成し，雑誌『日本人』を刊行。
**日本固有の風土や文化に即して西洋文明を取捨選択すべきだとする**国粋保存主義を主張。
- 穂積八束（1860～1912）…法学者。国家権力と天皇の権威を絶対化した忠孝一致の国民道徳を展開。天皇主権説を主張。
- 岡倉天心（1862～1913）（『茶の本』『東洋の理想』）…思想家。「アジアは一つ」と述べ，西洋文化に対抗するアジアの覚醒と，アジアにおける日本の指導的役割を強調。
- 徳富蘇峰（1863～1957）…ジャーナリスト。民友社を興して雑誌『国民之友』を発刊。**民衆の立場に立った西洋文化の受容が必要だとする**平民主義を唱えていたが，後には，国家に最高の価値をおく国家主義（ナショナリズム）を唱えた。
- 高山樗牛（1871～1902）…思想家。雑誌『太陽』の主筆。独特の美文で日本主義を主張。

## 2　明治政府の宗教政策

　明治政府は武家政治を廃し，祭政一致と王政復古を目指す。
　この実現のためには，根幹となる**神道の国教化が必要**だと考え，早々に神道と仏教を切り離す神仏分離令（神仏判然令）を発し，修験道や神仏習合を禁じた。これを受け，民間でも仏教の廃止を求める**廃仏毀釈運動**（廃仏運動）が起きた。
　キリスト教に関しても，明治政府は当初，江戸幕府と同様に弾圧。しかし，**欧米諸国からの批判に応じて，1873年（明治6年）に禁教令（キリシタン禁止令）を解く**。
　これとともに多くの宣教師が来日し，士族や商人の子らが新しい生き方を求めて，西洋社会への憧れとともにキリスト教に入信した。

## 3　キリスト教の受容

　この時期にキリスト教に入信した代表的な人物の一人が**内村鑑三**（1861〜1930）。彼は，「少年よ，大志を抱け」と若者を鼓舞したアメリカ人宣教師クラークの影響が強く残る札幌農学校（現・北海道大学農学部）で学び，その後，アメリカに留学。墓碑銘は，「**われは日本のため，日本は世界のため，世界はキリストのため，すべては神のため**」。

❖**内村鑑三の事績と思想**（『基督信徒の慰』『余は如何にして基督信徒となりし乎』）
- **キリスト教の受容**…**日本の進歩・発展には，西洋文明の根底にあるキリスト教の受容が必要**と考えた。ただし，それは，**伝統的精神を基盤とする西洋文化の受容**であった（「武士道に接木されたるキリスト教」）。
- **二つのJ**…内村は，**イエス（Jesus）と日本（Japan）に仕える**ことを念願。
- **不敬事件**…第一高等中学校の講師時代，教育勅語の奉読式のときに最敬礼（天皇・神霊などに対して行う敬礼）をしなかったため非難され，社会問題化。
　その後，自ら教職を辞職し評論活動に転じ，多くの著作・論説を発表。
- **非戦論**…日清戦争時の自己の態度を反省し，日露戦争のときには，政府と世論の圧倒的な主戦論に反対し，以後，**絶対平和主義**を貫いた。
- **無教会主義**…教会の伝統的・権威的な教義や儀式に囚われることなく，聖書のみにもとづく信仰を主張し，独立した個人として神の前に立つことのできる交流の場を設けようとする内村鑑三独自の信仰。

❖**その他の主なキリスト者**
- **新島襄**（じょう 1843〜90）…幕末，国禁を犯しての渡米。帰国後，同志社英学校（現・同志社大学）を設立。**キリスト教にもとづく教育**を実践。門下に，徳富蘇峰や安部磯雄がいる。
- **植村正久**（まさひさ 1857〜1925）…東京神学社（現・東京神学大学）を設立するなど伝道者の育成や神学研究，さらには評論活動を通して**日本の教会形成に尽力**。
- **新渡戸稲造**（にとべ いなぞう 1862〜1933）（『**武士道**』）…内村とともに札幌農学校に学ぶ。「**われ太平洋の橋とならん**」と志し，のちには国際連盟事務次長として活躍。**キリスト教徒の立場から，日本固有の精神としての武士道を世界に紹介した**。

# ここが共通テストのツボだ!!

## ツボ ① 第二次世界大戦前から活躍している国家主義者や国粋主義者について,理解を深めよう。

「国粋主義者」や「国家主義者」という言葉だけで即断し,「ただ日本的・アジア的精神の昂揚を唱えた人々だ」と見なしてはいけない。

例えば,西村茂樹は,もともとは日本の西洋化の一翼を担った**明六社**の同人である。井上哲次郎や穂積八束は海外留学の経験がある。

徳富蘇峰は熊本洋学校や同志社英学校の出身であるし,日本美術の評価・紹介に努めた**フェノロサ**や**ビゲロー**と親交が深く,ボストン美術館に勤務したこともある岡倉天心の著作は英文によるものも多い。

総じて,彼らは,**西洋社会や日本社会のメリットやデメリットを相対的に見ることができる人々**であった。さらには,日本的・アジア的精神のよさを,外国語で発信することもできる人々であった。

- 第二次世界大戦前から活躍している国家主義者や国粋主義者の多くが,西洋思想や西洋社会に関する深い知識をもっていたことに注意しよう。

## ツボ ② 内村鑑三の「二つのJ」について,理解を深めよう。

内村鑑三も,はじめは西洋文明への憧れからキリスト教に入信したのかもしれない。しかし,彼はアメリカ留学を経て,その拝金主義社会に幻滅し,独自のキリスト教(**無教会主義**)を模索した。

彼はキリスト教徒であるから,天皇を神(信仰の対象)と見なすことはしない。しかし,**日本で最も古い家族として天皇家を尊敬**していた。つまり,当時の一般的な日本人にとって,「天皇=神=日本」であったが,内村鑑三の場合は,ここから「天皇=神」が抜け落ち,「神=日本」となる。それゆえ,**彼がイエス(Jesus)と日本(Japan)に仕えることを念願することになっても不思議はない**。

- キリスト者は天皇制に批判的だと早合点してはいけない。内村鑑三をはじめ明治期のキリスト者の多くが,キリスト者であると同時に愛国者である。

# 基礎力チェック問題

**問1** 西村茂樹は，何によって国民道徳を確立すべきであると説いたか。最も適当なものを，次の①〜④のうちから一つ選べ。

① 西洋哲学の長所を取り入れ，儒教を根幹とすること。
② 自己の禅体験をもとに東洋思想の持つ意義を強調すること。
③ 主権在民・天賦人権を主張し，抵抗権を認めること。
④ 唯物論の立場と東洋的かつ宗教的境地を融合すること。

**問2** 岡倉天心についての記述として最も適当なものを，次の①〜④のうちから一つ選べ。

① 自己の哲学の根底に坐禅の体験をおいたが，ギリシア以来の西洋哲学の伝統を広く受容し，マルクス主義や現象学などの現代哲学の提示した問題にも答えようとした。
② 日本の文化には，過去の多様なアジアの文化を保存する「博物館」としての意義があると考えたが，「アジアは一つ」であると説いて，その文化的共通性を強調した。
③ 無名の職人によって作られた日本の「民芸」に新たな美を発見したが，朝鮮の芸術にも同様の価値を見いだして高い評価を与え，朝鮮民族への敬愛を説いた。
④ 「日本主義」を唱えて，日本の伝統や国情に即した改革を説き，欧化主義を批判したが，一方で広く世界人類の幸福実現に対する日本人の使命の自覚をも強調した。

**問3** 次のア〜ウは，それぞれ誰のことか。その組合せとして正しいものを，下の①〜⑥のうちから一つ選べ。

ア　武士の家に生まれたが，脱藩して米国で受洗し，帰国後，キリスト教精神に基づく学校を創立した。キリスト教道徳に則った良心教育を重んじた。
イ　「太平洋の架け橋」となることを志して，英文の著書を刊行した。そのなかで，西洋文明の精神的基盤であるキリスト教を日本人が受け容れる倫理的な素地として，武士道があると述べた。
ウ　キリスト教と武士道の道徳心を結び付け，イエスを信ずることと日本を愛することは矛盾しないと述べたが，日露戦争に際しては，真の愛国心とは武器をもって戦うことではないと主張した。

① ア 内村鑑三　イ 新渡戸稲造　ウ 新島襄
② ア 内村鑑三　イ 新島襄　ウ 新渡戸稲造
③ ア 新渡戸稲造　イ 内村鑑三　ウ 新島襄
④ ア 新渡戸稲造　イ 新島襄　ウ 内村鑑三
⑤ ア 新島襄　イ 新渡戸稲造　ウ 内村鑑三
⑥ ア 新島襄　イ 内村鑑三　ウ 新渡戸稲造

---

**問1**　[答] ①
① 適当
② 不適当：西田幾多郎を想定した記述。
③ 不適当：植木枝盛を想定した記述。
④ 不適当：そもそも唯物論と宗教的境地は融合できない。

**問2**　[答] ②
② 適当
① 不適当：「坐禅の体験」から，西田幾多郎を想定した記述と判断しよう。
③ 不適当：「民芸」から，柳宗悦を想定した記述と判断しよう。
④ 不適当：「日本主義」から，三宅雪嶺らを想定した記述と判断しよう。

**問3**　[答] ⑤
ア：「キリスト教精神に基づく学校」から同志社英学校を思い出し，新島襄についての記述と判断しよう。
イ：「英文の著書」や「武士道」から『武士道』を思い出し，新渡戸稲造についての記述と判断しよう。
ウ：「武士道に接木されたるキリスト教」という言葉を思い出し，内村鑑三についての記述と判断しよう。

37 日本社会を支える精神の拠り所を求めて ｜ 171

東洋・日本思想 **4** 日本の近現代思想（3）

# 38 早急すぎた近代化による矛盾の露呈
## ～社会主義運動と大正デモクラシー

## 1 社会主義思想の芽生えと展開

　官営工場の設立とともに出発した日本における産業の近代化は，1887年ごろから軌道に乗り，日清・日露戦争を経て，目覚ましく発展した。

　その一方，工場労働者の増加，軍備拡張による物価の上昇，労働者と資本家の対立などの諸状況を背景に，このころから日本でも社会主義思想が広がる。

### ❖キリスト教的人道主義から社会主義運動へ

- **安部磯雄**（1865〜1949）・**片山潜**（1859〜1933）・**木下尚江**（1869〜1937）ら…研究会や協会を経て，1901年，日本初の社会主義政党の社会民主党を結成。ただし，治安警察法に反するとして即日禁止。

　彼らは，国家主義に妥協したプロテスタントの指導者たちに満足せず，**キリスト教の愛の精神から貧しい労働者階級に同情を寄せ，社会主義を学び，社会問題の解決に取り組んだ。**

### ❖自由民権運動から社会主義運動へ

- **幸徳秋水**（1871〜1911）（『**廿世紀之怪物帝国主義**』『**社会主義神髄**』）…中江兆民に師事した思想家。社会民主党には，万朝報（新聞社）の記者だった幸徳秋水も参加。彼は結党と同じ年，**帝国主義を道徳的な見地から批判**した『**廿世紀之怪物帝国主義**』を刊行。

　しかし，日露戦争前に反戦論を唱えていた万朝報が，開戦論に転向したため，堺利彦（1870〜1933）とともに退社し，**平民社**を設立（1903年）。平民主義・社会主義・平和主義を唱えて「**平民新聞**」を発刊。

　日露戦争後にアメリカに渡り無政府主義の影響を受け，帰国後は直接行動論を唱えるようになった。これを危険視した明治政府は，明治天皇暗殺を企てたとして（1910年），幸徳秋水ら12名を処刑（**大逆事件**）。

　これ以後，日本における社会主義運動は急速に衰えていく。

- **大杉栄**（1885〜1923）…大正時代の社会主義者。東京外国語学校在学中に平民社に参画。卒業後，幸徳秋水の影響によりアナーキスト（無政府主義者）となる。しかし，関東大震災の混乱の中，伊藤野枝らとともに憲兵によって殺害された。

### ❖マルクス主義の立場から社会主義運動へ

- **河上肇**（1879〜1946）（『**貧乏物語**』）…経済学者・社会思想家。「文明国に於ける多数人の貧乏」の研究を通じてマルクス主義的な主張に傾倒。京都帝国大学経済学部教授を辞して，社会主義運動に参加。

## 2 大正デモクラシーの開化

　大正の初期から，昭和の初期にかけての時代，日本社会は比較的安定した時期を迎える。ますます発達した資本主義を背景に中間階級が発達。

　彼らは，資本主義的経済組織・立憲政治・議会主義を信頼し，共産主義や独裁政治に対しては批判的な態度を採った。そして，普通選挙による議会を通しての国民大衆の解放を目指し，いわゆる大正デモクラシーを開化させた。

### ♣大正デモクラシーを象徴する人物
- 吉野作造(1878〜1933)（「憲政の本義，その有終の美」（評論））…政治学者。**政治の目的は「一般民衆の利福（福祉）と意向」に沿うことにある**と論じ，民意の尊重を主張する民本主義を唱えた。ただし，主権在民に立つ西洋のデモクラシーとは異なり，天皇制との摩擦を避けるために**主権の所在は問わなかった**。
- 美濃部達吉(1873〜1948)…政治学者。主権は国家にあると考え，天皇は主権者である国家の諸機関の中の最高機関であるとする**天皇機関説**を唱えた。しかし，不敬罪で告発され（告発は起訴猶予），憲法に関するその全著書は発禁となった。

### ♣解放運動や社会運動
- **女性解放運動**…女性としての自覚に目覚め，その個性の解放と自由を目指して，平塚らいてう(1886〜1971)らが文学的な思想啓蒙運動団体である**青鞜社**を結成（1911年）。文芸誌「青鞜」を発刊。

　平塚らいてうは，その創刊の辞に「元始，女性は実に太陽であった。真正の人であった。今，女性は月である。他に依って生き，他の光によって輝く，病人のような蒼白い顔の月である」と寄せた。

- **新婦人協会**…大正時代の社会・労働運動の高まりの中，平塚らいてう・奥むめお(1895〜1997)・市川房枝(1893〜1981)らは，婦人の参政権の拡大を図って，新婦人協会を設立（1920年）。

　同会は，女子高等教育の拡充・母性保護・婦人参政権などの要求を掲げ，機関誌「女性同盟」を発刊。

- **部落解放運動**…過酷な身分差別と貧困に苦しむ被差別部落の人たちも，「**人の世に熱あれ，人間に光あれ**」と訴える宣言（西光万吉(1895〜1970)が起草）を発表し，部落解放を目指す**全国水平社**を結成（1922年）。この運動は部落解放にとどまらず，労働者・農民の闘争と結合して発展していった。

## 3 大正デモクラシーの終焉

　十分な基礎を確立することのできなかった大正期の政党政治は，関東大震災（1923年）に始まる日本経済の悪化や世界恐慌により社会が不安定化する中で機能しなくなり，軍部の支配に屈することになる。

　思想面では国粋主義が排外主義・国家至上主義と結びつき，**1930年頃からは軍国主義が台頭**するようになった。

# ここが共通テストの ツボ だ!!

## ツボ ① 明治期から大正期にかけての社会主義運動の源泉と系譜を見極めよう。

　明治期から大正期にかけての社会主義運動には，大きく，①キリスト教的人道主義，②自由民権運動，③マルクス主義経済学という３つの源泉がある。

　①の系譜は安部磯雄・片山潜・木下尚江らが属するが，社会主義思想の本家であるマルクスは「宗教は，…民衆の阿片」（『ヘーゲル法哲学批判序説』）とキリスト教を批判している。

　②の系譜に属する幸徳秋水は，中江兆民の弟子であり，自由民権運動の「下からの（民衆の立場に立った）近代化」という思想傾向を受け継いでいるといえる。

　③の系譜に属する河上肇は，東洋的な境地に生きた求道者でもある。

> 　明治期から大正期にかけての社会主義者には，非戦論の展開や，貧困撲滅や労働運動への参加などの共通点があるが，その活動には大きく三つの源泉がある。

## ツボ ② 平塚らいてうが関わった母性保護論争について知ろう。

　働く女性と子育てについて，さらには女性の社会的・経済的地位の向上の方法論をめぐり，与謝野晶子と平塚らいてうの間ではじまった論争をきっかけに，1918年から1919年にかけて母性保護論争が繰り広げられた。

　与謝野晶子は，「（女性の）依頼主義」を批判。女性の経済的自立こそが女性解放の第一歩であり，経済的に自立ができないうちは結婚や出産は控えるべきだと主張。

　これに対して，平塚らいてうは，女性は母になることによって社会的な存在になるとして，国家は母性を保護し，妊娠・出産・育児期の女性は国によって保護されるべきだという「母性中心主義」を唱えた。

　この論争には，のちに女性解放思想家の山川菊栄や，良妻賢母主義を唱える山田わか等が参入し，賛否両論が繰り広げられた。

> 　与謝野晶子は「女性は母性に甘えるな！」と主張したのに対して，平塚らいてうは「母性を社会で支えよう」と主張したのである。彼女らのイメージに囚われると母性保護論争を誤解するので注意しよう。

# 基礎力チェック問題

**問1** 幸徳秋水についての説明として最も適当なものを，次の①～④のうちから一つ選べ。

① 国は人民によってできたものであると平易に民権思想を説き，主権在民を謳い抵抗権を認める私擬憲法を起草した。
② 国を支える農業と農民を大切に考え，農民が苦しむ公害問題を解決する運動に身を投じ，その解決の必要性を説いた。
③ 東洋の学問を実生活に役立たない虚学，西洋の学問を実生活に役立つ実学と呼び，後者を学ぶことの必要性を説いた。
④ 社会主義の立場から，当時の帝国主義を，愛国心を経とし軍国主義を緯とする20世紀の怪物と呼び，批判した。

**問2** 吉野作造は「民本主義」を提唱した。その記述として最も適当なものを，次の①～④のうちから一つ選べ。

① 憲法の規定内で民本主義を貫徹させるには，国民の意思がより反映する普通選挙の実施と政党内閣制の実現が望ましいと主張した。
② 民本主義の具体化のため，まず主権者である天皇の権力を制限することが重要であるとし，国民の意向による民定憲法の制定を主張した。
③ 国民が政治的に中立の立場を貫くことが民本主義にとって重要であるとし，国民を主体とした中道勢力による政党政治の実現を主張した。
④ 民本主義をデモクラシーの訳語として把握するかぎり，国民主権の確立こそが最初に達成すべき政治的な目標であると主張した。

**問3** 平塚らいてうは，『青鞜』の発刊に際し，「元始，女性は実に太陽であった。真正の人であった」述べた。この言葉の意味として最も適当なものを，次の①～④のうちから一つ選べ。

① 原始時代には，人間の生活は女性中心に営まれていた。主導権を男性の手に委ねず，女性中心の社会に改革していかなければならない。
② 女性には輝かしい天性の能力が潜んでいる。男性に依存してひ弱になることなく，その能力を発揮して生きなければならない。
③ 元来，女性は愛によって子や男たちを育んでいた。母性こそは真に人間を動かす生命力であり，これに目覚めなければならない。
④ 天照大神が女性であるように，日本にも元来女性崇拝の伝統があった。その伝統を掘り起こして新しい女性の美を発見しなければならない。

---

**問1** [答] ④
④ 適当
① **不適当**：「抵抗権を認める私擬憲法」から，植木枝盛についての記述と判断しよう。
② **不適当**：「公害問題」から，田中正造を想定した記述と判断しよう。
③ **不適当**：「実学」から福沢諭吉についての記述と判断しよう。

**問2** [答] ①
① 適当
② **不適当**：「天皇の権力を制限」が不適当。明治憲法は天皇を神聖不可侵とした。
③ **不適当**：「国民を主体とした」のでは明治憲法の理念に反するので不適当。
④ **不適当**：「国民主権の確立」は，明治憲法の理念に反するので不適当。

**問3** [答] ②
② 適当
① **不適当**：「女性中心の社会に改革」が不適当。
③ **不適当**：「元始，女性は……」からは読み取れない内容である。母性保護論争の時の平塚らいてうの立場を想定した記述。
④ **不適当**：「新しい女性の美を発見」が不適当。

第2編 東洋・日本思想　4　日本の近現代思想

38 早急すぎた近代化による矛盾の露呈 | 175

東洋・日本思想 ④ 日本の近現代思想(4)　rank B

# 39 近代的自我の模索
～森鷗外や夏目漱石などの文人

## 1 文学の近代化

　幕末から明治初期にかけての知識人の主な関心は，西洋列強に対峙できる国家体制と社会制度を構築することにあった。
　しかし，明治憲法が施行され国会が設立されたころ(1890年)から，近代日本が歩んできた過程を内省的に捉えていこうとする文人が現れた。
　その誕生に大きく貢献したのが写実主義を唱えた坪内逍遙(1859～1935)(『小説神髄』)や二葉亭四迷(1864～1909)(『浮雲』『あひゞき』(翻訳))らである。

## 2 ロマン主義

　憲法施行や国会設立に前後して，国粋主義の運動が盛んになったのを受け，尾崎紅葉などの復古的な文人が活躍する一方，**ロマン主義**を標榜する文人たちが活躍した。
　彼らは，**近代化による自我意識の目覚めと，それに伴う人間性の解放という問題**を敏感に感じとり，開放的な自由を求めた。

### ✤ロマン主義を代表する主な文人
- <u>北村透谷</u>(1868～94)(『**内部生命論**』)…自由民権運動に参加し絶望した経験をもつ。自己の自由な精神活動(**内部生命**)の要求を，政治などの現実の場(**実世界**)において実現しようとするのではなく，キリスト教信仰と愛を通じて，**内面的・精神的世界**(**想世界**)**において実現すべき**ことを説いた。
- 与謝野晶子(1878～1942)(『みだれ髪』(歌集))…古い道徳に縛られずに自由に生きるべきことを主張。

## 3 自然主義

　日本社会が国家主義的な傾向を強める一方で，文学界では，**事実をありのままに直視して，日常における自己の自然な生を描こうとする自然主義**の立場をとる文人を中心に，人間の内面性を追求し，自我の解放を求める動きが強まった。

### ✤自然主義を代表する主な文人
- <u>島崎藤村</u>(1872～1943)(『破戒』『夜明け前』)…『若菜集』(詩集)で知られるロマン主義の詩人であったが，のちには，自然主義を代表する小説家となり，人間性の解放，そして自我の確立を目指した。

| 176 |

## 4　森鷗外（高踏派）

　この自然主義に批判的だったのが**森鷗外**（1862～1922）である。ロマン主義の作家として知られていた森鷗外は，明治の人々が遭遇した現実生活と心の乖離，つまり**足場をもたない近代的自我という不安**について考えた。

❖**森鷗外の思想**（『**舞姫**』『雁』『高瀬舟』）

- **諦念**…ロマン主義文学を代表する初期の小説『**舞姫**』において，留学地のドイツでの**恋愛を通じて近代的な自我に目覚めたが，その恋愛を諦めて日本へ帰国し，組織の一員として生きる青年の苦悩**を描いた。

　晩年は，歴史小説を多く著すようになり，時代という制約の中で自らの生き方を模索する人物を描いた。これらに共通するのは，他国に類を見ないほど功利主義的な思考が広がった日本の将来についての危惧である。

　これに対し，**鷗外自身は，社会に順応しつつも社会に埋没しない心持ち（レジグナチオン，諦念）によって不安を免れている**と論じた。

## 5　夏目漱石（余裕派）

　自然主義からは距離を置きつつも，日本の近代化のあり方に関心を寄せ，新しい時代を生きる人のあり方を模索したもう一人の作家が**夏目漱石**（1867～1916）である。

❖**夏目漱石の思想**（『**吾輩は猫である**』『坊っちゃん』『草枕』『行人』『こゝろ』『明暗』

- **自己本位**…**日本の近代化は，内発的開化ではなく外発的開化**だと批判。

　内発的開化のためには，利己主義（エゴイズム）にも，他者や伝統や権威への迎合（他人本位）にも陥ることなく，**自らの考えに拠って立ち，自分の自我と他人の自我をともに尊重しようとする自己本位の精神が必要である**と主張。

- **則天去私**…晩年には，**自我（小我）に対する執着を捨てて，自然の道理（大我）に従う則天去私の境地**を求めるようになったといわれている。

## 6　大正の文学

　反自然主義の流れを受け継いだのが，**永井荷風**らを代表とする耽美派や，**武者小路実篤**を代表とする白樺派，新現実主義の芥川龍之介である。

- **永井荷風**（1879～1959）（『断腸亭日乗』『濹東綺譚』）…美を人生の最高の価値とし，美の享受と創造を目指した。
- **武者小路実篤**（1885～1976）（『お目出たき人』『友情』『真理先生』）…ロシアのトルストイに影響を受け，理想主義的・人道主義的・個人主義的な作品を発表。それらに描かれる世界を現実化しようとして，農村共同体「**新しき村**」を建設。
- **芥川龍之介**（1892～1927）（『羅生門』）…理知的・意識的な小説作法を模索。しかし，「利他主義的な或は共存主義的な道徳」の出現を予言して1927年に自殺した。

# ここが共通テストのツボだ!!

## ツボ ① より多くの作家や作品について知ろう。

- 田山花袋…私小説の先駆者。主要作品『蒲団』『田舎教師』。
- 樋口一葉…早世した女性小説家。主要作品『たけくらべ』。
- 国木田独歩…自然主義文学の先駆者。主要作品『武蔵野』。
- 石川啄木…早世した歌人・詩人。「時代閉塞の現状」(評論)(没後発表)では,強権政治に対する抵抗と自然主義との決別を表明。主要作品『一握の砂』(歌集)。
- 有島武郎…白樺派の文人。主要作品『或る女』『カインの末裔』。
- 志賀直哉…白樺派の文人。主要作品『和解』『城の崎にて』『暗夜行路』。

　● 北村透谷・森鷗外・夏目漱石の事績や思想が問われることが多いが,そのダミー選択肢に上記の人物が登場することがある。

## ツボ ② 昭和の文学の主な流れについても知ろう。

　昭和に入ると,明治以来の精神の空白状態に耐えられなくなった知識人たちが,新しい道徳としてマルクス主義を受け入れていった。これに呼応して文学でも,**小林多喜二**(『蟹工船』)らのプロレタリア文学が流行する。
　その一方で,プロレタリア文学の観念性を強く批判しつつ,多岐にわたる分野を批評し,近代批評を確立した**小林秀雄**(『無常といふ事』『様々なる意匠』)や,文学の芸術性を追求した新感覚派を代表する**川端康成**(『伊豆の踊子』『雪国』)らも活躍した。
　第二次世界大戦後には,川端康成らの大家に加え,戦後すぐに「堕ちよ」と訴えた**坂口安吾**(『堕落論』『白痴』)や**太宰治**(『人間失格』『斜陽』)ら無頼派や,戦前のプロレタリア文学を継承した人々が民主主義文学運動を力強く展開した。
　さらに,**三島由紀夫**(『仮面の告白』『金閣寺』)や**安部公房**(『壁』『砂の女』)は,シュールレアリスムの影響を受け,人間存在の本質を見据えた前衛的な作品を発表。これらの戦後派作家は,時代状況に抗い,人間存在の意味を問う実存主義的傾向が強い。

　● 文学は人間存在の秘密を解き明かそうとするばかりではなく,時代を映す鏡ともなる。可能な限り,主要作品を読んでみよう。

## 基礎力チェック問題

**問1** 生徒Xが記した次のメモ中の▢▢▢に入る言葉として最も適当なものを，下の①~④のうちから一つ選べ。

> **メモ**
> 　自由民権運動の衰退の中で，自由の追求は，文学の領域でもさらに展開されていく。北村透谷は，「想世界」に根源的な▢▢▢を認め，その横溢(おういつ)に現実世界に対する自己の自由の立脚点を求めた。こうした考え方は，個性や感情を尊重するロマン主義運動として展開していく。

① 力への意志　② 浩然の気　③ 内部生命　④ 良知良能

**問2** 夏目漱石が唱えた「個人主義」の主張として最も適当なものを，次の①~④のうちから一つ選べ。

① 美や享楽の世界に自己を確立することが個人の本来のあり方であり，そのためには，政治や俗世間をのがれて生きることが大切である。
② 自己の本領を発揮し個性を伸ばすことが各自の幸福であるが，そのためには同時に他人がその個性を伸ばすことも認め，それを尊重しなければならない。
③ 自由に自己の人生の目的を達成することが個人の生得の権利であり，その実現を妨害する社会がまず変革されなければならない。
④ 自己の欲求を実現することが各自の幸福であるが，そのためには国家の存在が不可欠であるから，国民としての自覚をもつことが大切である。

**問3** 森鷗外が自らの立場とした「諦念」について説明した記述として最も適当なものを，次の①~④のうちから一つ選べ。

① 自我と社会の矛盾に遭遇したとき，あくまで自己を貫くのではなく，自らの社会的な立場を冷静に引き受けながらも，なおそこに自己を埋没させまいとする立場。
② 自我と社会の矛盾に遭遇したとき，小さな自我に対するこだわりを捨て，自我を超えたより大きなものへと自らを委ねることで，心の安らぎを得ようとする立場。
③ 自我と社会の矛盾に遭遇したとき，あくまで自己を貫くのではなく，欲求の実現を断念し現実から逃れることで，社会から独立した自己を実現しようとする立場。
④ 自我と社会の矛盾に遭遇したとき，小さな自我に対するこだわりを捨て，社会的要請に応えることに自らの理想を見いだして，人格の完成を目指そうとする立場。

---

**問1** 　　　[答] ③
③ 適当
① 不適当：ニーチェに関連する言葉。
② 不適当：孟子に関連する言葉。
④ 不適当：王陽明や中江藤樹ら陽明学派の人々が重視する言葉。

**問2** 　　　[答] ②
② 適当
① 不適当：「美や享楽」は無関係。
③ 不適当：自然権思想の説明になっている。
④ 不適当：夏目漱石が説く自己本位と「国家の存在」や「国民としての自覚」は無関係。

**問3** 　　　[答] ①
① 適当
② 不適当：夏目漱石が晩年に到達した則天去私の説明。
③ 不適当：「欲求の実現を断念」や「社会から独立した自己を実現」が不適当。
④ 不適当：「小さな自我に対するこだわりを捨て」が不適当。

第2編 東洋・日本思想　4　日本の近現代思想

39 近代的自我の模索

東洋・日本思想 4　日本の近現代思想(5)　rank

# 40 西洋思想と日本的伝統の狭間で
~西田幾多郎，和辻哲郎，柳田国男など

## 1　日本の哲学~西田幾多郎　★★★

　明治も終わりが近づくと，明治維新直後の西洋思想の受容期とは異なり，主体的かつ批判的に西洋思想を検討し，独自の思想を展開する人々が現れた。その代表者が，「日本最初の哲学者」ともいわれる西田幾多郎(1870~1945)である。
　東西思想に精通するのみならず，参禅経験の豊かな彼の探究は，明治期の知識人たちが共有していた「個の確立」という思想的課題に応えようとするものともいえる。

✤ 西田幾多郎の思想（『善の研究』）

・西洋思想批判…西田幾多郎は，主観と客観の分離・区別を根源的な事態であるとする近代西洋哲学を独我論的であると批判。主観と客観が分かれていない主客未分の純粋経験においてこそ真の実在が現れると主張。

　　知識では真理として，感情では美として，意志では善として現われる実在の働きに従い，世界の働きと一体となって真・善・美の価値を創造するところに，真の人格が実現すると西田幾多郎は考えた。

　　この純粋経験の着想は，親友であり，禅思想を英文著作で紹介したことで知られている鈴木大拙（『日本的霊性』）から贈られたジェームズ[☞p.74]の著作の影響ともいわれている。

・後期思想…西田幾多郎は，純粋経験において現れる実在を，「絶対無」と呼んだ。
　　そして，このすべての意識や実在を包みこみ，すべてを生み出す根源である絶対無の限定である現実の世界においては，さまざまな事物や事象が絶対的な矛盾や対立を残したまま統一されている（絶対矛盾的自己同一性）と考えた（場所の理論）。

・京都学派…西田幾多郎やその理解者の田辺元に師事した三木清や戸坂潤らは，京都学派を形成し，思想界に大きな影響を残した。

## 2　日本の倫理学~和辻哲郎　★★★

　ハイデガーらの近代西洋思想を受け入れながらも，日本人の伝統的な生き方に根ざした独自の思想を展開したのが和辻哲郎(1889~1960)である。

✤ 和辻哲郎の思想（『古寺巡礼』『風土』『人間の学としての倫理学』）

・西洋思想批判…「人間」をポリス的存在として捉えていたアリストテレスを代表として，古来，西洋哲学も人間を全体的に捉えていたが，近代に入ると専ら個的

な存在としてのみ扱うようになってしまったと批判。
- 「人間」とは？…**「人間」は個的な存在ではなく，生まれたときから他人と切っても切れない関係の中で，対立や矛盾を抱えながらも生きる**間柄的存在であり，さまざまな「間柄」に応じた「役割」を引き受けて生きている。

  この「間柄」は「信頼」，すなわち昔から日本人が重んじてきた「和」に支えられている。**社会もまた，単に個が集まってつくられるものではなく，個が人間関係の連関において存在するようになる場**である。
- 倫理とは？…倫理とは，社会を否定して個としての自己を自覚することと，その自己を再び否定して，社会のために生きようとすることとの相互運動（**弁証法的統一**）であり，この運動が停滞すると，利己主義や全体主義に陥る。

  つまり，**倫理学**は，個の振る舞いのみを問うものでも，社会のあり方のみを問うものでもなく，**個や社会が利己主義や全体主義に陥らないために，個と社会の正しい筋道・理法とは何かを問うもの**と和辻哲郎は考えていた。

## 3　日本人の習俗の再発見〜民俗学

近代化の中で薄れゆく日本人の姿を，日本人の伝統的な共同生活の中に見出そうとしたのが民俗学（新国学）である。その創始者が柳田国男（1875〜1962）。

❖**柳田国男の思想**（『遠野物語』『先祖の話』『蝸牛考』）
- 研究対象…柳田国男は，文字資料に記録が残らないごく普通の人々を「**常民**」と呼び，彼らが「何を信じ何を怖れ何を愛し何を願っていたか」を，その**生活様式，信仰，歌謡，伝説といった習俗を通じて明らかに**しようとした。
- 祖霊信仰…柳田国男は，死者の霊が先祖の霊と一体となって，田の神や山の神として人々を見守り，生者は正月や盆などに先祖の霊と交流すると主張。

❖**その他の民俗学者**
- 南方熊楠（1867〜1941）…民間の粘菌学者。日本の習俗のみならず，アメリカやイギリスへの留学経験や国内外の文献を踏まえた比較民俗学ともいうべき研究を行った。

  一方，生態系上の意義を主張して，明治政府の神社合祀令による鎮守の森の破壊に反対するなど，**環境保護運動の先駆け**としても活躍。
- 伊波普猷（1876〜1947）（『おもろさうし選釈』）…文字に残っていない琉球・沖縄の伝承や古歌謡「おもろ」に注目し，沖縄固有の民俗学（沖縄学）の確立に尽力。
- 折口信夫（1887〜1953）…柳田国男に師事。日本の神の原型を，柳田国男が祖霊と捉えたのに対し，海の向こうの他界である「**常世の国**」から来訪する客人（まれびと）と捉えた。

  この客人をもてなす神事での言葉に日本の文学や芸能の源流を見出す。
- 柳宗悦（1889〜1961）…日常的な暮らしにおいて使われてきた，手仕事の日用品，すなわち「民芸（民衆的工芸）」に「用の美」を見出して活用する民芸運動を起こす。

  彼は，当時の日本の朝鮮半島政策や，その**エスノセントリズム（自民族中心主義）的傾向を批判**したことでも知られている。

# ここが共通テストのツボだ!!

## ツボ ① 西田幾多郎の説く「純粋経験」を具体的に理解しておこう。

西田幾多郎は,「純粋経験」を「主客未分」などとも表現しているが,次のA~Dの4人の経験のうち,純粋経験の具体例として**適当でないもの**を考えてみよう。

- コンサートに出かけたAさんは,オーケストラの見事な演奏に心を奪われて,自分が空腹であったこともすっかり忘れていた。
- 将棋好きのBさんは,公開対局でプロ棋士の一心不乱に考える姿を生で見て,対局会場まで夢中で駆けつけた甲斐があったと喜んだ。
- 登山家のCさんは,難コースといわれる断崖を登っていたが,途中から自分で自分の体をどう動かしたのか意識せず最後まで登りきっていた。
- 読書好きのDさんは,クライマックスに差し掛かった長編小説を読むことに没頭していたため,電話の鳴る音にまったく気づかなかった。

- Bさんの経験が,対象(将棋の対局)を最後まで客観視しており,「純粋経験」とはいえない。他は,没我の状態ともいえる主客未分の「純粋経験」といえる。このように,「純粋経験」を具体例で理解しておくことが必要。

## ツボ ② 和辻哲郎の『風土』についても知ろう。

和辻哲郎は,ハイデガーの人間学的な考察を批判的に受容して,存在(人間)は時間に規定される以前に,風土に規定されていると考えた。

そこで,『風土』において,風土(人々の生活様式や文化)が人々の心や感じ方にどう影響するのかを,以下のように類型化して論じた。

| 類型(地域) | 自然 | 民族性 |
| --- | --- | --- |
| モンスーン型(南・東南・東アジア) | 暑熱と湿潤 | 受容的・忍従的 |
| 沙漠(砂漠)型(北アフリカ,西アジア) | 厳しい | 対抗的・戦闘的 |
| 牧場型(ヨーロッパ) | 穏やか | 自発的・合理的 |

- 『風土』を絶対視する必要はなく,一つの文化論として理解しておけばよい。

## 基礎力チェック問題

**問1** 次の文章は,『善の研究』から始まる西田幾多郎の哲学的思索の展開について述べたものである。 a ・ b に入れる語句の組合せとして正しいものを,下の①〜④のうちから一つ選べ。

> 純粋経験とは, a の状態で成立するものであるが,純粋経験からすべてを説明するためには, a だけではなく,主観と客観の分化を論理的に基礎づける必要がある。そのために彼は,主客の根底を問うて,主観と客観を成立させると同時にそれを包む「場所」の論理を求めた。西田によれば,「場所」の論理は,有と無の対立を超えて,事物事象そのものを可能にする「 b 」に基づくものであった。

① a 主客未分　b 絶対無　② a 主客未分　b 絶対他力
③ a 主客対立　b 絶対無　④ a 主客対立　b 絶対他力

**問2** 個人と他者・社会について和辻哲郎の考え方を述べた文として適当でないものを,次の①〜④のうちから一つ選べ。

① 自我の確立を重視するあまりに,社会や人間関係から切り離して人間存在を捉えることは,西洋近代の個人主義的人間観の誤った考えである。
② 独立した個人である人間同士が,ともに社会の新たな規範を創造していくところに,間柄的存在としての人間のあるべき姿がある。
③ 人間とは,「世の中」であるとともに「世の中」における人であるから,単なる個人でもなく,また単なる社会でもない。
④ 社会があるところには信頼があり,危急の際に人が救いを求めるのも,そうした信頼の表現にほかならない。

**問3** 日本人の先祖の霊の行方について論じた人物に,民俗学者の柳田国男がいる。先祖と子孫の関係についての柳田の説明として最も適当なものを,次の①〜④のうちから一つ選べ。

① 先祖の霊は,住み慣れた集落近くの山に留まっているので,子孫は正月やお盆に自分の家に先祖の霊を招いて,共食の儀礼を行う。
② 先祖の霊は,この世から遠く離れた浄土に往生して子孫を守護しているので,子孫は仏壇で先祖を供養することが務めである。
③ 先祖の霊は,国家の神として,子孫ばかりでなく国民全体からも祀られているので,子孫は神社に行けば先祖に祈ることができる。
④ 先祖の霊は,遠方から「まれびと」として現れて幸福をもたらすので,子孫はこれを呼び寄せる祭礼を行って来訪を待ち望んでいる。

---

**問1** [答] ①
a：西田幾多郎は,**主客対立**を基本とする西洋哲学を批判し,真の実在が現れる「主客未分」の「純粋経験」について論じた。
b：晩年の西田幾多郎は,「有と無の対立を超えて,事物事象そのものを可能にする」ものを「絶対無」と呼んだ。「絶対他力」は,親鸞の立場や思想を示す語。

**問2** [答] ②
② 不適当：和辻哲郎は,例えば社会契約論者のように,「独立した個人」が,「社会の新たな規範を創造していく」とは考えない
①③ 適当
④ 適当：「信頼」は「和」によって支えられている。

**問3** [答] ①
① 適当：柳田国男は,死者の霊魂を,身近に慣れ親しんだ場所に留まり,子孫と食事を共にするものと考えた。
②③ 不適当
④ 不適当：柳田国男ではなく,折口信夫の思想の説明。

第2編 東洋・日本思想　4 日本の近現代思想

40 西洋思想と日本的伝統の狭間で | 183

東洋・日本思想　4　日本の近現代思想（6）　rank

# 41 軍国主義の末路と近代的自我の確立に向けて
～丸山真男や小林秀雄など

## 1　昭和初期の状況

昭和の初期，ますます政党政治の不全が顕著になり，議会の統制を受けない軍部が台頭して軍国主義が唱えられるようになった。

こうした状況に対し，明治維新以来の国体のあり方を批判し，「天皇の国民」ではなく「国民の天皇」を実現せよと主張する『**日本改造法案大綱**』を著した**北一輝**(1883~1937)が現れて**超国家主義**の思想を唱え，国民道徳や国民思想に大きな影響を与えた。

彼の影響を受けた青年将校たちが，天皇による親政を求め，「昭和維新」を掲げて二・二六事件を起こしたが失敗。この後，この事件を鎮圧した軍部は政治への発言力を強め，日本の特殊性や優位性を主張する**国体思想**がますます喧伝されるようになった。

## 2　第二次世界大戦前夜

国体思想と教育勅語を中心とする忠孝の実践が強調され，日本社会のファシズム化が進むとともに，学問・思想に対する弾圧が激しくなり，社会主義運動家などに留まらず，**美濃部達吉**らの学者や，自由主義や民主主義思想を唱える者にも及んだ。

✤**天皇機関説事件**[☞p.173]以外の思想弾圧事件
- **津田左右吉**(1873~1961)…歴史学者。『古事記』や『日本書紀』の記述が歴史的事実ではないことを文献学的に論証していたが，不敬罪に問われ，著書が発禁。
- **三木清**(1897~1945)・**戸坂潤**(1900~1945)…マルクス主義の立場をとる京都学派左派を代表する思想家。反ファシズムの立場をとったため検挙。ともに1945年に獄中死。

## 3　第二次世界大戦

日本は大陸への侵略をはじめとして，**国家総動員体制**で未曾有の大戦に突入。この軍国主義一色の時代にも，反戦・平和を唱える人々はいた。

例えばジャーナリストで「小日本主義」を唱えた**石橋湛山**(1884~1973)，キリスト者の矢内原忠雄，ジャーナリストの桐生悠々，弁護士の正木ひろしらである。しかし，彼らの声は無力にも等しかった。

この戦争も，各地への空襲，沖縄戦，広島・長崎への原子爆弾の投下による惨劇を経て，民間からも国内外で多大な犠牲者を出し，1945年に終わった。それとともに，人々はそれまでの精神的な支えを失ったかのようであった。

## 4　第二次世界大戦後

　戦後の日本思想は，戦争以前の日本のあり方をさまざまに問い直すことからはじまった。その代表者が丸山真男(1914〜96)らである。

❖**丸山真男の思想**（『日本政治思想史研究』『「文明論之概略」を読む』「超国家主義の論理と心理」（論文））
　・戦前の日本社会の構造…自由と民主主義という西欧近代によって生み出され発展してきた価値が，日本において，どのように受け入れられてきたかを論じ，無謀な戦争へと突き進んだ**大日本帝国の構造は，個が政治的な責任をとらない「無責任の体系」である**と批判。
　・戦後日本の思想的課題…丸山真男によれば，政治とは，個が常に主体的に関わるところに成立するものであり，自由と民主主義も同様に個による絶えざる関わりにおいて成立するものである。
　　それゆえ，丸山真男は，**戦後日本の思想的課題は，「主体的な個」と民主主義の確立にある**と考えた。そのためには，外来思想を日本的に変容させる日本の「古層」を自覚して乗り越える必要があると主張。こうした思想は学生運動や市民運動に大きな影響を与えた。

❖**その他の戦後思想を代表する人々**
　・**小林秀雄**(1902〜83)（『様々なる意匠』『無常といふ事』）…文芸評論家。**明治以降の日本において，思想や理論がその時々の意匠（趣味）として捉えられてきたことを批判**。
　　そして，外から借りてきた既成の思想ではなく，自らの生に脈打つ思想を求め，古典文学や本居宣長などの中に，過去の日本人が生みだした主体的な思想を見出そうとした。
　・**加藤周一**(1919〜2008)（『日本文学史序説』『雑種文化』）…戦後日本を代表する評論家。日本文化を，「伝統的日本」と「西洋化された日本」という二つの要素が絡んだ「**雑種文化**」と特徴づけた。
　　そして，**それを認め，そこに積極的価値を見出していくべきだと主張**。
　・**吉本隆明**(1924〜2012)（『共同幻想論』）…思想家。軍国主義のみならず，社会主義運動にも否定的であり，在野の立場から大衆の側に立ち，あらゆる権力や政治的権威を批判した。
　　さらには，人間の生の関係構造を**自己幻想・対(つい)幻想・共同幻想**などに概念化し，多くの領域にわたって独自の思想を構築した。
　・**大江健三郎**(1935〜)…小説家。広島や沖縄の人々と語り合う中で，平和もまた繰り返しその意義を確認し，持続的に創造されなければならないと主張。
　・その他…経済学の大塚久雄，哲学者の鶴見俊輔や廣松渉(ひろまつわたる)，比較思想学の先駆者の中村元，イスラム思想の研究者だった井筒俊彦，科学哲学者の大森荘蔵，仏教学の梅原猛(はすみ)，文芸批評家の江藤淳や蓮實重彦や柄谷行人(からたにこうじん)，ポストモダン思想を紹介した浅田彰など，多彩な人々がいる。

41　軍国主義の末路と近代的自我の確立に向けて　｜　185

## ここが共通テストのツボだ!!

### ツボ ① 丸山真男『日本の思想』の概略（二つの論文体の論考と二つの講演体の論考）を知り，丸山真男についての理解を深めよう。

- 「日本の思想」…マルクス主義など（**理論信仰**）と対比される，日本の思想がもつ「**無構造**」という構造（**実感信仰**）に注目し，その問題点を検討。
- 「近代日本の思想と文学」…プロレタリア文学の問題を題材に，小林秀雄の議論などを参照しながら，近代日本の文学と思想の関係について論じている。
- 「思想のあり方について」…「**タコ壺文化**」と「**ササラ文化**」という文化類型を用いて，「**タコ壺」型である日本文化**の問題点を指摘。
- 「『である』ことと『する』こと」…「である」と「する」という図式を用いて，日本の近代化（「民主化」の実質的な進展の程度など）の失敗・未発達を指摘。

> 思想家としては貧弱であり，学者としては生々しすぎるなどさまざまな批判もあるが，丸山真男は戦後日本を代表する思想家であることを知ろう。

### ツボ ② 日本人論・日本文化論についてまとめておこう。

　日本人論・日本文化論には，古くは安土桃山時代や江戸時代に来日した宣教師の報告書，幕末から明治にかけての海外視察団によるものや，**新渡戸稲造**『**武士道**』などがある。日清・日露戦争から第二次世界大戦期には，軍事的な理由などから日本研究が進んだ。第二次世界大戦後には，高度経済成長期を支えた精神的基盤に対する関心が高まって，さまざまな日本人論・日本文化論が著された。
　それらは**集団主義**や「**タテマエとホンネ**」や「**甘え**」などを鍵に日本人や日本文化の**特殊性を論じる**ことが多い。以下は，古典的著作。

- **ベネディクト**（1887〜1948）『**菊と刀**』…「**罪の文化**」の欧米に対して，「**恥の文化**」の**日本**では，人々は内面的な恥の自覚にもとづき行動する傾向が強いと分析。
- 中根千枝『タテ社会の人間関係』…日本社会は，個人の能力や資格よりも，**集団内での地位や上下関係を重視する傾向が強い「タテ社会」**であると分析。

> いずれの日本人論・日本文化論も絶対視する必要はなく，そういう見方もあるのだなという程度に理解していればよい。

186

# 基礎力チェック問題

**問1** 人道主義や社会主義の思想に影響を受けて，社会に対する批判や論争が生まれた。それらに関する記述として適当でないものを，次の①～④のうちから一つ選べ。

① 石橋湛山は，日本の対外侵略を批判して，「小日本主義」を唱えた。
② 吉野作造と美濃部達吉との間に，天皇機関説をめぐって論争が起きた。
③ 木下尚江は，廃娼運動や足尾銅山鉱毒事件に積極的に関わった。
④ 与謝野晶子と平塚らいてうとの間に，母性保護についての論争が起きた。

**問2** 小林秀雄の事績の説明として最も適当なものを，次の①～④のうちから一つ選べ。

① 夏目漱石に師事し，青春の苦悩と思索を綴った『三太郎の日記』を著す一方，人格主義を説く哲学者としても活動した。
② 既存の道徳に安住することを偽善と批判し，むしろそこから「堕ちきる」ことで偽りのない自己を発見すべきだと主張した。
③ 思想や理論を流行の意匠のようにもてあそぶあり方を批判し，批評という独自の方法を用いて主体的な自己の確立を目指した。
④ 各自の人間的な成長が人類の文化の発展につながると説き，「新しき村」を創設して，理想の共同体の実現に努めた。

**問3** 丸山真男が戦後の日本人の課題と考えたことを説明した記述として最も適当なものを，次の①～④のうちから一つ選べ。

① 西洋の哲学と東洋の儒教とを融合させ，世界に通じる普遍的な道徳を日本という個別の場で実現できる，新しい国民道徳を確立しなければならない。
② 外来の思想をとって伝統を捨てるのではなく，逆に伝統に固執するのでもない，自己本位の能力に基づいた内発的な開化を推進しなければならない。
③ 日本という風土の中で培われてきた文化と歴史を尊重し，日本民族の独自性を守りつつ，西洋の学問・技術の長所を採用していかなければならない。
④ 他者を他者として理解し，また自分の中に巣くう偏見に常に反省の目を向けることのできる，自主独立の精神をもつ個を確立しなければならない。

---

**問1** 　　　　　[答]②
② 不適当：美濃部達吉の論争相手は，天皇主権説を唱えた憲法学者の上杉慎吉。ここでは，吉野作造ではないことが分かればよい。
① 適当：石橋湛山の事績の説明。
③ 適当：木下尚江の事績の説明。
④ 適当：与謝野晶子と平塚らいてうらの間の母性保護論争の説明。

**問2** 　　　　　[答]③
③ 適当
① 不適当：作家や哲学者として活躍した阿部次郎の事績についての記述。
② 不適当：無頼派の坂口安吾の事績についての記述。第二次世界大戦後の混乱期に『堕落論』で話題を呼ぶ。
④ 不適当：白樺派の代表的作家である武者小路実篤の事績についての記述。

**問3** 　　　　　[答]④
④ 適当：丸山真男は，近代的個の確立を戦後の思想課題としたことを思い出そう。
① 不適当：『日本道徳論』を著した西村茂樹についての説明。
② 不適当：日本の内発的開化を求めた夏目漱石についての説明。
③ 不適当：国粋保存主義を唱えた三宅雪嶺らの考えに近い内容の記述。

# チャレンジテスト④(大学入学共通テスト実戦演習)

**問1** 次のレポートは,高校生Aがまとめたものの一部である。レポート中の a ・ b に入る記述を,下のア～オから選び,その組合せとして最も適当なものを,下の①～⑥のうちから一つ選べ。

(21年共テ倫理第1日程)

> **レポート**
> 道元は, a ,と考えていた。また,時間に関して,本来的な時間とは,一方向に進んでいくものではなく,「今というこの瞬間」が絶え間なく連続しているものと捉えていた。このような時間の捉え方が, b という「修証一等」の考えにも関係しているのではないだろうか。

**ア** ひたすら坐禅に打ち込み,一切の執着から解き放たれることが重要である
**イ** 南都六宗の立場から,念仏によらない修行のあり方を捉え直す必要がある
**ウ** 自らは罪深い凡夫であるため,自力によって悟りを開くことができない
**エ** 三密の修行によって,仏と一体になることができる
**オ** 修行とは悟りの手段ではなく,悟りそのものである

① a―ア b―エ
② a―ア b―オ
③ a―イ b―エ
④ a―イ b―オ
⑤ a―ウ b―エ
⑥ a―ウ b―オ

---

**問1** [答] ②

a :**ア**が入る。道元は,**只管打坐**(「ひたすら坐禅に打ち込む」こと)や,**身心脱落**(「一切の執着から解き放たれること」)を説いた。

なお,**イ**に関しては,「**南都六宗**」は奈良時代の仏教宗派の呼び名であり,鎌倉時代に活躍した道元と直接的な関係はない。これは,華厳宗の**明恵**を想定した記述。**ウ**も**法然**や**親鸞**などを想定した記述なので入らない。

b :**オ**が入る。道元は坐禅を悟りの手段とは捉えなかった。道元は,**僧堂での坐禅のみならず,日々の生活(行住坐臥)も坐禅であり,それらに心を尽くして邁進する姿が悟りの姿である**と考えた。こうした考えを「**修証一等**」という。

また,**エ**は**空海**についての記述であることからも,**オ**を選ばなければならない。

以上のことから,最も適当な組合せは②となる。

**問2** 次のレポート中の 　a　 ・ 　b　 に入る語句や記述の組合せとして正しいものを，下の①〜④のうちから一つ選べ。

(21年共テ倫理第1日程〈改〉)

> **レポート**
> 　江戸時代に入ると，儒者たちは，現実的な人間関係を軽視するものとして仏教を盛んに批判し始めた。そうした儒者の一人であり，徳川家康ら徳川家の将軍に仕えた 　a　 は，「持敬」によって己の心を正すことを求めた儒学を講じ， 　b　 と説いた。(以下略)

① a　林羅山
　b　「理」を追求するのではなく，古代中国における言葉遣いを学び，当時の制度や風俗を踏まえて，儒学を学ぶべきである

② a　林羅山
　b　人間社会にも天地自然の秩序になぞらえられる身分秩序が存在し，それは法度や礼儀という形で具現化されている

③ a　荻生徂徠
　b　「理」を追求するのではなく，古代中国における言葉遣いを学び，当時の制度や風俗を踏まえて，儒学を学ぶべきである

④ a　荻生徂徠
　b　人間社会にも天地自然の秩序になぞらえられる身分秩序が存在し，それは法度や礼儀という形で具現化されている

---

**問2** [答]　②

　a ：「林羅山」が入る。林羅山は，師の藤原惺窩の推挙に基づき，将軍家の侍講として仕えた。なお，「荻生徂徠」は，朱子学を批判し古文辞学を唱えた人物であるので入らない。

　b ：「人間社会にも天地自然の秩序になぞらえられる身分秩序が存在し，それは法度や礼儀という形で具現化されている」が入る。林羅山が説いた，いわゆる「上下定分の理」についての説明を選べばよい。

　「『理』を追求するのではなく，古代中国における言葉遣いを学び，当時の制度や風俗を踏まえて，儒学を学ぶべきである」は，荻生徂徠の古文辞学における主張なので入らない。

以上のことから，正しい組合せは②となる。

第2編　東洋・日本思想

チャレンジテスト④　│　189

問3 次の**写真**は，日本の伝統行事を撮影したもので，下の会話は，高校生Cと留学生Dが**写真**を見ながら折口信夫の思想について交わしたものである。下線部ア・イの発言内容の正誤の組合せとして正しいものを，下の①〜④のうちから一つ選べ。(21年共テ倫理第2日程)

**写真** 王子神社田楽舞

D：ユニークな衣装ですね。彼らは舞台の上で何をしているのですか？
C：神様に「田楽舞」という舞を捧げているんだ。舞台上の旗の文字が，そのことを示しているよ。ア 折口信夫は，日本の文学や芸能の源流に，神への信仰があると考えていたんだ。
D：写真には，舞台を見守る観客の姿も写っていますね。
C：このように，イ 神事などを見物するために，共同体の外部からやってきた観客のことを，折口は「まれびと」って呼んだんだよ。

① ア 正　イ 正　② ア 正　イ 誤
③ ア 誤　イ 正　④ ア 誤　イ 誤

---

問3 [答] ②

ア：正文。日本の神の原型に関して，日本において「民俗学」を提唱・確立した**柳田国男**が「祖霊（先祖の霊）」と捉えたのに対し，**折口信夫**は，海の向こうの他界である**常世の国**から来訪する「まれびと（客人）」と捉え，この**「まれびと（客人）」をもてなす神事での言葉に「日本の文学や芸能の源流」**を見出した。
イ：誤文。「まれびと」は「共同体の外部からやってきた観客」ではない。

**問4** 次のア〜ウは，近代以降の社会や思想のあり方を考察した思想家についての説明であるが，それぞれ誰のことか。その組合せとして正しいものを，下の①〜⑥のうちから一つ選べ。　　　　　　　　　　　　　　　　　　　　　　　　　　（21年共テ倫理第1日程）

**ア** 近代社会を担う主体性の確立を思想的課題として位置付け，伝統的な日本の思想のあり方を，様々な思想の「雑居」にすぎないと批判した。

**イ** 近代批評の確立を目指すとともに，明治以来，思想や理論が，その時々の流行の「意匠」として弄ばれてきたと批判した。

**ウ** 国家や社会組織の本質を問い直す『共同幻想論』を著すとともに，大衆の実生活に根ざす，自立の思想の確立を目指した。

① **ア** 小林秀雄　**イ** 吉本隆明　**ウ** 丸山真男
② **ア** 小林秀雄　**イ** 丸山真男　**ウ** 吉本隆明
③ **ア** 吉本隆明　**イ** 小林秀雄　**ウ** 丸山真男
④ **ア** 吉本隆明　**イ** 丸山真男　**ウ** 小林秀雄
⑤ **ア** 丸山真男　**イ** 小林秀雄　**ウ** 吉本隆明
⑥ **ア** 丸山真男　**イ** 吉本隆明　**ウ** 小林秀雄

第2編　東洋・日本思想

---

**問4** [答]　⑤

**ア**：丸山真男の説明である。彼は，「超国家主義の論理と心理」において，責任を負おうとしない指導者たちを糾弾し，大日本帝国の構造を「無責任の体系」と批判した。

**イ**：小林秀雄の説明である。彼は，『様々なる意匠』において，マルクス主義をはじめ様々な思想や理論を，その時々に流行する「意匠」と捉えて，批判的に論評した。

**ウ**：吉本隆明の説明である。彼は，『共同幻想論』において，国家が人々の共同幻想によって成立しているにすぎないと指摘し，人々の実生活に根ざした思想が必要であると主張した。

以上のことから，正しい組合せは⑤となる。

チャレンジテスト④　|　191

# 第3編　現代社会の諸問題

　最後に,「倫理」の応用編として,心理学説・青年期をめぐる議論や芸術論,そして現代社会の様相と諸問題を学んでいく。

　心理学説・青年期をめぐる議論については,身近な具体例や場面を想定して,用語を理解しておくことが重要である。もっとも,青年期の特徴などには現代の受験生の感覚からするとズレを感じるものもあるかもしれないが,心理学説・青年期をめぐる一つの議論として理解しておこう。

　芸術論の分野では,日本の芸術観・美意識を中心に知識を増やしておこう。

　現代社会の様相に関しては,20世紀後半の西洋現代思想との繋がりが強いので,現代社会の特徴を理解するのみならず,関連する思想も確認するようにしよう。日本社会に関しては,家族や地域社会の変化,少子高齢化という課題を強く意識してほしい。

　現代社会の諸問題としては,生命倫理,地球環境,情報社会,異文化理解や共生をめぐる問題を取り上げた。これら議論百出の問題が出題される場合,そこで生じている問題の解決策に関する知識の有無よりも,基本的な知識にもとに,どのような倫理的な問題が生じているかを見極める思考力・判断力が問われる傾向が強い。安易な暗記に頼らず,こうした出題傾向を意識した学習を進めよう。

　それでは,講義をはじめよう。

現代社会の諸問題 **1** 心理学説・青年期・芸術論(1)　rank

# 42 「人間」とは何か
## ～さまざまな人間類型論・人間観と心理学説

### 1 「人間」とは何か？

人間にはそれぞれ，遺伝と環境によって形成され，能力・気質・性格を要素とする<u>パーソナリティ</u>（人となり）がある。これを人生の目標や体型と結びつけて考えたり，そもそも「人間とは何か？」と定義したりすることがある。

❖ 人間に関する代表的な類型論
- <u>ユング</u>（1875～1961）…スイスの精神科医。人間を，リビドー（根源的な生命力）が外へ向かう外向型と，内に向かう内向型に類型化。
- <u>シュプランガー</u>（1882～1963）…ドイツの教育学者。人生において追求する価値に応じ，人間を六つ（理論型・経済型・審美型・社会型・権力型・宗教型）に類型化。
- <u>クレッチマー</u>（1888～1964）…ドイツの精神科医。体型と気質との相関性について研究。

❖ 主な人間観について
- <u>ホモ・サピエンス</u>（<u>英知人</u>）…スウェーデンの博物学者<u>リンネ</u>（1707～78）による定義。人間が言葉を用いて理性的に行動する知性（理性）をもっていることに注目。
- <u>ホモ・ファーベル</u>（<u>工作人</u>）…フランスの哲学者<u>ベルクソン</u>（1859～1941）による定義。人間が目的のために道具を使って自然に働きかけることに注目。
- <u>ホモ・ルーデンス</u>（<u>遊戯人</u>）…オランダの歴史家<u>ホイジンガ</u>（1872～1945）による定義。文化を創造する，人間の「（日常から離れた自由な）遊び」に注目。
- <u>シンボルを操る動物</u>…ドイツの哲学者<u>カッシーラー</u>（1874～1945）による定義。人間が言語や記号などのシンボルを用いて世界を捉えることに注目。
- その他…宗教をもっていることに注目した**ホモ・レリギオース**（**宗教人**），利己的に振る舞うことに注目した**ホモ・エコノミクス**（**経済人**），アリストテレスが唱えた「<u>ポリス的動物</u>（政治的・社会的動物）」など。

### 2 欲求をめぐる心理学説

20世紀に入り，人間の心を記述・分析する心理学は大きく発展した。ここでは，人間のもつ**欲求**をめぐる代表的な二つの心理学説について見ていこう。

❖ マズローの欲求階層説

人間は，生きるための欲求を有している。身体に関する**生理的欲求（一次的欲求）**のように，欲求には生まれながらのものもあれば，他人に認められることを願う**社会的欲求（二次的欲求）**などのような後天的に獲得されるものもある。

アメリカの心理学者マズロー(1908〜70)は、「人間は自己実現に向かって絶えず成長する生きものである」と仮定し、人間が抱く欲求を五段階に分け、**欲求は階層構造をなしている**と論じた（右図を参照）。

マズローによれば、「生理的欲求が満たされると安全の欲求が生じる……」といったように、心理的発達とともに高まる欲求も変化する。

❖ **フロイトの研究に由来する「防衛機制」**

現実の人間を考えると、例えば、ケーキを食べたいけれど太るのも嫌だとか（**葛藤**・**コンフリクト**）、友達になりたい

けれど、仲良くなると相手を傷つけるのではないかと思って近づけない（**ヤマアラシのジレンマ**）といったこともよくある。

人は、欲求が満たされず、心のバランスを失いそうになることもある。そうしたとき、人の心はいろいろに**適応**し、バランスを保とうとする。

こうした心の働きに注目したフロイトの研究がもとになり、適応をめぐる心理学説が整理されていった（**合理的解決**や**近道反応**、加えて具体的な個々の**防衛機制**に関しては、下図を参照）。

42 「人間」とは何か | 195

# ここが共通テストの ツボ だ!!

## ツボ ① レヴィンによれば，「葛藤」には三つのパターンがある。これらを具体例とともに確認しよう。

・「接近－接近」型…叶えたいと思う複数の欲求がぶつかる葛藤。

　具体例：旅行にも行きたいし，家でゲームもしていたい。

・「回避－回避」型…避けたいと思う複数の欲求がぶつかる葛藤。

　具体例：勉強はしたくないし，仕事もしたくない。

・「接近－回避」型…叶えたいと思う欲求と避けたいと思う欲求がぶつかる葛藤。

　具体例：フグを食べたいけれども，毒に当たりたくはない。

　　● レヴィンの分類以外に，二つの対象が同時に存在し，そのおのおのに叶えたい要素と避けたい要素とが併存する「二重接近－回避」型の葛藤（具体例：デザインは好みだが燃費が悪い車と，燃費は良いがデザインが好みではない車のどちらを買うかという葛藤）もある。

## ツボ ② パーソナリティ理解における類型論と特性論について知ろう。

・類型論…パーソナリティを生物学的要因や心理的要因による特性にもとづいて，いくつかの類型（タイプ）に分け，概括的に性格を理解しようとする考え方。ユングの「外向・内向」論やクレッチマーの「体型と気質」などが代表的。

　人間の全体像を直観的・総合的に把握するのには便利だが，どの類型にも属さない人を無視したり，性格を固定的に見たりといった問題点もある。

・特性論…ある程度一貫して現れる行動傾向（特性）に注目して，個々人を理解・記述しようとする考え方。オルポートの語彙アプローチやゴールドバーグの性格五因子（ビッグファイブ）理論などが代表的 [☞p.200]。

　個々の人間のパーソナリティを記述できるが，いかなる特性を取り上げるかによって異なる記述となり，総合的な把握が困難になるなどの問題がある。

　　● 類型論や特性論で理解されるパーソナリティは必ずしも固定的なものではない。その後の学習や個人の主体的な努力によって変わるものであることも知ろう。

## 基礎力チェック問題

**問1** 「ホモ・ファーベル」という言葉の背景にある人間観の説明として最も適当なものを，次の①〜④のうちから一つ選べ。

① 自然界を超えた聖なるものにあこがれ，その到来を受動的に経験することで，人間はその本性を実現できる。
② 人間は単独にではなく共同体において生きることで，その本性を完成することができる。
③ すべての事物に積極的に働きかけ，それらを作りかえていくことが，人間の基本的性格である。
④ 人間は失敗もすれば病気にもなる非常に脆弱な存在なのであり，苦しみ悩むことこそが人間の本質である。

**問2** 次のア〜ウは，様々な研究者がこれまで唱えてきた性格の分類や特徴についての記述である，その正誤の組合せとして正しいものを，下の①〜⑥のうちから一つ選べ。

ア　クレッチマーは，性格と体型の関連を指摘し，リビドーが自己の内側に向きやすい分裂気質は肥満型に多く，リビドーが外界に向きやすい循環気質は細長型に多いと主張した。
イ　シュプランガーは，人々の生活を方向づける様々な価値観を整理して，理論型，経済型，審美型，社会型，権力（政治）型，宗教型という六つの性格類型を主張した。
ウ　オルポートは，自己感覚の拡大，温かい人間関係の構築，情緒の安定，自己の客観視，人生哲学の獲得から構成される性格5因子（ビッグファイブ）理論を主張した。

① ア 正　イ 正　ウ 誤
② ア 正　イ 誤　ウ 正
③ ア 正　イ 誤　ウ 誤
④ ア 誤　イ 正　ウ 正
⑤ ア 誤　イ 正　ウ 誤
⑥ ア 誤　イ 誤　ウ 正

**問3** 防衛機制のうち，昇華の例として最も適当なものを，次の①〜④のうちから一つ選べ。

① 留学することをあきらめたAさんは，「グローバル化が進んでいるので，留学なんてどんどん意味がなくなってくるよ」と言っている。
② 人から批判されるのではないかとびくびくしているCさんは，いつも大きな声で攻撃的なしゃべり方をしている。
③ 就職活動がうまくいっていない大学生のDさんは，3〜4歳のころに大好きだった絵本を繰り返して眺めている。
④ 失恋した高校生のFさんは，広く社会に関心を向けて，ボランティア活動に打ち込んだ。

---

**問1**　[答]③

③ 適当
① 不適当：「ホモ・レリギオースス」の背景にある人間観。
② 不適当：アリストテレスが唱えた「ポリス的動物」などの背景にある人間観。
④ 不適当：パスカルが唱えた「（人間は）考える葦」などの背景にある人間観。

**問2**　[答]⑤

ア：誤文。体型による気質分類を行ったのは「クレッチマー」だが，リビドー（根源的な生命力）の側面からパーソナリティの類型化を行ったのは，ユングである。
イ：正文
ウ：誤文。性格五因子理論を唱えたのは，「オルポート」ではなく，ゴールドバーグ。5因子も間違っている。正しくは，外向性・神経症的傾向・誠実性・調和性・開放性の5因子。

**問3**　[答]④

④ 適当：「失恋」という満たされない欲求を，「ボランティア活動」という社会的価値にあるものに振り向けた昇華の例として適当。
① 不適当：合理化の具体例。
② 不適当：反動形成の具体例。
③ 不適当：退行もしくは逃避の具体例。

第3編　現代社会の諸問題　1　心理学説・青年期・芸術論

42 「人間」とは何か　｜　197

# 43 現代社会を生きる青年の特徴と課題
～現代社会を生きる青年の姿

rank A

現代社会の諸問題 ① 心理学説・青年期・芸術論（2）

## 1 青年期とは？ ★★★

子どもから大人への移行期である**青年期**とは，必ずしも何歳から何歳までと決まっているわけではないが，**第二次性徴が現れる13歳ごろから22歳ごろあたりまで**をいう。

ちなみに，**ミード**(1901～78)（『サモアの思春期』）は，**青年期は産業社会に特有なもので，未開社会には見られない**と報告した（もっとも，彼女の報告には多くの文化的偏見が含まれており，鵜呑みにはできない）。

第二次性徴，第二反抗期
第二の誕生，疾風怒濤
マージナル・マン
モラトリアム
アイデンティティの確立

### ❖青年の一般的な特徴

- **心理的離乳**…アメリカの心理学者**ホリングワース**(1886～1939)によれば，青年期の青年は，保護者への依存から離脱し，一人前の人間としての自我を確立しようとする。こうした時期は，**第二反抗期**ともいう。
- **マージナル・マン**（**境界人**，**周辺人**）…ドイツの心理学者**レヴィン**(1890～1947)は，青年を，子ども集団にも大人集団にも足場をもたない存在であると捉えた。

### ❖青年期の一般的な特徴

- **第二の誕生**…ルソーは，「**われわれはいわば二度生まれる。一度目は生存するために。二度目は生きるために**」（『エミール』）と表現し，青年期を人が大人に生まれ直す時期と捉えた。

  この時期の青年は，自分自身を見つめると同時に，社会的欲求（友情・異性愛・名誉欲など）が強くなり，自分の性を自覚する。優越感・劣等感・満たされない欲求にフラストレーションをためたりもする。

- **モラトリアム**（**猶予期間**）…アメリカの心理学者**エリクソン**(1902～94)は，青年期を，大人への準備期間であり，大人としての義務が猶予された期間と捉えた。

  このときに青年は，**アイデンティティ**（**自我同一性**）を確立しようとする。

### ❖現代の青年期の特徴

- 延長傾向…今日の日本では，一般には**イニシエーション**（**通過儀礼**）の一つである成人式を経て，人は大人集団に属することになる。

しかし現実には，**産業社会の複雑化とともに青年期は延長傾向**にあり，「30歳前後までが青年期だ」とも，「そもそも子どもと大人の区別そのものが成り立たなくなってきている」ともいわれている。

## 2　青年期をめぐるさまざまな理解

青年期の青年をさまざまな角度から特徴づける言葉がある。

### ❖青年の状態や心理を特徴づける言葉

- **パラサイト・シングル**…学卒後もなお親と同居し，基礎的生活条件を親に依存している未婚者のこと。
- **フリーター**や**ニート（NEET）**…フリーターとは，アルバイト，パートタイマーなどの就労雇用形態で生計を立てている人のこと。
  これに対して，ニートは，教育機関に所属せず，雇用されておらず，職業訓練にも参加していない人のことを指す言葉である。
- **ピーターパン・シンドローム**…アメリカの心理学者カイリーが提唱した概念。成人という年齢に達しているにもかかわらず，大人への成長を拒む男性の心理のこと。人間的に未熟で，ナルシシズムの傾向を示す。
- **シンデレラ・コンプレックス**…アメリカの作家ダウリングが提唱した概念。男性に高い理想（白馬の王子様）を追い求め続ける，女性の潜在意識にある「依存的願望」のこと。
- **スチューデント・アパシー**…意欲をなくした学生の無気力・無関心のこと。
- <u>ユースカルチャー</u>（**青年文化**）…青年は，社会の支配的文化（上位文化）に対して，**カウンター・カルチャー**（対抗文化）や**サブカルチャー**（下位文化）として，新たな思想やライフスタイルを生み出すこともある。

## 3　青年期の課題と現実

エリクソンによれば，人間が自己を確立していく過程は人生において八段階あり，各段階には達成すべき心理的・社会的課題（**発達課題**）がある。その達成が，次の発達段階への移行をスムーズにする。

　**青年期の発達課題は**<u>アイデンティティ</u>（<u>自我同一性</u>）**の確立**であるが，**フリーター**や**ニート（NEET）**と呼ばれる青年が増えている日本社会の現状を考えると，今日では，この発達課題を達成できていない青年も少なくない。

　もちろん，その責任を，すべて青年に負わせることはできない。なぜなら，**現代の日本が，「豊かな社会」を実現させた一方で，人々がアイデンティティを確立させにくい複雑な社会構造をもつ社会**となっているからである。

　とはいえ，あらゆる困難から逃げたのでは，健全で幸福な発達をとげられない。それゆえ，青年も<u>キャリア開発</u>（自らの経験を踏まえ，自らの人生を設計していくこと）などを通じて，アイデンティティを確立していこうと努めなければならない。

# ここが共通テストのツボだ!!

## ツボ ① 青年や青年期をめぐる，ありがちな誤解を解いておこう。

- **「子ども」の概念**…フランスの歴史学者 **アリエス**（1914〜84）（『〈子供〉の誕生』）によると，**中世ヨーロッパには「教育」という概念も「子ども時代」という概念もなかった**。現代のような「子ども」の概念が成立したのは近代以降のこと。
- **脱中心化**…スイスの心理学者 **ピアジェ**（1896〜1980）によれば，**幼児期の自己中心的な思考・視点から脱する過程のこと**をいう。幼児期の自己中心性は，「わがまま（利己的）」や「ナルシシズム（自己陶酔）」とは異なる。
- **青年文化**…青年文化には一過性のものが多いが，**すべてがそうとは限らない**。ジーンズやロックミュージックのように，世代を超えて受け入れられるものもある。

  なお，今日の青年文化は，（大人の仕組んだ）商業主義（コマーシャリズム）に踊らされて形成されることも少なくない。
- **アイデンティティの拡散**…これは，アイデンティティを見失うことであるが，青年期に特有の現象ではなく，**世代や性別に関わりなく見られる**。

● 青年や青年期については，身近なことだけから考えると誤解するから注意しよう。

## ツボ ② ハヴィガーストやオルポートやゴールドバーグについても知ろう。

- **オルポート**（1897〜1967）…特性論の立場を採るアメリカの心理学者。特性語（パーソナリティの特性を表す言葉）を網羅的に収集し，それを分類整理すること（語彙アプローチ）によって，人間の基本的な特性や構造を明らかにしようとした。
- **ハヴィガースト**（1900〜91）…アメリカの教育学者。『発達課題と教育』において，人間の発達段階を六つ（乳幼児期，児童期，青年期，壮年期，中年期，老年期）に分け，それぞれの発達課題を指摘。
- **ゴールドバーグ**（1932〜）…特性論の立場を採るアメリカの心理学者。人のもつさまざまな性格は五つの要素（外向性・神経症的傾向・誠実性・調和性・開放性）の組合せからなることを説明した **性格五因子（ビッグファイブ）理論** を提唱。

● 人のパーソナリティを捉える理論には，類型論と特性論の二つがある。

## 基礎力チェック問題

**問1** 大人への移行期の発達段階を説明した次のア〜ウの記述について、その正誤の組合せとして正しいものを、下の①〜⑥のうちから一つ選べ。

ア 近代化・産業化の進展とともに、大人としての自立を準備する段階としての青年期が出現したが、その期間は縮小する傾向がある。

イ 心身発達上の大きな変化が生じる10歳ころから青年期になるまでの時期を、プレ青年期として発達上の一つの段階と位置づけることがある。

ウ 現代では、身体発達の早期化で、全体的に青年期の終わりが早まる一方、生活様式が画一化し発達の個人差が小さくなる傾向がある。

① ア 正 イ 正 ウ 誤　② ア 正 イ 誤 ウ 正
③ ア 正 イ 誤 ウ 誤　④ ア 誤 イ 正 ウ 正
⑤ ア 誤 イ 正 ウ 誤　⑥ ア 誤 イ 誤 ウ 正

**問2** 乳児から高齢者に至る発達過程を理論化したエリクソンの考えとして最も適当なものを、次の①〜④のうちから一つ選べ。

① 人間が自己を確立していく過程は人生において8段階あり、各段階には達成すべき心理的・社会的課題が設定されていると考えた。

② ライフサイクルのなかで、青年期の発達課題は他者に対する基本的信頼を獲得することにあり、それが自己肯定感の基盤になると考えた。

③ アイデンティティ確立後も、人は多くのことを学び、成長していくが、人にはそれを可能にしている一次的欲求があると考えた。

④ 成熟した人格の確立には、他者からの視点を意識しつつ、物事を客観的に捉える脱中心化が不可欠であると考えた。

**問3** 精神的・経済的自立に関わる問題の説明として最も適当なものを、次の①〜④のうちから一つ選べ。

① 職業訓練は受けているものの、学校に行っておらず、仕事にも就いていない15歳から34歳までの未婚者をニートという。

② 認知発達の過程のなかで、自己中心的な思考から脱却できず、精神的自立も困難になる傾向をエゴイズムという。

③ 学校卒業後も親と同居し、生活費や食費などの経済面において親に依存している未婚者をパラサイト・シングルという。

④ 大人へと成長することを望みながら、いつまでも大人に依存する青年心理をピーターパン・シンドロームという。

---

**問1** [答] ⑤
ア：誤文。近代化・産業化の進展は、モラトリアムの長期化をもたらした。
イ：正文。
ウ：誤文。現代では、生活様式の多様化に伴い、発達の個人差も大きくなったと考えられる。

**問2** [答] ①
① 適当
② 不適当：青年期の発達課題は、アイデンティティの確立。「基本的信頼の獲得」は、乳児期の発達課題。
③ 不適当：エリクソンの理論ではない。
④ 不適当：「脱中心化」を提唱したのは、ピアジェ。

**問3** [答] ③
③ 適当
① 不適当：「ニート」は、職業訓練も受けていない者。
② 不適当：「エゴイズム」とは、他者を無視して自己の利益のみを追求する態度。青年期の自己中心性とは異なる概念。
④ 不適当：「ピーターパン・シンドローム」とは、大人への成長を拒む男性の心理のこと。

43 現代社会を生きる青年の特徴と課題

現代社会の諸問題 **1** 心理学説・青年期・芸術論（3） rank C

# 44 芸術は精神をより美しく，豊かに深めるもの
## ～西洋や日本の芸術観・美意識について

## 1 現代社会と「芸術」

　老いも若きも打算的な行動によって「便利さ」や「安楽」を求め，その生活はますます画一化し，**「欲望の奴隷」と化しているのが現代社会**である。

　しかし，ドイツの哲学者**シェーラー**(1874~1928)によれば，世の中には感覚的価値（有用価値・快適価値）以外にも，生命価値，精神価値（文化価値），聖価値（宗教的価値）がある。これらが満たされなければ，人々の精神は美しくも，豊かなものにもならない。

　古来，**哲学は真を，道徳は善を，宗教は聖を**求め，人間の生活を価値づけ，人生を導く指針となってきた。ここでは，哲学や宗教などとともに，**美を追究することによって精神価値や聖価値の創造を担う芸術**や美意識について考えよう。

## 2 「芸術」の鑑賞と西洋芸術

　「芸術」といっても，絵画，音楽，彫刻のみならず，演劇，映画などさまざまなジャンルがある。それに際して，特に知識がなくても，「きれいだ」と思ったり，「興味深い」と思ったりする。

　しかし，例えば，西洋絵画の**フォーヴィズム**（野獣派）や**シュールレアリズム**（超現実派）や**キュビズム**（立体主義）に関する**知識があれば，それが作品理解の邪魔になることもないわけではないが，より多くのことが作品から読み取れる**。

❖ **注目しておきたい西洋の芸術作品（これまでに取り上げなかったもの）**
  ・文学…ゲーテ『ファウスト』，ドストエフスキー『カラマーゾフの兄弟』など。
  ・絵画…ミレー『落穂拾い』，ゴッホ『ひまわり』，ゴーギャン『我々はどこから来たのか，我々は何であるか，我々はどこへ行くか』，ピカソ『ゲルニカ』，マグリット『大家族』，リキテンスタイン『M-Maybe』，ホッベマ『ミッテルハルニスの並木道』，ムンク『叫び』など。
  ・音楽…バッハ『マタイ受難曲』，ベートーヴェン『第九交響曲』など。
  ・彫刻…ロダン『考える人』『カレーの市民』など。

❖ **西洋の芸術の特徴**

　日本の芸術・技芸と比較すると，西洋の芸術には，宗教的な素材を題材にした作品が多い。**ロゴス（言葉・論理）では表現できない人間の精神性を明らかにしようとしていることが多い**からであろう。

## 3 日本の代表的な美意識

　日本人の美意識に大きな影響を与えたものの一つが仏教の<u>無常観</u>である。これは元来，世の中に常なるものはないという教えであったが，**日本人は無常であるからこそ，その一瞬一瞬が美しく，味わい深いものになると肯定的に理解**した。
　こうした無常観に貫かれたものとしては，<u>西行</u>(1118〜90)『<u>山家集</u>』，<u>鴨長明</u>(1155〜1216)『<u>方丈記</u>』，『<u>平家物語</u>』(作者不明)，<u>吉田兼好</u>(1283〜1350)『<u>徒然草</u>』などを挙げることができる。

### ❖ 無常の美と「あはれ」
　移ろいゆくもののうちに美を見出す精神が，日本人の美意識を形成していった。その代表的な美意識が「<u>あはれ</u>(**自然や人間の無常を知って感じる，しみじみとした情趣や哀愁**)」である。例えば，<u>紫式部</u>(973ごろ〜1014ごろ)『<u>源氏物語</u>』は，宮廷風の<u>みやび</u>(雅)の美を伝える一方で，「あはれ」を主題としている。これに対して，清少納言(966〜1017)『枕草子』は「<u>をかし</u>(**機知にあふれた感動**)」に貫かれている。

### ❖「幽玄」
　無常に美を見出そうとする考え方は，表面ではなく，背後の奥深いところに美を求めようとする美意識も生み出した。その代表的な美意識が「<u>幽玄</u>(**言葉に表れない，深くほのかな余情の美**)」である。例えば，<u>世阿弥</u>(1363?〜1443?)(『<u>風姿花伝</u>』)らの<u>能楽</u>は，「<u>幽玄</u>」に貫かれている。

### ❖「わび」と「さび」
　否定的なイメージがつきまとう「わびしいもの」「さびしいもの」に対しても，日本人は，味わい深い美しさを見出そうとした。その代表的な美意識が「<u>わび</u>(**うらぶれた境地にある心の平安**)」や「<u>さび</u>(**ひっそりとして淋しい境地**)」である。例えば，<u>村田珠光</u>が創始し<u>千利休</u>(1522〜91)が大成した，一期一会・和敬清寂を重んじる<u>茶の湯</u>は「<u>わび</u>」に，<u>松尾芭蕉</u>(1644〜94)『<u>奥の細道</u>』は「<u>さび</u>」に貫かれている。また，<u>雪舟</u>(1420〜1506ごろ)の水墨画，龍安寺の石庭をはじめとする<u>枯山水</u>も「<u>わび</u>・<u>さび</u>」に貫かれている。

## 4 日本人の立ち振る舞いの美意識

　日本においては，立ち振る舞いの妥当性も，独特の美意識によって判定される。

### ❖「滅びの美学」あるいは「華と散る(散華)」
　勝ち目のない戦であっても正々堂々と負け，最期も美しくあらねばならないという美意識である。これは，無常なものに美しさを感じる美意識とも，名に恥じぬことをよしとする<u>武士道によって育まれた日本特有の美意識</u>とも説明される。

### ❖「いき(粋)」と「つう(通)」
　**庶民の美意識として，「<u>いき</u>(粋)」も知られている**。これは，江戸の庶民の美意識である。<u>九鬼周造</u>(1888〜1941)(『「いき」の構造』)によれば，「いき」は媚態と意気地と諦めの三つの要素からなっている。
　「いき」に似た美意識に，人情に通じ，人柄にさばけた「<u>つう</u>(通)」がある。

# ここが共通テストのツボだ!!

## ツボ ① プラトンの芸術論やガダマーの解釈学について知ろう。

　**芸術分野では，日本の芸術・技芸に関する知識が問われることが多い**。しかし，思想家の芸術論を知ることは，哲学的・倫理的思想の理解の助けにもなる。ここでは，例として，プラトンの芸術論とガダマーの**解釈学**について簡単に見ておこう。

・**プラトン**…家具職人は，寝台のイデアにもとづき現実の寝台をつくるが，画家は現実の寝台の見かけを模倣する。**芸術とは「(イデアの)模倣の模倣」である**と主張。

・**ガダマー**（1900〜2002）（『真理と方法』）…ハイデガーの影響のもと，彼は，「**芸術作品や歴史は真理を語る**」と主張。そして，「語られる真理の声を聴き取ること。これが解釈学〔自らの哲学〕の目的である」と唱えた。

- 彼ら以外にも，西洋哲学においては，アリストテレス，カント，ショーペンハウアー，ニーチェ，ハイデガーらの芸術論にも注目しておきたい。

## ツボ ② 日本の美意識に共通する論理を見いだし，日本文化論へと昇華させよう。

　日本の美意識を代表する概念として，「もののあはれ」「幽玄」「わび」「さび」などが指摘される。これらに，一定の定義を与えることは難しい。

　ただし，そこには一貫して，**一見すると価値がないと見なされるものに，価値を見出そうという思考が働いている**とはいえるだろう。この価値転倒の論理は，ロゴス化（言語化）できない「**空気**」だから，日本の技芸を習得するには時間がかかる。

　古代からの海外の文化の摂取にも，屈折した思考が見られる。すなわち，日本人が海外の文化を受け入れる際，それをそのまま摂取するのではなく，「空気」に支配され，**愛憎を織り交ぜて摂取し，自らの文化に組み込んでいくのである**。

　もちろん，こうした価値転倒の論理や屈折した思考は，日本以外にも見られるものではある。しかし，**とりわけ日本は，「空気」を感じ，「空気」を共有しなければならない風土が，今なお強い**のではないだろうか。

- まずは，表現者と作品，そして，そこに見られる美意識を結びつけられるようにしよう。その上で，その知識を日本文化論に結びつけたい。

## 基礎力チェック問題

**問1** 芸道における美意識のあり方として，「わび」や「さび」がある。「わび」もしくは「さび」についての説明として最も適当なものを，下の①〜⑥のうちから一つ選べ。

ア　千利休が創始した茶道は，村田珠光によって「わび茶」として大成された。「わび茶」の理想は，簡素さにおいて一期一会の茶をもてなすことであった。

イ　松尾芭蕉は，新たな俳諧の道を切り開こうとして，旅に生きた。その結果，内面的な閑寂さとしての「さび」の境地が獲得された。

ウ　与謝野晶子は「さび」を男女間の静かな情熱として肯定的に捉え直し，和歌に詠んだ。それにより歌道の新境地が開かれた。

① ア 正　イ 正　ウ 誤　　② ア 正　イ 誤　ウ 正
③ ア 正　イ 誤　ウ 誤　　④ ア 誤　イ 正　ウ 正
⑤ ア 誤　イ 正　ウ 誤　　⑥ ア 誤　イ 誤　ウ 正

**問2** 次のア・イは，文芸や芸術の分野で，美について思索した人物について説明したものである。その正誤の組合せとして正しいものを，下の①〜④のうちから一つ選べ。

ア　雪舟が大成した能楽は，「幽玄」を理念としていた。雪舟は，『風姿花伝』(『花伝書』)を著し，演技者が目指すべき有り様を「花」に譬えながら，演技者としての心得を説いた。

イ　吉田兼好は，『徒然草』を著し，今にも花が咲きそうな梢や，花が散った後の庭に，見所があると述べ，世の中は無常であるがゆえに，「あはれ」があるのだと主張した。

① ア 正　イ 正　　② ア 正　イ 誤
③ ア 誤　イ 正　　④ ア 誤　イ 誤

**問3** 次のア・イは，無常観に関連する日本の美意識についての説明である。その正誤の組合せとして正しいものを，下の①〜④のうちから一つ選べ。

ア　西行は，各地を遍歴しながら人生の無常さを和歌に詠み，それらは後に『山家集』に収められた。彼は，桜の花や月といった自然の風景に思いを託し，「願わくは花の下にて春死なむその如月の望月の頃」などの歌を詠んだ。

イ　岡倉天心は，江戸時代から受け継がれてきた「いき」という美意識を哲学的に分析し，『「いき」の構造』を著した。彼によれば，「いき」とは，「諦め」や「意気地」をもって，偶然で儚いこの世を軽やかに生きる生き方である。

① ア 正　イ 正　　② ア 正　イ 誤
③ ア 誤　イ 正　　④ ア 誤　イ 誤

---

**問1**　[答] ⑤
ア：誤文。「千利休」と「村田珠光」を入れ替えれば正文になる。
イ：正文
ウ：誤文。与謝野晶子は，旧来の日本的な思想に囚われない立場をとった。

**問2**　[答] ③
ア：誤文。「雪舟」を「世阿弥」に替えれば正文になる。「雪舟」は，室町時代に活躍し，日本独自の水墨画を確立した画家。
イ：正文

**問3**　[答] ②
ア：正文
イ：誤文。「岡倉天心」を「九鬼周造」に替えれば正文になる。

現代社会の諸問題 **2** 現代社会の様相（1） rank

# 45 現代社会の特徴と差別や偏見の克服
～大衆社会論・管理社会論を中心に

## 1 現代社会の特徴～大衆社会

　現代社会は，20世紀に入って，受動的・非合理的に判断して行動する大衆が社会を動かすほどの力をもつ**大衆社会**の様相を強く帯びるようになった。

❖**大衆社会が出現した背景**
- 人口増加による都市人口の増加（都市化）。
- 普通選挙制の導入による**大衆民主主義**（**マスデモクラシー**）の成立。
- **技術革新**（**イノベーション**）による大量生産・大量消費の普及。
- マスコミの発達による個人の思考やライフスタイルの画一化・平均化。

❖**大衆社会や大衆の特徴**
- **基礎集団**（家族や村落など）への帰属意識やコミュニティの結束が薄れる一方で，**機能集団**（学校や会社など）を介した結びつきが発達。ただし，こうした機能集団は，共通の目的を達成するためだけのものにすぎない。
- アメリカの社会学者**リースマン**（1909〜2002）（『**孤独な群衆**』）によれば，**人々は他人指向型（外部指向型）の特徴を示し，自立性や主体性を失っていく**。
- 知識がありながらも政治過程に参加しない**政治的無関心**の傾向が強まる。
- **フロム**（1900〜80）（『**自由からの逃走**』）や**アドルノ**（1903〜69）（『**権威主義的パーソナリティ**』）が指摘したように，**権威ある者への絶対的服従と自己より弱い者に対する攻撃的性格が共生する「権威主義的性格」の傾向**が強まる。

> 📌 **リースマン『孤独な群衆』による性格類型の分類**
> 
> **伝統指向型**…中世以前の社会における類型。人々は，慣習を尊重。
> **内部指向型**…資本主義初期から19世紀までの近代社会における類型。人々は，自己の内面的な価値や目標を指向。
> **他人指向型**…現代社会における類型。人々は，他人の行為や願望を感じとってそれに従い，他人の評価を基準に行動。

## 2 現代社会の特徴～官僚制と管理社会

　現代社会は，巨大化した生産・流通・消費のシステムを合理的・能率的に管理する必要から，**官僚制**（**ビューロクラシー**）を発達させ，**管理社会**の傾向を強める。
　しかし，ドイツの社会学者**ウェーバー**（1864〜1920）（『**官僚制**』）が「**隷属の容器**」と呼んで，そ

の前途を懸念したように，個人の自由が抑圧される可能性や，官僚組織の巨大化によって統制が困難になっていくなど，そこにはさまざまな弊害も見られる。

### ❖ウェーバーが指摘した官僚制の特徴
- **縄張り主義**（セクショナリズム）を助長する「**権限の原則**」。
- ピラミッド型の上下関係という「**階層（ヒエラルヒー）の原則**」。
- テクノクラート（技術系官僚）が幅を利かす「**専門性の原則**」。
- 形式主義や権威主義を生み出す「**文書主義**」。

>  **支配の三類型**
> 
> ウェーバーは，『経済と社会』の一部をなす「支配の社会学」において，正当的支配の類型として，①伝統的支配，②**カリスマ的支配**，③合理的支配の三つを挙げた。
> ①は個人の強い個性や魅力にもとづき前近代社会に，②は主として変動期の社会に，③はルールや手続きに依存する近代社会にあてはまるとし，「官僚制」を，「**制定規則による合法的支配**」の最も純粋な型であると論じた。

### ❖官僚制・管理社会の弊害や問題点を取り上げた人々
- （1903〜50）**オーウェル**…イギリスの作家。『**1984年**』（小説）で全体主義化した管理社会の恐怖を描いた。
- （1926〜84）**フーコー**…『**監獄の誕生**』で，円形の建物の中央に監視塔，その周囲に独房を配置したパノプティコン（一望監視システム型刑務所）というベンサムが構想した監獄を紹介し，これと**管理社会化を強める現代社会との類縁性を指摘**。

## 3　差別と偏見の克服

一人ひとりの人間がかけがえのない存在として平等に尊重されなければならない。しかし残念ながら，現実の世界には**さまざまな差別や偏見**が残っている。

例えば，**日本においても，被差別部落の人々や障害者，アイヌ民族や在日外国人に対する差別や偏見**，さらには**性差別**などが残っている。

差別や偏見を無くすには，あらゆる人の人権が法的・制度的に保障されると同時に，一人ひとりが差別の意識をもっていないかを自問し，目をそらさないことが必要。

### ❖差別や偏見をめぐる日本の動き
- 女性差別問題や部落差別問題 [📖p.173]。
- 在日外国人問題…日本に住む外国人らに向けられる不当な差別的言動の解消のために，**ヘイトスピーチ解消法**が制定された（2016年）。ただし，**罰則規定なし**。
- アイヌ民族問題…従来のアイヌ文化振興法に代わり，**アイヌ民族を「先住民族」と明記**した**アイヌ民族支援法**が制定された（2019年）。
- 障害者問題…**障害者基本法**や**障害者差別解消法**の成立に伴い，日本政府は国連決議による**障害者権利条約**を批准。

# ここが共通テストのツボだ!!

## ツボ ① 「大衆」とは,どのような人々だろうか?

「**大衆**」と似た言葉に「**公衆**」や「**群衆**」がある。これらの区別は以下の通り。

- **公衆**…「主体的・合理的に判断し行動する人々」を意味する。
- **群衆**…「群がり集まった多くの人々」を意味する。
- **大衆**…「社会の大部分を占める一般の人々」を意味する。「**公衆**」と異なり,「**大衆**」は受動的・非合理的に行動する。

● 大衆社会論の原点に立つスペインの哲学者オルテガ(1883~1955)は,『大衆の反逆』において,大衆を批判し,**ノーブレス・オブリージュ**(地位に伴う義務)を自覚した者による社会指導を求めたことも知っておこう。

## ツボ ② パノプティコンをめぐる議論について詳しく知ろう。

**ベンサム**は,実現はしなかったが,監獄・懲治施設プランとして,右図のように独房を放射状に配した監獄であるパノプティコン(一望監視システム型刑務所)を建設すべきだと主張した。

これは,当時の劣悪な監獄の環境を批判し,独房を設けて衛生環境を向上させ,監獄内に技術訓練所を設けることを提案するなど,**人道主義的な監獄をつくることを意図したもの**であった。

しかし,**フーコー**は,囚人が常に監視されていることを強く意識し,自ら規律化され従順な身体を形成していくことに注目し,**パノプティコンこそ,現代の権力のあり方を象徴し,身体をも支配していく監視社会の原形**だと見なしたのである。

● ベンサムが管理社会を構築すべきだと主張したのではなく,ベンサムの構想から現代社会にも通じる思想を,フーコーが読み解いたことに注意しよう。

## 基礎力チェック問題

**問1** 次のアとイは、パーソナリティに関する現代の思想家の見解についての記述である。その正誤の組合せとして正しいものを、下の①～④のうちから一つ選べ。

ア　リースマンは、他人の行動に照準を合わせて自己の行動を決定していくパーソナリティを「他人指向型」と呼ぶが、現代の大衆社会では個々人が自己閉塞的になり、このような性格は見られなくなったと主張している。

イ　アドルノが「権威主義的性格」と呼ぶものは、民主主義を否定して、非合理的な扇動や権威によって国民を強力に統率する性格類型を意味し、それは、ファシズムの指導者に顕著に見られるものである。

① ア 正　イ 正　　② ア 正　イ 誤
③ ア 誤　イ 正　　④ ア 誤　イ 誤

**問2** ウェーバーが挙げた官僚制の特徴についての記述として最も適当なものを、次の①～④のうちから一つ選べ。

① 組織の構成員の個性や自発性が重視され、その個性の多様な発展によって組織が積極的な活動を行うことが期待される。
② 組織の構成員の非専門性が特徴であり、非熟練労働者を効率的に利用することを目指している。
③ 組織の構成員は、個人的な感情や価値観をもちこまず、規則に従って効率的に仕事をこなすことを求められる。
④ 組織の構成員は通常、心理的な柔軟性をもたず、権威に依存しやすい性格の人々である。

**問3** 差別に対する姿勢として適当でないものを、次の①～④のうちから一つ選べ。

① 差別が続く一因は、日常生活の中に存在する差別に気づいていないことにある。そこで、差別とは何かを考え、身近にある差別から目をそらさないようにする。
② 差別が続く一因は、差別の構造を明らかにすることで差別する意識が生まれるところにある。そこで、差別の構造については学び知る機会を設けないようにする。
③ 差別が続く一因は、差別を生み出してきた要因や背景が十分に理解されていないことにある。そこで、差別の社会的要因や歴史的背景について学ぶようにする。
④ 差別が続く一因は、他者の痛みや苦しみにまで思いが及ばないことにある。そこで、想像力を働かせて、差別すること・されることについて考えるようにする。

---

**問1**　【答】④
ア：誤文。現代の大衆社会において、他人指向型の性格が「見られなくなった」とはいえない。
イ：誤文。「権威主義的性格」は、「ファシズムの指導者」ではなく、ファシズムの指導者を支持する大衆に見られる心理である。

**問2**　【答】③
③ 適当
① 不適当：官僚制においては、「個性や自発性が重視」されない。
② 不適当：官僚制は、構成員の専門性を特徴とする。
④ 不適当：官僚制の構成員が「権威に依存しやすい性格」とは限らない。

**問3**　【答】②
② 不適当：「差別の構造については学び知る機会を設けないように」したのでは、差別を表面的に覆い隠すことになり、解決の糸口を失ってしまう。
①③④ 適当

45　現代社会の特徴と差別や偏見の克服

# 46 日本社会の現状と課題
## ～少子化・高齢化を中心に

### 1 家族形態の変容と家族機能の外部化・社会化

　社会の工業化と都市化の進展に伴い，都市部では一組の夫婦と未婚の子どもからなる家族，または夫婦のみの家族の形態が増える<u>核家族化</u>が進行するといわれる。**日本でも1960年代以降，核家族化が進んだ。**

　しかし，1980年代に入ると，核家族化は停滞する。現在では，晩婚化による単身者や，高齢化の進行により配偶者と死別した高齢者の単独世帯が増加している。また，**家族のあり方も多様化**している。

#### ❖家族機能の外部化・社会化
　　かつての家族は**生活に必要なものを生産する場**であったが，例えば生産は家庭から工場へ，結婚式や葬式は家庭から式場へ，出産は家庭から病院へ委ねられるようになり，**家族の果たす機能は縮小していった**（<u>家族機能の外部化・社会化</u>）。

#### ❖これまでの家族観には当てはまらない家族形態も増加
- DINKs（共働きで子どものいない家庭）の登場。
- 離婚率の上昇などを背景に，母子家庭や父子家庭が増加。また，<u>ステップ・ファミリー</u>（再婚や事実婚により生じる，血縁のない親子関係や兄弟姉妹関係を含んだ家族形態。継家族）など，新しい家族形態も見られるようになった。

### 2 現代の家族が抱える課題

　かつては，男性は外で働き，女性は**専業主婦**として教育と育児を担うという性別による役割分業が当たり前とされていた。しかし，現在では，家族形態の多様化や家族観の変化に伴い，こうした<u>性別役割分業観</u>は**見直される傾向にある**。

#### ❖性別役割分業観の見直し
　　日本政府は，女子差別撤廃条約の批准に伴い，<u>男女雇用機会均等法</u>を制定（1985年）。また，男女に関わりなく個性と能力を十分に発揮できることを目指して，<u>男女共同参画社会基本法</u>を制定（1999年）。

> **フェミニズムについて**
> 　かつて<u>ボーヴォワール</u>は，『<u>第二の性</u>』において，「人は女に生まれるのではない。女になるのだ」と述べ，<u>フェミニズム</u>（<u>女性解放</u>）の立場から，つくられた「女らしさ」と，それを押しつける男性中心の社会のしくみを批判。

## ❖ 現代の家族が抱える問題

家族内のコミュニケーションの減少，引きこもり，DV（ドメスティック・バイオレンス），さらには育児ノイローゼからくるネグレクトなどの児童虐待も深刻化。

この背景には，非正規雇用の増加などに伴う経済的貧困の問題や，核家族化の進行や地域コミュニティの絆（きずな）の脆弱化（ぜいじゃくか）に伴う子育てへの不安感などがある。

## 3　少子化・高齢化

日本では現在，他国に類を見ないほどの少子化と高齢化が急速に進行している。

### ❖ 少子化の現状と対策

- 現状…合計特殊出生率（一人の女性が一生に産む子どもの数）が**1974年以降，2.08（人口置換水準）を下回っており，日本は1997年に少子社会となった**。

   **2005年には，合計特殊出生率が最低の1.26へ低下し（1.26ショック），日本の総人口は戦後初めて自然減少に転じた**。現在は，1.36（2019年）。

- 対策…日本政府は，エンゼルプランの策定（1994年）を皮切りに，育児休業制度の整備，保育所の充実などの子育て支援や，乳幼児や妊婦への保健サービスの強化，**仕事と家庭生活の調和**（ワーク・ライフ・バランス）を図っている。

   また，**男女雇用機会均等法**や**育児・介護休業法**や**男女共同参画社会基本法**などを制定し，労働環境や社会的性差（ジェンダー）意識や性別役割分業観の見直し，女性のエンパワーメント（活力）の向上・支援を求めている。

### ❖ 高齢化の現状と対策

- 現状…日本社会は，**1970年に全人口の7%を65歳以上の高齢者が占める高齢化社会**となり，1994年には**高齢者人口が14%を超える高齢社会**となった。**現在は，28%程度**であるが，2035年には32%を超えると予測されている。

- 対策…日本政府は，ゴールドプランの策定（1989年）を皮切りに，特別養護老人ホーム，デイサービス，ショートステイなどの施設の整備，ホームヘルパーの養成，グループホームの整備などを推進している。

   また，**高齢者介護は在宅福祉を基本とするとしながらも，社会全体で担う**という考えから，介護保険制度を施行（2000年）。その一方で，医療制度・年金制度を改革し，高齢者にも相応の負担を求めている。

## 4　すべての人が共生できる社会・福祉の理念

日本社会の現実を踏まえ，老いや障害についての理解を深めることも必要。

### ❖ 共生社会や福祉の基本理念

- ノーマライゼーション…高齢者・若者，障害者・健常者の区別なく，**すべての人がありのままの姿で生活できるような社会**が社会本来の姿であるという考え。このための鍵の一つが，**各種コミュニティの再生**である。

- バリアフリー…日常生活や社会生活における物理的，心理的な障害や，情報に関わる障壁などを取り除いていくこと。

# ここが共通テストの ツボ だ!!

## ツボ ① 日本社会をめぐる，ありがちな誤解を解いておこう。

・**核家族化**…1920年の段階で，日本の家族の約50%が核家族の形態をとっていた。**「戦前は大家族が多く，核家族は珍しかった」という言説は，正しくない。**

　　また，ここから高度経済成長期ごろまでは核家族の割合が60%程度にまで増加していったが，1980年代以降は停滞傾向にある。

・**晩婚化・少子化の原因**…かつては，女性の高学歴化や社会進出が原因とされていたこともあったが，明確な因果関係は示されていない。

　　現実には，**高収入の女性の方が多くの子どもをもつ傾向にある**ことから，非正規雇用の増加などによる将来への不安の影響の方が大きな原因と考えられる。

・**介護保険制度**…保険料納付義務は，**40歳から発生**（国民年金の納付義務は，20歳から発生）。介護サービスを受けるには，介護認定審査会による認定が必要であり，**有料**（最低でも1割の自己負担）。

● 社会現象を単純化して捉えることは危険。多面的に考察するようにしよう。

## ツボ ② 人口減少や少子化・高齢化に伴う問題を整理しておこう。

　　人口減少，少子高齢化に伴う問題として，主に以下の四つが考えられる。

・**経済規模の縮小**…**労働人口の減少**により，経済規模が急速に縮小する。その結果，国民負担の割合が経済の成長を上回り，国民一人ひとりの豊かさが低下する。

・**基礎自治体の担い手の減少**…労働人口の減少により，**今後は大都市圏を中心に**，多数の高齢者が医療・介護が受けられない事態を招きかねない。

・**社会保障制度と財政の持続可能性**…現役世代が多くの高齢者を支える**肩車社会**の到来に伴い，**社会保障に関する給付と負担の間のアンバランス**が一段と強まる。

・**理想とする数の子どもをもてない社会**…生活水準の低下によって，理想とする数の子どもをもてなくなり，ますます少子化が加速する。

● 日本の人口減少や少子化・高齢化は，歯止めが利かない。今後は，人口増加を前提とした社会設計を抜本的に見直す必要があるだろう。

# 基礎力チェック問題

**問1** 社会保障制度の見直しが議論されている。その背景に関する記述として適当でないものを，次の①〜④のうちから一つ選べ。
① 家族形態の多様化や女性の社会進出に伴い，家族機能の外部化が進んだ。
② 医療技術の発達に伴う死亡率の低下により，老年人口の比率が高まった。
③ 都市化や核家族化の進展により，地域社会の相互扶助機能が強まった。
④ 高度経済成長期を境にして，出生率が低下し，少子化が急速に進んだ。

**問2** 現代日本の地域社会の状況に関する記述として適当でないものを，次の①〜④のうちから一つ選べ。
① 核家族化によって親族間の相互扶助機能が低下しており，家庭内部で解決できない問題について，より広い助け合いの必要性が高まっている。
② 高齢化が進むとともに，高齢者が高齢者を介護する老老介護の問題が深刻化し，地域社会で介護を支援する必要性が高まっている。
③ 男女の性別役割分業が見直されるようになり，家事や育児を男女間で分担することや，保育所などの社会サービスの充実が求められている。
④ 夫婦間，親子間における暴力が注目されるなか，家族の問題は家族で解決できるように，公的機関による干渉の自制が求められている。

**問3** 高齢化が進む中で現在問題となっていることの記述として適当でないものを，次の①〜④のうちから一つ選べ。
① 高齢者の方が若い世代よりも有病率が高いため，老年人口比率の増加は医療費の増大を招きがちであり，医療保険の財政が苦しくなっている。
② 健康な青壮年には不都合なく利用できる道路や建築物が，高齢者が普通の生活をしていくうえで支障となる場合があり，ノーマライゼーションを妨げるようなまちづくりが問題となっている。
③ 公的年金制度は世代間の連帯によって支えられているため，保険料を支払う人と年金を受け取る人のバランスが崩れて，公的年金の財政が苦しくなりつつある。
④ 施設を嫌う高齢者の数が増えてきたため，老人ホームの入所希望者が減りつつあり，老人ホームの施設数の過剰が問題となっている。

---

**問1** [答] ③
③ **不適当**：都市化や核家族化が進展すると，地域社会（コミュニティ）の相互扶助機能は弱まる傾向にある。
①②④ 適当

**問2** [答] ④
④ **不適当**：「公的機関による干渉の自制が求められている」という記述は不適当。「**DV（ドメスティック・バイオレンス）防止法**」の制定（2001年）などにより，以前とは違って，警察や行政機関などの**公的機関が問題に介入できるようになった**。
①②③ 適当

**問3** [答] ④
④ **不適当**：「老人ホームの施設数の過剰が問題となっている」という記述は不適当。むしろ，急速な高齢化に対応できず，**施設不足が深刻化**している。
①②③ 適当

第3編 現代社会の諸問題　2 現代社会の様相

46 日本社会の現状と課題　213

現代社会の諸問題 3　現代社会の諸問題(1)　rank

# 47 科学は生命にどこまで関わることができるのか
## ～生殖補助医療・再生医療・臓器移植などをめぐって

### 1　生命倫理学が求められる背景　★★☆

近年のバイオテクノロジー（生命工学）の発達によって，かつては「神聖にして不可侵なもの」であった生命は「操作の対象」となった。これに伴い，倫理的な問題をはじめとして，生命や医療に対する従来の考え方では対処できない諸問題（患者の**自己決定権**や**クオリティー・オブ・ライフ**〔QOL，生命の質〕の尊重の仕方，医療従事者の**パターナリズム**的態度〔高圧的態度〕の改善方法など）が生じた。

それらの問題の解決に取り組む学問を**生命倫理学**（バイオエシックス）という。

　今日の医療について

現在は，医療の目的が**キュア**（治療）から**ケア**（看護）へと拡大され，**ターミナル・ケア**（終末期医療）における**ホスピス**の拡充などが図られている。また，**インフォームド・コンセント**（治療方針等に関する医師らの十分な説明と患者の同意）の徹底，**リビング・ウィル**（延命治療に関する患者の意思表示の文書）の尊重なども図られている。

### 2　人の生と生殖補助医療　★★★

**ヒトゲノム**（人間の遺伝情報全体）は2003年に読解完了が宣言された。現在，**ヒトゲノム**研究は医療などへの応用を目指す段階に入っている。

また，**生殖補助医療**（人工授精・体外受精や代理母出産〔代理懐胎〕など）も，日本においては日本産科婦人科学会などの自主規制のもと，急速に発展したが，いずれも社会的・倫理的な問題を抱えている。

♣ゲノム研究や遺伝子診断をめぐる見解の対立例
- 肯定派…ゲノム研究が製薬や医療に応用されれば，病気の予防や**テーラーメイド医療**（個々人に最適な治療や投薬などを行う医療）が可能になる。
- 否定派…究極のプライバシーである遺伝情報が解明されることで，将来的に，就職・結婚・保険加入などに際して，不当な差別が生じる可能性がある。

♣生殖補助医療や着床前診断・出生前診断をめぐる見解の対立例
- 肯定派…生殖補助医療の利用は，女性の**リプロダクティブ・ヘルス／ライツ**（性と生殖に関する権利）の行使であり，**女性の自己決定を尊重すべきだ**。
- 否定派…着床前診断・出生前診断は，生きるに値する命とそうではない命があるとする**優生思想**（優生学）に繋がる技術である。

## 3　クローン技術と再生医療

　クローン羊ドリーの誕生（1996年）を代表として，今日のクローン技術（遺伝的に同一である個体や細胞〔の集合〕を人工的につくり出す技術）の発達は目覚ましい。
　しかし，この技術をめぐっては，生殖における両性の存在意義，人間の尊厳，**法律的および倫理的に許されるか否か，その線引きをめぐる問題**などが生じる。

❖**クローン技術や再生医療をめぐる見解の対立例**
- 肯定派…クローン技術は傷ついた臓器を元に戻すことなどを目的にした<u>再生医療</u>のための研究（ES細胞やiPS細胞の研究など）にも用いられており，クローン技術だからといって一概に規制すべきではない。
- 否定派…クローン技術は未解明な部分も多く，人間への応用は慎重にすべきだ。
　　なお，日本では，<u>ヒトクローン技術規制法</u>（2000年）によって，ヒトクローンの作製などは禁止されている。

| ES細胞（胚性幹細胞）の問題点 | iPS細胞（人工多能性幹細胞）の問題点 |
|---|---|
| （人になる可能性のある）受精卵を用いるため，その作製は「殺人」ではないかという批判がある。 | 皮膚や血液からつくるため，**ES細胞**に対するような批判はないが，発生メカニズムが未解明。 |

## 4　人の死と臓器移植

　生命維持装置の発達により，<u>脳死</u>（**全脳が不可逆的に機能を停止した状態**）という状態が生じた。これに伴って，脳死は「<u>人の死</u>」なのかという問題や，<u>安楽死</u>・<u>尊厳死</u>の是非をめぐる問題が生じた。

❖**脳死をめぐる見解の対立例**
- 肯定派…脳死を認めることは，慢性的な<u>ドナー</u>（臓器提供者，被提供者は<u>レシピエント</u>）不足の解消につながる。
- 否定派…**死の三徴候**（呼吸停止・心臓停止・脳機能停止）

などによって判定していた従来の死生観を揺るがす。
　また，**脳死状態であっても生命維持装置によって心臓は動いており，体温もあることが多いことなどから，脳死を「人の死」として受け入れられない。**

❖**臓器移植をめぐって**
　日本では現在，（改正）<u>臓器移植法</u>によって，**本人の意思が不明な場合でも，家族の同意があれば脳死者から臓器を摘出できる。**
　また，<u>ドナー</u>になるのに年齢制限はない。さらに，親族（配偶者，子ども，父母）に対して臓器を優先的に提供する意思を書面で表示することもできる。

# ここが共通テストのツボだ!!

## ツボ ❶ 今日の医療をめぐる，ありがちな誤解を解いておこう。

- インフォームド・コンセント…**医療行為に関する最終決定を行うのは患者自身**。医療関係者は，患者が最善の選択をするように情報を提供しなければならない。
- ヒトゲノム研究…一律に禁止されているわけではない。むしろ，医療などへの本格的な応用を目指す段階に入っている。
- 臓器移植…脳死者から臓器を摘出するばかりではない。**健常者から臓器を摘出して移植するケースもある**。心臓など生体間移植ができない臓器もあるが，実施件数を見ると，腎移植に関しては，生体間移植が圧倒的多数。
- デザイナー・チャイルド…生殖補助医療を利用すれば，親が望んだ遺伝形質をもった子どもが生まれる。しかし，すべてが遺伝子によって決定されるわけではない。

● 思い込みを捨てて，事実とデータにもとづいた知識を蓄えておこう。

## ツボ ❷ 生命倫理の問題を思想と関連させて考えてみよう。

- 代理母出産をめぐる問題…世界的に見ると，（金銭の授受を伴う）代理母出産を認めている国もある。依頼者は金銭と引き替えに子どもをもつことができ，代理母は自らの身体の利用を認める代わりに金銭を受け取るのだから，誰も損をしない。

　しかし，例えば**カント哲学の立場からすると，代理母は女性の身体を（出産のための）手段として利用すること**に他ならず，認められないものである。

- 臓器移植をめぐる問題…例えば，この背後には，「人間は精神と（機械的な）身体からなる」と見なす**心身二元論**にもとづく身体観・死生観があるといわれている。

　この見方からすると，脳（精神）の機能が停止すれば，それは「人の死」であり，残された身体はただの物体にすぎない。ここに**功利主義的な発想が加われば，死後の身体は有効に利用すべき資源（商品）**ということにもなる。

　しかし，何かしっくりしない。ここから，デカルト哲学に由来する心身二元論にもとづく身体観・死生観は妥当なのかと考えさせられる。

● この他にも，生命倫理をめぐる問題と哲学・思想の関連について考えておこう。

## 基礎力チェック問題

**問1** リヴィング・ウィルの説明として最も適当なものを，次の①～④のうちから一つ選べ。

① 本人の意思を家族が推定して作成することも認められているが，原則としては本人が延命治療の拒否を表明する文書である。
② 本人があらかじめ延命治療の拒否を表明する文書であり，本人の意思による作成のみが認められている。
③ 本人があらかじめ延命治療の拒否を表明する文書であり，本人の依頼を受けた医師による作成のみが認められている。
④ 本人の意思を代理人が推定して作成することも認められているが，原則としては本人が延命治療の拒否を表明する文書である。

**問2** 最近の医療技術の進歩に伴って生じている事態についての記述として適当でないものを，次の①～④のうちから一つ選べ。

① 遺伝情報の解読により，将来かかりうる病気が予測できると期待されているが，就職や保険加入の際の新たな差別の恐れや，プライバシーの権利の保護をめぐる問題も生じている。
② 体外受精などの生殖技術の登場によって，不妊を治療の対象とみる捉え方が広まってきたが，同時に，この技術によって家族のあり方に今後根本的な変化が起きる可能性が生まれている。
③ 高度な先端医療の発達によって，生命を技術的な手段で延長することが可能になり，生命の質や患者の意思を重視する従来の考え方から，患者の延命を第一とする考え方への変化が生じてきている。
④ 抗生物質の発達により感染症は減少したが，院内感染の問題をきっかけに厳密な管理体制の必要性が認識され，医療機関における衛生上の管理規則や取扱い業務の体制が改められつつある。

**問3** 脳死に関して，日本の臓器移植法で採用されている定義として最も適当なものを，次の①～④のうちから一つ選べ。

① 脳死とは，心臓の拍動が停止するとともに，脳幹を含む全脳の機能が不可逆的に停止した状態のことである。
② 脳死とは，心臓の拍動が停止するとともに，脳幹を除く脳の機能が不可逆的に停止した状態のことである。
③ 脳死とは，脳幹を含む全脳の機能が不可逆的に停止した状態のことである。
④ 脳死とは，脳幹を除く脳の機能が不可逆的に停止した状態のことである。

---

**問1** [答] ②
② 適当
① 不適当：「推定して作成すること」は認められていない。
③ 不適当：医師は，リヴィング・ウィルの作成は行わない。
④ 不適当：「推定して作成すること」は認められていない。

**問2** [答] ③
③ 不適当：近年の医療は「患者の延命を第一とする考え方」よりも，「生命の質（QOL）や患者の意思」を重視する。
①②④ 適当

**問3** [答] ③
③ 適当
① 不適当：脳死と「心臓の拍動」は無関係。
② 不適当：脳死と「心臓の拍動」は無関係。「脳幹を除く」も不適当。
④ 不適当

# 48 地球環境の危機と人間の生活
## ～環境問題や公害問題など

現代社会の諸問題 **3** 現代社会の諸問題（2） rank

## 1 環境問題や公害の告発

20世紀後半からは，経済的な効率や発展をすべてに優先させた人間の社会のあり方そのものを，環境破壊の原因として告発する思想が，さまざまな立場から提出された。

 **代表的な環境問題とその主原因**

地球温暖化…………二酸化炭素（$CO_2$）などの温室効果ガスの増加が主原因。
オゾン層の破壊……フロンが主原因。人体に有害な紫外線量が増加する。
砂漠化………………過放牧や森林の乱伐などが主原因。
酸性雨………………窒素酸化物（$NO_x$）や硫黄酸化物（$SO_x$）が主原因。森林の枯死や湖沼生物の減少を招く。

❖**環境破壊や公害を告発する人々**
- カーソン（1907～64）…『沈黙の春』において，生態系（**エコシステム**）を破壊するDDT（農薬）などの化学物質の危険性を告発。
- ボールディング（1910～93）…講演「未来のための資源協会」において，閉ざされた環境である**「宇宙船地球号」**の汚染と破壊は，人類にとって致命的であると警告。
- ハーディン（1915～2003）…多数者が利用できる共有資源は乱獲されてしまうという「**コモンズ（共有地）の悲劇**」論を発表し，資源管理の必要性を訴えた。
- 宮沢賢治（1896～1933）…「世界全体の幸福なくして個人の幸福はない」と考え，童話などを通じて，宇宙万象との繋がりと，他者への共感の必要性を説いた。
- 石牟礼道子（1927～2018）…『苦海浄土』において，方言を用いながら，文明の病としての熊本水俣病を告発。

## 2 環境問題に対する取り組み

環境汚染・自然破壊に対して，国内外でさまざまな取り組みがなされている。
❖**公害や環境問題に対する日本国内の取り組み**
- 日本の公害事件の原点は，田中正造（1841～1913）が告発した**足尾鉱毒事件**など。彼は，「**民を殺すは国家を殺すなり**」と訴えた。
- 四大公害（熊本水俣病・イタイイタイ病・四日市ぜんそく・新潟水俣病）などの発生を受けて，日本政府は**公害対策基本法**（1967年）を制定。1993年には，これに代わって**環境基本法**を制定した。

- 循環型社会形成推進基本法（2000年）…大量生産・大量消費・大量廃棄型社会に代わり，環境への負荷を減らし，自然界から採取する資源をできるだけ少なくして有効に使う循環型社会を目指している。

    この実践的な行動指針として，同法は，3R（リデュース〔発生抑制〕・リユース〔再使用〕・リサイクル〔再生利用〕）を掲げている。
- アメニティを重視した地域づくりや，環境に優しいコンパクトシティの取り組み。

❖環境問題に対する国際的な取り組み
- 国連人間環境会議（1972年，ストックホルム）…スローガンは，「かけがえのない地球」。人間環境宣言の採択。国連環境計画（UNEP）の設立。
- 国連環境開発会議（地球サミット）（1992年，リオデジャネイロ）…共通理念は「持続可能な開発」。環境と開発に関するリオ宣言（リオ宣言）とその行動計画アジェンダ21の採択。気候変動枠組条約と生物多様性条約の採択。
- 京都議定書…数値目標を掲げ，先進国に温室効果ガスの削減を求めた条約。
- カルタヘナ議定書…生物の多様性の保全と持続可能な利用などを目的に，世界的にも利用が増大している遺伝子組み換え生物等の国境を越える移動に関する条約。2003年発効。
- パリ協定…京都議定書（2020年失効）以降の新たな枠組みとして，全196か国が参加している条約。京都議定書とは異なり，参加国すべてに温室効果ガスの削減を求めた条約。2016年発効。

## 3　環境倫理学の三つの基本主張

　地球環境の悪化に対して，人間の活動や今後の社会のあり方を捉え直すとともに，将来世代の利益や自然の権利にも配慮した環境倫理学という分野が成立した。この考え方は次の三つの主張にまとめることができる。
- 地球有限主義（地球全体主義）…有限な地球を守ることが他の目的よりも優先される。
- 世代間倫理…現代世代には，未来世代の生存可能性に対して責任がある。この未来世代への責任という考え方は，「持続可能な開発」などに反映されている。

    哲学者のヨナス（1903～93）も，『責任という原理』において，現代世代には，未来世代（将来世代）の生存可能性に対して責任があると主張。
- 自然の生存権（自然の権利）…人間のみならず，自然物（動植物や生態系）にも生存権がある。これまでの「人間中心主義」を批判。

    この思想的源流は，「環境倫理学の父」であるレオポルド（1887～1948）が1940年代に掲げた土地倫理。これは，人間が自然を支配するのではなく，自然界に存在するものは，人間も含めて相互依存の関係にあるとする思想。

    動物実験における3R（リプレイスメント〔代替〕・リダクション〔削減〕・リファインメント〔改善〕）も，この考えに添ったもの。

# ここが共通テストのツボだ!!

## ツボ ① 環境問題をめぐる，ありがちな誤解を解いておこう。

- オゾン層の破壊…オゾン層の破壊によってオゾンホールが発生しているのは，地球の**高緯度地域**。低緯度地域ではない。
- 砂漠化…砂漠化が特に深刻なのは，**アフリカのサハラ以南のアフリカ諸国やインドや中国の西北部**。東南アジアの熱帯雨林地域や南米のアマゾン川流域ではない。
  東南アジアは，エビ養殖池への転換などによるマングローブ林の減少という問題や**公害輸出**（先進国の企業が公害規制の緩い途上国に進出し，そこで公害を発生させること）などの問題を抱えている。
- 酸性雨…酸性雨は，**日本などの先進国でも見られる**。公害規制の緩い途上国だけで見られる現象ではない。
- 国連環境開発会議…この会議では，**環境保護を訴える先進国と，開発を求める途上国との間で対立**があった。先進国が開発，途上国が環境保護を求めたのではない。
- 遺伝子組み換え食品…**日本においても生産・消費されている**。危険性がゼロとは言い切れないからといって，**生産・消費，あるいは輸入されていないわけではない**。

● 環境問題は，経済問題や南北問題などの国際問題とも関連づけて覚えよう。

## ツボ ② 「環境と開発に関するリオ宣言」（リオ宣言）の第15原則（予防原則）について知ろう。

1992年の国連環境開発会議で採択されたリオ宣言で，人々の健康を保護したり環境を保全したりする際の一つの行動指針として認知されるようになったのが**予防原則**である。

この**予防原則**とは，**ある行為が人間の健康や環境に悪影響を与えるおそれがある場合には，科学的に因果関係が証明されていなくても，予防的措置をとるべきである**という考え方である。

しかし，この考え方に対しては，温暖化のしくみの科学的な解明を優先させるべきだとするアメリカなどからの批判もある。

● 倫理において環境問題が出題された場合，条約の内容などの事実関係が問われることもあるが，考え方や思想との関連を問われることの方が多い。

## 基礎力チェック問題

**問1** 次の記述ア・イについて，その正誤の組合せとして正しいものを，下の①〜④のうちから一つ選べ。

ア　フロンガスは，人体には直接害を及ぼさないが，間接的に健康被害や環境破壊を引き起こすので，その使用について規制が設けられた。

イ　熱帯雨林の開発や巨大ダムの建設は，一時的に砂漠化などの被害をもたらすことがあるが，自然の強い再生力によって，数年で問題は解決する。

① ア　正　イ　正　　② ア　正　イ　誤
③ ア　誤　イ　正　　④ ア　誤　イ　誤

**問2** 環境問題への対応を考えるうえで，ふまえておくべき概念の説明として正しいものを，次の①〜④のうちから一つ選べ。

① 生態系：地球上の生物とその周囲の無機的環境とから作り出される様々な関係の総体としてのシステムを意味し，ピラミッド状を成すその頂点に人間が位置している。
② 環境難民：汚染された土地や環境が破壊されてしまった土地に暮らし続けている人々のことで，安全な土地へと移住することができるよう早急に対策を立てる必要がある。
③ 世代間倫理：現在どのような行動をとるかによって次の世代の生存が危うくなることもありうるのだから，今生きている世代は生まれてくる世代に対しても責務を負っている。
④ 循環型社会：環境のことを考えてリサイクルを積極的に推進する社会のことで，経済や消費の水準をさらに高めながら，同時に環境をも守ろうとする発想に基づいている。

**問3** 次のア〜ウは環境問題への取組みに関する説明である。その正誤の組合せとして正しいものを，下の①〜⑥のうちから一つ選べ。

ア　1997年に開かれた地球温暖化防止京都会議では，京都議定書が締結され，先進国だけに温室効果ガスの排出量削減目標が定められた。

イ　アメリカの海洋生物学者カーソンは，『奪われし未来』のなかで，農薬など有害な化学物質の大量使用が，生態系の破壊につながると警鐘を鳴らした。

ウ　1992年に開催された地球サミットでは，宇宙船地球号という考え方によって，地球環境の持続性を損なわない範囲での経済開発が提唱された。

① ア　正　イ　正　ウ　誤　　② ア　正　イ　誤　ウ　正
③ ア　正　イ　誤　ウ　誤　　④ ア　誤　イ　正　ウ　正
⑤ ア　誤　イ　正　ウ　誤　　⑥ ア　誤　イ　誤　ウ　正

---

**問1**　【答】②

ア：正文。オゾンホールの原因ともなるフロンは，**モントリオール議定書**などにより現在，生産・利用・貯蔵が禁じられている。
イ：誤文。「数年で問題は解決する」ことはない。熱帯雨林の開発や巨大ダムの建設は，再生不可能なほどの環境破壊をもたらすことがある。

**問2**　【答】③

③ 適当
① 不適当：「ピラミッド状を成すその頂点に人間が位置している」という記述は不適当。「生態系」は，相互作用する複雑な総体。
② 不適当：環境の悪化により，元の土地に「暮らし続け」られなくなった人々を「環境難民」という。
④ 不適当：「循環型社会」には，「経済や消費の水準をさらに高め」るという発想はない。

**問3**　【答】③

ア：正文。「京都議定書」は，先進国にだけ義務を課している。
イ：誤文。カーソンの著作は『**沈黙の春**』。『奪われし未来』は，**コルボーン**らが，環境ホルモン（内分泌攪乱物質）による，生物の成長や生殖器官の発達への影響を指摘した著作。
ウ：誤文。「宇宙船地球号」を「**持続可能な開発**」に替えれば正文になる。

現代社会の諸問題 3　現代社会の諸問題(3)　rank B

# 49 高度情報社会を生きる作法
～情報やメディアとのつきあい方

## 1　情報社会の出現と様々な変化

今日の情報社会は、日進月歩の情報通信技術(ICT)を利用して、大量かつ双方向的（インタラクティブ）な情報をグローバルな規模でやり取りしている。

さらに、先進国は、「いつでも、どこでも、何でも、誰でも」情報にアクセスできるユビキタス社会をほぼ実現している。こうした現実は、人々の考え方や働き方、さらには社会の価値観まで大きく変えようとしている。

❖情報通信技術(ICT)の発展に伴う変化の具体例
- 生活・教育…パーソナルコンピュータ(パソコン)やスマートフォン(スマホ)のSNS(Social Networking Service)などを利用して、それまで情報の受け手でしかなかった一般市民が自ら情報を発信したり、遠隔授業が行われたりしている。
- 労働・雇用…小さなオフィスや自宅を仕事場とするSOHO(Small Office Home Office)やバリアフリーな労働が可能になった。
　さらに今後、AI(人工知能)技術や、大量かつ多様で更新頻度の高いビッグデータの活用技術の進展によって、人間を必要としない仕事も出てくるなど、大きく労働・雇用環境が変化すると予想されている。
- 政治…人々の知る権利やアクセス権の拡大。電子政府による24時間の行政サービスが提供され、パブリック・アクセス(市民が公共の資源・財産にアクセスする権利)が拡大。
- 経済…電子マネーやスマホ決済の普及によって完全なキャッシュレス時代の到来もそう遠くはない。また、電子商取引(eコマース)は契約や決済、物流の形態を変え、シームレスでワールドワイドな市場を生み出した。

## 2　情報社会をめぐる諸問題

情報通信技術の進展はさまざまなメリットをもたらす一方、デメリットももたらした。諸問題に対処するには、個人情報保護法などの関連諸法律を整備するのみならず、個々人がさまざまな機器を使いこなして、主体的に情報の真偽などを見極める能力(情報リテラシー、メディア・リテラシー)を育成することが必要。

❖情報通信技術(ICT)の発展に伴うさまざまな課題の具体例
- マスメディアの問題…マスメディアは、三権(立法府・行政府・司法府)をチェックする「第四の権力」とも呼ばれていた。

しかし，そのほとんどが営利企業なので，センセーショナリズム（扇情主義）やコマーシャリズム（商業主義）に走ったり，ときには情報操作の担い手となったりすることもある。
- 画一化…マスメディアの流す大量の情報（情報洪水）には，人々の考え方や行動を画一化する力がある。サイバースペース（情報空間）で展開される仮想現実（ヴァーチャル・リアリティ）が人々に及ぼす力も無視できない。
- デジタル・デバイド（情報格差）…情報機器を使いこなせる者と使いこなせない者の間に生じる待遇や貧富，機会の格差の拡大も深刻。この問題は，国内のみならず，国際的にも新たな南北格差を生み出している。
- その他…コンピュータへの不正アクセス（ハッキング）によるプライバシーの侵害や知的財産権の侵害，さらには情報漏洩。インターネット上の匿名性を悪用し，ネチケット（インターネットを利用する際に心がけるべきマナーや規範）を欠いた誹謗中傷。マイナンバー制度（社会保障・税番号制度）によって行政が効率化される一方，国民のプライバシーや個人情報が一元的に管理されることへの不安など。

## 3　情報社会論・メディア論

　メディア・マスメディアや情報社会をめぐっては，その特質を捉えようとしたり，抱える問題を克服したりしようとする様々な議論がある。

### ❖情報社会論やメディアについて考察した主な人々

- リップマン（1889～1974）（『世論』）…人々は，マスメディアからの情報をもとに形成されたイメージ（ステレオタイプ）に従って現実を理解するので，マスメディアによって情報が意図的に操作されると，世論も大きく動く可能性があると主張。
- マクルーハン（1911～80）（『グーテンベルクの銀河系』）…メディアが発する情報の内容（コンテンツ）よりも，その形式・構造・フレームにこそ目を向けるべきだと主張するとともに，**電子的なメディアを人の感覚能力を拡張するもの**と捉えるメディア論を展開。彼は，インターネットの普及以前から，電子的なメディアを介して人々が地球規模で対話しつつも，小さな紛争の絶えないグローバル・ヴィレッジ（地球村）が出現すると予言。
- ブーアスティン（1914～2004）（『幻影の時代』）…現代のメディアが提供しているのは，物語としての迫真性を備えた「本当らしい」出来事（疑似イベント）にすぎず，視聴者も報道の自然さよりもそうしたものを好むと主張。
- ベル（1919～2011）（『脱工業社会の到来』）…財の生産からサービス（高度情報サービスなど）の提供に経済活動の重心が移行し，社会の「中軸原則」となった理論的知識が改革や政策形成の源泉となる脱工業化社会の姿を分析。
- トフラー（1928～2016）（『第三の波』）…情報社会の出現を，（人類が経験した技術革新の）**第三の波**と捉えた（第一の波は農耕社会，第二の波は産業社会の出現）。

# ここが共通テストのツボだ!!

## ツボ ❶ 日本における情報社会の進展の歴史について知ろう。

　日本において,「情報社会」という概念が注目されだしたのは,物質的豊かさが一定の水準に達した1960年代のことである。

　1970年代にはコンピュータの小型化が進み,パーソナル・コンピュータ(パソコン)が開発され,1980〜90年代にかけて,職場や家庭でも利用されるようになった。

　**1990年代後半からは,IT革命(情報技術革命)という言葉とともに,インターネットと携帯電話**が普及。2000年代には,スマートフォン(スマホ)やタブレット型端末も現れ,社会の情報化は新たな様相を見せはじめた。

　なお,現在の大多数の受験生のように,出生時からデジタル機器に囲まれている世代のことを**デジタル・ネイティヴ**という。

- パソコンや携帯電話が高度経済成長期から一般に普及していたなどと誤解しないように,情報機器や情報社会に関する歴史を押さえておこう。

## ツボ ❷ 「忘れられる権利」についても知ろう。

　インターネット上の情報は,爆発的な速度で拡散し,それを半永久的に記憶する。そのため,情報社会においては,知られたくない過去の情報まで他人に知られてしまうなど,深刻なプライバシー侵害が生じることがある。

　こうした現状を鑑み,近年,**過去の個人情報やプライバシーが侵害された書き込みなどについて検索エンジンからリンクを削除してもらうことなどを内容とする「忘れられる権利(削除権,消去権)」**が提唱されるようになった。

　EU(ヨーロッパ連合)では,欧州司法裁判所が2014年に「忘れられる権利」を認めている(ただし,適用はEU領域内に限られる)。アメリカは,情報の送り手の「表現の自由」などを重視して,「忘れられる権利」に対して否定的である。

　日本の最高裁は,これまで「忘れられる権利」そのものに言及したことはない。

- 日進月歩の情報技術に伴う問題は次々に現れる。さまざまなメディアを駆使して,多くの情報に接するようにしておこう。

## 基礎力チェック問題

**問1** ネットにアクセスできない人もいるという問題を示す用語として正しいものを，次の①〜④のうちから一つ選べ。

① ヴァーチャル・リアリティ
② ユビキタス
③ デジタル・デバイド
④ サブリミナル効果

**問1**　　　　　[答] ③

③ 適当
① 不適当：「ヴァーチャル・リアリティ」とは，仮想現実のこと。
② 不適当：「ユビキタス」とは，ICTにおける情報の遍在性を意味する言葉。
④ 不適当：「サブリミナル効果」とは，知覚的な刺激を使い，潜在意識に訴えることで得られる心理的効果のこと。

**問2** 情報技術の発達に伴う社会の変化についての記述として最も適当なものを，次の①〜④のうちから一つ選べ。

① 企業や公的機関に大量の個人情報が集積されるようになったため，プライバシーが侵害される危険が大きくなっている。
② 公的な情報は市民の共有財産であるという考え方が定着し，国や自治体のもつあらゆる情報が市民に公開されるようになっている。
③ 情報技術の発達によって情報の違法な複製が困難となったため，知的所有権が侵害される危険は少なくなっている。
④ インターネットを使って個人が直接情報を得られるようになり，マスメディアが情報操作を行う危険は少なくなっている。

**問2**　　　　　[答] ①

① 適当
② 不適当：「あらゆる情報」が公開されているわけではない。
③ 不適当：「知的所有権」の侵害の危険性は，日増しに高まっている。
④ 不適当：「少なくなっている」とはいえない。

**問3** 次のア〜ウは，情報社会をめぐる記述である。その正誤の組合せとして正しいものを，下の①〜⑥のうちから一つ選べ。

ア　リップマンによれば，人々はメディアの情報から一定のイメージを思い浮かべ，それに従って現実を理解しているので，メディアによって情報が意図的に操作されると，世論が操作される危険がある。

イ　ブーアスティンによれば，現代のメディアが提供しているのは，物語としての迫真性をそなえた「本当らしい」出来事にすぎず，視聴者の側もメディアから流される情報に関心をもたなくなっている。

ウ　マクルーハンによれば，近代社会では活字メディアが支配的であったが，20世紀に入って映画やテレビのようなメディアがそれに取って代わった結果，人間の感覚や想像力は貧困なものになっている。

① ア 正　イ 正　ウ 誤
② ア 正　イ 誤　ウ 正
③ ア 正　イ 誤　ウ 誤
④ ア 誤　イ 正　ウ 誤
⑤ ア 誤　イ 正　ウ 誤
⑥ ア 誤　イ 誤　ウ 正

**問3**　　　　　[答] ③

ア：正文
イ：誤文。「ブーアスティン」は，現代の視聴者が，「メディアから流される情報に関心をもたなくなっている」とは論じていない。
ウ：誤文。「マクルーハン」は，「人間の感覚や想像力は貧困なものになっている」とは論じていない。

現代社会の諸問題 3　現代社会の諸問題(4)　rank B

# 50 異なる文化との共生へ向けて
～グローバル社会を生きる作法

## 1 グローバル社会の現状

　人類は20世紀には二度の世界大戦を経験。その後も、アメリカとソ連邦による**東西冷戦**の時代を経験。**核の恐怖**に怯えた。

　この東西冷戦は名実ともに1991年のソ連邦の崩壊によって終わったが、**世界各地で地域紛争や民族紛争**が頻発するようになった。また、独立運動や少数民族（マイノリティ）問題など、今なお戦争や紛争につながる火種も山積している。

　その一方で、**現代はヒト・モノ・カネが世界中を移動**しており、かつてないほどに世界はつながりを深めている。近年の世界規模の金融危機やSARS（重症急性呼吸器症候群）や新型コロナ・ウィルスの**パンデミック**は、その現れともいえる。
　**現代は、国でさえ他国からの影響を受けずに存立することはない。**

## 2 異文化理解に必要なこと

　人々が平和に暮らすのに、戦争や紛争を止め、平和条約を結ぶことも必要だが、**戦争や紛争を引き起こす根本原因を取り除かなければ、真の平和は訪れない。**

　戦争や紛争を引き起こす根本原因の一つが、**世界がグローバル化・ボーダーレス化しているにもかかわらず解消されていない、他者に対する無理解**である。さまざまな対立を無くすためには、人々の相互理解を促進する必要がある。

・**国連教育科学文化機関（UNESCO）憲章**の前文…「**戦争は人の心の中で生まれるものであるから、人の心の中に平和のとりでを築かなければならない**」と謳い、平和構築のためには異文化相互の理解が重要であることを強調。
・**ヴァイツゼッカー**（1920～2015）…西ドイツ大統領。「**過去に目を閉ざす者は、現在にも目を閉ざす**」と述べ、ナチスの犯罪を心に刻み込まないと、また同じ過ちを繰り返してしまうと警告。
・**サイード**（1935～2003）（『**オリエンタリズム**』）…パレスチナ出身の思想家。西洋の東洋に対する自己中心的な眼差し（東洋を蔑み、自らのアイデンティティを高みに確保しようとする西洋の態度）を「**オリエンタリズム**」と呼んで批判。

❖**相互理解のために必要なこと**
　・自らの文化・民族・宗教的アイデンティティに固執しない。すなわち、**エスノセントリズム**（**自民族中心主義**）に陥らない。

- **ステレオタイプ**や**過度の一般化**によって，他者を判断しない。すなわち，**文化相対主義**や**多文化主義**という立場を採り，他者を受け入れ，対話する。
- 過去の過ちを直視して反省し，対立を引き起こす原因を取り除く。

## 3　南北問題と貧困

　現在75億人以上が住んでいる地球には，全人口の約2割しか占めていないのに，人間が一年間に使う全エネルギーの約75％を消費している先進国の住民がいる。

　その一方で，植民地時代に**モノカルチャー経済**を押しつけられた地域をはじめとする南の発展途上国では約7億3600万人(2015年)が**国際貧困ライン**(1日1.9ドル以下の生活〔世界銀行基準〕)以下の状態にあり，人権が脅かされている(**南北問題**)。

♣**貧困撲滅・人権擁護に向けた取り組みの具体例**
- 国連…人間一人ひとりに着目する「**人間の安全保障**」という理念や，MDGs(ミレニアム開発目標)，さらにはSDGs(持続可能な開発目標)という具体的目標を掲げ，人間の生存・生活・尊厳を脅かす脅威の除去に取り組んでいる。
- 国際的な人権保障のための条約…**世界人権宣言**(1948年)，**難民条約**(1951年)，**人種差別撤廃条約**(1965年)，**国際人権規約**(1966年)，**女子差別撤廃条約**(1979年)，**子どもの権利条約**(1989年)など。
- **ODA(政府開発援助)**…途上国への資金援助や技術援助(日本はJICA〔国際協力機構〕が実施する青年海外協力隊によるものなど)。**対GNI比0.7％の実施が国際目標**(日本は0.3％弱の実施)。
- **グラミン銀行**…バングラデシュの銀行。土地を所有していない貧困層の自立を支援することを目的に小規模融資(**マイクロクレジット**)を行う。

## 4　国際連合やNGOの活躍と民際化

　国際的な諸問題の解決や，平和の創出に最も力を注いでいるのが各国の政府，そして国際連合およびその関連機関，さらにはさまざまな国際機関である。
- 国連機関…UNCTAD(国連貿易開発会議)，UNHCR(国連難民高等弁務官事務所)，FAO(国連食糧農業機関)，WHO(世界保健機関)，UNICEF(国連児童基金)，UNESCO(国連教育科学文化機関)など。
- 国際機関…原子力の平和的利用・軍事利用防止のために活動しているIAEA(国際原子力機関)や，個人の戦争責任を問うICC(国際刑事裁判所)など。

　しかし，**国家や国際機関はその大きさゆえに，人々の真のニーズに応えられないときがある**。そこで今日では，機動力の高い**NGO**(**非政府組織**)・**NPO**(**非営利組織**)の活動が注目されている。**NGOの中には国際連合との協議資格をもつものもある**。

　加えて，**民際化**(国家や政府間で行われる交流に対して，市民や民間団体による国の枠を超えた交流)によって，異文化や異なる宗教間の対話を進め，いわゆる「**文明の衝突**」を避けることが必要。

## ここが共通テストのツボだ!!

### ツボ ❶ 世界で活躍する主なNGO(非政府組織)について知ろう。

- **赤十字国際委員会**(ICRC)…紛争地などで中立的かつ人道的な活動を行っている。
- **アムネスティ・インターナショナル**(AI)…死刑の廃止,人権擁護,不当に拘束されている政治犯などの「**良心の囚人**」の救済活動・支援活動。
- **国境なき医師団**(MSF)…危機に瀕した人々への緊急医療援助を目的とした活動。
- 地雷禁止国際キャンペーン(ICBL)…対人地雷の廃絶を求める団体の連合体。この活動は,**対人地雷禁止条約**(オタワ条約)として結実。同条約に,アメリカやロシアなどの地雷生産国は不参加。
- 核兵器廃絶国際キャンペーン(ICAN)…核兵器の禁止・廃絶を求める世界のNGOの連合体。この活動は,**核兵器禁止条約**として結実。同条約に,アメリカをはじめとする核保有国や日本やドイツやカナダなどは不参加。
- その他…**クラスター爆弾禁止条約**(オスロ条約)の実現を呼びかけたクラスター兵器連合(CMC),貧困と不正の根絶を求めて活動する**オックスファム**,子どもの権利の保護を目標として活動する**セーブ・ザ・チルドレン**など。

● 国連による活動とともに,今日,ますます重要性が増しているNGOの活動を通じて,現代社会が抱える問題にせまろう。

### ツボ ❷ 世界遺産条約から,どのようなメッセージが読み取れるだろうか?

　UNESCOは,1972年に採択された**世界遺産条約**にもとづき,人類が共通に受け継いでいくべき遺産である**自然遺産**や**文化遺産**を保全・修復している。
　この活動の根底には「自然」と「文化」を対立させていた従来の思考をくつがえす考えが横たわっている。すなわち,「自然」と「文化」は相互に関係し,等しく保護しなければならないという考えである。
　また,世界文化遺産に原爆ドームなどが含まれていることからは,**戦争の悲惨さや人類の犯した過ちに対する反省と,それらを繰り返さないという決意**が読み取れる。

● 「倫理」では,条約の規定よりも,条約採択に至る背景や意図に注目しよう。

## 基礎力チェック問題

**問1** 異文化理解に関する記述として最も適当なものを，次の①～④のうちから一つ選べ。

① 自分が慣れ親しんだ文化とは異なった文化に出会ったときに心に生じる違和感や衝撃は，カウンター・カルチャーと呼ばれる。
② 少数派の文化を，多数派の文化に同化・吸収させる，ノーマライゼーションの考え方が，文化統合においては尊重される。
③ 自民族と他の民族の文化や価値観の違いを積極的に認め，互いに尊重し合おうとする考え方は，パターナリズムと呼ばれる。
④ 決まり切った考え方やイメージの枠組みであるステレオタイプに当てはめて異文化の人々を判断しがちである。

**問2** 次のア～ウは，異なる文化の理解に関わる様々な見解についての記述である。その正誤の組合せとして正しいものを，下の①～⑥のうちから一つ選べ。

ア どの文化もそれぞれに固有の価値をそなえており，互いの間に優劣の差をつけることはできないとする考え方は，文化相対主義と呼ばれる。
イ 西洋と東洋とを区別し，東洋の文化を先進的とみなすことで西洋の文化の目指すべき理想とする考え方は，オリエンタリズムと呼ばれる。
ウ 自民族や自文化の価値観を絶対視せず，他の民族や文化にも積極的な価値を認めようとする考え方は，エスノセントリズムと呼ばれる。

① ア 正 イ 正 ウ 誤　② ア 正 イ 誤 ウ 正
③ ア 正 イ 誤 ウ 誤　④ ア 誤 イ 正 ウ 正
⑤ ア 誤 イ 正 ウ 誤　⑥ ア 誤 イ 誤 ウ 正

**問3** NGO（非政府組織）やNPO（非営利組織）の活動の説明として適当でないものを，次の①～④のうちから一つ選べ。

① NGO・NPOの長所の一つは，市民が自分の関心と能力にもとづいて，募金や労働など様々な参加の仕方を選択できることにある。
② NGO・NPOは，参加者の善意にのみ基づく活動であり，参加者が金銭的な報酬を得ることは避けるべきであるとされている。
③ NGO・NPOは，ODA（政府開発援助）に比べ，規模は小さくても，地元住民の要求に沿ったきめ細かい支援を行うことができる。
④ NGO・NPOは，市民レベルでの活動であり，政府に頼らず一般市民の間にも地域社会や国際社会への関心を呼び起こすことができる。

---

**問1**　[答] ④

④ **適当**
① **不適当**：「カウンター・カルチャー」（対抗文化）を「カルチャー・ショック」に替えれば正文になる。
② **不適当**：「ノーマライゼーション」とは，障害者・健常者の区別なく，すべての人がありのままで生活できることをいう。
③ **不適当**：「パターナリズム」（父権主義）を「多文化主義」などに替えれば正文になる。

**問2**　[答] ③

ア：正文
イ：誤文。「オリエンタリズム」とは，東洋に対する西洋の差別的な考えや態度のこと。
ウ：誤文。「エスノセントリズム」とは，「<u>自民族中心主義</u>」と訳され，自民族や自文化の価値観を絶対視する考え方のこと。

**問3**　[答] ②

② **不適当**：NGOやNPOが経済活動を行うことに制約はない。
①③④ **適当**

# チャレンジテスト⑤(大学入学共通テスト実戦演習)

**問1** 次の文章は，青年期における様々な葛藤やストレスについての説明である。文章中の ａ ・ ｂ に入る語句の組合せとして最も適当なものを，下の①〜⑥のうちから一つ選べ。

(21年共テ倫理第1日程)

フロイトは， ａ の対立を調整しようとすると考えた。しかし，それができないことで葛藤が生じると，無意識的にバランスを取って心の安定を図る機能が働く。防衛機制の理論は，このような考え方から生み出された。

無意識の重要性を説いた精神分析に対して，意識の側に注目した昨今のストレス理論では，様々なストレスを抱えた場合の対処方法が幾つかあると言われている。「ストレスとなる問題や状況に目を向けて，それらを変える方法を模索する対処」は問題焦点型対処と呼ばれ，他方，「状況そのものを変えられない場合に，ストレスとなる状況に伴う情動を軽減することを試みる対処」は情動焦点型対処と呼ばれる。

例えば，世界史の小テストの成績が悪かったPが， ｂ 場合，それは問題焦点型対処に該当する。

① a　エス（イド）が自我と超自我
　 b　「落ち込んでも仕方ない」と気持ちを切り替えようとする

② a　エス（イド）が自我と超自我
　 b　「今回は運が悪かった」と思い込もうとする

③ a　エス（イド）が自我と超自我
　 b　勉強不足が原因だと分析し，計画的に勉強しようとする

④ a　自我がエス（イド）と超自我
　 b　「落ち込んでも仕方ない」と気持ちを切り替えようとする

⑤ a　自我がエス（イド）と超自我
　 b　「今回は運が悪かった」と思い込もうとする

⑥ a　自我がエス（イド）と超自我
　 b　勉強不足が原因だと分析し，計画的に勉強しようとする

---

**問1** [答]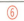

ａ：「自我がエス（イド）と超自我」が入る。フロイトによれば，心は自我（エゴ）・エス（イド）・超自我（スーパーエゴ）の三部分からなり，自我が他の二部分を調整しようとする。

ｂ：「問題焦点型対処」とは，「ストレスとなる問題や状況に目を向けて，それらを変える方法を模索する対処」であるから，「勉強不足が原因だと分析し，計画的に勉強しようとする」が入る。他は，「情動を軽減することを試みる対処」である「情動焦点型対処」に当たる。

以上のことから，正しい組合せは⑥となる。

**問2** マスメディアについて考察した人物にリップマンがいる。例えば，ある街で起きた事件が報道された結果，その街全体が危険であるかのような誤った印象が広まることがある。マスメディアがこうした印象を生じさせる要因は，リップマンの主張に従うと，どのように考えられるか。次のア～ウのうち，正しい要因の組合せとして最も適当なものを，下の①～④のうちから一つ選べ。　　　　　　　　　　　　　　（21年共テ倫理第1日程）

**ア** マスメディアが提供する情報は，常に人々から疑いの目を向けられ，本当らしい情報としては受け取られないから。

**イ** マスメディアが伝達するものは，多くの場合，選択や加工，単純化などを経たイメージであるから。

**ウ** マスメディアが提供するイメージによって形成される世界は，人間が間接的にしか体験できないものだから。

① **アとイ**　　② **アとウ**　　③ **イとウ**　　④ **アとイとウ**

---

**問2** [答]　③

**ア**：誤文。リップマンは，『世論』において，マスメディアによる情報が「常に人々から疑いの目を向けられ」るというよりも，マスメディアの提供する情報が過度に一般化（**ステレオタイプ**化）されるのみならず，人々の間に事実に反する思い込みをも生み出す可能性を指摘した。

**イ**：正文。マスメディアが伝える情報は，事実のすべてではあり得ず，意識的・無意識的を問わず，一定の取捨選択や単純化などが施されている。

**ウ**：正文。人は世界のすべてを体験することはできない。マスメディアの報道によってつくられた世界（**疑似環境**）を通じて世界を体験していることも少なくない。

以上のことから，正しい組合せは③となる。

問3 次の文章は，記憶の定着の度合いに関する**実験の手順と結果**を説明したものであり，次ページの表と図は，結果を図表化したものである。文章中の a ～ d に入る記号や語句の組合せとして正しいものを，次ページの①～⑥のうちから一つ選べ。

(21年共テ倫理第1日程)

---

### 実験の手順と結果

**手順**

Ⅰ．大学生に，ある課題文を5分間読ませた。

Ⅱ．その後，大学生を2つの群に分けた。A群の大学生には，同じ課題文を更に3回繰り返し読ませた。B群の大学生には，課題文を読み直させず，思い出して書き出す作業を3回行わせた。

Ⅲ．「思い出す自信（1週間後のテストで課題文をどれだけ思い出せそうか）」について尋ね，7点満点で評価させた。

Ⅳ．手順Ⅲの5分後に，2つの群に対して課題文の記憶テストを実施し，どれくらい覚えていたかを確かめた。

Ⅴ．1週間後に，手順Ⅳと同様のテストを実施した。

**結果**

　「思い出す自信」の平均値は**表**のようになり，5分後と1週間後の正答率は**図**のようになった。**表**によれば，1週間後のテストで「思い出す自信」について，A群の大学生の方がB群の大学生より a 評価をしていた。また，課題文の記憶テストについては，**図**の b によれば，5分後では，A群の大学生の方がB群の大学生より成績は良かったが，**図**の c によれば，1週間後では，B群の大学生の方がA群の大学生よりテストの成績は良かった。

　以上から，1週間後のテストで「思い出す自信」の高い群と，1週間後のテストの結果が良かった群は d ことが分かった。

---

232

表　「思い出す自信」の平均値
（7点満点。数値が高いほど自信があると評価している。）

|  | A 群 | B 群 |
|---|---|---|
| 1週間後のテストで課題文をどれだけ思い出せそうか | 4.8 | 4.0 |

図　5分後および1週間後の記憶テストの正答率（％）

（資料）H. L. Roediger, Ⅲ & J. D. Karpicke, *Psychological Science*, 2006 より作成。

| | a | b | c | d |
|---|---|---|---|---|
| ① | 低い | アとイ | アとウ | 一致する |
| ② | 低い | アとイ | ウとエ | 一致する |
| ③ | 低い | ウとエ | アとイ | 一致する |
| ④ | 高い | アとイ | ウとエ | 一致しない |
| ⑤ | 高い | ウとエ | アとイ | 一致しない |
| ⑥ | 高い | ウとエ | アとウ | 一致しない |

---

問3　[答]　④

a ：「高い」が入る。表によれば，A群の大学生は4.8であり，B群の大学生4.0よりも高い。

b ：「アとイ」が入る。5分後のテスト結果を示しているのは図のアとイであり，これによれば，5分後ではA群の方がB群よりも好成績である。

c ：「ウとエ」が入る。1週間後のテスト結果を示しているのは図のウとエであり，これによれば1週間後ではB群の方がA群よりも好成績である。

d ：「一致しない」が入る。5分後に好成績を残したのがA群であるのに対し，1週間後に好成績を残したのはB群であるから「一致しない」。

以上のことから，正しい組合せは④となる。

**問4** 生徒Xは，課題研究の準備として次のメモを作成した。これを読み，下の問い（(1)・(2)）に答えよ。

(18年倫理試行調査)

---

【哲学者ロックの言葉】

　個々の人間は身体という財産を所有している。本人を除けば，何人もこれに対する権利をもたない。

(ロック『統治論（市民政府論）』より)

---

【ロックについて学習したこと】
・人間は，生まれながらにして自らの生命，自由，財産について@所有権をもつ。

【この言葉から読み取れること】
・自分の身体は「自分のもの」であり，それに介入する権利をもつのは自分だけである。

【疑問に思ったこと】
・ⓑ現代社会で生じている諸問題にこの考え方を当てはめてよいのだろうか？
・近年の医学や生命科学の進歩が，身体や生命をめぐる問題を複雑にしているのではないだろうか？

---

(1) 生徒Xはまず，下線部@を主張したロックの思想について復習した。次の**a〜d**をロックによる『統治論（市民政府論）』における説明の順序に従って並べ替えたとき，**3番目**にくるものとして最も適当なものを，下の①〜④のうちから一つ選べ。

　**a**　人々は各自の所有権を安定させるために，契約を交わして政府をつくる。
　**b**　人が自らの労働によって自然物に手を加えたものは自分のものとなる。
　**c**　人は誰でも自分の身体を自分の意志に従って用いる権利をもつ。
　**d**　人は自らの所有権を侵害するような政府に対しては抵抗権をもつ。

　① a　　② b　　③ c　　④ d

234

(2) 生徒Xは続けて，下線部⑥の疑問について考えるために，日本における法整備などの現状を調べた。その説明として最も適当なものを，次の①〜④のうちから一つ選べ。

① 身体は自分に固有なものであるから，本人の意思が確認できなければ，死後であっても移植のために臓器を摘出することは許されていない。

② 身体は自分に固有なものであるにもかかわらず，臓器の提供者といえども臓器の提供先について意思を表明しておくことはできない。

③ 身体がもたらす苦痛から逃れるために，医師による致死薬の投与など直接死に至らしめる処置を受ける権利は法制化されていない。

④ 身体の衰えた部分や損傷した部分の機能を回復させるために，幹細胞を用いた再生医療の技術を用いることは認められていない。

**問4** [答] (1) ①  (2) ③

(1) ①が正解。

　aとbの関係を検討すると，「自分のもの」が発生しなければ，「自らの生命，自由，財産について」の「所有権」は存在しない。したがって，論理的にbがaに先行する。

　bとcの関係を検討すると，「自分の身体を自分の意志に従って用いる権利」がなければ，「労働」は存在しない。したがって，論理的にcがbに先行する（よって，aとcの関係を検討する必要はない）。

　さらに，dの「抵抗権」は，「政府」が存在しないと成立しない。したがって，論理的にdがaに先行することはない（よって，dとbとcの関係を検討する必要はない）。

　以上，説明の順番は「c → b → a → d」の順となり，**3番目**にくるのはaとなる。

(2) ③が正解。**日本には，（積極的）安楽死を認める法律はない。**

　① (改正) 臓器移植法によれば，本人の意思が確認できなくても，家族の同意があれば，その人から死後に臓器移植のための臓器を摘出できる。② (改正) 臓器移植法によれば，ドナーとなる人は生前に，文書でもって，親族に対して優先的に臓器を提供する意思を表示できる。④「幹細胞を用いた再生医療の技術を用いること」は認められている。

チャレンジテスト⑤ | 235

# 索引

## 欧文略語

| | |
|---|---|
| 3R | 219 |
| AI(人工知能) | 52, 222 |
| DINKs | 210 |
| DV | 211 |
| ES細胞 | 215 |
| ICT | 222 |
| 「I Have a Dream」 | 75 |
| iPS細胞(人工多能性幹細胞) | 215 |
| IT革命(情報技術革命) | 224 |
| Learning by doing | 75 |
| NGO(非政府組織) | 227, 228 |
| NPO(非営利組織) | 227 |
| ODA | 227 |
| QOL | 214 |
| SOHO | 222 |

## あ

| | |
|---|---|
| アーキタイプ | 79 |
| アートマン | 101, 102 |
| アーレント | 84 |
| 愛敬 | 145 |
| 会沢正志斎 | 161 |
| 愛しながらの戦い | 71 |
| 間柄的存在 | 181 |
| 愛知 | 11, 15 |
| アイデンティティ | 198, 199 |
| アイデンティティの拡散 | 200 |
| アイヌ民族支援法 | 207 |
| 愛の神 | 22 |
| 愛の共同体 | 59 |
| 愛別離苦 | 104 |
| アインシュタイン | 75 |
| アウフヘーベン(止揚) | 59 |
| アウラ | 83 |
| 青木昆陽 | 160 |
| アカデメイア | 14 |
| アガペー | 22, 24 |
| アクセス権 | 222 |
| 悪人 | 137, 138 |
| 悪人正機 | 137 |
| 赤穂事件 | 150 |
| アサンガ(無著) | 109 |
| 「アジアは一つ」 | 168 |
| アジェンダ21 | 219 |

| | |
|---|---|
| 足尾鉱毒事件 | 218 |
| 葦原中国 | 128 |
| アダム・スミス | 62 |
| アタラクシア | 19 |
| 新しき村 | 177 |
| アッラー | 26, 27, 28 |
| アトム | 10 |
| アドルノ | 82, 84, 206 |
| アナムネーシス | 15 |
| アニマ | 80 |
| アニミズム | 128 |
| アニムス | 80 |
| アパテイア | 19 |
| あはれ | 203 |
| アヒンサー | 75, 101 |
| アファーマティブ・アクション | 91, 92 |
| 安部磯雄 | 172, 174 |
| 安部公房 | 178 |
| アマテラス | 130 |
| 阿弥陀如来(阿弥陀仏) | 109, 133, 134, 136, 138 |
| アムネスティ・インターナショナル | 228 |
| アメニティ | 219 |
| 新井白石 | 145, 160 |
| 阿羅漢 | 108 |
| 阿頼耶識 | 109 |
| アリエス | 200 |
| 有島武郎 | 178 |
| アリストテレス | 18, 19, 20 |
| アルケー | 10 |
| アレテー | 11 |
| 憐れみの心 | 47 |
| アンガージュマン | 71 |
| アンシャン・レジーム | 51 |
| アンチテーゼ | 59 |
| 安天下の道 | 149 |
| 安藤昌益 | 157, 158 |
| 安楽死 | 215 |

## い

| | |
|---|---|
| イエス | 22, 23, 24 |
| イエズス会 | 38 |
| イエスの黄金律 | 63 |
| いき(粋) | 203 |
| 生きた自然 | 39, 40 |
| 易行 | 102, 104 |
| 生きられる身体 | 87 |
| 育児・介護休業法 | 211 |
| イグナティウス・デ・ロヨラ | 38 |
| イザナキ(イザナギ) | 130 |

| | | | | |
|---|---|---|---|---|
| イザナミ | 130 | 運命愛 | 70 |
| イザヤ | 22 | 永遠の相のもとに | 51 |
| 石川啄木 | 178 | 永遠法 | 48 |
| 石田梅岩 | 156, 158 | 永劫回帰 | 70 |
| 石橋湛山 | 184 | 栄西 | 140 |
| 石牟礼道子 | 218 | 叡尊 | 141 |
| 意匠 | 185 | エイドス | 18 |
| イスラーム | 26, 27, 28 | エイロネイア | 11 |
| 伊勢神道(度会神道) | 141, 154 | 易姓革命 | 116 |
| 市川房枝 | 173 | エゴ(自我) | 78 |
| 一次的欲求 | 194 | 懐奘 | 140 |
| 一乗思想 | 132 | エス(イド) | 78 |
| 一君万民論 | 161 | エスノセントリズム | 91, 181, 226 |
| 一切皆苦 | 105 | エゼキエル | 22 |
| 一切衆生悉有仏性 | 109, 132 | エネルゲイア | 18 |
| 一者(ト・ヘン) | 19 | エピクテトス | 20 |
| 一般意志 | 47 | エピクロス | 19 |
| 一遍 | 137 | エポケー | 82 |
| イデア | 14, 16 | エミール | 51 |
| 伊藤仁斎 | 148 | エラスムス | 34, 35 |
| イドラ | 42 | エリクソン | 198 |
| イニシエーション | 198 | エルサレム | 27 |
| イノベーション | 206 | エレミヤ | 22 |
| 伊波普猷 | 181 | エロース | 15, 24 |
| 井原西鶴 | 156 | 演繹法 | 42, 44 |
| 為法捨身 | 140 | 縁起 | 109 |
| 異邦人伝道 | 23 | 縁起の法 | 104 |
| 因縁 | 104, 109 | 遠近法 | 34 |
| インフォームド・コンセント | 214, 216 | エンゲルス | 60, 67 |
| | | 怨恨 | 70 |
| **う　え** | | 延長 | 43 |
| ヴァーチャル・リアリティ | 223 | 役小角(役行者) | 129 |
| ヴァイツゼッカー | 226 | エンパワーメント | 211 |
| ヴァスバンドゥ(世親) | 109 | エンペドクレス | 10 |
| ヴァルダマーナ(マハーヴィーラ) | 101 | 延暦寺 | 132 |
| ヴィザージュ | 87 | | |
| ウィトゲンシュタイン | 79 | **お** | |
| ヴェーダ | 100 | 王権神授説 | 46 |
| ウェーバー | 206 | 往相回向 | 138 |
| 植木枝盛 | 165 | 王道政治 | 116 |
| ウェッブ夫妻 | 67 | 王仏冥合 | 141 |
| 植村正久 | 169 | 王陽明 | 121 |
| ヴォルテール | 51 | オーウェル | 207 |
| 内村鑑三 | 169, 170 | オーウェン | 66 |
| 宇宙船地球号 | 218 | 大江健三郎 | 185 |
| ウパニシャッド | 100, 101 | 「大きな物語」 | 87 |
| 卜部神道 | 141 | 大塩平八郎 | 145 |
| ウラマー | 27 | 大杉栄 | 172 |
| ウンマ | 27 | 大槻玄沢 | 160 |

| | |
|---|---|
| 岡倉天心 | 168 |
| 緒方洪庵 | 160 |
| 荻生徂徠 | 148, 149 |
| 奥むめお | 173 |
| オゾン層の破壊 | 218, 220 |
| オックスファム | 228 |
| 踊り念仏 | 137 |
| オリエンタリズム | 91, 226 |
| 折口信夫 | 181 |
| オルポート | 200 |
| 温故知新 | 112 |
| 怨憎会苦 | 104 |
| 恩寵 | 23 |
| 恩賜的民権 | 165 |
| 厭離穢土・欣求浄土 | 133 |

### か

| | |
|---|---|
| カーソン | 218 |
| 懐疑主義 | 38 |
| 階級闘争 | 67 |
| 介護保険制度 | 211, 212 |
| 戒壇 | 129, 132 |
| 外的制裁 | 62 |
| 懐徳堂 | 157 |
| 外発的開化 | 177 |
| 貝原益軒 | 144 |
| 恢(回)復的民権 | 165 |
| 外部指向型 | 206 |
| 快楽計算 | 62 |
| 快楽主義 | 19 |
| カウンター・カルチャー | 199 |
| 顔 | 87 |
| 科学革命 | 38, 39, 40 |
| 核家族化 | 210, 212 |
| 格差原理 | 90 |
| 核兵器禁止条約 | 228 |
| 核兵器廃絶国際キャンペーン | 228 |
| 革命権 | 47, 165 |
| 学問の進歩 | 42 |
| 格率 | 55 |
| 「隠れて生きよ」 | 19 |
| かけがえのない地球 | 219 |
| 仮言命法 | 55 |
| 「過去に目を閉ざす者は，現在にも目を閉ざす」 | 226 |
| 加持祈禱 | 133 |
| 我執 | 104 |
| 加上説 | 157 |
| 仮想現実 | 223 |
| 家族機能の外部化・社会化 | 210 |

| | |
|---|---|
| 荷田春満 | 152 |
| ガダマー | 204 |
| 片山潜 | 172, 174 |
| 「語り得ないことについては，沈黙しなければならない」 | 79 |
| 渇愛 | 104 |
| カッシーラー | 194 |
| 葛藤 | 195, 196 |
| 加藤周一 | 185 |
| 加藤弘之 | 166 |
| 過度の一般化 | 227 |
| カトリック | 36, 38 |
| カナン | 22 |
| 可能態 | 18 |
| 下部構造 | 67 |
| 神(カミ) | 128 |
| 神の子 | 23 |
| 「神は死んだ」 | 70 |
| カミュ | 72 |
| 鴨長明 | 203 |
| 賀茂真淵 | 152, 154 |
| 漢意 | 153 |
| カリスマ的支配 | 207 |
| ガリレイ | 39, 40 |
| カルヴァン | 35 |
| カルタヘナ議定書 | 219 |
| カルマ | 101 |
| 枯山水 | 203 |
| 河上肇 | 172, 174 |
| 川端康成 | 178 |
| 考える葦 | 39 |
| 環境基本法 | 218 |
| 環境倫理学 | 219 |
| 監視社会 | 208 |
| 鑑真 | 129 |
| 観想 | 10 |
| 観想的生活 | 18 |
| 観想念仏 | 133 |
| ガンディー | 75 |
| カント | 52, 54, 55, 56, 58, 64 |
| 惟神の道 | 153, 154 |
| 観念論 | 54, 58 |
| 韓非子 | 114, 117, 118 |
| 寛容の精神 | 51 |
| 管理社会 | 206, 207 |
| 官僚制(ビューロクラシー) | 206, 207 |

### き

| | |
|---|---|
| 気 | 121 |

238

| | | | | |
|---|---|---|---|---|
| 義 | 116, 117 | | | |
| 機会均等の原理 | 90 | | | |
| 機械論的自然観 | 38, 39, 40, 43 | | | |
| 幾何学的精神 | 39 | | | |
| 記号化 | 86 | | | |
| 気候変動枠組条約 | 219 | | | |
| 疑似イベント | 223 | | | |
| 気質の性 | 121 | | | |
| 喜捨 | 27, 28 | | | |
| 技術革新 | 206 | | | |
| 基礎集団 | 206 | | | |
| 北一輝 | 184 | | | |
| 濁心 | 128 | | | |
| 北村透谷 | 176 | | | |
| 機能集団 | 206 | | | |
| 帰納法 | 42, 44 | | | |
| 木下順庵 | 144 | | | |
| 木下尚江 | 172 | | | |
| 規範倫理学 | 91 | | | |
| 詭弁 | 11 | | | |
| 義務 | 55 | | | |
| キャリア開発 | 199 | | | |
| キュア | 214 | | | |
| 救世主 | 22, 24 | | | |
| 救命ボートの倫理 | 64 | | | |
| 窮理 | 121 | | | |
| キュビズム | 202 | | | |
| 教育勅語 | 168 | | | |
| 境界人 | 198 | | | |
| 共感 | 62 | | | |
| 共観福音書 | 24 | | | |
| 行基 | 129 | | | |
| 共産主義社会 | 67 | | | |
| 共通善 | 91 | | | |
| 共同幻想 | 185 | | | |
| 共同体主義 | 91 | | | |
| 京都議定書 | 219 | | | |
| 教父 | 23 | | | |
| 教父哲学 | 23 | | | |
| 共和政治 | 19 | | | |
| 清き明き心 | 128, 149 | | | |
| 居敬 | 121 | | | |
| 義理 | 156 | | | |
| キリスト | 22, 23, 24, 28 | | | |
| キルケゴール | 60, 70 | | | |
| キング牧師 | 75 | | | |
| 近代的自我 | 43, 177 | | | |
| 近代哲学の父 | 42 | | | |
| 禁欲主義 | 19 | | | |

## く

| | |
|---|---|
| 苦 | 104 |
| 空 | 109, 110 |
| 空海 | 132, 133 |
| 空気 | 10 |
| 偶像崇拝の禁止 | 26 |
| 空也 | 133, 137 |
| クーン | 39 |
| クオリティー・オブ・ライフ | 214 |
| 陸羯南 | 168 |
| 九鬼周造 | 203 |
| 苦行 | 101, 102 |
| 口称念仏 | 133, 136 |
| 「ク・セ・ジュ？」 | 38 |
| 苦諦 | 105 |
| 国木田独歩 | 178 |
| 求不得苦 | 104 |
| 熊沢蕃山 | 145 |
| 鳩摩羅什 | 109 |
| 暗き心 | 128 |
| クラスター爆弾禁止条約 | 228 |
| グラミン銀行 | 227 |
| 『クルアーン』 | 26 |
| グレート・マザー | 80 |
| クレッチマー | 194 |
| グローバル・ヴィレッジ | 223 |
| グロティウス | 48 |
| 君子 | 113 |
| 軍事的社会 | 68 |
| 群衆 | 208 |
| 君主論 | 34 |

## け

| | |
|---|---|
| ケア | 214 |
| 敬 | 144 |
| 経験論 | 42, 50 |
| 形式的な平等 | 92 |
| 経世済民 | 149 |
| 形相 | 18 |
| 契沖 | 152 |
| 啓典の民 | 28 |
| ケイパビリティ | 91 |
| 啓蒙思想家 | 51, 164, 166 |
| 啓蒙主義 | 51 |
| 契約宗教 | 22 |
| ゲーテ | 39 |
| 穢れ | 128 |
| 解脱 | 101, 104, 105 |

| | |
|---|---|
| 結果説 | 62, 64 |
| 結果の平等 | 92 |
| ケプラー | 39 |
| 兼愛 | 114 |
| 権威主義的性格 | 83, 206 |
| 限界状況 | 71 |
| 顕教 | 133 |
| 元型 | 79, 80 |
| 言語ゲーム | 79 |
| 原罪 | 23 |
| 原子 | 10 |
| 「元始，女性は実に太陽であった。」 | 173 |
| 現実態 | 18 |
| 玄奘 | 109 |
| 現象界 | 14, 16 |
| 現象学 | 82 |
| 現象学的還元 | 82 |
| 原初状態 | 90 |
| 原子論 | 19 |
| 還相回向 | 138 |
| 現存在 | 71 |
| 憲法十七条 | 129 |
| 倹約 | 156 |

## こ

| | |
|---|---|
| 孝 | 113, 145 |
| 業 | 101 |
| 公案 | 140, 142 |
| 公案禅 | 142 |
| 公害対策基本法 | 218 |
| 公害輸出 | 220 |
| 合計特殊出生率 | 211 |
| 孔子 | 112, 113, 114, 118 |
| 公衆 | 208 |
| 公正 | 90 |
| 浩然の気 | 116 |
| 構造主義 | 86 |
| 幸徳秋水 | 172, 174 |
| 公平な観察者（公平な第三者） | 62 |
| 高邁の精神 | 43 |
| 公民権運動 | 75 |
| 高野山 | 133 |
| 合理化 | 195 |
| 功利主義 | 62, 63, 64 |
| 功利性の原理 | 62 |
| 合理的支配 | 207 |
| 合理論 | 42, 50 |
| 高齢化社会 | 211 |
| 五蘊盛苦 | 104 |

| | |
|---|---|
| ゴータマ・シッダッタ | 104 |
| 『コーラン』 | 26 |
| ゴールドバーグ | 200 |
| 五戒 | 106 |
| 古学派 | 148 |
| 古義学 | 148 |
| 古義堂 | 148 |
| コギト・エルゴ・スム | 43 |
| 五経 | 117 |
| 五行 | 26, 27, 28 |
| 故郷喪失 | 71 |
| 国粋主義 | 168 |
| 国粋保存主義 | 168 |
| 国学 | 152, 153 |
| 国際人権規約 | 227 |
| 国際法の父 | 48 |
| 黒心 | 128 |
| 国体思想 | 184 |
| 国分寺 | 129 |
| 国民道徳 | 168 |
| 極楽浄土 | 133 |
| 国連環境開発会議 | 219, 220 |
| 国連環境計画（UNEP） | 219 |
| 国連教育科学文化機関（UNESCO） | 226 |
| 国連人間環境会議 | 219 |
| 『古事記』 | 128, 130 |
| 五常 | 117 |
| 個人情報保護法 | 222 |
| 悟性 | 54, 56 |
| 古層 | 185 |
| 克己復礼 | 113 |
| 国境なき医師団（MSF） | 228 |
| 子どもの権利条約 | 227 |
| 小林多喜二 | 178 |
| 小林秀雄 | 178, 185 |
| 古文辞学 | 149 |
| コペルニクス | 39 |
| コペルニクス的転回 | 54 |
| コマーシャリズム（商業主義） | 223 |
| コミュニケーション的合理性 | 83 |
| コミュニタリアニズム | 91 |
| コモンズ（共有地）の悲劇 | 218 |
| 五倫 | 117 |
| ゴルギアス | 10 |
| 金剛峯寺 | 133 |
| コント | 66, 68 |
| コンパクトシティ | 219 |
| コンフリクト | 195 |

## さ

| | |
|---|---|
| サイード | 91, 226 |
| 差異化の行動 | 86 |
| 西行 | 203 |
| 西光万吉 | 173 |
| 最後の審判 | 24, 27 |
| 祭祀 | 128 |
| 最小国家 | 91 |
| 再生医療 | 215 |
| 最大多数の最大幸福 | 62 |
| 最澄 | 132 |
| サイバースペース | 223 |
| 栽培の思考 | 86 |
| 坂口安吾 | 178 |
| 削除権 | 224 |
| 佐久間象山 | 161, 162 |
| ササラ文化 | 186 |
| 雑家 | 114 |
| 雑種文化 | 185 |
| サティヤーグラハ | 75 |
| サドカイ派 | 22 |
| 裁きの神 | 22 |
| 砂漠化 | 218, 220 |
| さび | 203 |
| ザビエル | 160 |
| サブカルチャー | 199 |
| サルトル | 70 |
| サンクション | 62 |
| 三元徳（信仰・希望・愛） | 23 |
| 三権分立論 | 51 |
| サンサーラ | 101 |
| サン＝シモン | 66 |
| 三乗思想 | 132 |
| 酸性雨 | 218, 220 |
| 暫定道徳 | 43 |
| サンデル | 91 |
| 三毒（貪・瞋・癡） | 104 |
| 山王神道 | 133 |
| 産婆術 | 11 |
| 三宝帰依 | 106 |
| 三位一体 | 23 |
| 三密（身密・口密・意密） | 133 |
| 三民の師表 | 148, 150 |

## し

| | |
|---|---|
| 思惟 | 43 |
| シーア派 | 27 |
| 恣意性 | 79 |

| | |
|---|---|
| シーボルト | 160 |
| ジェームズ | 74 |
| シェーラー | 202 |
| シェリング | 58 |
| ジェンダー | 211 |
| 四箇格言 | 141 |
| 自我同一性 | 198, 199 |
| 志賀直哉 | 178 |
| 只管打坐 | 140 |
| 色即是空・空即是色 | 110 |
| 四苦八苦 | 104 |
| 四元徳（知恵・勇気・節制・正義） | 15, 16 |
| 自己愛 | 47 |
| 志向性 | 82 |
| 自己外化 | 59 |
| 地獄 | 133 |
| 自己決定権 | 214 |
| 自己保存権 | 46 |
| 自己本位 | 177 |
| 時宗 | 137 |
| 四書 | 117 |
| 時・処・位 | 145 |
| 「事象そのものへ」 | 82 |
| 辞譲の心 | 116, 117 |
| 詩人 | 71 |
| 自省録 | 20 |
| 自然権 | 46, 47, 48 |
| 自然主義 | 176 |
| 自然状態 | 48 |
| 自然世 | 157 |
| 自然選択 | 66 |
| 自然的態度 | 82 |
| 自然哲学 | 10, 12 |
| 自然淘汰 | 66 |
| 「自然に帰れ」 | 51 |
| 「自然に従って生きよ」 | 19 |
| 自然の権利 | 219 |
| 自然の生存権 | 219 |
| 自然法 | 23, 46, 48 |
| 持続可能な開発 | 219 |
| 四諦 | 105 |
| 四端 | 116, 117 |
| 実学 | 164 |
| 志筑忠雄 | 160 |
| 実験的知性 | 74 |
| 実証科学 | 66 |
| 実証主義 | 66, 68 |
| 実世界 | 176 |
| 実践理性 | 54, 55 |

| | | | |
|---|---|---|---|
| 実存開明 | 71 | 十字架の贖い | 23 |
| 実存（現実存在） | 70 | 自由至上主義 | 91, 92 |
| 実存的な交わり | 71 | 自由思想家 | 101 |
| 実存の三段階 | 70 | 柔弱謙下 | 120 |
| 「実存は本質に先立つ」 | 71 | 修正マルクス主義 | 67 |
| 集諦 | 105 | 周辺人 | 198 |
| 質的功利主義 | 63 | 自由放任主義 | 62 |
| 実用主義 | 74 | 終末思想 | 24 |
| 質料 | 18 | 自由民権運動 | 165, 166, 174 |
| 史的唯物論 | 67 | シュールレアリズム | 202 |
| 士道 | 148 | 儒家 | 112 |
| 四徳 | 116, 117 | 儒学 | 117, 121 |
| 私度僧 | 129 | 主客未分 | 180, 182 |
| シニフィアン | 79 | 綜芸種智院 | 133 |
| シニフィエ | 79 | 修験道 | 129 |
| 「死ぬことと見つけたり」 | 150 | 朱子（朱熹） | 121 |
| 自然法爾 | 137 | 朱子学 | 121, 146 |
| 死の三徴候 | 215 | 朱子学派 | 144, 146 |
| ジハード | 27 | 修証一等（修証一如） | 140 |
| 慈悲 | 105, 106, 108 | 主体的真理 | 70 |
| 死への存在 | 71 | 主知主義 | 11 |
| 四法印 | 105 | 『出エジプト記』 | 22, 24 |
| 島崎藤村 | 176 | 十戒 | 22 |
| 市民革命 | 46 | 出世間 | 144 |
| 市民社会 | 59 | シュヴァイツァー | 75 |
| 自民族中心主義 | 91, 181, 226 | シュプランガー | 194 |
| 市民的自由 | 51 | 循環型社会形成推進基本法 | 219 |
| 市民的不服従 | 76 | 循環型社会 | 219 |
| 四門出遊 | 104 | 荀子 | 113, 117, 118 |
| ジャイナ教（ジナ教） | 101, 102 | 純粋経験 | 180, 182 |
| 社会学 | 66 | 巡礼 | 27 |
| 社会革命 | 67 | 序 | 117 |
| 社会契約説 | 46, 47, 48 | 恕 | 113 |
| 社会参加 | 71 | 昇華 | 195 |
| 社会主義社会 | 67 | 障害者基本法 | 207 |
| 社会進化論 | 66 | 障害者権利条約 | 207 |
| 社会的基本財 | 90 | 障害者差別解消法 | 207 |
| 社会的性差 | 211 | 消去権 | 224 |
| 社会的欲求 | 194 | 貞慶 | 141 |
| 折伏 | 141 | 上下定分の理 | 144 |
| シャリーア | 26 | 尚賢 | 114 |
| 自由意志 | 23, 34, 36, 46 | 小国寡民 | 120 |
| 縦横家 | 114 | 上座部 | 108, 110 |
| 羞悪の心 | 116, 117 | 聖徳太子（厩戸王） | 128, 142 |
| 自由教育 | 51 | 浄土宗 | 136, 138 |
| 宗教改革 | 35 | 浄土信仰 | 133 |
| 宗教的実存 | 70 | 浄土真宗 | 137, 138 |
| 集合的無意識 | 78, 79, 80 | 浄土門 | 136 |
| 修己治人（修己以安人） | 113 | 「商人の買利（売利）は士の禄に同じ」 | 156 |

| | | | | |
|---|---|---|---|
| 情念 | 19 | 心身問題 | 43 |
| 生・老・病・死 | 104 | 心即理 | 121 |
| 昌平坂学問所（昌平黌） | 144 | ジンテーゼ | 59 |
| 情報社会 | 222, 224 | シンデレラ・コンプレックス | 199 |
| 情報通信技術 | 222 | 人道 | 157 |
| 称名念仏 | 136 | 神仏習合（神仏混淆） | 129, 133 |
| 常民 | 181 | 新プラトン主義 | 19 |
| 聖武天皇 | 129 | 人文主義 | 34 |
| 逍遙遊 | 120 | シンボルを操る動物 | 194 |
| 条理学 | 157 | 神武天皇 | 130 |
| ショートステイ | 211 | 親鸞 | 137, 138 |
| ショーペンハウアー | 72 | 「真理であるから有用，有用であるから真理」 | 74 |
| 諸行無常 | 105 | 心理的離乳 | 198 |
| 職業召命観 | 35 | 真理の把持 | 75 |
| 職業人 | 35 | 人倫 | 58, 59 |
| 贖罪思想 | 23 | 人倫日用の道 | 149 |
| 助産術 | 11 | 神話 | 10 |
| 女子差別撤廃条約 | 227 | 神話的世界観 | 10 |
| 諸子百家 | 112, 114 | | |

### す

| | | | |
|---|---|---|---|
| 諸法無我 | 105 | 垂加神道 | 145, 154 |
| 地雷禁止国際キャンペーン | 228 | 推譲 | 157 |
| 自利 | 108 | スーパーエゴ（超自我） | 78 |
| 自律 | 55 | 杉田玄白 | 160, 162 |
| 思慮 | 18, 20 | スコラ哲学 | 23 |
| 知る権利 | 222 | スコレー | 10 |
| 親 | 117 | スサノヲ | 130 |
| 信（伊藤仁斎） | 149 | 鈴木正三 | 156 |
| 信（孟子） | 117 | 鈴木大拙 | 180 |
| 仁 | 113, 114, 116, 117, 148 | スチューデント・アパシー | 199 |
| 心学 | 156 | ステップ・ファミリー | 210 |
| 人格 | 55 | 捨聖 | 137 |
| 神宮寺 | 129 | ステレオタイプ | 223, 227 |
| 神権政治 | 35 | ストア派 | 19, 20, 48 |
| 信仰義認説 | 35 | スピノザ | 50, 52, 60 |
| 信仰告白 | 27 | スペンサー | 66 |
| 「信仰のみ」 | 35 | スマイルズ | 166 |
| 神国思想 | 141 | スンナ（スンニー）派 | 27 |
| 真言 | 133 | | |

### せ

| | | | |
|---|---|---|---|
| 真言宗 | 132, 133, 134 | 世阿弥 | 203 |
| 真言密教 | 133 | 性悪説 | 117 |
| 心斎坐忘 | 120 | 性格五因子理論 | 196, 200 |
| 真実無偽 | 149 | 生活世界 | 83 |
| 新自由主義 | 92 | 正義 | 15, 19 |
| 人種差別撤廃条約 | 227 | 正義の二原理 | 90 |
| 真人（至人） | 120 | 制裁 | 62 |
| 神人合一 | 145 | 性差別 | 207 |
| 身心脱落 | 140 | 政治的無関心 | 206 |
| 心身二元論 | 43, 216 | | |

| | | | | |
|---|---|---|---|---|
| 『聖書』 | 22, 24 | 世法即仏法 | 156 |
| 生殖補助医療 | 214 | セン | 91, 92 |
| 聖書中心主義 | 35 | 善意志 | 55 |
| 誠信の交わり | 145 | 全国水平社 | 173 |
| 性善説 | 116 | 潜在能力 | 91 |
| 聖俗一致 | 26 | 繊細の精神 | 39 |
| 性即理 | 121 | 専修念仏 | 136 |
| 正直 | 141, 149, 154, 156 | 扇情主義 | 223 |
| 青鞜社 | 173 | センセーショナリズム | 223 |
| 生得観念 | 50 | 全体意志 | 47 |
| 青年期 | 198, 199, 200 | 全体的正義 | 19 |
| 青年文化 | 199, 200 | 戦闘的ヒューマニズム | 75 |
| 生の尊厳 | 44 | 善人 | 137 |
| 政府開発援助 | 227 | 善のイデア | 14 |
| 生物進化論 | 66 | 先王の道 | 149 |
| 生物多様性条約 | 219 | 千利休 | 203 |
| 性別役割分業観 | 210 | 善美のことがら | 11 |
| 清明心 | 128, 149 | 選民思想 | 22 |
| 生命の質 | 214 | 専門人 | 35 |
| 生命への畏敬 | 75 | 洗礼者ヨハネ | 22 |
| 生命倫理学 | 214 | | |
| 生理的欲求 | 194 | **そ** | |
| 聖霊 | 23 | 宋学 | 121 |
| セーブ・ザ・チルドレン | 228 | 想起 | 15 |
| 世界遺産条約 | 228 | 臓器移植 | 215, 216 |
| 世界市民主義 | 19 | 臓器移植法 | 215 |
| 世界人権宣言 | 227 | 荘子 | 112, 120, 122 |
| 世界精神 | 59, 60 | 想世界 | 176 |
| 世界-内-存在 | 71 | 創造的知性 | 74 |
| 赤十字国際委員会（ICRC） | 228 | 相対主義 | 10 |
| 責任 | 71 | 曹洞宗 | 140, 142 |
| 石門心学 | 156 | 草莽崛起 | 161 |
| セクショナリズム | 207 | 惻隠の心 | 116, 117 |
| 世間虚仮, 唯仏是真 | 129 | 即身成仏 | 133 |
| 世代間倫理 | 219 | 則天去私 | 177 |
| 積極的格差是正措置 | 91 | ソクラテス | 11, 12 |
| 雪舟 | 203 | ソシュール | 79, 80 |
| 節制 | 15, 18 | ソフィスト | 10, 11, 12 |
| 節葬 | 114 | 祖霊信仰 | 181 |
| 絶対精神 | 59, 60 | ソロー | 76 |
| 絶対他力 | 137 | 尊厳死 | 215 |
| 絶対平和主義 | 75, 169 | 「存在するとは, 知覚されること」 | 50 |
| 絶対無 | 180 | 存在の牧人 | 71 |
| 絶対矛盾的自己同一性 | 180 | 存在忘却 | 71 |
| 絶望 | 70 | 存心持敬 | 144 |
| 節用 | 114 | | |
| セネカ | 20 | **た** | |
| ゼノン | 19 | ダーウィン | 66 |
| 是非の心 | 116, 117 | ダーザイン | 71 |

244

| | | | | |
|---|---|---|---|---|
| ターミナル・ケア | 214 | ダランベール | 51 |
| 大義名分論 | 145 | 他力易行 | 136 |
| 大逆事件 | 172 | 達磨 | 109, 142 |
| 対抗宗教改革 | 38 | タレス | 10 |
| 第三の波 | 223 | たをやめぶり（手弱女振） | 153, 154 |
| 大衆 | 70, 206, 208 | 単子 | 51 |
| 大衆社会 | 206 | 単子論（モナドロジー） | 51 |
| 大衆部 | 108 | 断食（イスラーム） | 27, 28 |
| 大衆民主主義 | 206 | 断食（ジャイナ教） | 101 |
| 大乗 | 108, 110 | 男女共同参画社会基本法 | 210, 211 |
| 大正デモクラシー | 173 | 男女雇用機会均等法 | 210, 211 |
| 大乗非仏説論 | 157 | ダンテ | 34 |
| 大丈夫 | 117 | 単独者 | 70 |
| 代償・補償 | 195 | | |
| 対人地雷禁止条約 | 228 | **ち** | |
| 大日如来 | 133, 134 | 知覚の束 | 50 |
| 第二の誕生 | 198 | 近松門左衛門 | 156 |
| 第二反抗期 | 198 | 力への意志 | 70 |
| 太母 | 80 | 地球温暖化 | 218 |
| 台密 | 132 | 地球サミット | 219 |
| 第四の権力 | 222 | 地球全体主義 | 219 |
| 頽落 | 71 | 地球村 | 223 |
| 大陸合理論 | 50 | 地球有限主義 | 219 |
| 代理母出産 | 216 | 知行合一（王陽明） | 121 |
| 対話 | 11 | 知行合一（ソクラテス） | 11 |
| 対話的理性 | 83 | 知行合一（中江藤樹） | 145 |
| 対話篇 | 14 | 知性 | 54, 56 |
| 高く直き心 | 152, 154 | 知性的徳 | 18 |
| 高野長英 | 161 | 知足安分 | 156 |
| 高天原 | 128 | 知的財産権の侵害 | 223 |
| タコ壺文化 | 186 | 地動説 | 39 |
| 太宰治 | 178 | 知徳合一 | 11 |
| 太宰春台 | 149 | 「知は力なり」 | 42 |
| 他者 | 87 | チベット仏教 | 109 |
| 他者危害原則 | 63 | 茶の湯 | 203 |
| 他者に対する無理解 | 226 | 忠 | 113, 149 |
| ダス・マン（ひと） | 71 | 中間者 | 39 |
| 祟り神 | 128 | 中観派 | 109 |
| 脱亜論 | 164 | 中道 | 105 |
| 脱工業化社会 | 223 | 中庸 | 18 |
| 脱構築 | 87 | 超越者 | 71 |
| 脱中心化 | 200 | 超越神 | 40 |
| 田中正造 | 218 | 超国家主義 | 184 |
| 他人指向型 | 206 | 超人 | 70 |
| タブラ＝ラサ（白紙） | 50 | 調整的正義 | 19 |
| 多文化主義 | 227 | 直接民主制 | 47 |
| 魂への配慮 | 11 | 致良知 | 121 |
| 田山花袋 | 178 | 鎮護国家 | 129, 132, 134 |
| ダライ・ラマ | 109 | | |

## つ て

| | |
|---|---|
| つう（通） | 203 |
| 通過儀礼 | 198 |
| 津田左右吉 | 184 |
| 罪 | 128 |
| 罪の文化 | 186 |
| 悌 | 113 |
| 定言命法 | 55 |
| 抵抗権 | 47, 165 |
| デイサービス | 211 |
| 提唱題目（唱題） | 141 |
| ディドロ | 51 |
| 諦念（レジグナチオン） | 177 |
| テーラーメイド医療 | 214 |
| テオリア | 10 |
| テオリア的生活 | 18 |
| デカルト | 42, 44, 50 |
| 適応 | 195 |
| 適法性 | 55 |
| 「敵を愛し，自分を迫害する者のために祈りなさい」 | 22 |
| デザイナー・チャイルド | 216 |
| デジタル・デバイド（情報格差） | 223 |
| デジタル・ネイティヴ | 224 |
| 手島堵庵 | 157 |
| 哲学的懐疑論 | 50 |
| 哲学の第一原理 | 43 |
| 「哲学は神学の侍女」 | 23 |
| 哲人王 | 15 |
| 哲人政治 | 15 |
| デモクリトス | 10 |
| デューイ | 74, 76 |
| デュナミス | 18 |
| デリダ | 87 |
| デルフォイの神託 | 11 |
| 電子商取引（eコマース） | 222 |
| 電子政府 | 222 |
| 天人合一 | 154 |
| 天台宗 | 132, 134 |
| 天道 | 157 |
| 天動説 | 39 |
| 伝統的支配 | 207 |
| 天皇機関説 | 173 |
| 天の思想 | 112 |
| 「天は人の上に人を造らず，人の下に人を造らずと云へり」 | 164 |
| 天賦人権論 | 164 |
| 天命 | 26 |

## と

| | |
|---|---|
| 道家 | 112, 120 |
| 同感 | 62 |
| 討議 | 83 |
| 動機説（動機主義） | 55, 64 |
| 道教 | 120 |
| 道具主義 | 74 |
| 道具的理性 | 82 |
| 道元 | 140, 142 |
| 道諦 | 105 |
| 東大寺 | 129 |
| 道徳法則 | 55 |
| 倒幕論 | 146 |
| 動物機械論 | 44 |
| 動物実験 | 219 |
| 動物の権利 | 63 |
| 東密 | 133 |
| 東洋道徳，西洋芸術 | 161 |
| 東洋のルソー | 165 |
| 徳一 | 132 |
| 特殊意志 | 47 |
| 特性論 | 196 |
| 徳治主義 | 113 |
| 徳富蘇峰 | 168 |
| 独立自尊 | 164 |
| 独立心 | 164 |
| トコヨ（常世） | 128, 181 |
| 戸坂潤 | 180, 184 |
| ドストエフスキー | 72 |
| 土台 | 67, 68 |
| 土地倫理 | 219 |
| ドナー | 215 |
| トフラー | 223 |
| トマス・アクィナス | 23, 48 |
| 富永仲基 | 157 |
| ドメスティック・バイオレンス（DV） | 211 |
| トルストイ | 75 |
| 奴隷道徳 | 70 |

## な に

| | |
|---|---|
| ナーガールジュナ（竜樹） | 109 |
| 内的制裁 | 63 |
| 内部生命 | 176 |
| 中江兆民 | 165 |
| 中江藤樹 | 145 |
| 中村正直 | 166 |
| 夏目漱石 | 177 |
| 南無阿弥陀仏 | 133, 136 |

| | | | |
|---|---|---|---|
| 南無妙法蓮華経 | 141 | **は** | |
| 縄張り主義 | 207 | バークリー | 50 |
| 「汝自身を知れ」 | 11 | パース | 74 |
| 南伝仏教 | 108, 110 | パーソナリティ | 194, 196 |
| 南都六宗 | 129, 134 | バーナード・ショウ | 67 |
| 南北問題 | 227 | ハーバーマス | 83, 84 |
| 難民条約 | 227 | ハイエク | 92 |
| 新島襄 | 169 | バイオエシックス | 214 |
| ニート（NEET） | 199 | バイオテクノロジー | 214 |
| 「肉体は魂にとって牢獄」 | 15 | ハイデガー | 70, 71, 84 |
| 西周 | 166 | 廃仏運動 | 169 |
| 西川如見 | 157 | 配分的正義 | 19 |
| 西田幾多郎 | 180, 182 | ハヴィガースト | 200 |
| 二次的欲求 | 194 | パウロ | 23 |
| 西村茂樹 | 166, 168 | 『葉隠』 | 150 |
| 日蓮 | 141, 142 | パグウォッシュ会議 | 75 |
| 日蓮宗 | 141 | 恥の文化 | 186 |
| 新渡戸稲造 | 169, 186 | 場所の理論 | 180 |
| 二宮尊徳 | 157, 158 | パスカル | 39, 40 |
| ニヒリズム | 70 | パターナリズム | 214 |
| ニュートン | 39 | ハッキング | 223 |
| ニューハーモニー村 | 66 | 八正道 | 105 |
| 二律背反 | 56 | 発達課題 | 199 |
| ニルヴァーナ | 105 | 服部南郭 | 149 |
| 人間環境宣言 | 219 | ハディース | 26 |
| 人間機械論 | 44 | 覇道政治 | 116 |
| 人間の安全保障 | 227 | パトス | 19 |
| 「人間」の終焉 | 87 | 塙保己一 | 153 |
| 「人間は自由の刑に処せられている」 | 71 | パノプティコン（一望監視システム型刑務所） | |
| 「人間は万物の尺度である」 | 10 | | 62, 208 |
| 「人間はポリス的動物」 | 19 | パブリック・アクセス | 222 |
| 忍性 | 141 | 林羅山 | 144, 162 |
| 人情 | 156 | ハラーム | 27 |
| | | 祓い（祓え） | 128, 130 |
| **ね** **の** | | パラサイト・シングル | 199 |
| ネオリベラリズム | 92 | パラダイム | 39, 90 |
| ネグレクト | 211 | パラダイム・シフト | 39 |
| ネチケット | 223 | バラモン教 | 100, 102 |
| 涅槃 | 105 | バリアフリー | 211 |
| 涅槃寂静 | 105 | ハリーファ（カリフ） | 27 |
| 念仏札 | 137 | パリ協定 | 219 |
| 農家 | 114 | パリサイ派 | 22 |
| 能楽 | 203 | パロール | 79, 80 |
| 脳死 | 215 | 反照的均衡 | 91 |
| 能動的ニヒリズム | 70 | 反証可能性 | 84 |
| ノージック | 91, 92 | 蕃神 | 128 |
| ノーブレス・オブリージュ | 208 | 汎神論 | 39, 40, 50 |
| ノーマライゼーション | 211 | 判断中止 | 82 |
| ノモス | 10 | | |

索引 | 247

| | |
|---|---|
| ハンチントン | 91 |
| 般若心経 | 110 |
| 万人司祭主義 | 35 |
| 「万人の万人に対する闘争」 | 46 |
| 万能人 | 34 |
| 伴信友 | 153 |
| 万物斉同 | 120 |
| 反本地垂迹説(神本仏迹説) | 141, 154 |
| 万有引力の法則 | 39 |

### ひ

| | |
|---|---|
| ピアジェ | 200 |
| ピーターパン・シンドローム | 199 |
| 比叡山 | 132 |
| ヒエラルヒーの原則 | 207 |
| 樋口一葉 | 178 |
| ビゲロー | 170 |
| 非攻 | 114 |
| ピコ・デラ・ミランドラ | 34 |
| 非戦論 | 169 |
| 非僧非俗 | 137 |
| ピタゴラス | 10 |
| ビッグデータ | 222 |
| ビッグファイブ理論 | 196, 200 |
| 美的実存 | 70 |
| ヒトクローン技術規制法 | 215 |
| ヒトゲノム | 214, 216 |
| 人の死 | 215 |
| 「人の世に熱あれ，人間に光あれ」 | 173 |
| 「人は女に生まれるのではない。女になるのだ」 | |
| | 72, 210 |
| 「人は人に対して狼」 | 46 |
| 批判的合理主義 | 84 |
| 批判的方法 | 84 |
| 批判的理性 | 82 |
| 批判哲学 | 52, 54 |
| 批判理論 | 84 |
| 非暴力主義 | 75, 76 |
| 百科全書派 | 51 |
| ヒューマニスト(ヒューマニズム) | 75 |
| ヒューマニスト(人文主義者) | 34 |
| ヒューマニズム(人文主義) | 34 |
| ヒューム | 50, 52 |
| ピュシス(自然) | 10 |
| ヒュレー | 18 |
| 平等な自由の原理 | 90 |
| 平田篤胤 | 153, 154 |
| 平塚らいてう | 173, 174 |
| ヒンドゥー教 | 101, 102 |

### ふ

| | |
|---|---|
| ファランジュ | 66 |
| ファイサイ派 | 22 |
| フィヒテ | 58 |
| フィリア(友愛) | 19, 24 |
| フィロソフィア(哲学) | 11 |
| ブーアスティン | 223 |
| フーコー | 86, 88, 207, 208 |
| フーリエ | 66 |
| フェノロサ | 170 |
| フェビアン主義 | 67 |
| フェミニズム | 210 |
| 不飲酒戒 | 106 |
| 負荷なき自我 | 91 |
| 福音主義 | 35 |
| 福音書 | 24 |
| 福沢諭吉 | 162, 164, 166 |
| 福徳一致 | 11 |
| 不敬事件 | 169 |
| 不耕貪食の徒 | 157 |
| 藤田東湖 | 161 |
| 「武士道に接木されたるキリスト教」 | 169 |
| 不邪淫戒 | 106 |
| プシュケー(魂) | 11 |
| 不条理 | 72 |
| 不殺生 | 101 |
| 不殺生戒 | 106 |
| 二つのJ | 169 |
| 不偸盗戒 | 106 |
| 復活 | 22, 23 |
| 仏国土 | 141 |
| 復古神道 | 153, 154 |
| フッサール | 82 |
| ブッダ | 101, 104, 105 |
| 仏・法・僧 | 106 |
| 部派仏教 | 108 |
| 部分的正義 | 19 |
| 普遍人 | 34 |
| 不妄語戒 | 106 |
| プライバシーの侵害 | 223 |
| 部落解放運動 | 173 |
| プラグマティズム | 74 |
| プラグマティズムの格率 | 74 |
| プラトン | 14, 15, 16, 204 |
| ブラフマチャリヤー | 75 |
| ブラフマン(梵) | 101 |
| フランクフルト学派 | 82, 83 |
| フリーター | 199 |

| | |
|---|---|
| フリードマン | 92 |
| ブリコラージュ | 86 |
| ブルーノ | 39 |
| フロイト | 78, 80, 195 |
| プロタゴラス | 10 |
| プロティノス | 19 |
| プロテスタント | 35, 36 |
| フロネーシス | 18, 20 |
| フロム | 83, 206 |
| フロンティア精神 | 74 |
| 文化相対主義 | 227 |
| 分析哲学 | 79, 90 |
| 分度 | 157 |
| 分有 | 16 |

## へ

| | |
|---|---|
| 兵家 | 114 |
| ヘイトスピーチ解消法 | 207 |
| 平民社 | 172 |
| 平民新聞 | 172 |
| 平民主義 | 168 |
| ヘーゲル | 58, 59, 60 |
| ベーコン | 42, 44, 50 |
| ヘシオドス | 10 |
| ペシミズム（厭世主義） | 72 |
| 別愛 | 114 |
| ペテロ（ペトロ） | 22 |
| ペトラルカ | 34 |
| ベンヤミン | 83 |
| ベネディクト | 186 |
| ヘラクレイトス | 10, 60 |
| ベル | 223 |
| ベルクソン | 194 |
| ベルンシュタイン | 67 |
| ベンサム | 62, 64, 208 |
| 弁証法 | 59 |
| 弁証法的統一 | 181 |
| 弁論術 | 10 |

## ほ

| | |
|---|---|
| ホイジンガ | 194 |
| 防衛機制 | 195 |
| 報恩感謝の念仏 | 137 |
| 法家 | 114, 117 |
| 包括者 | 71 |
| 法世 | 157 |
| 法治主義 | 114 |
| 報徳思想 | 157 |
| 法然（源空） | 136 |

| | |
|---|---|
| 方法的懐疑 | 43 |
| 法律的社会 | 68 |
| ボーヴォワール | 72, 210 |
| ボードリヤール | 86, 88 |
| ホーリズム（全体論） | 90 |
| 墨子 | 114 |
| 北伝仏教 | 108, 110 |
| 法華経 | 128, 132, 141, 142 |
| 法華経の行者 | 141 |
| 菩薩 | 108, 134 |
| ポジティブ・アクション | 91, 92 |
| ポスト構造主義 | 86, 87 |
| ポスト・コロニアリズム | 91 |
| ホスピス | 214 |
| 母性中心主義 | 174 |
| 墨家 | 114 |
| ボッカチオ | 34 |
| 法華宗 | 141 |
| ボッティチェリ | 34 |
| ホッブズ | 46, 48 |
| ポパー | 84 |
| ホメロス | 10 |
| ホモ・エコノミクス（経済人） | 194 |
| ホモ・サピエンス（英知人） | 194 |
| ホモ・ファーベル（工作人） | 194 |
| ホモ・ルーデンス（遊戯人） | 194 |
| ホモ・レリギオースス（宗教人） | 194 |
| ポリス的動物 | 19, 194 |
| ホリングワース | 198 |
| ホルクハイマー | 82 |
| ホロコースト | 82, 87 |
| 梵我一如 | 101 |
| 本願ぼこり | 138 |
| ボン・サンス | 42 |
| 本地垂迹説 | 129, 133 |
| 本然の性 | 121 |
| 煩悩 | 104, 105, 108, 137, 138 |
| 凡夫 | 129 |

## ま

| | |
|---|---|
| マージナル・マン | 198 |
| マイクロクレジット | 227 |
| マイナンバー制度 | 223 |
| 前野良沢 | 160 |
| マキャヴェリ | 34 |
| マクルーハン | 223 |
| 真心 | 153, 154 |
| 誠 | 148, 149 |
| マザー・テレサ | 75 |

| | |
|---|---|
| 魔術からの解放 | 35 |
| マスデモクラシー | 206 |
| ますらをぶり（益荒男振） | 152, 154 |
| マズロー | 194, 195 |
| 松尾芭蕉 | 203 |
| マッキンタイア | 91 |
| 末法 | 136 |
| 「祀るとともに祀られる神」 | 128 |
| マリア | 22 |
| マルクス | 60, 67 |
| マルクス・アウレリウス | 20 |
| マルコムＸ | 76 |
| 丸山真男 | 185, 186 |
| まれびと（客人） | 181 |
| 「満足した豚よりも，不満足な人間のほうがよい。<br>　満足した愚か者よりも，不満足なソクラテス<br>　のほうがよい」 | 63 |
| マンダラ（曼荼羅） | 133 |
| マントラ | 133 |
| 『万葉集』 | 128 |

## み

| | |
|---|---|
| ミード | 198 |
| 三浦梅園 | 157 |
| 見えざる手 | 62 |
| 三木清 | 180, 184 |
| ミケランジェロ | 34 |
| 三島由紀夫 | 178 |
| 禊 | 128, 130 |
| 道（タオ） | 120 |
| 密教 | 109, 110, 133 |
| 水戸学 | 161 |
| 南方熊楠 | 181 |
| 水俣病 | 218 |
| 身延山 | 141 |
| 美濃部達吉 | 173, 184 |
| 三宅雪嶺 | 168 |
| 宮沢賢治 | 218 |
| みやび（雅） | 203 |
| ミュトス | 10 |
| ミュトス的世界観 | 10 |
| 明恵（高弁） | 141 |
| ミル | 63, 166 |
| 民芸運動 | 181 |
| 民際化 | 227 |
| 民俗学 | 181 |
| 民本主義 | 173 |

## む　め　も

| | |
|---|---|
| 無意識 | 78, 80 |
| 無為自然 | 120 |
| 無我 | 104 |
| 無教会主義 | 169, 170 |
| 無鬼論 | 157 |
| 無自性 | 109 |
| 武者小路実篤 | 177 |
| 無常観 | 203 |
| ムスリム（イスラーム教徒） | 26 |
| 無責任の体系 | 185 |
| 無知のヴェール | 90 |
| 無知の知 | 11 |
| ムハンマド | 26 |
| 無明 | 104 |
| 紫式部 | 203 |
| 室鳩巣 | 145 |
| 名家 | 114 |
| 明晰・判明 | 42, 43 |
| 名分 | 114 |
| 明六社 | 162, 164, 166, 170 |
| メシア | 22, 23, 24 |
| メソテース | 18 |
| メッカ | 27, 28 |
| 滅諦 | 105 |
| メディア・リテラシー | 222 |
| メルロ＝ポンティ | 72, 87 |
| モア | 34 |
| 孟子 | 112, 113, 116, 118 |
| 毛沢東 | 67 |
| モーセ | 22 |
| 目的の国（目的の王国） | 55 |
| 目的論的自然観 | 18, 38 |
| 本居宣長 | 153, 154 |
| モナド | 51 |
| もののあはれ | 153, 154 |
| モラトリアム | 198 |
| モラリスト | 38, 39, 40 |
| 森有礼 | 166 |
| 森鷗外 | 177 |
| 問題解決学習 | 75, 76 |
| モンテーニュ | 38, 40 |
| モンテスキュー | 51 |
| 問答法 | 11 |

## や　ゆ　よ

| | |
|---|---|
| 八百万の神 | 128 |
| ヤスパース | 70, 71, 84 |

| | | | | |
|---|---|---|---|
| 柳田国男 | 181 | ラッセル・アインシュタイン宣言 | 75 |
| 柳宗悦 | 181 | ラビ | 24 |
| ヤハウェ | 22 | ラファエロ | 34 |
| ヤマアラシのジレンマ | 195 | ランガージュ | 79 |
| 山鹿素行 | 148, 150 | 蘭学 | 160, 161 |
| 山片蟠桃 | 157 | ラング | 79, 80 |
| 山崎闇斎 | 145, 154 | 理(朱子学) | 121 |
| 山伏 | 129 | リースマン | 206 |
| 山本常朝 | 150 | リオ宣言 | 219, 220 |
| 唯一神道 | 141 | リオタール | 87, 88 |
| 唯円 | 137 | 理気二元論 | 121 |
| 唯識 | 109 | リグ・ヴェーダ | 100 |
| 唯心論 | 50 | リサイクル(再生利用) | 219 |
| 唯物史観 | 67 | 理性(カント) | 54 |
| 唯物論 | 51, 68 | 理性(ロゴス) | 10, 19 |
| 有機体論的自然観 | 39, 40 | 理性の狡知(理性の詭計) | 59 |
| 幽玄 | 203 | 理想国家 | 15 |
| ユースカルチャー | 199 | 利他 | 108 |
| 優生学 | 214 | 六経 | 117, 149 |
| 幽冥界 | 154 | 立正安国論 | 141 |
| 有用性 | 74 | リップマン | 223 |
| ユダヤ教 | 22, 28 | 律法 | 22 |
| ユビキタス社会 | 222 | 律法主義 | 22 |
| ユング | 78, 80, 194 | リデュース(発生抑制) | 219 |
| 洋学 | 160, 161 | リバタリアニズム | 91, 92 |
| 用の美 | 181 | リビドー | 78 |
| 陽明学 | 121, 145, 146 | リビング・ウィル | 214 |
| ヨーガ | 101 | リプロダクティブ・ヘルス／ライツ(性と生殖に | |
| 欲望の体系 | 59 | 関する権利) | 214 |
| 預言者 | 22, 26, 28 | リベラリズム | 91, 92 |
| 横井小楠 | 161 | リユース(再使用) | 219 |
| 与謝野晶子 | 174, 176 | 両義性 | 72, 87 |
| 吉田兼倶 | 141 | 良識 | 42 |
| 吉田兼好 | 203 | 良心 | 55, 63 |
| 吉田松陰 | 161 | 良心的兵役拒否 | 76 |
| 吉野作造 | 173 | 良心の囚人 | 228 |
| 吉本隆明 | 185 | 良知 | 116, 121 |
| 欲求 | 194, 195 | 量的功利主義 | 62 |
| 予定説 | 35 | 両部神道 | 133 |
| 予定調和説 | 51 | 理論理性 | 54 |
| ヨナス | 84, 219 | 臨済宗 | 140, 142, 144 |
| 予防原則 | 220 | 臨済禅 | 140, 142 |
| 黄泉国 | 128, 130, 154 | 隣人愛 | 22 |
| | | 輪廻 | 101, 102, 142 |

## ら　り

| | |
|---|---|
| 来迎 | 138 |
| ライプニッツ | 51 |
| ラスール | 26 |
| ラッセル | 75 |

| | |
|---|---|
| リンネ | 194 |
| 倫理的実存 | 70 |
| 倫理的徳 | 18 |

## る　れ　ろ

| | |
|---|---|
| 類的存在 | 67 |
| ルサンチマン | 70 |
| 盧舎那仏 | 129 |
| ルソー | 46, 47, 48, 51, 198 |
| ルター | 35 |
| ルネサンス | 34 |
| 礼 | 113, 116, 117, 144, 149 |
| 隷属の容器 | 206 |
| 礼治主義 | 117 |
| レヴィ＝ストロース | 86, 88 |
| レヴィナス | 87, 88 |
| レヴィン | 196 |
| レーニン | 67 |
| レオナルド・ダ・ヴィンチ | 34 |
| レオポルド | 219 |
| レシピエント | 215 |
| レッセ・フェール | 62 |
| 蓮如 | 137 |
| 憐憫の情 | 47 |
| 老子 | 112, 120 |
| 労働の疎外 | 67 |
| ローマ人への手紙 | 23, 24 |
| ロールズ | 90, 92 |

| | |
|---|---|
| 六師外道 | 101 |
| 六信 | 26, 28 |
| 六波羅蜜（六度） | 108 |
| ロゴス | 10, 19, 202 |
| ロゴス的世界観 | 10 |
| 「ロゴスに従って生きよ」 | 19 |
| ロック | 46, 47, 48, 50 |
| ロマン主義 | 176 |
| ロマン・ロラン | 75 |
| 論語 | 113, 114, 117, 148 |
| 論理実証主義 | 90 |

## わ　を

| | |
|---|---|
| 和 | 129, 181 |
| ワーク・ライフ・バランス | 211 |
| 和魂洋才 | 162 |
| 忘れられる権利 | 224 |
| 私心 | 128 |
| 「私には夢がある」 | 75 |
| 「わたしは考える。それゆえにわたしはある」 | 43 |
| 「私は何を知っているか」 | 38 |
| 渡辺崋山 | 161 |
| 和辻哲郎 | 130, 180, 182 |
| わび | 203 |
| をかし | 203 |

# MEMO

# MEMO

# MEMO

〔大学入学共通テスト　倫理　集中講義〕本冊

大学受験
SUPER
LECTURE

大学入学
共通テスト

必携

一問一答
問題集

倫理 集中講義

別冊

旺文社

# 本書の利用法

ページの左段に問題文，右段に解答・解説がある形の一問一答問題集です。
赤セルシートで解答・解説を隠すことができるので，何度も繰り返し学習することが可能です。
間違えた問題は，理解が不十分なところですから，本冊に戻るなどして確認しましょう。
そうすることで，知識がより深く定着します。

# CONTENTS

## 第1編　西洋思想

### 1　西洋の源流思想

| 1 | 哲学の誕生 | 2 |
| 2 | 西洋哲学の原風景 | 3 |
| 3 | 古代ギリシア哲学の発展と変容 | 4 |
| 4 | もう一つの西洋哲学の原風景 | 5 |
| 5 | 聖俗一致の宗教 | 6 |

### 2　西洋の近代思想

| 6 | 西洋近代思想の幕開け | 7 |
| 7 | 伝統の保持と科学による革新 | 9 |
| 8 | 新しい学問方法の模索 | 10 |
| 9 | 市民社会と人権思想の展開 | 11 |
| 10 | 哲学的議論の深まり | 12 |
| 11 | 認識論の展開と人格の尊重の思想 | 14 |
| 12 | 人間の生きている歴史や場の思想 | 15 |
| 13 | 個人と社会の調和を目指す思想 | 16 |

### 3　西洋の現代思想

| 14 | 観念論の克服と社会変革の思想 | 17 |
| 15 | 理性主義・合理主義への反発 | 19 |
| 16 | 実践的な思想と実践的な活動 | 20 |
| 17 | 西洋哲学の根幹を揺るがす思想 | 21 |
| 18 | 近代的理性の袋小路と公共性の復活 | 22 |
| 19 | 西洋中心主義や西洋的発想を批判する思想 | 24 |
| 20 | 公正な社会のための思想 | 25 |

## 第2編　東洋・日本思想

### 1　東洋の源流思想

| 21 | 解脱を求める古代インドの思想 | 26 |
| 22 | 易行による万人救済の教えと思想 | 27 |
| 23 | 仏教教団の分裂と発展 | 29 |
| 24 | 乱世に咲く古代中国の思想 | 30 |
| 25 | 儒家思想の展開 | 31 |
| 26 | 老荘思想と儒学思想の展開 | 32 |

### 2　日本の古代・中世思想

| 27 | 仏教の受容から鎮護国家の仏教へ | 33 |
| 28 | 日本独自の仏教への礎 | 35 |
| 29 | 末法の到来と他力による救済 | 36 |
| 30 | 自力による救済と仏国土の建設 | 37 |

### 3　日本の近世思想

| 31 | 幕藩体制を支える教えと批判 | 39 |
| 32 | 日本における儒学の展開と深化 | 40 |
| 33 | 日本的精神を求めて | 41 |
| 34 | 町人としての自覚 | 42 |
| 35 | 蘭学・洋学と幕藩体制を批判する思想 | 44 |

### 4　日本の近現代思想

| 36 | 日本の近代国家化を支える思想 | 45 |
| 37 | 日本社会を支える精神の拠り所を求めて | 46 |
| 38 | 早急すぎた近代化による矛盾の露呈 | 47 |
| 39 | 近代的自我の模索 | 49 |
| 40 | 西洋思想と日本的伝統の狭間で | 50 |
| 41 | 軍国主義の末路と近代的自我の確立に向けて | 51 |

## 第3編　現代社会の諸問題

### 1　心理学説・青年期・芸術論

| 42 | 「人間」とは何か | 52 |
| 43 | 現代社会を生きる青年の特徴と課題 | 54 |
| 44 | 芸術は精神をより美しく，豊かに深めるもの | 55 |

### 2　現代社会の様相

| 45 | 現代社会の特徴と差別や偏見の克服 | 56 |
| 46 | 日本社会の現状と課題 | 58 |

### 3　現代社会の諸問題

| 47 | 科学は生命にどこまで関わることができるのか | 59 |
| 48 | 地球環境の危機と人間の生活 | 60 |
| 49 | 高度情報社会を生きる作法 | 61 |
| 50 | 異なる文化との共生へ向けて | 63 |

## 第1編 西洋思想

# 1 哲学の誕生〜自然哲学者，ソフィスト，ソクラテス

**本冊 P.10**

**☑1 正誤** 古代ギリシアの叙事詩人ホメロスの代表的な著作は，『イリアス』『神統記』である。正か誤か。

**1 ✕**
『イリアス』は，ホメロスの著作だが，『神統記』はヘシオドスの著作。

**☑2 正誤** 古代ギリシアの叙事詩人ヘシオドスの代表作な著作である『オデュッセイア』は，ロゴス的世界観によって貫かれている。正か誤か。

**2 ✕**
『オデュッセイア』は，ホメロスの著作であり，神話的（ミュトス的）世界観によって貫かれている。

**☑3** 古代の自然哲学者デモクリトスが，「万物の根源（アルケー）」としたものを，次の①〜④のうちから一つ選べ。
① 水　　② 火　　③ 数　　④ 原子

**3 ④**
① はタレスが，② はヘラクレイトスが，③ はピタゴラスが「万物の根源（アルケー）」としたもの。

**☑4 正誤** 古代の自然哲学者エンペドクレスは，「万物は流転する」と主張した。正か誤か。

**4 ✕**
「万物は流転する」と主張したのは，ヘラクレイトス。

**☑5 正誤** 古代の自然哲学者ピタゴラスは，輪廻転生を説いた。正か誤か。

**5 ◯**

**☑6 正誤** ソフィストの一人であるプロタゴラスは，「人間は万物の尺度である」と述べ，相対主義を主張した。正か誤か。

**6 ◯**

**☑7 正誤** ソクラテスは，『クリトン』や『国家』など数多くの著作を残した。正か誤か。

**7 ✕**
ソクラテスは，著作を残していない。『クリトン』や『国家』は，プラトンの著作。

**☑8 正誤** ソクラテスは，「私はこの人間（ソフィストら）よりは知恵がある。……私は，知らないことを，知らないと思っているという点で」と述べたが，こうした姿勢を一般に「無知の知」という。正か誤か。

**8 ◯**

**☑9 正誤** ソクラテスが駆使した問答法とは，対話を通じて，対話相手に世の中の真理を教えるという方法である。正か誤か。

**9 ✕**
ソクラテスが駆使した問答法は，対話者自身が自ら真理を生み出すのを手助けするという方法である。

2

**□10** 正誤 ソクラテスは，まずは行動しなければ，何が徳なのか分からず，徳を備えることはできないと主張した。正か誤か。

**10 ✕**
ソクラテスは，徳を知らずに徳を備えることはできず（知徳合一），徳は行動につながる（知行合一）。徳をもって生きることは幸福である（福徳一致）と主張した。

## 2 西洋哲学の原風景～プラトン

本冊 P.14

**□1** 正誤 プラトンは，リュケイオンという学園を設立し，教育活動にも従事した。正か誤か。

**1 ✕**
「リュケイオン」は，アリストテレスが設立した学園。プラトンは，アカデメイアを設立。

**□2** プラトンの著した**対話篇でないもの**を，次の①～④のうちから一つ選べ。
①『ソクラテスの弁明』　②『饗宴』
③『ソクラテスの思い出』　④『クリトン』

**2 ③**
『ソクラテスの思い出』は，ソクラテスの弟子の一人であるクセノポンの著作。

**□3** 正誤 プラトンによれば，現実に存在する個物をそのものたらしめる原型のことをイデアというが，そうしたイデアは個物に内在する。正か誤か。

**3 ✕**
プラトンによれば，イデアはイデア界に存在し，個物には内在しない。

**□4** 正誤 プラトンによれば，人の魂は，現象界の事物を手がかりに，イデア界やイデアを想起し，それらに憧れるが，そうした気持ちをロゴスという。正か誤か。

**4 ✕**
「ロゴス」（言葉や論理）を「エロース」に替えれば正文になる。

**□5** 正誤 プラトンによれば，幾何学や天文学などは，イデアを認識するための哲学を学ぶ妨げとなる。正か誤か。

**5 ✕**
幾何学や天文学は，哲学を学ぶための訓練となるので必要。

**□6** 正誤 プラトンによれば，人間の魂は理性と気概と欲望の三つの部分にわけられ，それぞれに必要な徳は，知恵と正義と節制である。正か誤か。

**6 ✕**
気概に必要な徳は，「正義」ではなく，「勇気」である。

**□7** 正誤 プラトンによれば，魂が善きものになるためには，理性が気概を，気概が欲望を，欲望が理性をコントロールしなければならない。正か誤か。

**7 ✕**
プラトンによれば，理性が気概と欲望をコントロールしなければならない。

**□8** 正誤 プラトンによれば，国家は基本的に統治者・防衛者・生産者の三つの階級からなるが，生産者が努力して，統治者や防衛者になることもある。正か誤か。

**8 ✕**
プラトンの理想国家論においては，階級間の越境は禁止されている。

3

☑9 **正誤** プラトンによれば，理想国家を実現するには，統治者は知恵の徳を，防衛者は勇気の徳を，生産者は節制の徳を備え，統治者が防衛者と生産者をコントロールしなければならない。正か誤か。

**9** ⭕

☑10 **正誤** プラトンが構想した理想国家とは，ポリスの全市民が政治に参加する民主主義である。正か誤か。

**10** ❌
プラトンが構想した理想国家とは，哲人（統治者となった哲学者，あるいは哲学を学んだ統治者）による，一種の独裁国家である。

---

## 3 古代ギリシア哲学の発展と変容～アリストテレスとヘレニズム思想

**本冊 P.18**

☑1 **正誤** アリストテレスにはじまる学派を，逍遙（ペリパトス）学派という。正か誤か。

**1** ⭕

☑2 **正誤** アリストテレスは，『形而上学』や『ニコマコス倫理学』など，プラトンを主人公とする多くの対話篇を残した。正か誤か。

**2** ❌
『形而上学』や『ニコマコス倫理学』は，対話篇ではない。

☑3 **正誤** アリストテレスによれば，個物は，形相（エイドス）と質料（ヒュレー）からなり，形相はエネルゲイアとして個物に内在している。正か誤か。

**3** ❌
「エネルゲイア」（現実態）を「デュナミス」（可能態）に替えれば正文になる。

☑4 **正誤** アリストテレスによれば，享楽的生活・政治的生活・観想（テオリア）的生活のうち，人間にとって最も幸福な生活とは，享楽的生活である。正か誤か。

**4** ❌
アリストテレスによれば，「観想（テオリア）的生活」が最も幸福な生活である。

☑5 **正誤** アリストテレスによれば，人間は，思考の働きに関わる倫理的徳（習性的徳）と，感情や欲望の統制を伴う理性的選択に関わる知性的徳を身につけなければならない。正か誤か。

**5** ❌
「倫理的徳（習性的徳）」と「知性的徳」を入れ替えれば正文になる。

☑6 **正誤** アリストテレスによれば，倫理的徳（習性的徳）は知性的徳のうちの一つである思慮が命じる中庸（メソテース）に従い，正しい行為を積み重ねること（習慣化）で身につく。正か誤か。

**6** ⭕

4

**7** 正誤 アリストテレスは，ポリスの成立に深く関わる徳として，友愛（フィリア）と正義を重視した。このうち正義を，全体的正義と部分的正義に分け，さらに部分的正義を能力や功績に応じて名誉や財貨を与える調整的正義と，各人の利害・損得を均等にする配分的正義に分けて説明した。正か誤か。

**7** ✗
「調整的正義」と「配分的正義」を入れ替えれば正文になる。

**8** 正誤 ヘレニズム期を代表する哲学者であるエピクロスは，「隠れて生きよ」と説き，都会での贅沢な暮らしを戒め，田舎で倹約して質素に暮らすことを推奨した。正か誤か。

**8** ✗
「隠れて生きよ」は，「公共生活から離れよ」という意味であり，「田舎暮らしをせよ」という意味ではない。

**9** ストア派の思想家ではない人物を，次の①〜④のうちから一つ選べ。
① プロティノス　　　② エピクテトス
③ マルクス・アウレリウス　　④ セネカ

**9** ①
プロティノスは，新プラトン主義の始祖。

**10** 正誤 ストア派の開祖であるゼノンは「ロゴスに従って生きよ」と説き，情念（パトス）に動かされず，ロゴスの法則に従って生きれば，賢者の理想であるアタラクシアの境地に達することができると主張した。正か誤か。

**10** ✗
ゼノンが求めた賢者の理想の境地は「アパテイア」。「アタラクシア」は，エピクロスが求めた境地であり，精神的快楽による魂の平安のこと。

---

# 4 もう一つの西洋哲学の原風景〜ユダヤ教とキリスト教

本冊 P.22

**1** 正誤 ユダヤ教の神ヤハウェは，全知全能で世界を創造し，全人類を救済すると約束する唯一絶対の人格神である。正か誤か。

**1** ✗
旧約聖書によれば，ヤハウェは，ユダヤ人（イスラエル人）の救済のみを約束した。

**2** ユダヤ教の神ヤハウェが，いわゆる「十戒」を授けた預言者を，次の①〜④のうちから一つ選べ。
① モーセ　　　② イザヤ
③ エレミヤ　　④ エゼキエル

**2** ①
②イザヤ，③エレミヤ，④エゼキエルは，ユダヤの三大預言者。

**3** 正誤 イエスは，ファリサイ（パリサイ）派やサドカイ派の律法主義を批判し，律法に込められた精神を実践することを求めた。正か誤か。

**3** ○

**4** 正誤 イエスによれば，神の愛であるアガペーは，ユダヤ人にのみ注がれる。正か誤か。

**4** ✗
イエスによれば，アガペーは無償で無差別の愛。よって，全人類に注がれる。

5

☑**5** **正誤** 新約聖書は，マタイ・マルコ・ルカ・ヨハネによる福音書のみからなる。正か誤か。

**5** ✕
新約聖書は，「ローマ人への手紙」などの書簡や使徒言行録なども集録している。

☑**6** **正誤** イエスは刑死したが，その復活を信じる人々の間で，イエスは「神の子」であり，キリスト（メシア）であり，イエスを介して神との新たな契約が結ばれたという信仰が広まった。正か誤か。

**6** ◯

☑**7** **正誤** 信仰・希望・正義を，キリスト教の三元徳という。正か誤か。

**7** ✕
キリスト教の三元徳は，「信仰・希望・愛」である。

☑**8** **正誤** 「最大の教父」と呼ばれるアウグスティヌスは，人間は原罪を負っているが，生得の自由意志を働かせさえすれば，神の国の住人になれると説いた。正か誤か。

**8** ✕
アウグスティヌスにとって，人間の自由意志は悪をなすものでしかない。救われるには教会を通じてもたらされる神の恩寵が必要である。

☑**9** **正誤** アウグスティヌスは，「父なる神・子なるイエス・聖霊」の相異なる三つの神を擁するというキリスト教の奥義を探究した。正か誤か。

**9** ✕
キリスト教の奥義は，「父なる神・子なるイエス・聖霊」は一体であるという三位一体説。

☑**10** **正誤** スコラ哲学を代表するトマス・アクィナスは，哲学は神学を補完するものと位置づけ，哲学の追究する真理と神学の追究する真理は対立も矛盾もしないと主張した。正か誤か。

**10** ◯

## 5 聖俗一致の宗教～イスラームの思想

本冊
P.26

☑**1** **正誤** イスラームでは，人生のすべてが宗教行為と見なされる。正か誤か。

**1** ◯
イスラームは，聖俗一致を説く。

☑**2** **正誤** イスラームの神アッラーは絶対的な存在なので，どのような形にも偶像化されることはないが，開祖のムハンマドは人間なので偶像化してもよい。正か誤か。

**2** ✕
原則として信仰の対象となる可能性のあるものは，いかなるものも偶像化してはいけない。

☑**3** **正誤** クルアーン（コーラン）は，開祖ムハンマドの言行録である。正か誤か。

**3** ✕
ムハンマドの言行録は，ハディース。「クルアーン（コーラン）」には，アッラーがムハンマドを介して伝えた教えが収められている。

6

☑4 **正誤** イスラームの教えによれば，ムハンマドの死後は，ムハンマドの子孫からのみ，アッラーの言葉を人々に伝える預言者が現れる。正か誤か。

☑5 ムスリム（イスラーム教徒）に課せられている**「六信」ではないもの**を，次の①〜⑥のうちから一つ選べ。
① アッラー　② 天使　③ 啓典
④ 預言者　⑤ 前世　⑥ 天命

☑6 **正誤** ムスリムは，1日に5回，エルサレムに向かって礼拝しなければならず，可能な限り一生に一度は，エルサレムに巡礼しなければならない。正か誤か。

☑7 **正誤** ムスリムは全員，ラマダーン月（断食月）には一日中，一切の飲食を断たなければならず，財産のある者は，決まった割合の喜捨を行わなければならない。

☑8 **正誤** ムスリムは，豚食や飲酒など，宗教的に許されていないもの・ことがある。こうした宗教的に禁忌とされているもの・ことを「ハラール」という。正か誤か。

☑9 **正誤** 現在のイスラームは，サウジアラビアを中心とするスンナ（スンニー）派とイランを中心とするシーア派に大別される。正か誤か。

☑10 **正誤** 現在，ムスリムが最も多く住んでいる国は，サウジアラビアなどの中東諸国ではなく，東南アジアのインドネシアである。正か誤か。

**4** ✗
ムハンマドは「最後で最大の預言者」であり，ムハンマドの後に預言者が現れることはない。

**5** ⑤
「前世」ではなく，「来世」が正しい。

**6** ✗
「エルサレム」を「メッカ」に入れ替えれば正文になる。なお，イスラームの聖地は，メッカ，メディナ，エルサレム。

**7** ✗
断食は，「一日中」ではなく，太陽が出てから沈むまでの「日中」に行う。「喜捨」についての記述は正しい。

**8** ✗
「ハラール」は，宗教的に許されているもの・ことのこと。これを「ハラーム」に替えれば正文になる。

**9** ⭕

**10** ⭕

---

# 6　西洋近代思想の幕開け〜ルネサンスと宗教改革

本冊
P.34

☑1 **正誤** 『最後の審判』などを描いたレオナルド・ダ・ヴィンチは，ルネサンス期の理想の人間像である「万能人（普遍人）」の代表である。正か誤か。

☑2 **正誤** ルネサンスを代表するヒューマニストのダンテは，ギリシア語を駆使した聖書の文献研究を行う一方で，『愚神礼讃』において，僧侶の腐敗を風刺した。正か誤か。

**1** ✗
『最後の審判』は，ミケランジェロの作品。これに似た題名をもつダ・ヴィンチの作品は，『最後の晩餐』。

**2** ✗
「ダンテ」をエラスムスに替えれば正文になる。ダンテは，『神曲』などを著したルネサンスの先駆者である。

| 7

**3** 『人間の尊厳について』において，自由意志があることに，人間の尊厳の根拠を求めたヒューマニストを，次の①～④のうちから一つ選べ。
① ピコ・デラ・ミランドラ　② ボッカチオ
③ ボッティチェリ　④ ラファエロ

**3** ①

**4** 〔正誤〕 イタリアのマキャヴェリは，国家を統一するには，政治と宗教・道徳を一致させる「ライオンの力とキツネの狡猾さ」を備えた君主が必要であると説いた。正か誤か。

**4** ✕
マキャヴェリは，『君主論』において，政治と宗教・道徳を分離すべきことを説いた。

**5** 〔正誤〕 ルネサンス期に活躍したトマス・モアは，恋愛を通じて個人の意識の目覚めを描いた『カンツォニエーレ』を著した。正か誤か。

**5** ✕
「トマス・モア」を「ペトラルカ」に替えれば正文になる。なお，トマス・モアの主著は，『ユートピア』である。

**6** 〔正誤〕 宗教改革者の一人であるルターは，神によって義と認められるのに，贖宥状の購入や教会への寄進などは必要なく，ただ信仰のみが必要であると主張した。正か誤か。

**6** ◯

**7** 〔正誤〕 ルターは，信仰の拠り所はただ聖書のみであるが，その聖書を解釈できるのはローマ教皇だけであると主張した。正か誤か。

**7** ✕
「ローマ教皇だけである」は不適当。ルターは，万人司祭主義を説いており，神への信仰に徹する者はすべて等しく司祭だと主張した。

**8** 〔正誤〕 ルターは，「救済は人間が自分の意思（自由意志）で積んだ善行と神の恩寵の両者による」と主張したエラスムスに対して，「ただ信仰と悔い改めだけが救済をもたらす」と反論した。正か誤か。

**8** ◯

**9** 〔正誤〕 宗教改革者の一人であるカルヴァンは，神は救われる者と救われない者をあらかじめ決めているが，人間は行いによって，その神の予定を変えられると説いた。正か誤か。

**9** ✕
カルヴァンによれば，神は絶対であり，人間の行いによって，その予定が変わることはない。

**10** 〔正誤〕 カルヴァンは，ひたすら勤勉に働き，質素・倹約に努めなければならず，勤勉に働いた結果として得られる利益は神の栄光を実現するための奉仕の結果であり，これが救いの確信を生むと説いた。正か誤か。

**10** ◯

# 7 伝統の保持と科学による革新～カトリック改革と科学革命，そしてモラリスト

本冊 P.38

第1編 西洋思想

**1** **正誤** スペイン（バスク）出身のイグナティウス・デ・ロヨラは，イエズス会を創設して，プロテスタントによる宗教改革の運動の一端を担った。正か誤か。

**1** ✕
イグナティウス・デ・ロヨラは，宗教改革者ではなく，カトリック改革（対抗宗教改革）の先頭に立った人物である。

**2** **正誤** モラリストの一人であるモンテーニュは，宗教や思想を絶対視する独断や傲慢さが残虐行為や野蛮な戦争を引き起こすと警告し，常に「私は何を知っているか（ク・セ・ジュ？）」と内省することの必要性を説いた。正か誤か。

**2** 〇

**3** **正誤** コペルニクスからニュートンまで，科学革命を推進した人々は，例外なく，無神論を唱える科学者であった。正か誤か。

**3** ✕
彼らは科学者であるが，無神論者ではない。

**4** 地動説を唱えたコペルニクスの著作を，次の①～④のうちから一つ選べ。
　①『天文対話』　　②『天球の回転について』
　③『宇宙の調和』　④『プリンキピア』

**4** ②
①はガリレイ，③はケプラー，④はニュートンの著作。

**5** **正誤** ガリレオ・ガリレイは，「物体落下の法則」などを発見するとともに，地動説を唱えたため，宗教裁判にかけられ，有罪判決を受けた。正か誤か。

**5** 〇

**6** **正誤** ケプラーは，ブラーエの天体観測の記録をもとに，惑星は楕円軌道を描きながら，太陽の周りを公転するという地動説を主張した。正か誤か。

**6** 〇

**7** **正誤** ニュートンは，「万有引力の法則」によって，天体の運動を体系的・合理的に説明し，古典力学を大成したが，晩年には，人間と自然を分離する機械論的な自然観を批判した。正か誤か。

**7** ✕
「機械論的な自然観を批判した」のは，ニュートンではなく，ゲーテなど。

**8** **正誤** 20世紀の科学史家クーンは，『科学革命の構造』において，科学の歴史は知識の累積的な進歩であり，17世紀は莫大な量の科学的知識がもたらされた「科学革命」の時代であったと主張した。正か誤か。

**8** ✕
クーンは，科学の歴史は「知識の累積的な進歩」ではなく，その時代に応じたパラダイム（科学的な常識・理論的範疇）が転換する歴史であると捉えた。

9

**9** 正誤 モラリストの一人であるパスカルは,『エセー(随想録)』において,人間はひとくきの葦にすぎない。自然の中で最も弱いものである。だが,それは考える葦である」と説いた。正か誤か。

**9** ✕
「『エセー(随想録)』」はモンテーニュの著作。これを「『パンセ(瞑想録)』」に替えれば正文になる。

**10** 正誤 パスカルは,人生の根本的な真理に触れるには,「繊細の精神」ではなく,推論と論証を行う「幾何学的精神」が必要であると説いた。正か誤か。

**10** ✕
「『繊細の精神』」と「『推論と論証を行う「幾何学的精神』」を入れ替えれば正文になる。

---

# 8　新しい学問方法の模索～ベーコンとデカルト

本冊
P.42

**1** 正誤 (イギリス)経験論の祖とされるベーコンは,スコラ哲学を「効用のない真理」を追求する学問と批判し,自然を支配して人類の生活を改善するような力となる知識が必要であると主張した。正か誤か。

**1** ○

**2** ベーコンの著作でないものを,次の①～④のうちから一つ選べ。
①『学問の進歩』　②『ノヴム・オルガヌム』
③『方法序説』　　④『ニュー・アトランティス』

**2** ③
『方法序説』は,デカルトの著作。

**3** ベーコンがいう「イドラ」のうち,権威や伝統を無批判に受け入れることによって生じる偏見を,次の①～④のうちから一つ選べ。
①種族のイドラ　②洞窟のイドラ
③市場のイドラ　④劇場のイドラ

**3** ④
①は「人間という種族に共通する感覚的な偏見」,②は「個人の視野の狭さや生い立ちなどに由来する,個人的な偏見」③は「言葉の不適切な使用など,人間相互の接触から生じる偏見」。

**4** 正誤 ベーコンは,新しい学問の方法として,経験から集められた情報をもとに,有用で確実な一般的な法則を見出す演繹法を提唱した。正か誤か。

**4** ✕
「演繹法」を,「帰納法」に替えれば正文になる。

**5** 正誤 デカルトは,万人に平等に与えられた理性(良識)が,明晰・判明な真理をもとに,合理的・論理的に推論を重ねて新たな真理に至る帰納法を提唱した。正か誤か。

**5** ✕
「帰納法」を,「演繹法」に替えれば正文になる。

**6** 正誤 演繹法とは,「ソクラテスもプラトンもアリストテレスも死んだ。よって,人間は死ぬ」というような思考法である。正か誤か。

**6** ✕
「演繹法」を,「帰納法」に替えれば正文になる。

10

**7** [正誤] デカルトは，方法的懐疑を重ね，ついには，「考えるわたし」があることは疑い得ないと確信するに至り，哲学的思索は，「わたしは考える。それゆえにわたしはある（コギト・エルゴ・スム）」という真理が出発点となると主張した。正か誤か。

**7** ○

**8** [正誤] デカルトは，この世界には神など存在しないのであり，そのことは哲学的にも科学的にも証明され得ると主張した。正か誤か。

**8** ✕
デカルトは，不完全な人間が「完全な神」という観念をもっているのは，「完全な神」が存在しているからだと主張した。

**9** [正誤] デカルトによれば，この世界は，「延長」を属性とする精神とともに，「思惟」を属性とする物体（身体）という二つの実体からなる。正か誤か。

**9** ✕
「延長」と「思惟」を入れ替えれば正文になる。

**10** [正誤] デカルトは，社会常識などの暫定道徳に従うのがよいと主張していたが，『情念論』においては，外部の影響から生まれた情念を，自ら統御する理性的な自由な精神（高邁の精神）の大切さを訴えた。正か誤か。

**10** ○

# 9 市民社会と人権思想の展開～ホッブズ，ロック，ルソー

本冊 P.46

**1** オランダの法学者グロティウスの著作を，次の①～④のうちから一つ選べ。
① 『人間不平等起源論』　② 『戦争と平和の法』
③ 『省察』　④ 『市民政府二論（統治二論）』

**1** ②
①はルソー，③はデカルト，④はロックの著作。

**2** [正誤] ホッブズは，『リヴァイアサン』を著し，自然状態においては，利己的であり，自然権として自己保存権をもつ人々が，自己保存の欲望を満たすために争うと主張した。正か誤か。

**2** ○

**3** [正誤] ホッブズは，理性の命令（自然法）に従って，人々は自然権の一部を統治者に譲渡する約束をし，自然状態から脱して自らの命を保障されようとすると考えた。正か誤か。

**3** ✕
ホッブズは，「自然権を統治者に全面的に譲渡する」と考えた。

**4** [正誤] ホッブズの思想は，近代的な民主政治の理論の先駆けとなるものであり，当時の絶対王政を全面的に否定するものである。正か誤か。

**4** ✕
ホッブズの思想は，統治者の権力の絶対性を主張するものであったため，結果的に，当時の絶対王政を肯定することになった。

☑5 **正誤** ロックは，自然状態においても，人々は，おおむね自由かつ平和に暮らしており，自然権の侵害をめぐる争いは生じないと考えた。正か誤か。

**5 ✕**
ロックによれば，自然状態においても，「争いは生じ」る。

☑6 **正誤** ロックは，人々は代表者である政府に統治を信託する約束をしたのだから，その政府に対して抵抗することは許されないと主張した。正か誤か。

**6 ✕**
ロックは，人民に抵抗権・革命権を認めた。

☑7 **正誤** 国家の主権が究極的には人民にあることや，政治が法の支配によって為されるべきことを主張したロックの思想は，イギリスのピューリタン(清教徒)革命に影響を与えた。正か誤か。

**7 ✕**
ロックの思想は，アメリカの独立宣言やフランスの人権宣言に影響を与えた。

☑8 **正誤** ルソーは，人々は，自然状態のような理想的な生活をするために，私有財産制と代議制を基礎とする文明を発達させたと考えた。正か誤か。

**8 ✕**
ルソーは，文明が悪徳を栄えさせ，人々から理想的な生活を奪ったと考え，文明に対して批判的である。

☑9 **正誤** ルソーは，理想的な生活をするためには，公共の利益を目指す全人民の普遍的意志である全体意志への服従を人々が相互に約束し，共同社会(共和国)を樹立する必要があると考えた。正か誤か。

**9 ✕**
「全体意志」を「一般意志」に替えれば正文になる。

☑10 **正誤** 代議制民主主義ではなく，支配と服従関係のない直接民主制を構想したルソーの思想は，人民主権の確立を目指したフランス革命の大きな原動力となった。正か誤か。

**10 ◯**

## 10 哲学的議論の深まり～経験論者と合理論者，そして啓蒙思想家

本冊
P.50

☑1 **正誤** 経験論者のロックは，人が生まれながらにもつ生得観念を認める一方で，多くの観念は経験と反省によって得られると主張した。正か誤か。

**1 ✕**
ロックは，「人が生まれながらにもつ生得観念」ということを認めなかった。

☑2 **正誤** バークリーは，人間の知性さえ，単一の実体ではなく，「知覚の束」にすぎないと主張。さらには，因果性というものは，経験に基づいて想像力がつくり上げた主観的な信念・仮説にすぎないと主張した。正か誤か。

**2 ✕**
「バークリー」を「ヒューム」に替えれば正文になる。

12

☑3 **正誤** ヒュームは，経験論を徹底して「存在するとは，知覚されること」と主張し，存在するのは，人間の知性とその経験，そして経験そのものを根底から支える神だけだと考えた。正か誤か。

**3 ✕**
「ヒューム」を「バークリー」に替えれば正文になる。

☑4 **正誤** 合理論者のスピノザは，精神と物体（身体）は別々の実体ではなく，同じ神から流出する別の属性なのだから，精神と身体の作用は同時に起こると論じた。正か誤か。

**4 ◯**

☑5 **正誤** スピノザは，この世界の出来事には多くの偶然が見られるが，それらは神の戯れとしか考えられないと主張した。正か誤か。

**5 ✕**
スピノザによれば，完全な神に偶然はないので，この世界の出来事は，すべて必然的に生起する。

☑6 **正誤** ライプニッツによれば，この世界はモナド（単子）という物質的で分割不可能な実体によって構成されており，無数のモナドの間には神によって調和的な関係が定められている。正か誤か。

**6 ✕**
ライプニッツによれば，「モナド」は，非物質的で精神的かつ分割不可能な実体である。

☑7 啓蒙思想家のモンテスキューが，三権分立論を主張した著作を，次の①〜④のうちから一つ選べ。
①『エチカ』 ②『人間悟性論』
③『法の精神』 ④『人間本性論』

**7 ③**
①はスピノザ，②はロック，④はヒュームの著作。

☑8 **正誤** 啓蒙思想家のヴォルテールは，『寛容論』において，宗教的不寛容や教会の横暴が広がるイギリス社会を批判し，市民的自由と寛容の精神を擁護した。正か誤か。

**8 ✕**
ヴォルテールは，「イギリス社会」ではなく，「フランス社会」の旧体制（アンシャン・レジーム）を批判した。

☑9 **正誤** 『百科全書』の編集・刊行において中心的な役割を担った啓蒙思想家のディドロは，唯物論的な主張を繰り返し行ったため，宗教界や特権階級から弾圧された。正か誤か。

**9 ◯**

☑10 **正誤** ルソーは，『エミール』において，情緒と感情を高く称揚する一方，児童の本性を尊重して自然な成長を促す自由教育を批判し，理性や自己抑制の大切さを説いた。正か誤か。

**10 ✕**
ルソーは，理性や自己抑制よりも情緒と感情を高く称揚し，自由教育を礼讃した。

第1編 西洋思想

13

# 11 認識論の展開と人格の尊重の思想～カント

本冊 P.54

**1** （ドイツ）観念論を代表する**カントの著作ではないもの**を，次の①～④のうちから一つ選べ。
①『純粋理性批判』　　②『実践理性批判』
③『判断力批判』　　　④『弁証法的理性批判』

**1** ④
④『弁証法的理性批判』は，サルトルの著作である。

**2** 〔正誤〕 カントは，「対象が認識に従うのではなく，認識が対象に従う」と考え，こうした自らの認識論を「コペルニクス的転回」と表現した。正か誤か。

**2** ✕
カントは，「認識が対象に従うのではなく，対象が認識に従う」と考えた。

**3** 〔正誤〕 カントによれば，理論理性は，時間と空間という形式に従って，認識の素材を外から受け取る悟性と，量・質・関係・様相という形式（カテゴリー）に従って，概念をつくる感性からなる。正か誤か。

**3** ✕
「悟性」と「感性」を入れ替えれば正文になる。

**4** 〔正誤〕 カントは，『道徳形而上学原論』などにおいて，自然界に自然法則があるように，人間にも普遍的な道徳法則（良心の声）があると主張した。正か誤か。

**4** 〇

**5** 〔正誤〕 カントによれば，人が「義務」を感じるのは，「もし～ならば，……せよ」という定言命法の形式でもって，理性（実践理性）が道徳法則に従うように命じるからである。正か誤か。

**5** ✕
「もし～ならば，……せよ」は仮言命法の形式。定言命法は，「……せよ」の形式をとる。

**6** 〔正誤〕 カントによれば，仮言命法に従った行為には適法性も道徳性なく，定言命法に従った行為だけが普遍的な道徳性をもつ。正か誤か。

**6** ✕
カントによれば，「仮言命法に従った行為」は，適法性はあるが道徳性がない行為である。

**7** 〔正誤〕 カントは，道徳法則と合致した行為を為そうとする意志を「善意志」と呼び，これだけが，この世で無条件に善いといえるものであると主張した。正か誤か。

**7** 〇

**8** 〔正誤〕 カントは，理性をもつ人間は，他の動物のように自然法則（本能）に従うことはないと考えた。正か誤か。

**8** ✕
カントによれば，人間も，自然法則（本能）に従うことがある。

14

☑9 正誤 カントは，「(人間の) 人格を単なる目的としてのみ扱うのではなく，手段そのものとして尊重しなければならない」と説き，互いを手段として尊重する人々が住む国こそ，人類が達成すべき究極の理想社会であると考えた。正か誤か。

9 ✕
「目的」と「手段」を入れ替えれば正文になる。なお，「互いを目的として尊重する人々が住む国」を「目的の国(目的の王国)」という。

☑10 正誤 カントは晩年，『永遠平和のために』において，「目的の国」を実現するには，軍隊の漸進的な削減，各国の政治体制の民主化，そして単一の世界政府の樹立が必要であると主張した。正か誤か。

10 ✕
カントは，「単一の世界政府の樹立」ではなく，「民主化された諸国による世界平和機構の創設」を求めた。

## 12 人間の生きている歴史や場の思想～ヘーゲル

本冊
P.58

☑1 「ドイツ国民に告ぐ」と題した連続講演を行い，ドイツのナショナリズムを高揚させることを求めた人物を，次の①～④のうちから一つ選べ。
① カント　　　② フィヒテ
③ シェリング　　④ ヘーゲル

1 ②

☑2 正誤 ヘーゲルは，『精神現象学』において，精神と物質，主観と客観などを二つの独立した実体とはみなさず，それらは絶対的同一者の異なる現れと考える同一哲学を展開した。正か誤か。

2 ✕
『精神現象学』はヘーゲルの著作だが，ヘーゲルは，この著作において，シェリングらが唱えた同一哲学を批判した。

☑3 正誤 ヘーゲルはカントの認識論を批判し，認識の正しさの根拠を理性の先験的な能力に求めた。正か誤か。

3 ✕
「認識の正しさの根拠を理性の先験的な能力に求めた」のはカント。ヘーゲルは，その独善的な姿勢を批判した。

☑4 正誤 ヘーゲルは，カントの論じた「自由」は内面的な道徳的自由にとどまると批判し，「自由」は客観的に法・制度的自由としても保障されなければならないと主張した。正か誤か。

4 ○

☑5 正誤 ヘーゲルによれば，個々人の意識の総和である絶対精神(世界精神)が人類の歴史の運動・発展を支配している。正か誤か。

5 ✕
ヘーゲルによれば，絶対精神(世界精神)は，「個々人の意識の総和」ではない。

| 15

☑6 **正誤** ヘーゲルによれば，絶対精神（世界精神）は，人間の自由な活動を通じて，自らの本質である「自由」を実現していく。これを一般に，「理性の狡知（理性の詭計）」という。正か誤か。

**6 ○**

☑7 **正誤** ヘーゲルによれば，絶対精神の運動のあり方を弁証法というが，それは一般には正（テーゼ）・反（アンチテーゼ）・合（アウフヘーベン）という三段階で説明される。正か誤か。

**7 ✕**
「合」は「アウフヘーベン」ではなく，「ジンテーゼ」が正しい。「アウフヘーベン（止揚）」とは，正と反が総合・統一されることをいう。

☑8 **正誤** ヘーゲルによれば，「家族」は愛情で結ばれた共同体（愛の共同体）であり，その成員の全員が自由を謳歌している人倫の理想郷である。正か誤か。

**8 ✕**
ヘーゲルによれば，「家族」の成員には独立した人格がないので，自由を謳歌できない。

☑9 **正誤** ヘーゲルは，「市民社会」は，争いが絶えず，人間としての結びつきを失った「人倫の喪失態」であると考えた。正か誤か。

**9 ○**
ヘーゲルによれば，市民社会は「欲望の体系」であり，「人倫の喪失態」である。

☑10 **正誤** ヘーゲルによれば，「国家」とは，家族のもつ個人の独立性と，市民社会のもつ人間相互の結びつきがともに活かされる「人倫の完成態」である。正か誤か。

**10 ✕**
ヘーゲルによれば，「個人の独立性」は市民社会において，「人間相互の結びつき」は家族において実現されている。

## 13 個人と社会の調和を目指す思想～アダム・スミス，ベンサム，ミル

**本冊 P.62**

☑1 **正誤** アダム・スミスは，『諸国民の富（国富論）』において，各人の自由な利己心（私益）の追求が，社会全体の利益（公益）を阻害すると主張した。正か誤か。

**1 ✕**
スミスは，私益の追求が，まるで「（神の）見えざる手」が働くかのように公益を増進させると主張した。

☑2 **正誤** アダム・スミスは，『道徳感情論』を著し，人は「公平な観察者（第三者）」の共感（同感）を得ようと行動すると論じている。正か誤か。

**2 ○**

☑3 **正誤** ベンサムは，『道徳および立法の諸原理序説』において，幸福（快楽）を増やすものが善であり，減らすものを悪とする「功利性の原理」を道徳や法の原理とすべきだと主張した。正か誤か。

**3 ○**

| 16 |

☑ **4** ベンサムが最も重視した制裁はどれか。次の①～④のうちから一つ選べ。
① 物理的・自然的制裁　　② 政治的・法律的制裁
③ 道徳的制裁　　　　　　④ 宗教的制裁

**4** ②

☑ **5** 【正誤】 ベンサムは，理性の有無が人間と動物をわける根本的な指標であると考え，動物を人間と同じように扱ってはならないと主張した。正か誤か。

**5** ✕
ベンサムは，理性の有無は人間と動物をわける根本的な指標はないと考え，人間同様，動物に対して苦痛を与える行為は悪であると主張した。

☑ **6** 【正誤】 ベンサムは快楽を計量化できるとする快楽計算説を批判したが，ミルは，感覚的快楽のみならず，精神的快楽も計量化可能であると考えた。正か誤か。

**6** ✕
ベンサムが快楽計算説を唱え，ミルは快楽計算を否定した。

☑ **7** 【正誤】 ミルは，自らが唱える功利主義は，「人からして欲しいと思うことを，人にもそのようにしなさい」というイエスの黄金律に表現されていると論じた。正か誤か。

**7** ◯

☑ **8** 【正誤】 ミルは，ベンサムが挙げた四つの外的制裁に加えて，人には良心による内的制裁があることを指摘し，それが有効に働くためには精神的な自由が確保されていなければならないと説いた。正か誤か。

**8** ◯

☑ **9** 【正誤】 ミルは，仮に個人の自由が制限されるとすれば，その自由によって他人の自由が損なわれるときだけであると説いた。正か誤か。

**9** ◯
ミルの唱えた「他者危害原則」の説明として適当である。

☑ **10** 【正誤】 ミルは，『女性の隷従』を著し，当時のイギリス社会に広まっていた女性解放運動を批判した。正か誤か。

**10** ✕
ミルは，女性解放運動に尽力した。

## 14 観念論の克服と社会変革の思想～実証主義・進化論と社会主義思想

**本冊 P.66**

☑ **1** 【正誤】 サン゠シモンは，商業活動の欺瞞を批判するとともに，農業を基礎とする生活共同体（ファランジュ）を構想した。正か誤か。

**1** ✕
「サン゠シモン」を「フーリエ」に替えれば，正文になる。

☑ **2** 【正誤】 フーリエは，理想社会の建設を目指してアメリカに渡り，自給自足を原則とし，私有財産のないニューハーモニー村の建設を試みた。正か誤か。

**2** ✕
「フーリエ」を「オーウェン」に替えれば，正文になる。

| 17

**3** **正誤** 実証科学としての社会学の確立に尽力したコントは，経験を超えた知識を否定し，検証できる経験的事実だけを知識の源泉とすべきだと主張した。正か誤か。

**3** 〇

**4** **正誤** スペンサーは，人間の社会を生物のような有機体と捉え，社会は，適者生存の法則によって，個人優位の分権的な産業型社会から全体優位の集権的な軍事型社会へと進化すると論じた。正か誤か。

**4** ✕
「個人優位の分権的な産業型社会」と「全体優位の集権的な軍事型社会」を入れ替えれば正文になる。

**5** **正誤** ダーウィンは，『種の起源』において，自然界においては，環境(生活条件)によりよく適応した個体とその子孫が生き残り，環境に応じた変異を起こさなかった個体は淘汰されると論じた。正か誤か。

**5** 〇
生物進化論の説明として妥当。

**6** **正誤** マルクスによれば，人間は元来，労働を通して他人と関わり，人間的な連帯を作り出し，そうした労働に喜びを見出す「類的存在」である。正か誤か。

**6** 〇

**7** **正誤** マルクスによれば，生産活動(生産力と生産関係)は，土台(下部構造)である精神活動に支えられた上部構造にすぎない。正か誤か。

**7** ✕
マルクスは，法律・政治・文化などの人間の精神活動(「上部構造」)が，「生産活動(生産力と生産関係)」という「土台(下部構造)」に支えられていると考えた。

**8** **正誤** マルクスは，たえず増大する生産力と，固定化する傾向をもつ生産関係との矛盾が，資本家と労働者の間の対立(階級闘争)を次第に激化させ，生産関係の変革(社会革命)を生み出すと考えた。正か誤か。

**8** 〇

**9** マルクスの革命理論を否定し，議会制民主主義を通じて漸進的に社会を改良していくべきだと唱え，ドイツ社会民主党を指導した人物は誰か。次の①～④のうちから一つ選べ。
① レーニン　　　② ベルンシュタイン
③ フォイエルバッハ　　④ エンゲルス

**9** ②

**10** **正誤** フェビアン協会を舞台に活躍したウェッブ夫妻は，資本主義の欠陥の除去と，社会保障制度を完備した道徳的で自由な社会の実現を目指した。正か誤か。

**10** 〇
ウェッブ夫妻以外にも，バーナード・ショウらがフェビアン協会を舞台に活躍した。

# 15 理性主義・合理主義への反発〜生の哲学と実存主義

**本冊 P.70**

**第1編 西洋思想**

**☑1** **正誤** キルケゴールは，『死に至る病』などにおいて，客観的真理ではなく，自分のすべてを賭けて実現すべき主体的真理を追求すべきであると主張した。正か誤か。

**1 ○**

**☑2** **正誤** キルケゴールは，「美的実存」や「宗教的実存」ではなく，各人が互いに単独者として向き合う「倫理的実存」において，人は真の自己を回復することができると説いた。正か誤か。

**2 ✕**
キルケゴールは，「宗教的実存」において，人は真の自己を回復すると説いた。

**☑3** **正誤** ニーチェによれば，キリスト教道徳は，救いを来世に求める現世否定的な道徳であり，強者に対して，現世を支配する弱者への怨恨(ルサンチマン)を植えつける。正か誤か。

**3 ✕**
「強者」と「弱者」を入れ替えれば正文になる。

**☑4** **正誤** ニーチェは，『ツァラトゥストラはこう言った』などにおいて，この世界は意味も目的もなく無限に反復する永劫回帰の世界であるが，そのことを受け止め，生きる意味や目的を自ら生み出す単独者のごとくに生きなければならないと説いた。正か誤か。

**4 ✕**
「単独者」を「超人」に替えれば正文になる。

**☑5** **正誤** ヤスパースによれば，乗り越えられない限界状況に直面し，神の非存在を知った人同士が，理性でもって，誠実に互いの根源を問いかけ合う実存的な交わり(愛しながらの戦い)を結ぶとき，真の実存が成立すると説いた。正か誤か。

**5 ✕**
ヤスパースは有神論的な実存主義を展開した。したがって，「神の非存在を知った」は不適当である。

**☑6** **正誤** ハイデガーによれば，人間は唯一，「存在とは何か？」と問うことのできる「ひと(ダス・マン)」であるが，現代人は，モノのような没個性化・平均化した「現存在(ダーザイン)」の生に頽落している。正か誤か。

**6 ✕**
「ひと(ダス・マン)」と「現存在(ダーザイン)」を入れ替えれば正文になる。

**☑7** **正誤** ハイデガーは，『存在と時間』などにおいて，人が真の自己を取り戻すには，自らが「死への存在」であることを自覚することが必要だと説いた。正か誤か。

**7 ○**

19

**8** 正誤 サルトルによれば，人間は，神の計画に従って自分自身をつくり上げる存在，すなわち，あらかじめ本質が決まっていない存在である。正か誤か。

**8 ✗**
サルトルは，無神論的な実存主義思想を説いた。それゆえ，「神の計画に従って」を「自由な選択（投企）によって」に替えれば正文になる。

**9** 正誤 サルトルは，全人類にも及ぼす責任を自覚して，自己や社会問題に積極的に関わるべきだという社会参加（アンガージュマン）の思想を説いた。正か誤か。

**9 ○**

**10** 『知覚の現象学』において，精神と身体の両義性に注目した人物はだれか。次の①〜④のうちから一つ選べ。
① カミュ　　　　　　② メルロ＝ポンティ
③ ドストエフスキー　④ ショーペンハウアー

**10 ②**

---

# 16 実践的な思想と実践的な活動〜プラグマティズムとヒューマニズム

本冊 P.74

**1** 正誤 「プラグマティズムの祖」とされるパースは，「プラグマティズムの格率」を掲げ，経験的に確かめられない形而上学的な議論を探究した。正か誤か。

**1 ✗**
パースは，経験的に確かめられない形而上学的な議論を哲学的議論から排除した。

**2** 正誤 ジェームズは，プラグマティズムを，有用性を基準にした真理の確定方法と捉え直し，「真理であるから有用，有用であるから真理」と定式化した。正か誤か。

**2 ○**

**3** 正誤 ジェームズは，宗教的信念をめぐる議論は経験的に確かめられない形而上学的な議論であったり，相対的なもの・個人的なものにすぎなかったりするから，哲学的議論の対象とはならないと主張した。正か誤か。

**3 ✗**
ジェームズは，宗教的信念の有用性に注目して，哲学的議論の対象とした。

**4** 正誤 デューイは，人間の知性は真理の探究に関わるだけではなく，日常生活における問題を解決し，環境に適合するための道具でもあると捉え直した。正か誤か。

**4 ○**

**5** 正誤 デューイは，多元的な価値によって社会が分裂することを嫌い，創造的知性によって社会を改善し，一元的な価値の下で民主主義を構築していくことが必要であると主張した。正か誤か。

**5 ✗**
デューイは，多様な思想や価値を認める民主主義を実現することを求めた。

20

☑6 哲学者の　 a 　と物理学者の　 b 　は，共同して核兵器廃絶・科学技術の平和利用を訴えた。　 a 　と　 b 　に入る人物の組合せを，次の①～④のうちから一つ選べ。
① a －ラッセル　　 b －ロマン・ロラン
② a －ラッセル　　 b －アインシュタイン
③ a －トルストイ　 b －ロマン・ロラン
④ a －トルストイ　 b －アインシュタイン

**6** ②
トルストイはロシアの作家，ロマン・ロランはフランスの作家である。

☑7 [正誤]「インド独立の父」と呼ばれるガンディーは，サティヤーグラハを実現し，迫害する相手の良心に訴え，迫害をやめさせようとする非暴力主義を唱えた。正か誤か。

**7** 〇
ガンディーは，「サティヤーグラハ」（真理の把持）を実現するには，ブラフマチャリヤー（心の純潔・清浄）とアヒンサー（不殺生）の実践が必要と説いた。

☑8 [正誤] アメリカの黒人解放運動の指導者キング牧師は，暴力主義を唱えて公民権運動（人種差別反対運動）を指導した。正か誤か。

**8** ✕
「暴力主義」を「非暴力主義」に替えれば正文になる。

☑9 [正誤] アフリカで医療活動を行ったマザー・テレサは，あらゆる生命に対する畏敬の念（生命への畏敬）と，生きとし生けるものへの責任を説いた。正か誤か。

**9** ✕
「マザー・テレサ」を「シュヴァイツァー」に替えれば正文になる。

☑10 [正誤] シュヴァイツァーは，インドにおいて，「死を待つ人々の家（ホスピス）」をつくるなどして，相手の宗教や国籍を問わない救援・救済活動を展開した。正か誤か。

**10** ✕
「シュヴァイツァー」を「マザー・テレサ」に替えれば正文になる。

---

## 17 西洋哲学の根幹を揺るがす思想〜心理学と言語学

本冊 P.78

☑1 [正誤] オーストリア出身の精神医学者フロイトは，人間の心を三層にわけて分析したが，そのうちのエス（イド）とは，両親の教育などによって刻み込まれた社会的規範（良心）のことである。正か誤か。

**1** ✕
「エス（イド）」を「スーパーエゴ（超自我）」に替えれば正文になる。

☑2 [正誤] フロイトは，人間の心を三層にわけて分析したが，そのうちのエゴとは，原始的で野性的な本能の領域のことである。正か誤か。

**2** ✕
「エゴ」を「エス（イド）」に替えれば正文になる。

☑3 [正誤] フロイトは，人間の心を三層にわけて分析したが，そのうちのスーパーエゴとは，エゴのもつ衝動を外界に適用させようとする領域のことである。正か誤か。

**3** ✕
「スーパーエゴ」を「エゴ（自我）」に，「エゴ」を「エス（イド）」に替えれば正文になる。

第1編 西洋思想

21

☑️**4** 正誤 スイスの心理学者ユングは，無意識は個人的である
とするフロイトに反して，無意識には集合的無意識もある
と主張した。正か誤か。

**4** ○

---

☑️**5** 正誤 ユングは，神話や夢に登場する集合的無意識の要素
を「ステレオタイプ」と呼んだ。そして，その具体例とし
て，すべてを受容する「グレート・マザー（太母）」などを
挙げた。正か誤か。

**5** ✗
「ステレオタイプ」とは紋切
り型のイメージのこと。これ
を「元型（アーキタイプ）」に
入れ替えれば正文になる。

---

☑️**6** 正誤 スイスの言語学者ソシュールは，人々の言語活動を
パロールやラングなどの概念を使って説明したが，パロー
ルとは，ある言語共同体で共有されている言語体系のこと
である。正か誤か。

**6** ✗
ソシュールは，「ある言語共
同体で無意識に共有されてい
る言語体系」を「ラング」と
呼んだ。「パロール」は，個々
の発話のこと。

---

☑️**7** 正誤 ソシュールによれば，シニフィエ（意味・内容）とシ
ニフィアン（言葉・表現）の結びつきは，どの言語において
も必然的である。正か誤か。

**7** ✗
ソシュールは，どの言語にお
いても「シニフィエ」と「シ
ニフィアン」の結びつきは「恣
意的」であると捉えた。

---

☑️**8** ウィトゲンシュタインが，「語り得ないことについては，
沈黙しなければならない」と主張した著作を，次の①〜
④のうちから一つ選べ。
①『一般言語学講義』　　②『言葉と物』
③『ことばと対象』　　　④『論理哲学論考』

**8** ④
①はソシュールの講義録，②
はフーコー，③はクワインの
著作である。

---

☑️**9** 正誤 ウィトゲンシュタインは，命題（判断）は現実の事象
に対応するとき真であり，意味のある命題とは経験的に真
偽が検証できる判断のことだと主張した。正か誤か。

**9** ○

---

☑️**10** 正誤 ウィトゲンシュタインは，後期思想において，その
都度の文脈や規則と実践の関係をめぐる言語の有り様を
「言語ゲーム」と捉えて分析した。正か誤か。

**10** ○

---

## 18　近代的理性の袋小路と公共性の復活〜ドイツ語圏の現代思想

本冊
P.82

☑️**1** 現象学者のフッサールの著作を，次の①〜④のうちから
一つ選べ。
①『全体主義の起源』　　②『公共性の構造転換』
③『イデーン』　　　　　④『存在の彼方へ』

**1** ③
①はアーレント，②はハー
バーマス，④はレヴィナスの
著作である。

22

**2** 【正誤】 フランクフルト学派第一世代の思想家であるアドルノとホルクハイマーは，共著『啓蒙の弁証法』において，近代的理性による啓蒙の過程が野蛮に陥ることはないと報告した。正か誤か。

**2** ✕
『啓蒙の弁証法』は，野蛮から文明への進歩であると考えられていた。啓蒙の過程が，文明から野蛮へと逆転する運命をもつと説く。

**3** 【正誤】 アドルノとホルクハイマーは，理性には本来，人間の目指す目的や価値を批判的に吟味する働きもあると考え，そうした道具的理性の復権を唱えた。正か誤か。

**3** ✕
「道具的理性」を「批判的理性」に替えれば正文になる。

**4** 【正誤】 フロムは，『複製技術時代の芸術』において，複製技術の普及した現代において，神秘的な力（アウラ）を欠く芸術作品が増えたと報告した。正か誤か。

**4** ✕
「フロム」を「ベンヤミン」に替えれば正文になる。

**5** 【正誤】 ベンヤミンは，『自由からの逃走』において，ファシズムに巻き込まれ，ファシズムを支えていく人々の「権威主義的性格」について分析した。正か誤か。

**5** ✕
「ベンヤミン」を「フロム」に替えれば正文になる。

**6** 【正誤】 オーストリアの精神科医ポパーは，『夜と霧』などにおいて，自らの強制収容所での体験をもとに，いかなる状況においても，人は常に人間らしい尊厳に満ちた生き方を求めていると主張した。正か誤か。

**6** ✕
「ポパー」は，批判的合理主義を唱えたオーストリア出身の哲学者。これを「フランクル」に替えれば正文になる。

**7** 【正誤】 ドイツ系ユダヤ人のアーレントは，『エルサレムのアイヒマン』において，ナチズムを支えていた大半の人々は，極悪非道な人物であったと報告した。正か誤か。

**7** ✕
アーレントは，「ナチズムを支えていた人々の多くが平凡な人間であった」と報告した。

**8** 【正誤】 アーレントは，『人間の条件』において，人の行いを「生存のために必要な労働（labor）」，「道具や作品をつくる仕事（work）」，「言葉を交わしながら他者と共同体を営む活動（action）」に区分し，現代社会は「活動」の力が強くなりすぎていると批判した。正か誤か。

**8** ✕
アーレントは，「労働」の力が強くなりすぎているとし，「活動」の復権を求めた。

**9** 【正誤】 フランクフルト学派第二世代のハーバーマスによれば，いわゆる「生活世界の植民地化」によって，現代は，民主的な社会統合に必要な公共空間（公共性）が破壊されている。正か誤か。

**9** ◯

**10** 【正誤】 ハーバーマスは，理性の対話的性質（対話的理性）に基づく相互了解（コミュニケーション的合理性）は，民主的な社会統合の基礎にはならないと主張した。正か誤か。

**10** ✕
ハーバーマスは，「コミュニケーション的合理性」こそ，民主的な社会統合の基礎になると主張した。

第1編 西洋思想

| 23 |

# 19 西洋中心主義や西洋的発想を批判する思想〜フランス語圏の現代思想

**本冊 P.86**

☑**1** 【正誤】 構造主義者のレヴィ゠ストロースは，アマゾン川流域に住む先住民族の思考も西洋近代の思考もともに「栽培の思考」であると論じた。正か誤か。

☑**2** 【正誤】 レヴィ゠ストロースは，西洋近代の思考法は，抽象的なことがらを，身の回りにある具体的なものを用いて考える思考法（ブリコラージュ）であると論じた。正か誤か。

☑**3** 【正誤】 ボードリヤールは，『消費社会の神話と構造』において，現代人の消費行動は，記号化された「モノ」を通じた差異化の行動ではなく，第一に欲求の充足のための行動であると論じた。正か誤か。

☑**4** 【正誤】 フーコーは，『狂気の歴史』などにおいて，近代社会は，病気や狂気といった反理性的なものを日常から排除してきたと報告した。正か誤か。

☑**5** 【正誤】 フーコーは，病院，裁判所，監獄，学校などの施設が，近代社会の価値観に自ら意識的に服従する「主体」を生み出す一方，こうした「主体」が相互に監視・規制し合うことで，権力関係が生じ，再生産されていくと論じた。正か誤か。

☑**6** 「大きな物語」の終焉を論じたリオタールの著作を，次の①〜④のうちから一つ選べ。
①『悲しき熱帯』　②『エクリチュールと差異』
③『夢判断』　　　④『ポストモダンの条件』

☑**7** 【正誤】 デリダは，プラトン哲学以来の西洋哲学の伝統を批判し，世界や物事を二項対立の図式で捉える「脱構築」の思想を模索した。正か誤か。

☑**8** 【正誤】 メルロ゠ポンティは，精神と身体（物体）をわける思想を批判し，人間は身体を介して世界に巻き込まれているからこそ，世界に関わることができると主張した。正か誤か。

---

**1** ✗
レヴィ゠ストロースは，先住民族の思考を「野生の思考」と特徴づけた。

**2** ✗
ブリコラージュは，野生の思考」の特徴。西洋近代は，人工的な概念を使って抽象的に考える。

**3** ✗
ボードリヤールは，現代人の消費活動には，「記号化された『モノ』を通じた差異化の行動」という側面が大きいと論じた。

**4** ○

**5** ✗
「自ら意識的に服従」を「無意識のうちに服従」に替えれば正文になる。

**6** ④
①はレヴィ゠ストロース，②はデリダ，③はフロイトの著作。

**7** ✗
「世界や物事を二項対立の図式で捉える」のが西洋哲学の伝統。

**8** ○

24

☑9 　正誤　レヴィナスは，それまでの西洋哲学を，他者を同化したり，排除したりする暴力性(全体性)を備えた思想だと批判した。正か誤か。

**9** ○

☑10 　正誤　レヴィナスは，絶対的に理解できず，「顔(ヴィザージュ)」として迫ってくる他者を徹底的に排除するとき，「私」は主体性を取り戻すことができると説いた。正か誤か。

**10** ✕
レヴィナスによれば，「私」が主体性を取り戻すためには，他者の要求を受け入れることが必要である。

---

## 20 公正な社会のための思想〜英米語圏の現代思想

本冊
P.90

☑1 　正誤　ハイエクは，科学を進歩させるには，還元主義からホーリズム(全体論)の見方に移行する必要があると主張した。正か誤か。

**1** ✕
「ハイエク」は，オーストリア出身の経済学者。これを「クワイン」に替えれば正文になる。

☑2 　正誤　ロールズは，『貧困と飢饉』などにおいて，誰もが関わらざるを得ない社会的条件の公正な配分のあり方を正義の問題として検討した。正か誤か。

**2** ✕
『貧困と飢饉』は，センの著作。これを『正義論』などに替えれば正文になる。

☑3 　正誤　ロールズのいう「正義の二原理」のうちの第一原理とは，「自由の権利は，誰にでも平等に，いついかなるときも与えられなければならない」というものである。正か誤か。

**3** ✕
ロールズによれば，自由の権利は，「他人の自由の権利を害さない限り」において認められる。

☑4 　正誤　ロールズのいう「正義の二原理」のうちの第二原理とは，「所得と富の配分は不平等であっても，地位や職務につく機会が公平であり，最も不遇な人々の境遇を改善する限りにおいて容認される」というものである。正か誤か。

**4** ○
第二原理は，「機会均等の原理」，と「格差原理」からなる。

☑5 ロールズの思想が哲学的根拠を与えたとされる政策を，次の①〜④のうちから一つ選べ。
　① 積極的格差是正措置　　② 同化政策
　③ 帝国主義政策　　　　　④ 信頼醸成措置

**5** ①
①は，「アファーマティブ・アクション」のこと。④は，意思疎通の欠如から予期せざる武力衝突などが起こるのを防ぐための諸措置のこと。

☑6 　正誤　センは，真の豊かさや平等を測る基準として，所得や経済規模よりも，「個々人が，その社会において，自由に自らの人生を選択できるか」という潜在能力(ケイパビリティ)の幅に注目すべきだと主張した。正か誤か。

**6** ○

25

**☑7** 〔正誤〕 自由至上主義(リバタリアニズム)を説いたノージックは，政府の規模・役割・影響力を，個人の自由を侵すことなく，その自由を守るのに十分な程度に小さくすべきだと主張した。正か誤か。

**7 ○**
ノージックが説いた「最小国家」論の説明として適当である。

**☑8** 〔正誤〕 共同体主義(コミュニタリアニズム)を説くマッキンタイアやサンデルらは，人の選択は社会的に共有されている共通善に照らして可能になると主張したロールズを批判した。正か誤か。

**8 ✕**
共同体主義者が，「人の選択は社会的に共有されている共通善に照らして可能になる」と主張した。

**☑9** 〔正誤〕 サイードは，『オリエンタリズム』において，東洋は西洋を後進的・非合理的といった画一的な負のイメージで捉えてきたと論じた。正か誤か。

**9 ✕**
「東洋」と「西洋」を入れ替えれば正文になる。

**☑10** 〔正誤〕 ハンチントンは，東西冷戦の終結とともに，世界から「文明と文明の衝突」という状況は消えたと主張した。正か誤か。

**10 ✕**
ハンチントンは，冷戦後の世界は，「文明と文明との衝突」が対立の主要軸になると主張した。

---

**第2編　東洋・日本思想**

## 21 解脱を求める古代のインド思想～バラモン教やジャイナ教など

**本冊 P.100**

**☑1** 〔正誤〕 神々への讃歌集である『リグ・ヴェーダ』や『サーマ・ヴェーダ』などのヴェーダは，バラモン教の聖典である。正か誤か。

**1 ○**

**☑2** 〔正誤〕 インド哲学の源流であるウパニシャッド哲学では，個人存在の本体を「ブラフマン(梵)」，宇宙のあらゆる現象を生み出している不変・絶対の根本原理を「アートマン(我)」という。正か誤か。

**2 ✕**
「ブラフマン(梵)」と「アートマン(我)」を入れ替えれば正文になる。

**☑3** 〔正誤〕 ウパニシャッド哲学の教えによれば，「ブラフマン(梵)」と「アートマン(我)」を峻別できたとき，人は解脱できる。正か誤か。

**3 ✕**
ウパニシャッド哲学は，「梵我一如(梵と我の一致)」の境地に解脱があると説く。

**☑4** 〔正誤〕 ウパニシャッド哲学の教えによれば，人間は死とともに「無」になるのであって，あの世に赴いたのち再びこの世に生まれ変わり，生と死を循環すること(輪廻)などない。正か誤か。

**4 ✕**
ウパニシャッド哲学は，輪廻の思想を説く。

26

☑**5** 『正誤』 ウパニシャッド哲学は，現世の行為（業）と未来の苦楽は無関係であると説いた。正か誤か。

☑**6** 『正誤』 ウパニシャッド哲学の教えによれば，ヨーガなどによる瞑想と禁欲，そして苦行を積めば，人は誰でも解脱できる。正か誤か。

☑**7** ジャイナ教（ジナ教）の開祖を，次の①〜④のうちから一つ選べ。
① プーラナ・カッサパ
② アジタ・ケーサカンバリン
③ ヴァルダマーナ
④ サンジャヤ・ベーラッティプッタ

☑**8** 『正誤』 ジャイナ教（ジナ教）の教えによれば，選ばれた人だけが，断食などの苦行と，不殺生（アヒンサー）などの慈悲を実践すれば，解脱できる。正か誤か。

☑**9** 『正誤』 ジャイナ教（ジナ教）は古代の宗教であり，現在のインドにはジャイナ教徒はいない。正か誤か。

☑**10** 『正誤』 バラモン教に由来し，「ヒンドゥー教」と呼ばれるインドの民族的伝統では，ブラフマー神・ヴィシュヌ神・シヴァ神の三神が，本来は一体（三神一体）であると考えられている。正か誤か。

**5** ✕
ウパニシャッド哲学は，現世の行為（業）が未来の苦楽を導くと説いた。

**6** ✕
ウパニシャッド哲学は，選ばれた人間だけが解脱できると説く。

**7** ③
「ヴァルダマーナ」の尊称はマハーヴィーラ。①②④は自由思想家。自由思想家には，彼ら以外に，マッカリ・ゴーサーラやパクダ・カッチャーヤナらが有名。

**8** ✕
ジャイナ教は，苦行を行う万人が解脱できると説く。

**9** ✕
インドの人口の0.5%以下だが，南インドを中心に現在もジャイナ教徒はいる。

**10** 〇

---

## 22　易行による万人救済の教えと思想〜ブッダの教えと仏教思想の展開
本冊 P.104

☑**1** 『正誤』 仏教の開祖のゴータマ・シッダッタ（ブッダ）は，ヴァイシャ（庶民）の出身であり，結婚することもなく，子どももいない独身生活を貫き，多くの経典を残した。正か誤か。

☑**2** 『正誤』 ブッダによれば，世界の実像に対する無知（無明）が執着を生み，その執着が人の生を苦に満ちたものにする。ゆえに，苦行を通じて無明を脱すれば，解脱できる。正か誤か。

**1** ✕
ブッダは，クシャトリヤ（王侯）の出身で，結婚しており子どももいた。ただし，著作や経典は一つも残していない。

**2** ✕
「苦行を通じて」が不適当。ブッダは，人が解脱するのに苦行は必要ないと考えた。

第2編 東洋・日本思想

27

**3** 正誤 ブッダは,いかなるものもそれ自体で存在しており,諸存在における因果関係は人間の思い込みであると説いた。正か誤か。

**3** ✗
ブッダは,諸存在は因果関係のうちに存在すると説いた(因縁説・縁起の法)。

**4** 正誤 ブッダが説いた「四苦八苦」とは,具体的には,生・老・病・死,さらには愛別離苦・怨憎会苦・求不得苦・五蘊盛苦である。正か誤か。

**4** ○

**5** 正誤 愛別離苦とは,愛しいものと別れてしまう苦,怨憎会苦とは,怨めしく憎らしい者と出会う苦,求不得苦とは,得たものを失ってしまう苦,五蘊盛苦とは,自らの身も心も思うようにならない苦のことである。正か誤か。

**5** ✗
「求不得苦」は,「得たものを失ってしまう苦」ではなく,「求めるものを得られない苦」である。

**6** ブッダが明らかにした「苦の根本原因は,煩悩にある」という真理(諦)を,次の①～④のうちから一つ選べ。
① 苦諦　　② 集諦　　③ 滅諦　　④ 道諦

**6** ②

**7** 正誤 ブッダは,悟りを得る方法として,具体的には,正見・正思・正語などからなり,中道を旨とする六道を説いた。正か誤か。

**7** ✗
「六道」とは,衆生が輪廻転生する六つの境遇(天・人間・修羅・畜生・餓鬼・地獄)のこと。これを「八正道」に替えれば正文になる。

**8** 正誤 ブッダは,慈悲にもとづいた行為の大切さを説いたが,このブッダの説く慈悲とは,人間にのみに向けられるものである。正か誤か。

**8** ✗
「慈悲」は,人間のみならず,生きとし生けるものすべてに向けなければならないものである。

**9** 正誤 仏教の根本思想は,一切皆苦・諸法無我・諸行無常・涅槃寂静という四法印であるが,これらを否定する仏教の宗派はない。正か誤か。

**9** ○

**10** 正誤 仏教信者のうち,出家者にのみ不殺生戒・不偸盗戒・不邪淫戒・不妄語戒・不飲酒戒の五戒を守ることが求められる。正か誤か。

**10** ✗
五戒の実践は,在家の信者にも求められる。

28

# 23 仏教教団の分裂と発展〜上座部仏教と大乗仏教

**本冊 P.108**

**1** **正誤** ブッダの死から約100年後の紀元前3世紀ごろ，戒律の解釈などをめぐり，信徒集団は，戒律を厳格に守っていくべきだという大衆部と，戒律を柔軟に捉えるべきだという上座部に分裂した。正か誤か。

**2** **正誤** 部派仏教において，信徒は，煩悩のない悟りの境地に達した最高位の修行者である「菩薩」を目指して，自らの悟りの完成に努めた。正か誤か。

**3** **正誤** 紀元前1世紀ごろには，大衆部に根ざした布教師や在家信者らを中心に，一切衆生の救済を目指す革新運動が起きたが，彼らは自らを「小乗」と称した。正か誤か。

**4** **正誤** 大乗仏教における理想は，利他行を実践して一切衆生の救済を目指す「菩薩」である。正か誤か。

**5** 大乗仏教が説く六波羅蜜を，次の①〜④のうちから一つ選べ。
① 布施・持戒・忍辱・巡礼・喜捨・智慧
② 布施・持戒・忍辱・巡礼・禅定・智慧
③ 布施・持戒・忍辱・精進・禅定・智慧
④ 布施・持戒・断食・巡礼・禅定・智慧

**6** **正誤** 大乗仏教において，西方極楽浄土を主宰する薬師如来や，東方瑠璃光世界を主宰する阿弥陀如来などに対する信仰が生まれた。正か誤か。

**7** **正誤** 上座部仏教の一部は，現在のアフガニスタンから中央アジアを経由し，中国・朝鮮・日本などの東アジアに伝わった。他方，大乗仏教は，紀元前3世紀ごろ，スリランカに伝えられ，そこからさらにミャンマーやタイなど東南アジアに広がった。正か誤か。

**8** **正誤** 2世紀ごろ，『般若経』を研究したナーガールジュナ（竜樹）は，空の思想を確立した。この教えは，「この世界の真実の姿は，空っぽで何もない」というものである。正か誤か。

---

**1** ✗
「大衆部」と「上座部」を入れ替えれば正文になる。

**2** ✗
「菩薩」を「阿羅漢」に替えれば正文になる。

**3** ✗
「小乗」を「大乗」に替えれば正文になる。

**4** ○

**5** ③
①の「喜捨」，②の「巡礼」，④の「断食」は，いずれもイスラームの五行の一つである。

**6** ✗
「薬師如来」と「阿弥陀如来」を入れ替えれば正文になる。

**7** ✗
「上座部仏教の一部」と「大乗仏教」を入れ替えれば正文になる。なお，上座部仏教を「南伝仏教」，大乗仏教を「北伝仏教」ということもある。

**8** ✗
「空」の説明が不適当。「空」は，「何も単独では存在しておらず，すべては因縁・縁起によって成立したものであり，関係性の中にある」ということを意味する。

第2編 東洋・日本思想

☑**9** 〔正誤〕 4世紀ごろ，アサンガ(無著)とヴァスバンドゥ(世親)の兄弟は，「一切は心の奥底に潜む阿頼耶識の生み出す幻想にすぎない」という唯識の思想を説いた。正か誤か。

**9** ○

☑**10** 〔正誤〕 8世紀後半には，上座部仏教の一派である密教がチベットに伝わり，チベット仏教(ラマ教)が生まれた。この最高指導者を16世紀以降，ダライ・ラマ(教主)と呼ぶ。正か誤か。

**10** ✕
「上座部仏教の一派である」が不適当。密教は，ヒンドゥー教と深い関係をもつが，一般には大乗仏教の一つと考えられている。

# 24 乱世に咲く古代中国の思想～諸子百家と孔子

本冊
P.112

☑**1** 〔正誤〕 紀元前11世紀ごろには周王朝が黄河流域に進出し，殷(商)を滅ぼした。この変革は，天は有徳な者を新しい天子(支配者)とするという天の思想によって正統化された。正か誤か。

**1** ○

☑**2** 『論語』によれば，孔子は「己に克ちて　 a 　に復るを　 b 　となす」と述べた。　 a 　と　 b 　に入る語句の組み合わせを，次の①～④のうちから一つ選べ。
① a −礼　 b −義　　② a −礼　 b −仁
③ a −仁　 b −義　　④ a −仁　 b −礼

**2** ②
『論語』にある「子曰克己復礼為仁」の説明である。

☑**3** 〔正誤〕 孔子は，生涯にわたり，政治よりも自然の神秘や死後の安楽に大きな関心を示した。正か誤か。

**3** ✕
孔子の関心は専ら理想社会の実現にあった。

☑**4** 〔正誤〕 孔子は，徳を備えた君子が国家のトップに立てば，民衆も君子の徳に感化されて安んじて暮らせるようになると説いた。正か誤か。

**4** ○
孔子の政治の指針とした徳治主義の説明である。

☑**5** 〔正誤〕 孔子によれば，「仁」はさまざまに定義される。例えば，自分の望まないことを他人にもしないようにする思いやりを意味する「忠」や，自分を偽らないことを意味する「恕」などである。正か誤か。

**5** ✕
「忠」と「恕」を入れ替えれば正文になる。

☑**6** 〔正誤〕 孔子によれば，「仁」の基本になるのは，長兄に仕えることを意味する「孝」と，父母に仕えることを意味する「悌」である。正か誤か。

**6** ✕
「孝」と「悌」を入れ替えれば正文になる。

30

**7** 正誤 四書の一つである『大学』によれば，まず徳を身につけ，家庭を円満にしたとき，はじめて国を治めることができるのであって，その君子の徳によって天下が安定するという。正か誤か。

**7** ⭕

**8** 正誤 墨子は，孔子の説く「仁」は，人々が広く愛し合う無差別の愛であり，実行不可能だと批判し，人間にも実行できる別愛が必要であると説いた。正か誤か。

**8** ❌
墨子は，孔子の説く「仁」を，人と人を区別する「別愛」であると批判した。そして，争いが生じないためには，人々が広く愛し合う「兼愛」が必要だと主張した。

**9** 正誤 墨子は，戦争行為はいかなる場合であろうとも許されないと唱えるとともに，身分を問わず才能のある者を登用する「尚賢」や，むだな消費を節約する「節用」や「節葬」を説いた。正か誤か。

**9** ❌
墨子は，自衛のための戦争行為までは否定していない。墨子が説いた非攻説は，侵略戦争を否定するものである。

**10** 正誤 韓非子らは，徳治主義を説く孔子ら儒家とは異なり，信賞必罰の法律によって人民を統治する法治主義を主張した。正か誤か。

**10** ⭕

## 25 儒家思想の展開〜孟子と荀子

**本冊 P.116**

**1** 正誤 孟子は，「民を尊しと為し，社稷これに次ぎ，君を軽しとする」と述べ，正義を守って邪悪を禁じ，仁政を施して人民の生活を保全する覇道政治の実現を模索した。正か誤か。

**1** ❌
「覇道政治」を「王道政治」に替えれば正文になる。

**2** 正誤 孟子の政治思想の背景には，民意に背く暴君は宇宙の絶対神たる上天によって治者の地位から追放されるという，古代の天の思想に基づいた理論がある。正か誤か。

**2** ⭕
この理論を「易姓革命」という。

**3** 正誤 孟子は，人間の「性」は本来的に悪であるが，生まれながらに良知（良知良能）も具えているのだから，その良知を働かせて「性」を善にしなければならないと説いた。正か誤か。

**3** ❌
孟子は，性善説を唱えた。

**4** 正誤 孟子によれば，人間は生まれながらに，四徳を具えており，それを自ら育てて四端を実現しなければならない。正か誤か。

**4** ❌
「四徳」と「四端」を入れ替えれば正文になる。

**5** 正誤 孟子によれば，「惻隠の心」を「仁」に，「羞悪の心」を「義」に，「辞譲の心」を「智」に，「是非の心」を「礼」に育て上げなければならない。正か誤か。

**5** ✕
「智」と「礼」を入れ替えれば正文になる。

**6** 正誤 孟子によれば，四徳が充実してくると現れる，毅然とした不動の心である「浩然の気」を備えた大丈夫は，どんな困難にあっても徳を実現しようとする。正か誤か。

**6** ○

**7** 正誤 漢代の董仲舒が，孟子の唱えた四徳に「序」の徳を加えて，儒教道徳の基本となる五常を確立した。正か誤か。

**7** ✕
「序」を「信」に替えれば正文になる。

**8** 孟子が論じた，基本的な人間関係とそこで求められる徳の正しい組合せを，次の①〜⑤のうちから一つ選べ。
① 父子—序　　② 君臣—親　　③ 夫婦—義
④ 長幼—別　　⑤ 朋友—信

**8** ⑤
⑤以外は，「父子—親」，「君臣—義」，「夫婦—別」，「長幼—序」の組合せが正しい。

**9** 正誤 荀子は，「人の性は悪にして，その善なるは偽りなり」と述べ，人間の本性は悪であるから，古典を学ぶ学習や礼を学ぶ教育によって矯正しなければならないと説いた。正か誤か。

**9** ○
荀子が説いた性悪説や礼治主義の説明として適当。

**10** 正誤 春秋時代から漢にかけて，『論語』『孟子』『大学』『春秋』の四書や，『詩経』『書経』『易経』『中庸』『礼記』の五経が成立した。正か誤か。

**10** ✕
「春秋」と「中庸」を入れ換えれば正文になる。

---

## 26 老荘思想と儒学思想の展開〜道家(老荘思想)，朱子学と陽明学
本冊 P.120

**1** 正誤 老子は，「大道廃れて仁義あり」と述べ，人間の作為に頼る儒家の思想を称讃した。正か誤か。

**1** ✕
老子は，「儒家の思想」を批判した。

**2** 正誤 『老子』によれば，知性や感性を働かせて，「無」や「無名」とも呼ばれる「道」を知り，その「道」と一体となって生きるとき，人は本来の生き方ができる。正か誤か。

**2** ✕
『老子』によれば，「道」は，「知性や感性を働かせて」知るものではない。

**3** 正誤 『老子』は，「無・有」や「美・醜」や「善・悪」などの対立に囚われない生き方を求めている。具体的には，無邪気な嬰児のように，他と争わず身を低くする生き方である。正か誤か。

**3** ○
『老子』が説く「柔弱謙下」の生き方の説明として適当。

32

☑ **4** 〔正誤〕 『老子』が理想とする国家は，規模は小さく成員は少なくとも，隣国と貿易を活発に行う国である。正か誤か。

**4 ✕**
「隣国と貿易を活発に行う」が不適当。『老子』は自給自足の村落共同体を理想とした。

☑ **5** 〔正誤〕 『荘子』によれば，人間の知恵や判断は全体のほんの一部分に触れているにすぎず，「美醜・大小」や「運不運・幸不幸」などは単なる相対的な区別にすぎず，万物はおのずから調和している。正か誤か。

**5 ◯**
『荘子』の説く「万物斉同」の説明として適当。

☑ **6** 〔正誤〕 『荘子』が理想とする生き方は，何事にも煩わされず，心を空しくして，悠然と遊ぶように生きる超人としての生き方である。正か誤か。

**6 ✕**
「超人」はニーチェの理想。これを「真人(至人)」に替えれば，『荘子』の説く心斎坐忘や逍遥遊を体現した理想の生き方の説明になる。

☑ **7** 朱子(朱熹)は，現実の人間の本性は「　a　」によって純然たる善ではないから，「　b　」によって「　a　」を制御し，純然たる善の状態を実現しなければならないと説いた。　a　・　b　に入る語句の組合せを，次の①〜④のうちから一つ選べ。
　①a−理　b−礼　　②a−理　b−気
　③a−気　b−理　　④a−礼　b−気

**7 ③**
朱子が展開した理気二元論や性即理の説明である。

☑ **8** 〔正誤〕 朱子(朱熹)によれば，純然たる善を実現するには，行為を慎み，世の中の事物に触れ，事物を成り立たせている道理を知り，それに通じる自己の本性を確かめることが必要である。正か誤か。

**8 ◯**
朱子が説いた持敬・居敬，さらに格物や窮理の説明として適当である。

☑ **9** 〔正誤〕 王陽明は，心即理を説く朱子学を批判して，性即理の思想を展開した。正か誤か。

**9 ✕**
「心即理」と「性即理」を入れ替えれば正文になる。

☑ **10** 〔正誤〕 王陽明は，理想的な生き方を知ることと，人が生まれながらに具えている「良知」を発揮することは別であると説いた。正か誤か。

**10 ✕**
王陽明は知行合一を説いており，「知ること」と「行うこと」は不可分であると考えた。

## 27 仏教の受容から鎮護国家の仏教へ〜記紀，奈良仏教，そして神仏習合

本冊
P.128

☑ **1** 〔正誤〕 日本には古来，八百万の神がおり，自然界のあらゆるものに，「神(カミ)」が宿ると考えられていた。正か誤か。

**1 ◯**
日本の思想に見られるアニミズム(精霊信仰)の説明として適当。

第2編 東洋・日本思想

33

**2** **正誤** 『古事記』などに収められている日本の神話では，アマテラスが，この世を創造し，絶対的な唯一神として，他の神々を従えていると考えられている。正か誤か。

**2 ✕**
アマテラスは創造神ではない。また，日本には究極的な神はいないとされ，神々は「祀るとともに祀られる神」である。

**3** **正誤** 古代の日本人は，共同体に害を及ぼす行為を「祓い」や「禊」と呼んで忌避し，これらを取り除くために「罪」や「穢れ」など神事を行った。正か誤か。

**3 ✕**
「「祓い」や「禊」」と「「罪」や「穢れ」」を入れ替えれば正文になる。

**4** **正誤** 日本では古来，見透かせない黒心・濁心や隠し立てのある「暗き心」や「私心」を嫌い，嘘偽りがない心，すなわち「清明心(清き明き心)」がよしとされた。正か誤か。

**4 ◯**

**5** **正誤** 日本には古来，天に神々が住む高天原，地下には死者が住む黄泉国があるとする世界観があり，生者が黄泉国に行くことはできないと考えられていた。正か誤か。

**5 ✕**
黄泉国へは，生者も往来可能と考えられていた。

**6** 聖徳太子(厩戸王)が撰述したと伝えられている『三経義疏』は，大乗仏教の教典である□□□の注釈書である。□□□に入る経典を，次の①〜④のうちから一つ選べ。
① 『法華経』・『涅槃経』・『大日経』
② 『法華経』・『勝鬘経』・『大日経』
③ 『法華経』・『涅槃経』・『維摩経』
④ 『法華経』・『勝鬘経』・『維摩経』

**6 ④**
「涅槃経」には，初期の原始仏典と大乗仏教の経典の二種がある。「大日経」は，密教の経典である。

**7** **正誤** 聖徳太子が制定に関わったとされる憲法十七条は，官吏の心得を論じた法文であり，仏の目から見れば人はみな凡夫なのだから，「和」の精神をもって事に当たることが大切だと説いている。正か誤か。

**7 ◯**

**8** **正誤** 奈良時代には，官寺の整備や官僧の育成が進み，山岳仏教の南都六宗が成立した。正か誤か。

**8 ✕**
南都六宗は，「山岳仏教」ではない。奈良の都に位置して，鎮護国家の役割を担った。

**9** **正誤** 奈良時代の鑑真は，私度僧集団を率いて諸国を巡り，救済施設の設置や土木事業を行って人々の信望を集めた。正か誤か。

**9 ✕**
「鑑真」は，日本に戒律(具足戒)を伝えた唐の高僧。これを「行基」に替えれば正文になる。

☑10 **正誤** 修験道の独自の発展などに見られるように，日本では土着の信仰や古来の神々への信仰と仏教が関係を深めることはなかった。正か誤か。

**10** ✕
修験道などに見られるように，仏教伝来以来，日本では，土着の信仰や古来の神々への信仰と仏教が関係を深めていった。これを神仏習合（混淆）という。

---

# 28 日本独自の仏教への礎～平安仏教と浄土信仰

**本冊 P.132**

☑1 平安時代，最澄は a の一乗止観院（のちの延暦寺）を舞台に，空海は b の金剛峯寺や都の入り口の東寺（教王護国寺）を舞台に活躍した。 a ・ b に入る語句の組合せを，次の①～④のうちから一つ選べ。
① a－比叡山　b－高野山
② a－比叡山　b－身延山
③ a－高野山　b－比叡山
④ a－高野山　b－身延山

**1** ①
「身延山」には日蓮宗総本山の久遠寺がある。

☑2 **正誤** 最澄が説いた天台宗とは，隋の時代の天台山の智顗（天台大師）が大成した教えであり，一切衆生悉有仏性などの思想を説きつつ，法華経の教えが真実であり，ほかは方便であるとする教えである。正か誤か。

**2** ○
（法華）一乗思想の説明として適当。

☑3 **正誤** 最澄は，法華経の解釈などをめぐり，万人の成仏を説く法相宗の徳一と晩年まで論争した。正か誤か。

**3** ✕
「万人の成仏」を説いたのは最澄。徳一は，悟りには差があり（三乗思想），仏性のない者もいると主張した。

☑4 **正誤** 最澄は，生前，『山家学生式』や『顕戒論』などを著し，大乗戒壇を設立したり，僧俗共学の綜芸種智院を建設したりして，「一隅を照らす」人材の育成に尽力した。正か誤か。

**4** ✕
延暦寺に「大乗戒壇」が設立されたのは，最澄の没後である。また，「綜芸種智院」は空海が建設を提唱した。

☑5 **正誤** 空海が伝えた密教とは，インド古来の信仰・呪術・祈禱を取り入れ，加持祈禱へと発展させた大乗仏教の教えである。広大な宇宙論を展開し，それを象徴的にマンダラ（曼荼羅）で表現したりもする。正か誤か。

**5** ○

☑6 **正誤** 空海によれば，密教よりも，天台宗などの教えの方が勝っている。正か誤か。

**6** ✕
空海によれば，密教以外の天台宗などの「顕教」よりも，「密教」の方が勝る。

35

**7** 正誤 密教は，身密・口密・意密の三密を修すれば，阿弥陀仏の力と一体化し，死後に衆生を救済する仏になれるという即身成仏の教えを説く。正か誤か。

**7** ✗
「阿弥陀仏」を「大日如来」に，「死後に」を「その身のままで（現世において）」に入れ替えれば正文になる。

**8** 正誤 平安時代には神仏習合がさらに進んで，インドの仏や菩薩は日本の神々が化身として現れた姿だとする本地垂迹説が説かれるようになった。正か誤か。

**8** ✗
「インドの仏や菩薩」と「日本の神々」を入れ替えれば正文になる。

**9** 正誤 空也は「南無阿弥陀仏」と称えながら，各地を遊行し，道路・橋・寺などを造ったり，行き倒れの死者を火葬したりした。それゆえ，彼は「阿弥陀聖」や「市聖」と呼ばれた。正か誤か。

**9** ○

**10** 正誤 源信は，『往生要集』において，「厭離穢土・欣求浄土」とまとめられる教えを説き，極楽往生する最善の方法として，観想念仏を否定し，口称念仏（称名念仏）を勧めた。正か誤か。

**10** ✗
源信は，いずれの念仏も否定していない。もっとも，口称念仏（称名念仏）よりも観想念仏を勧めた。

# 29 末法の到来と他力による救済〜末法思想と浄土系思想
本冊 P.136

**1** 正誤 奈良時代に伝えられた中国由来の仏教には，「教・行・証（教え・修行・悟り）」が消え，仏の力がまったく及ばない末法が1052年からはじまるという歴史観が含まれており，広く平安時代に広まった。正か誤か。

**1** ✗
「教」だけが残っているのが末法。なお，「教・行・証」が残っているのが正法，「教・行」が残っているのが像法である。

**2** 正誤 比叡山で修行をしていた法然は，その教えに満足できなくなり，比叡山を下りて，浄土宗を開き，自力易行の教えを説いた。正か誤か。

**2** ✗
「自力易行」を「他力易行」に換えれば，正文になる。

**3** 正誤 法然は，末法における往生の手だてとして，他の修行法を捨て，専ら「南無阿弥陀仏」と称えよと説いた。正か誤か。

**3** ○
法然が説く「専修念仏」の説明として適当である。

**4** 正誤 親鸞は法然の弟子であったが，妻帯などの破戒を理由に還俗させられ，越後（新潟県）へ流罪となった。その際，姓を愚禿，名を親鸞と改め，僧でもなく俗人でもない非僧非俗の立場を没するまで貫いた。正か誤か。

**4** ○

36

**5** 正誤 親鸞は，念仏を称える回数が多ければ多いほど，極楽往生の可能性が高まると論じた。正か誤か。

**5** ✕
親鸞によれば，極楽往生は念仏の回数によらない。なお，彼は日常の念仏を「報恩感謝の念仏」と捉えた。

**6** 正誤 親鸞は，いわゆる「悪人正機」の教えを説いたが，ここでいう「悪人」とは，「積極的に悪事を為そう」という人のことである。正か誤か。

**6** ✕
親鸞のいう「悪人」とは，阿弥陀仏の救いを信じ，自らの煩悩を自覚し反省している人のことである。

**7** 唯円が著した＿＿＿によれば，親鸞は「善人なをもて往生をとぐ，いはんや悪人をや」と説いた。
＿＿＿に入る著作名を，次の①〜④のうちから一つ選べ。
① 『選択本願念仏集（せんちゃくほんがんねんぶつしゅう）』　　② 『教行信証』
③ 『一枚起請文』　　④ 『歎異抄（たんにしょう）』

**7** ④
①③は法然，②は親鸞自身による書籍。

**8** 正誤 晩年の親鸞は，自然法爾（じねんほうに）の教えを説き，あらゆる自力のはからいを捨てて，仏の法に従う必要があるという，いわゆる「絶対他力」の教えを否定した。正か誤か。

**8** ✕
親鸞は，「自然法爾」と「絶対他力」の教えを説いた。

**9** 正誤 浄土宗や浄土真宗などの念仏宗は，幕府などから度々，念仏の教えを停止するように求められた。なぜなら，念仏は現世（の権力）の否定の教えであると見なされたからである。正か誤か。

**9** ◯

**10** 正誤 浄土真宗の開祖とされる一遍は，行き合う人々に「南無阿弥陀仏，決定往生六十万人」と記した念仏札を配り，全国を遊行したり，踊り念仏を催したりして，人々に念仏を広めた。正か誤か。

**10** ✕
「浄土真宗」の開祖は，親鸞。これを「時宗」に替えれば正文になる。

# 30 自力による救済と仏国土の建設〜禅宗と日蓮宗

本冊 P.140

**1** 正誤 宋に留学して臨済禅を修めた栄西は，時の将軍の源実朝に『喫茶養生記』を献じ，良薬として茶を勧めた。正か誤か。

**1** ◯

**2** 正誤 道元は宋に留学して曹洞禅を修め，帰国後は栄西と同様に禅こそ末法の教えであると説いて，坐禅による自力救済を追求した。正か誤か。

**2** ✕
栄西は「禅こそ末法の教えである」と説いたが，道元は「末法の教え」は方便であるとして，末法そのものを認めなかった。

第2編　東洋・日本思想

**☑3** 【正誤】 道元は，『興禅護国論』を著し，禅を修することで欲望など一切の束縛から解き放たれて，人は本来備えている悟りを得ると説いた。正か誤か。

**3 ✕**
『興禅護国論』は，栄西の著作。これを『正法眼蔵』などの道元の著作に換えれば正文になる。

**☑4** 【正誤】 道元によれば，修行と悟りの体得（証）は不二一体である。すなわち，日々の生活を規則正しくくり返し，為すべき事を為す実行の中に，真理や悟りがある。正か誤か。

**4 ○**
道元が説く「修証一等（修証一如）」の教えとして適当。

**☑5** 栄西が伝えた臨済禅は「　a　」ともいい，道元が伝えた禅は「　b　」ともいう。　a　・　b　に入る語句の組合せを，次の①〜④のうちから一つ選べ。
① a－公案禅　　b－看話禅
② a－公案禅　　b－黙照禅
③ a－黙照禅　　b－公案禅
④ a－黙照禅　　b－看話禅

**5 ②**
「公案禅（看話禅）」は，師家から出された公案（問題）を解くことで，真理を体得しようとする禅。「黙照禅」は，ひたすら坐禅する禅である。

**☑6** 【正誤】 日蓮も比叡山で学んでいたが，浄土教と妥協する比叡山に反発して下山し，日蓮宗を立宗。さらには，王仏冥合の必要を説く『立正安国論』を幕府に提出し，受け入れられた。正か誤か。

**6 ✕**
『立正安国論』は，幕府に受け入れられなかった。

**☑7** 【正誤】 日蓮によれば，権力者をはじめ，人々が『法華経』を所依の経典とし，「南無妙法蓮華経」と口に出して念仏を称えれば，その功徳を譲り与えられ，誰でも仏になれると主張した。正か誤か。

**7 ✕**
「南無妙法蓮華経」（法華経に帰依する）と唱えることは，提唱題目（唱題）といい，「念仏」とはいわない。

**☑8** 【正誤】 日蓮は，天台宗をはじめ，すべての他宗を排撃した。その姿勢は，「念仏無間・禅天魔・真言亡国・律国賊」とまとめられる。正か誤か。

**8 ✕**
「すべての他宗を排撃」が不適当。日蓮は，法華経主義をとる天台宗は排撃していない。

**☑9** 【正誤】 平安末期から鎌倉時代にかけて，法然の教えを邪見だとする『摧邪輪』を著した華厳宗の明恵をはじめ，法相宗の貞慶や律宗の叡尊や忍性らが活躍した。

**9 ○**

**☑10** 【正誤】 元寇の後の日本では神国思想が広まるとともに，正直の徳を重視し，日本の神々は仏や菩薩が化身として現れた姿だとする神本仏迹説（反本地垂迹説）を唱える伊勢神道が力をもった。正か誤か。

**10 ✕**
「日本の神々」と「仏や菩薩」を入れ換えれば正文である。

# 31 幕藩体制を支える教えと批判～朱子学派と陽明学派

**本冊 P.144**

**1** 【正誤】「近世儒学の祖」といわれる藤原惺窩は，出世間の道を説く仏教に失望して還俗し，儒者として江戸幕府に仕官した。正か誤か。

**1 ✕**
藤原惺窩は，江戸幕府に仕官していない。

**2** 【正誤】林羅山は，「天は高く，地は低い」ように，人間関係における上下や分（身分・職分）の区分にも「理」があり，その「理」が保たれれば，国はよく治まると主張した。正か誤か。

**2 ○**
林羅山が唱えた「上下定分の理」の説明として適当である。

**3** 林羅山の著作を，次の①～④のうちから一つ選べ。
① 『春鑑抄』　② 『論語古義』
③ 『翁問答』　④ 『大学或問』

**3 ①**
②は伊藤仁斎，③は中江藤樹，④は熊沢蕃山の著作である。

**4** 【正誤】『養生訓』や『大和本草』の著者である儒者の室鳩巣は，動植物・鉱物などの効能を研究する本草学や教育，歴史などの多くの分野で活躍した。正か誤か。

**4 ✕**
「室鳩巣」を「貝原益軒」に替えれば，正文になる。

**5** 【正誤】対馬藩に仕えた木下順庵は，互いに欺かず争わない「誠信の交わり（まごころ外交）」を信条に，中国語や朝鮮語を使って朝鮮王朝との外交に活躍した。正か誤か。

**5 ✕**
「木下順庵」を「雨森芳洲」に替えれば，正文になる。

**6** 【正誤】禅僧であったが，還俗して儒者となった山崎闇斎は，「敬」と「義」の厳格な実践を説いたり，神と人の合一（神人合一）や皇統の護持を説く唯一神道を唱えたりした。正か誤か。

**6 ✕**
「唯一神道」（吉田神道・卜部神道）は，吉田兼倶が唱えた神道説。これを「垂加神道」に替えれば正文になる。

**7** 【正誤】中江藤樹は，朱子学の外面的で形式主義的な考え方を批判し，人々の心情や，時・処・位（時期・場所・身分）に応じた実践を重視する思想を説いた。正か誤か。

**7 ○**

**8** 【正誤】中江藤樹によれば，あらゆる道徳の根源は「敬」である。もっとも，この「敬」は親に対する孝行を意味するだけではなく，宇宙万物を貫く普遍的な原理でもある。正か誤か。

**8 ✕**
「敬」を「孝」に替えれば正文になる。「孝」は，具体的には，愛し敬う心（愛敬）である。

39

**9** 正誤 中江藤樹は晩年，陽明学に傾倒し，人には理非を正しく知る良知が具わっているのだから，理非を学ぶのではなく，良知を行い，現すことが大切だと説いた。正か誤か。

**9 ○**
中江藤樹が説く知行合一の教えの説明として適当。

**10** 正誤 中江藤樹の門人であり，岡山藩に仕えていた佐藤直方は，儒学の精神を農政(治山治水)や教育制度改革に活かして，民衆の生活安定を図った。しかし後には，幕府を批判したとして幽閉された。正か誤か。

**10 ✕**
「佐藤直方」は，山崎闇斎の弟子だった人物(後に破門)。これを「熊沢蕃山」に替えれば，正文になる。

# 32 日本における儒学の展開と深化〜古学派

本冊
P.148

**1** 山鹿素行が，武士の務めは聖人の道を誠実に実現しようとすることにあると説いた著作を，次の①〜④のうちから一つ選べ。
① 『語孟字義』　② 『聖教要録』
③ 『童子問』　④ 『弁道』

**1 ②**
①③は伊藤仁斎，④は荻生徂徠の著作である。

**2** 正誤 山鹿素行は，万世一系の天皇が支配している日本こそが世界の中心であるとする朱子学派の主張を批判し，中国こそ世界の中心であると主張した。正か誤か。

**2 ✕**
山鹿素行は，日本こそが世界の中心であると主張した。

**3** 正誤 鍋島(佐賀)藩士の山本常朝による『葉隠』は，武士の職分は，農工商の民を導く道徳的指導者(三民の師表)となるべきことにあると説いている。正か誤か。

**3 ✕**
武士が「三民の師表」となるべきことを説いたのは山鹿素行。『葉隠』は，主君への忠誠と死をも厭わない献身を説く。

**4** 正誤 伊藤仁斎は，『論語』こそが孔子の思想を余すことなく伝えている「最上至極宇宙第一の書」であると見なし，孔孟を直接理解しようとする古文辞学を提唱した。正か誤か。

**4 ✕**
「古文辞学」を「古義学」に替えれば正文になる。古文辞学は，荻生徂徠が提唱したもの。

**5** 正誤 伊藤仁斎は，孔孟の思想の根幹は，「仁」すなわち「愛」であり，これは「義(為すべきことを為し，為すべきでないことを為さないこと)」によって補われると主張した。正か誤か。

**5 ○**

40

**☑ 6** **正誤** 伊藤仁斎は，「仁」は偽りのない純真な心情である「礼」によって実現されると考え，「礼」であるためには，自分を偽らず(忠)，他人を欺かないこと(信)を実践しなければならないと説いた。正か誤か。

**6 ✕**
「礼」を「誠」に替えれば正文になる。

**☑ 7** **正誤** 荻生徂徠は，朱子学を「憶測にもとづく虚妄の説にすぎない」と批判し，孔子らが理想とした六経を古代の中国語の語義のまま学ぶべきだとする古義学を提唱した。正か誤か。

**7 ✕**
「古義学」は，伊藤仁斎が提唱した。これを「古文辞学」に替えれば正文になる。

**☑ 8** **正誤** 荻生徂徠は，中国の思想を知るには，「礼・楽・刑・政(礼節・音楽・刑罰・政治)」が書かれている六経よりも，四書を読むべきだと主張した。正か誤か。

**8 ✕**
荻生徂徠は，四書より六経を重視した。

**☑ 9** **正誤** 荻生徂徠は，探究の結果，中国の思想は本来，抽象的な天理や個人的な道徳的修養ではなく，よき統治(安天下の道)を目指していたことを解明し，後の経世済民の学の発展に寄与した。正か誤か。

**9 ◯**

**☑ 10** **正誤** 荻生徂徠の弟子の服部南郭は，徂徠学の経世学や訓詁的な側面を発展させた。さらに，『弁道書』などでは，徂徠学を宗教論に適用して神道批判を展開した。正か誤か。

**10 ✕**
「服部南郭」を「太宰春台」に替えれば正文になる。

---

# 33 日本的精神を求めて～国学

**本冊 P.152**

**☑ 1** 「国学の祖」と呼ばれている契沖の著作を，次の①～④のうちから一つ選べ。
① 『万葉代匠記』　② 『万葉考』
③ 『玉勝間』　④ 『古事記伝』

**1 ①**
②は賀茂真淵，③④は本居宣長の著作である。

**☑ 2** **正誤** 京都伏見稲荷の神官の家に生まれた荷田春満は，国史・律令・有職故実，さらには和歌や神道を研究したり，将軍吉宗に国学の学校建設を求めたりした。正か誤か。

**2 ◯**

**☑ 3** **正誤** 賀茂真淵は，『万葉集』の古歌の調べであり，男性的でおおらかな「からくにぶり」の中に古代日本の精神を見出した。正か誤か。

**3 ✕**
「からくにぶり」を「ますらをぶり」(益荒男振)に替えれば正文になる。

41

☑ **4** 正誤 賀茂真淵は，古代日本の精神とは，簡素で力強い精神を指す「真心」であるとし，『国意考』において，儒教倫理による統治ではなく，この「真心」による統治を求めた。正か誤か。

**4** ✗
「真心」を「高く直き心」に替えれば正文になる。「真心」を重視したのは，本居宣長である。

☑ **5** 正誤 本居宣長は，師の賀茂真淵の説を受け入れず，女性的で温厚優和な歌の作風を意味する「ますらをぶり」を，文芸や人間性理解の基礎としなければならないと考えた。正か誤か。

**5** ✗
「ますらをぶり」（益荒男振）を「たをやめぶり」（手弱女振）に替えれば正文になる。

☑ **6** 正誤 本居宣長によれば，悲しむべきことを悲しみ，喜ぶべきことを喜び，正しく事物のあり方を知る心で捉える「もののあはれ」こそが，和歌や『源氏物語』の本質を読み解く鍵である。正か誤か。

**6** ○

☑ **7** 正誤 本居宣長によれば，古の神々の振る舞いに発し，天皇によって受け継がれてきた「安天下の道」に，私心を捨てて従うことが，日本固有の道である。正か誤か。

**7** ✗
「安天下の道」は儒学の求める道。これを「惟神の道」に替えれば正文になる。

☑ **8** 正誤 平田篤胤は，霊魂の中には，死後，現世のあらゆる場所に遍在している幽冥界にとどまるものもあるとする本居宣長の思想を退け，みな穢き悪しき黄泉国に行くと主張した。正か誤か。

**8** ✗
平田篤胤が幽冥界について論じ，本居宣長は死後の魂はみな黄泉国に行くと論じた。

☑ **9** 正誤 平田篤胤は，神道から仏教・儒教的要素を排斥しつつ，古来の神道への復帰を主張した復古神道を大成した。正か誤か。

**9** ○

☑ **10** 正誤 盲目の学者である伴信友は，水戸藩による『大日本史』の校正に携わったり，和学講談所を設立して実証主義的な国学の流れを発展させたりした。正か誤か。

**10** ✗
「伴信友」は，本居宣長没後の門人。これを「塙保己一」に替えれば正文になる。

---

# 34 町人としての自覚〜民衆の思想

本冊
P.156

☑ **1** 正誤 近松門左衛門は，『日本永代蔵』などにおいて，恋愛や富を追求して享楽的に，この浮世（享楽的な現世）を生きる町人の姿を生き生きと描いた。正か誤か。

**1** ✗
「近松門左衛門」を「井原西鶴」に替えれば正文になる。

42

**2** 正誤 井原西鶴は,『曽根崎心中』において,伝統的な規範(義理)と自然な感情(人情)の板挟みとなる男女の姿を描いた。正か誤か。

**2** ✗
「井原西鶴」を「近松門左衛門」に替えれば正文になる。

**3** 仏教的な観点から「世法即仏法」と主張し,世俗的な営利活動を肯定する思想を展開した鈴木正三の著作を,次の①〜④のうちから一つ選べ。
①『都鄙問答』　②『町人嚢』
③『万民徳用』　④『自然真営道』

**3** ③
①は石田梅岩,②は西川如見,④は安藤昌益の著作である。

**4** 正誤 石田梅岩は,正直と倹約にもとづいた商いによる利潤の追求は,天理に適う正当な行為であると主張する一方で,士農工商は社会的分業の表現にすぎないから,封建制度を変革し,四民平等の社会を築くべきだと主張した。正か誤か。

**4** ✗
石田梅岩は封建制度の変革までは求めておらず,「足るを知り,高望みをせず,自分の境遇に満足せよ(知足安分)」と説いた。

**5** 正誤 西川如見は,封建的身分制を肯定しつつ,「ただこの町人こそ楽しけれ」と述べ,武士とは異なる町人の享楽的な生き方を批判した。正か誤か。

**5** ✗
「批判した」が不適当。西川如見は,武士とは異なる町人の生き方を肯定した。

**6** 正誤 安藤昌益は,武士や僧侶らを「不耕貪食の徒」と糾弾し,彼らが支配する「自然世」に替えて,誰もが農耕に従事する「法世」への復帰を主張した。正か誤か。

**6** ✗
「自然世」と「法世」を入れ替えれば正文になる。

**7** 正誤 二宮尊徳は,勤労と倹約によって合理的な生活をし,それらによって得られた余剰を将来の自分や社会に還元するなどして,天地や人々の恩に報いよと説いた。正か誤か。

**7** ○
二宮尊徳が説いた「分度(勤労と倹約による合理的生活)」,「推譲(余剰の還元)」,「報徳思想(天地や人々の恩に報いる)」の説明として適当である。

**8** 正誤 懐徳堂出身の富永仲基は,『翁の文』などを著し,多くの仏典は上書きを重ねており,大乗仏教はブッダの教えではないと論じた。正か誤か。

**8** ○
富永仲基が説いた「加上説」や「大乗非仏説論」の説明として適当。

**9** 正誤 懐徳堂出身の山片蟠桃は,宇宙の諸現象を根源的かつ実証的に説明する条理学を展開した。正か誤か。

**9** ✗
「懐徳堂出身の山片蟠桃」を「三浦梅園」に替えれば正文になる。

**10** 正誤 三浦梅園は,『夢之代』などにおいて,仏教・儒教・神道が唱える前科学的な宇宙観を批判したり,無鬼論を主張したりした。正か誤か。

**10** ✗
「三浦梅園」を「山片蟠桃」に替えれば正文になる。なお,山片蟠桃も懐徳堂出身である。

# 35 蘭学・洋学と幕藩体制を批判する思想～江戸中期から幕末の思想

**本冊 P.160**

**☑1** 〔正誤〕 新井白石は，キリスト教宣教師を尋問した際のことをまとめた『西洋紀聞』において，西洋の自然科学のみならず，キリスト教も受容すべきだと主張した。正か誤か。

**1** ✗
新井白石は，キリスト教については拒絶した。

**☑2** 〔正誤〕 将軍吉宗による享保の改革において，実学が奨励されると，西洋への唯一の窓口であったオランダを通じて，医学・天文学・兵学などの実用的な西洋の知識がもたらされるようになった。正か誤か。

**2** ○

**☑3** 『暦象新書』を著し，ニュートン力学や自然哲学を翻訳・紹介した人物を，次の①～④のうちから一つ選べ。
① 青木昆陽 ② 志筑忠雄
③ 緒方洪庵 ④ 藤田東湖

**3** ②
青木昆陽は，飢饉対策として，サツマイモの栽培を奨励した洋学者。緒方洪庵は，適塾（適々斎塾）を主宰した医師。藤田東湖は，水戸学の人物。

**☑4** 〔正誤〕 前野良沢は，日本で最初に人体解剖を行った大槻玄沢らの影響のもと，杉田玄白らとともに，西洋医学書『ターヘル・アナトミア』を『解体新書』として翻訳・刊行した。正か誤か。

**4** ✗
「大槻玄沢」は，前野良沢・杉田玄白の弟子。これを「山脇東洋」に替えれば正文になる。

**☑5** 〔正誤〕 前野良沢は，『解体新書』を翻訳・刊行する際の翻訳の苦労を『蘭学事始』に記した。正か誤か。

**5** ✗
「前野良沢」を「杉田玄白」に替えれば正文になる。

**☑6** 〔正誤〕 高野長英らとともに，尚歯会(蛮社)を結成した渡辺崋山は，『戊戌夢物語』において，幕府の鎖国政策を批判したため，厳しく処罰された。正か誤か。

**6** ✗
「高野長英」と「渡辺崋山」を入れ替えれば正文になる。

**☑7** 〔正誤〕 会沢正志斎らは，名分論・尊王論・国体論・攘夷論・経世論を有機的に結びつけて(後期)水戸学を発展させ，江戸後期から幕末にかけての尊王攘夷運動に大きな影響を与えた。正か誤か。

**7** ○

**☑8** 〔正誤〕 佐久間象山は，『省諐録』において，「東洋道徳，西洋芸術」と述べ，東洋の伝統的な精神を堅持するためには，西洋の科学技術は拒絶すべきだと主張した。正か誤か。

**8** ✗
佐久間象山は，東洋の道徳を堅持しつつ，西洋の科学技術を学ぶべきだと主張した。

44

☑ **9** 【正誤】 横井小楠は,「堯舜孔子の道を明らかにし,西洋器械の術を尽くす」べしと主張するなど,列国と平和的な貿易関係を結んで西洋の技術や知識を受容し,民富を増進して東洋的な大義を世界に広めるべきだと考えた。正か誤か。

**9** ◯

☑ **10** 【正誤】 吉田松陰は,松下村塾を主宰し,一君万民論を唱え,藩の枠を超えて人々が忠誠を尽くす対象は将軍であると主張し,晩年には「在野の志士よ,立ち上がれ(草莽崛起)」と訴えた。正か誤か。

**10** ✗
「将軍」を「天皇」に替えれば正文になる。

## 36 日本の近代国家化を支える思想～啓蒙思想と自由民権運動

本冊 P.164

☑ **1** 【正誤】 福沢諭吉は,「天は人の上に人を造らず,人の下に人を造らずと云へり」と語り,人間には生まれながらに平等の権利があると唱え,学問の有無による貴賤の差さえも否定した。正か誤か。

**1** ✗
福沢諭吉は,学問の有無による貴賤の差は許容した。

☑ **2** 【正誤】 福沢諭吉は,儒学の効用を全面的に否定し,「人間普通日用に近き実学」を学べば,個々人は「独立心」を獲得することができ,国も西洋諸国と同じように独立していられると主張した。正か誤か。

**2** ✗
福沢諭吉は,儒学を「虚学」としながらも,「全面的に否定」はしていない。

☑ **3** 【正誤】 晩年の福沢諭吉は,官民調和・富国強兵論を支持し,「アジアの悪友(中国・朝鮮)」とは手を切り,西洋文明を受け入れて西洋列強に対抗すべきだと主張したとされる。正か誤か。

**3** ◯
福沢諭吉が説いたとされる「脱亜論」の説明として適当である。

☑ **4** 【正誤】 明治政府の初代文部大臣であり,啓蒙学術団体である明六社を結成した森有礼は,廃刀論や男女同権の一夫一婦制や婚姻契約による結婚を説く一方,良妻賢母を国是とすべきだと主張した。正か誤か。

**4** ◯

☑ **5** 【正誤】 明六社の同人であった中村正直は,「哲学」や「理性」などの多くの翻訳語を考案し,西洋哲学の普及に尽力した。正か誤か。

**5** ✗
「中村正直」を「西周」に替えれば正文になる。

☑ **6** 【正誤】 明六社の同人であった西周は,スマイルズやミルの著作を『西国立志編』や『自由之理』と題して翻訳・出版した。正か誤か。

**6** ✗
「西周」を「中村正直」に替えれば正文になる。

45

**7** 正誤 明六社の同人であった加藤弘之は，ドイツ流の国家主義と進化論を信奉していたが，後年は天賦人権論や民権論を唱え，日本のキリスト教の受容に尽力した。正か誤か。

**7** ✗
後年の加藤弘之は，国家主義と進化論の立場から，天賦人権論や民権論やキリスト教を攻撃した。

**8** 自由民権運動の理論的指導者である中江兆民の著作を，次の①〜④のうちから一つ選べ。
① 『三酔人経綸問答』　② 『文明論之概略』
③ 『百一新論』　　　　④ 『人権新説』

**8** ①
②は福沢諭吉，③は西周，④加藤弘之の著作。

**9** 正誤 中江兆民は，民権を恩賜的民権と恢（回）復的民権に分け，日本の現状を鑑みて，立憲政治を確立し，恢復的民権を恩賜的民権へと育てていくことが必要だと主張した。正か誤か。

**9** ✗
「恢復的民権」と「恩賜的民権」を入れ替えれば正文になる。

**10** 正誤 自由民権運動の理論的指導者である植木枝盛は，抵抗権・革命権を明記した『東洋大日本国国憲按』を起草した。正か誤か。

**10** ○

---

## 37 日本社会を支える精神の拠り所を求めて〜国粋主義・国家主義とキリスト教の受容

本冊 P.168

**1** 正誤 明六社の同人でもあった西村茂樹は，『日本道徳論』において，西洋哲学を全面的に排斥し，儒教を基盤とする国民道徳の必要性を主張した。正か誤か。

**1** ✗
「全面的に排斥」は不適当。西村茂樹は，西洋哲学の長所を取り入れつつ，儒教にもとづく国民道徳の必要性を主張した。

**2** 正誤 ジャーナリストの陸羯南は，新聞『日本』を発刊し，国民の対外的独立と国内統一を説く国民主義を主張した。正か誤か。

**2** ○

**3** 『真善美日本人』などを著し，日本固有の風土や文化に即して西洋文明を取捨選択すべきだと主張した人物を，次の①〜④のうちから一つ選べ。
① 井上哲次郎　　② 穂積八束
③ 三宅雪嶺　　　④ 高山樗牛

**3** ③
こうした主張を「国粋保存主義」という。①は，キリスト教を反国体的と攻撃した哲学者。②は，天皇主権説を主張した法学者。④は，雑誌『太陽』などを舞台に「日本主義」を主張した人物。

**4** 正誤 『茶の本』や『東洋の理想』を著した岡倉天心は，「アジアは一つ」と述べるなど，西洋文化に対抗するアジアの覚醒と，アジアにおける日本の指導的役割を主張した。正か誤か。

**4** ○

**5** 正誤 ジャーナリストの徳富蘇峰は国家主義を唱えていたが，のちには雑誌『国民之友』を発刊するなどし，民衆の立場に立った西洋文化の受容が必要だとする平民主義を唱えるようになった。正か誤か。

**5** ✗
徳富蘇峰は「平民主義」を唱えていたが，のちには国家主義を唱えるようになった。

**6** 正誤 イエス（Jesus）と正義（Justice）という二つのJに仕えることを祈願していた内村鑑三は，自分は愛国者であるという自覚のもと，日本の進歩・発展にはキリスト教が必要だと考えた。正か誤か。

**6** ✗
「正義（Justice）」を「日本（Japan）」に替えれば正文になる。

**7** 正誤 内村鑑三は，第一高等中学校の講師時代に不敬事件を起こし，教職を辞職したのちは評論活動に転じ，日清戦争や日露戦争の際には非戦論を唱えた。正か誤か。

**7** ✗
内村鑑三は，日露戦争のときには非戦論を唱えたが，日清戦争のときには主戦論を唱えていた。

**8** 正誤 キリスト教徒の新島襄は，幕末に国禁を犯して渡米した。帰国後は，東京神学社を設立して，キリスト教にもとづく教育を実践した。正か誤か。

**8** ✗
「東京神学社」を「同志社英学校」に替えれば正文になる。東京神学社は，植村正久が設立した。

**9** 正誤 キリスト教徒の植村正久は，無教会主義を唱えて神学研究を行ったり，キリスト教伝道者の育成に尽力したりした。正か誤か。

**9** ✗
「無教会主義」は，内村鑑三が唱えた日本独自のキリスト教のあり方。植村正久は，日本の教会形成に尽力した。

**10** 正誤 「われ太平洋の橋とならん」と志し，国際連盟事務次長として活躍した新渡戸稲造は，『武士道』（英文）において，キリスト教徒の立場から，日本固有の精神として武士道を世界に紹介した。正か誤か。

**10** ○

---

## 38 早急すぎた近代化による矛盾の露呈〜社会主義運動と大正デモクラシー

本冊
P.172

**1** 正誤 安部磯雄・片山潜・木下尚江らは，キリスト教の愛の精神から貧しい労働者階級に同情を寄せ，社会主義を学び，社会問題の解決に取り組んだ。正か誤か。

**1** ○

**2** 正誤 幸徳秋水は，『廿世紀之怪物帝国主義』を著し，キリスト教徒として，帝国主義を道徳的な見地から批判した。正か誤か。

**2** ✗
「キリスト教徒として」が不適当。幸徳秋水は，キリスト教徒ではない。

第2編 東洋・日本思想

47

**☑3** **正誤** 明治政府は，無政府主義的な発言が多くなった幸徳秋水を危険視し，明治天皇暗殺を企てたとして，幸徳秋水ら12名を処刑した。正か誤か。

**3 ○**
いわゆる「大逆事件」の説明として適当である。

**☑4** **正誤** 大杉栄は，幸徳秋水の影響を受けてアナーキスト（無政府主義者）となったが，関東大震災の混乱の中，憲兵によって殺害された。正か誤か。

**4 ○**

**☑5** **正誤** 『社会主義神髄』の著者として知られている河上肇は，「文明国に於ける多数人の貧乏」の研究を通じてマルクス主義的な主張に傾倒するようになり，京都帝国大学経済学部教授を辞して，社会主義運動に参加した。正か誤か。

**5 ✕**
「『社会主義神髄』」は幸徳秋水の著作。これを「『貧乏物語』」などに替えれば正文になる。

**☑6** **正誤** 大正デモクラシーの旗手である吉野作造は，国民主権を掲げて，政治の目的は「一般民衆の利福（福祉）と意向」に沿うことにあると主張し，民本主義を唱えた。正か誤か。

**6 ✕**
吉野作造は，「国民主権を掲げて」いない。彼は，明治憲法の天皇主権を否定せず，民本主義を唱えた。

**☑7** **正誤** 政治学者の美濃部達吉は，主権は天皇にあると考え，天皇機関説を唱えたが，不敬罪で告発され，憲法に関するその全著書が発禁となった。正か誤か。

**7 ✕**
「天皇」を「国家」に替えれば正文になる。

**☑8** **正誤** 平塚らいてうらは，女性の解放と自由を目指して，文芸誌「青鞜」を発刊したが，彼女は，その創刊の辞に「人の世に熱あれ，人間に光あれ」と寄せた。正か誤か。

**8 ✕**
「人の世に熱あれ，人間に光あれ」は，全国水平社宣言の言葉。平塚らいてうは，「元始，女性は実に太陽であった。……」と寄せた。

**☑9** 大正時代の社会・労働運動の高まりの中，□□□らは，婦人の参政権の拡大を図って，新婦人協会を設立した。□□□に入る人物を，次の①〜④のうちから一つ選べ。
① 平塚らいてう・奥むめお・市川房枝
② 奥むめお・市川房枝・与謝野晶子
③ 市川房枝・与謝野晶子・平塚らいてう
④ 与謝野晶子・平塚らいてう・奥むめお

**9 ①**
「与謝野晶子」は，新婦人協会の設立者ではない。彼女は，その活動内容に批判的であり，一定の距離をとっていた。

**☑10** **正誤** 大正時代，被差別部落の人たちも，過酷な身分差別と貧困からの解放を目指して，西光万吉が起草した宣言を発表し，平民社を結成した。正か誤か。

**10 ✕**
「平民社」を「全国水平社」に替えれば正文になる。平民社は，幸徳秋水と堺利彦らが結成した社会主義結社である。

# 39 近代的自我の模索～森鷗外や夏目漱石などの文人

本冊 P.176

第2編 東洋・日本思想

**☑1** 【正誤】 北村透谷は，『内部生命論』を発表し，内部生命の要求を，想世界ではなく政治などの実世界において実現しようとした。正か誤か。

**1 ✕**
北村透谷は，内部生命の要求を「実世界」ではなく，「想世界」において実現しようとした。

**☑2** 【正誤】 与謝野晶子は，『一握の砂』などを発表し，古い道徳に縛られずに自由に生きるべきことを主張した。正か誤か。

**2 ✕**
『『一握の砂』』は，石川啄木の歌集。これを『『みだれ髪』』などに替えれば正文になる。

**☑3** 【正誤】 島崎藤村は，『若菜集』で知られるロマン主義の詩人であったが，のちには，『破戒』や『夜明け前』を発表し，自然主義を代表する小説家となった。正か誤か。

**3 ○**

**☑4** 自然主義を代表する文人と作品の適切な組合せを，次の①～④のうちから一つ選べ。
① 田山花袋―『たけくらべ』　② 国木田独歩―『武蔵野』
③ 有島武郎―『或る女』　　　④ 志賀直哉―『暗夜行路』

**4 ②**
田山花袋は自然主義を代表する文人だが，『たけくらべ』は樋口一葉の作品。有島武郎と志賀直哉は，白樺派の文人。

**☑5** 【正誤】 『舞姫』で知られる森鷗外は，日本の将来を危惧しつつも，自分自身は，「諦念（レジグナチオン）」の心境を得て，自我への執着を消し去り，社会に埋没しているので，不安はないと論じた。正か誤か。

**5 ✕**
森鷗外のいう「諦念」とは，社会に順応しつつも，自我を失わず，社会に埋没しない心持ちである。

**☑6** 【正誤】 夏目漱石は，日本の近代化を内発的開化だと批判するとともに，自らの考えに拠って立ち，自分の自我と他人の自我をともに尊重しようとする他人本位が必要だと主張した。正か誤か。

**6 ✕**
「内発的開化」を「外発的開化」に，「他人本位」を「自己本位」に替えれば正文になる。

**☑7** 【正誤】 晩年の夏目漱石は，自然の道理（大我）に対する執着を捨てて，自我（小我）に従う則天去私の境地を求めた。正か誤か。

**7 ✕**
「自然の道理（大我）」と「自我（小我）」を入れ替えれば正文になる。

**☑8** 【正誤】 白樺派を代表する武者小路実篤は，理想主義的・人道主義的・個人主義的な作品を発表するとともに，それらに描かれる世界を現実化しようとして，農村共同体「新しき村」を建設した。正か誤か。

**8 ○**

49

**☑9** 〔正誤〕 芥川龍之介は，理知的・意識的な小説作法を模索したが，「利他主義的な或は共存主義的な道徳」の出現を予言して1927年に自殺した。正か誤か。

**9 ○**

**☑10** 〔正誤〕 第二次世界大戦直後には，『堕落論』を発表した坂口安吾ら無頼派が活躍した。その後は，『こゝろ』や『明暗』などを著した安部公房らが人間存在の本質を見据えた前衛的な作品を発表した。正か誤か。

**10 ✕**
『『こゝろ』や『明暗』』は，夏目漱石の作品。これを『『砂の女』』などに替えれば正文になる。

---

# 40 西洋思想と日本的伝統の狭間で～西田幾多郎，和辻哲郎，柳田国男など

**本冊 P.180**

**☑1** 〔正誤〕 西田幾多郎は，『善の研究』において，近代西洋哲学を批判し，主観と客観を分離・区別する純粋経験においてこそ真の実在が現れると主張した。正か誤か。

**1 ✕**
西田幾多郎の『善の研究』によれば，純粋経験とは，主観と客観が分かれていない主客未分の状態である。

**☑2** 〔正誤〕 西田幾多郎は，すべての意識や実在を包みこみ，すべてを生み出す根源を「絶対無」と呼び，その限定である現実の世界においては，さまざまな事物や事象がいかなる矛盾もなく統一されていると論じた。正か誤か。

**2 ✕**
「いかなる矛盾もなく」が不適当。西田幾多郎によれば，現実の世界は，さまざまな事物や事象が絶対的な矛盾や対立を残したまま統一されている。

**☑3** 〔正誤〕 和辻哲郎によれば，「人間」は，生まれたときから他人と切っても切れない関係の中で，対立や矛盾を抱えながらも生きる「間柄的存在」である。正か誤か。

**3 ○**
『人間の学としての倫理学』などにおける和辻哲郎の主張である。

**☑4** 〔正誤〕 和辻哲郎によれば，社会とは，単に個が集まってつくられるものではなく，個が人間関係の連関において存在するようになる場である。正か誤か。

**4 ○**

**☑5** 和辻哲郎は，『風土』において，モンスーン型の風土では　a　な民族性が育ち，牧場型の風土では　b　な民族性が育つと論じた。　a　・　b　に入る語句の組合せを，次の①～④のうちから一つ選べ。
① a－受容的・忍従的　b－対抗的・戦闘的
② a－受容的・忍従的　b－自発的・合理的
③ a－対抗的・戦闘的　b－受容的・忍従的
④ a－対抗的・戦闘的　b－自発的・合理的

**5 ②**
『風土』によれば，「対抗的・戦闘的」な民族性は，沙漠(砂漠)型の風土において育つ。

50

☑ 6 **正誤** 『遠野物語』を著した柳田国男は,「常民」の生活様式や信仰を記した文字資料に注目し,その中に日本人の伝統的な共同生活の姿や精神を見出す民俗学(新国学)を創始した。正か誤か。

6 ✗
柳田国男のいう「常民」とは,文字資料に記録が残らない一般の人々のこと。

☑ 7 **正誤** 伊波普猷は,粘菌研究とともに,明治政府の神社合祀令による鎮守の森の破壊に反対するなど,環境保護運動の先駆けとしても活躍した。正か誤か。

7 ✗
「伊波普猷」を「南方熊楠」に替えれば正文になる。

☑ 8 **正誤** 南方熊楠は,文字に残っていない琉球・沖縄の伝承や古歌謡「おもろ」に注目し,沖縄固有の民俗学(沖縄学)の確立に尽力した。正か誤か。

8 ✗
「南方熊楠」を「伊波普猷」に替えれば正文になる。

☑ 9 **正誤** 折口信夫は,日本の神の原型を,柳田国男が「常世の国」から来訪する「客人(まれびと)」と捉えたのに対し,「祖霊」と捉えた。正か誤か。

9 ✗
日本の神の原型を,柳田国男が「祖霊」と捉えたのに対して,折口信夫は「常世の国」から来訪する「客人(まれびと)」と捉えた。

☑ 10 **正誤** 柳宗悦は,日常的な暮らしにおいて使われてきた「民芸(民衆的工芸)」に「用の美」を見出して活用する民芸運動を起こした。正か誤か。

10 ○

---

## 41 軍国主義の末路と近代的自我の確立に向けて～丸山真男や小林秀雄など

本冊 P.184

☑ 1 丸山真男の**著作ではないもの**を,次の①～④のうちから一つ選べ。
① 『日本改造法案大綱』 ② 『日本政治思想史研究』
③ 『「文明論之概略」を読む』 ④ 『日本の思想』

1 ①
①は,北一輝の著作。

☑ 2 **正誤** 丸山真男は,無謀な戦争へと突き進んだ大日本帝国の構造は,個が政治的な責任をとらない「無責任の体系」であると批判した。正か誤か。

2 ○

☑ 3 **正誤** 丸山真男は,戦後日本の思想的課題は,「主体的な個」と民主主義の確立にあると考えた。そして,それらのためには,日本思想の「古層」を温存していく必要があると主張した。正か誤か。

3 ✗
「温存していく」が不適当。丸山真男は,外来思想を日本的に変容させる「古層」を自覚して乗り越える必要があると主張した。

51

**4** 正誤 丸山真男は，論考「思想のあり方について」において，「タコ壺文化」と「ササラ文化」という文化類型を用いて，「ササラ文化」型である日本文化の問題点を指摘した。正か誤か。

**4** ✗
丸山真男によれば，日本文化は「タコ壺文化」型である。

**5** 正誤 吉本隆明は『様々なる意匠』を著し，明治以降の日本において，思想や理論がその時々の意匠(趣味)として捉えられてきたことを批判した。そして，自らの生に脈打つ思想を求めた。正か誤か。

**5** ✗
「吉本隆明」を「小林秀雄」に替えれば正文になる。

**6** 正誤 加藤周一は，『雑種文化』などにおいて，日本文化を，「伝統的日本」と「西洋化された日本」という二つの要素が絡んだ「雑種文化」であると批判し，純粋な「伝統的日本」の復興を求めた。正か誤か。

**6** ✗
加藤周一は，日本文化が「雑種文化」であることに積極的な価値を認めた。

**7** 正誤 小林秀雄は，『共同幻想論』などにおいて，人間の生の関係構造を自己幻想・対幻想・共同幻想などに概念化し，多くの領域にわたって独自の思想を構築した。正か誤か。

**7** ✗
「小林秀雄」を「吉本隆明」に替えれば正文になる。

**8** 正誤 大江健三郎は，広島や沖縄の人々と語り合う中で，平和もまた繰り返しその意義を確認し，持続的に創造されなければならないと主張した。正か誤か。

**8** ○

**9** 正誤 ベネディクトは，「恥の文化」の欧米に対して，「罪の文化」の日本では，人々は内面的な罪の自覚にもとづき行動する傾向が強いと分析した。正か誤か。

**9** ✗
ベネディクトは，日本の文化を「恥の文化」，西洋の文化を「罪の文化」と特徴付けた。

**10** 正誤 中根千枝は，『タテ社会の人間関係』において，日本社会は，個人の能力や資格よりも，集団内での地位や上下関係を重視する傾向が強い「タテ社会」であると分析した。正か誤か。

**10** ○

---

**第3編** 現代社会の諸問題

**42** 「人間」とは何か～さまざまな人間類型論・人間観と心理学説

本冊 P.194

**1** 正誤 クレッチマーは，人生において追求する価値に応じ，人間を理論型・経済型・審美型・社会型・権力型・宗教型という六つに類型化した。正か誤か。

**1** ✗
「クレッチマー」を「シュプランガー」に替えれば正文になる。

52

☑2 【正誤】 ユングは，人間の体型を肥満型・細長型・闘士型の三つに区分し，体型と気質との相関性について研究した。正か誤か。

**2** ✗
「ユング」を「クレッチマー」に替えれば正文になる。

☑3 【正誤】 シュプランガーは，人間を，根源的な生命力であるリビドーが外へ向かう「外向型」と，内に向かう「内向型」に類型化した。正か誤か。

**3** ✗
「シュプランガー」を「ユング」に替えれば正文になる。

☑4 【正誤】 カッシーラーは，人間が言葉を用いて理性的に行動する知性(理性)をもっていることに注目し，人間を「ホモ・サピエンス(英知人)」と特徴づけた。正か誤か。

**4** ✗
「カッシーラー」を「リンネ」に替えれば正文になる。カッシーラーは，人間を「シンボルを操る動物」と特徴づけたドイツの哲学者である。

☑5 【正誤】 ベルクソンは，人間が目的のために道具を使って自然に働きかけることに注目し，人間を「ホモ・ファーベル(工作人)」と特徴づけた。正か誤か。

**5** ○

☑6 【正誤】 ホイジンガは，人間の「(日常から離れた自由な)遊び」に注目し，人間を「ホモ・ルーデンス(遊戯人)」と特徴づけた。正か誤か。

**6** ○

☑7 【正誤】 マズローによれば，人間が抱く欲求は階層構造をなしており，一般的には，例えば「自己実現の欲求が満たされると社会的欲求(所属と愛情の欲求)が生じる」といったように，心理的発達とともに高まる欲求も変化すると論じた。正か誤か。

**7** ✗
マズローによれば，一般に「生理的欲求→安全の欲求→所属と愛情の欲求→自尊の欲求→自己実現の欲求」という順で高まる欲求が変化する。

☑8 【正誤】 例えば「友達になりたいけれど，仲良くなると相手を傷つけるのではないかと思って近づけない」といった心理状況を「ヤマアラシのジレンマ」という。正か誤か。

**8** ○

☑9 【正誤】 防衛機制のうちの「合理化」とは，満たされなかった欲求に対し，その障壁を見極めて乗り越えようとしたり，妥協したりすることをいう。正か誤か。

**9** ✗
「合理的解決」の説明になっている。「合理化」とは，もっともらしい理由をつけて，満たされなかった欲求に対処する心の働きのことである。

第3編 現代社会の諸問題

53

☑ **10** 防衛機制のうち，欲求と反対の行動をとる心の働きを
  a ，満たされなかった欲求を社会的に価値のある方向
に振り向けて燃焼させる心の働きを b という。
  a ・ b に入る語句の組合せを，次の①～④のう
ちから一つ選べ。
① a－抑圧    b－昇華
② a－抑圧    b－退行
③ a－反動形成  b－昇華
④ a－反動形成  b－退行

**10** ③
「抑圧」は嫌な記憶を意識し
ないようにする心の働き，「退
行」は自我を発達段階の初期
に戻してしまう心の働き。

---

# 43 現代社会を生きる青年の特徴と課題～現代社会を生きる青年の姿

**本冊 P.198**

☑ **1** 正誤 ミードは，『サモアの思春期』において，青年期は
産業社会にも未開社会にも見られると報告した。正か誤か。

**1** ✗
ミードは，未開社会には青年
期は見られないと報告した。

☑ **2** 正誤 レヴィンは，青年が保護者への依存から離脱し，一
人前の人間としての自我を確立しようとする心理状態を，
「心理的離乳」と呼んだ。正か誤か。

**2** ✗
「レヴィン」を「ホリングワー
ス」に替えれば正文になる。

☑ **3** 正誤 ルソーは，『エミール』において，青年期を人が大
人に生まれ直す「第二の誕生」の時期と捉えた。正か誤か。

**3** ○

☑ **4** 正誤 エリクソンは，青年期を，大人としての義務が猶予
されたモラトリアム（猶予期間）と捉え，この時期の発達課
題は「社会的・市民的義務を果たすこと」であると論じた。
正か誤か。

**4** ✗
エリクソンによれば，青年期
の発達課題は，「アイデンティ
ティ（自我同一性）の確立」。
「社会的・市民的義務を果た
すこと」は，ハヴィガースト
が中年期の発達課題としたも
のの一つ。

☑ **5** 正誤 カイリーは，成人という年齢に達しているにもかか
わらず，人間的に未熟でナルシシズムに走る傾向を持ち，
成長することを拒んでいる男性の心理状態を「シンデレ
ラ・コンプレックス」と特徴づけた。正か誤か。

**5** ✗
「シンデレラ・コンプレック
ス」を「ピーターパン・シン
ドローム」に替えれば正文に
なる。「シンデレラ・コンプ
レックス」は，成人年齢に達
しても，自立しない女性の心
理状態を特徴付ける言葉。

☑ **6** 正誤 ホリングワースは，青年を，子ども集団にも大人集
団にも足場をもたない「マージナル・マン（境界人，周辺人）」
と特徴づけた。正か誤か。

**6** ✗
「ホリングワース」を「レヴィ
ン」に替えれば正文になる。

54

**☑ 7** 【正誤】 ピアジェは，青年が自己中心的な思考・視点から脱する過程のことを「脱中心化」と呼んだ。正か誤か。

**7 ✗**
「青年」を「幼児期の人」に替えれば正文になる。

**☑ 8** 青年が生み出すユースカルチャー(青年文化)は，支配的文化(上位文化)に対して，　a　の側面を示すことがあるが，世代を超えて受け入れられる　b　。　a　・　b　に入る語句の組合せを，次の①〜④のうちから一つ選べ。
① a－メインカルチャー　　b－こともある
② a－メインカルチャー　　b－ことはない
③ a－サブカルチャー　　　b－こともある
④ a－サブカルチャー　　　b－ことはない

**8 ③**
「サブカルチャー」は，「下位文化」とも訳される。

**☑ 9** 【正誤】 アリエスの『〈子供〉の誕生』によれば，中世ヨーロッパには「教育」という概念も「子ども時代」という概念もなかった。正か誤か。

**9 ○**

**☑ 10** 【正誤】 ハヴィガーストは，人のもつさまざまな性格は五つの要素(外向性・神経症的傾向・誠実性・調和性・開放性)の組合せからなると考え，性格五因子(ビッグファイブ)理論を提唱した。正か誤か。

**10 ✗**
「ハヴィガースト」を「ゴールドバーグ」に替えれば正文になる。

第3編 現代社会の諸問題

---

# 44 芸術は精神をより美しく，豊かに深めるもの〜西洋や日本の芸術観・美意識について

本冊 P.202

**☑ 1** 【正誤】 ドイツの哲学者シェーラーによれば，世の中には感覚的価値(有用価値・快適価値)以外にも，生命価値，精神価値(文化価値)，聖価値(宗教的価値)がある。正か誤か。

**1 ○**

**☑ 2** 紫式部が著した『源氏物語』は，宮廷風の「　a　」の美を伝える一方で，「　b　」を主題としている。　a　・　b　に入る語句の組合せを，次の①〜④のうちから一つ選べ。
① a－みやび　　b－あはれ
② a－あはれ　　b－みやび
③ a－みやび　　b－をかし
④ a－をかし　　b－あはれ

**2 ①**
「みやび」は「雅」とも表記する。「をかし」は，清少納言による『枕草子』の主題。

| 55 |

**3** 正誤 『山家集』は，この世の無常を感じて武士の身分を捨て，旅と歌に生涯をおくった石川丈山の歌集である。正か誤か。

**3 ✕**
「石川丈山」は，江戸前期の漢詩人。もともと武将であったが，世の無常を感じ隠棲した人物。これを「西行」に替えれば正文になる。

**4** 正誤 『平家物語』は，「ゆく河の流れは絶えずして，しかももとの水にあらず」とはじまり，この世の「はかなさ」が表現されている。正か誤か。

**4 ✕**
『平家物語』を鴨長明が記した『方丈記』に替えれば正文になる。

**5** 正誤 吉田兼好による『徒然草』は仏教的な無常観に支配されており，人の命や世の中のはかなさ，不安定さ，うつろいやすさを表現している。正か誤か。

**5 〇**

**6** 正誤 「秘すれば花」という言葉で知られる世阿弥の『風姿花伝』は，言葉に表れない，深くほのかな余剰の美である「いき」を能楽の追求する美としている。正か誤か。

**6 ✕**
「いき」を「幽玄」に替えれば正文になる。

**7** 正誤 「わび茶」を完成した雪舟は，派手・豪華なものの中にではなく，簡素・質素なものの中に美を求めた。正か誤か。

**7 ✕**
「雪舟」を「千利休」に替えれば正文になる。雪舟は，水墨画家。

**8** 正誤 俳諧を確立した松尾芭蕉の『奥の細道』は，ひっそりとして淋しい境地の中に味わい深い美しさを見出そうとしたものである。正か誤か。

**8 〇**

**9** 正誤 九鬼周造の『「いき」の構造』によれば，江戸時代の武士の美意識である「いき(粋)」は，媚態と意気地と諦めの三つの要素からなっている。正か誤か。

**9 ✕**
「いき(粋)」は，江戸の庶民の美意識である。

**10** 正誤 ドイツの哲学者ガダマーは，ハイデガーの影響のもと，「(芸術作品や歴史によって)語られる真理の声を聴き取ること」が，自らの哲学である分析哲学の目的であると論じた。正か誤か。

**10 ✕**
「分析哲学」を「解釈学」に替えれば正文になる。

---

**45** 現代社会の特徴と差別や偏見の克服～大衆社会論・管理社会論を中心に

本冊 P.206

**1** 正誤 オルテガは，『大衆の反逆』において，大衆社会を批判し，ノーブレス・オブリージュを自覚した者による社会指導を求めた。正か誤か。

**1 〇**

56

☑ **2** 〈正誤〉 大衆社会においては，一般に，家族や村落などの機能集団の結束が薄れる一方で，学校や会社などの基礎集団を介した結びつきが発達する。正か誤か。

**2** ✗
「機能集団」と「基礎集団」を入れ替えれば正文になる。

☑ **3** 〈正誤〉 リースマンは，『孤独な群衆』において，現代人は「内部指向型」の特徴を示すようになり，自立性や主体性を失っていくと論じた。正か誤か。

**3** ✗
「内部指向型」を「他人指向型」に替えれば正文になる。

☑ **4** 〈正誤〉 『自由からの逃走』を著したフロムによれば，ナチズムの指導者の心理は，権威ある者への絶対的服従と，自己より弱い者に対する攻撃的性格が共生する「権威主義的性格」の傾向を示した。正か誤か。

**4** ✗
「ナチズムの指導者」を「ナチズムを支えた大衆」に替えれば正文になる。

☑ **5** 〈正誤〉 ウェーバーによれば，現代社会においては官僚制が発達する。その官僚制においては，縄張り主義（セクショナリズム）が助長されたり，形式主義や権威主義を生み出す「文書主義」が助長されたりする。正か誤か。

**5** ○

☑ **6** 〈正誤〉 ウェーバーは，正当的支配の類型として，伝統的支配・カリスマ的支配・合法的支配の三つを挙げた。そして，「官僚制」とは，「制定規則による伝統的支配」の最も純粋な型であると論じた。正か誤か。

**6** ✗
「制定規則による伝統的支配」を「制定規則による合法的支配」に替えれば正文になる。

☑ **7** ［ a ］は，『監獄の誕生』において，［ b ］が構想した監獄（パノプティコン）を紹介し，これと現代社会との類縁性を指摘した。［ a ］・［ b ］に入る人名の組合せを，次の①～④のうちから一つ選べ。
① a－ベンサム　b－アドルノ
② a－フーコー　b－ベンサム
③ a－アドルノ　b－フーコー
④ a－フーコー　b－アドルノ

**7** ②
「パノプティコン」は，「一望監視システム型刑務所」とも訳される。アドルノは，フランクフルト学派第一世代を代表する哲学者。

☑ **8** 〈正誤〉 日本政府は，近年，日本に住む外国人らに向けられる不当な差別的言動の解消のために，罰則規定を伴うヘイトスピーチ解消法を制定した。正か誤か。

**8** ✗
ヘイトスピーチ解消法には，罰則規定がない。

☑ **9** 〈正誤〉 日本政府は，近年，従来のアイヌ文化振興法にかわり，アイヌ民族支援法を制定した。正か誤か。

**9** ○
アイヌ民族支援法は，アイヌ民族を「先住民族」と明記しているが，その先住権を保障する内容の条文はない。

第3編　現代社会の諸問題

57

☐**10** 正誤 日本政府は，障害者基本法や障害者差別解消法を制定したが，まだ障害者権利条約は批准していない。正か誤か。

**10** ✗
日本政府は，2014年に障害者権利条約を批准した。

# 46 日本社会の現状と課題〜少子化・高齢化を中心に
本冊 P.210

☐**1** 正誤 現代の日本社会においては，あらゆる家族形態のうち，「夫婦のみの世帯」や「単独世帯」という家族形態の割合が減少している。正か誤か。

**1** ✗
「減少」を「増加」に替えれば正文になる。

☐**2** 正誤 かつての家族は生活に必要なものを生産する場であったが，次第に家族の果たす機能は縮小していった。こうした現象を「家族機能の外部化・社会化」という。正か誤か。

**2** ○

☐**3** 正誤 近年の日本では，再婚や事実婚により生じる，血縁のない親子関係や兄弟姉妹関係を含んだ家族形態であるDINKsなどの新しい家族形態も見られる。正か誤か。

**3** ✗
「DINKS」を「ステップ・ファミリー」に替えれば正文になる。

☐**4** 正誤 市川房枝は，『第二の性』において，「人は女に生まれるのではない，女になるのだ」と述べ，つくられた「女らしさ」と，それを押しつける男性中心の社会のしくみを批判した。正か誤か。

**4** ✗
「市川房枝」を「ボーヴォワール」に替えれば正文になる。

☐**5** 正誤 日本の合計特殊出生率（一人の女性が一生に産む子どもの数）は，2005年には1.26にまで低下したが，今なお総人口は増え続けている。正か誤か。

**5** ✗
2008年ごろから，日本の総人口は継続して減少している。

☐**6** 正誤 日本政府は，男女雇用機会均等法や育児・介護休業法などを制定し，労働環境の改善，社会的性差（ジェンダー）意識や性別役割分業観の見直しなどを図っている。正か誤か。

**6** ○
この他，女性のエンパワーメントの向上，さらには仕事と家庭生活の調和（ワーク・ライフ・バランス）なども図っている。

☐**7** 日本社会は，☐☐☐に65歳以上の高齢者人口が7％を占める高齢化社会となり，1994年には高齢者人口が14％を超える高齢社会となった。☐☐☐に入る年号を，次の①〜④のうちから一つ選べ。
①1945年 ②1970年 ③1985年 ④1990年

**7** ②
なお，2035年には高齢者人口が32％を超えると予測されている。

58

☑8 正誤 日本政府は，高齢者介護は在宅福祉を基本とするとしながらも，社会全体で担うという考えから，介護保険制度を施行したり，デイサービスやショートステイなどの施設を整備したりしている。正か誤か。

8 ○

☑9 正誤 エンゼルプランとは，「高齢者・若者」，「障害者・健常者」の区別なく，すべての人がありのままの姿で生活できるような社会が社会本来の姿であるという，共生社会や福祉の基本理念である。正か誤か。

9 ✗
「エンゼルプラン」とは，1994年に策定された子育て支援10カ年計画案のこと。これを「ノーマライゼーション」に替えれば正文になる。

☑10 正誤 日常生活や社会生活における物理的，心理的な障害や，情報に関わる障壁などを取り除いていくことを，「ネグレクト」という。正か誤か。

10 ✗
「ネグレクト」とは，養育すべき者が子どもの食事や衣服等の世話を怠り，放置することをいう。これを「バリアフリー」に替えれば正文になる。

## 47 科学は生命にどこまで関わることができるのか〜生殖補助医療・再生医療・臓器移植などをめぐって

本冊 P.214

☑1 正誤 現在は，医療の目的がケアからキュアへと拡大され，ターミナル・ケア（終末期医療）におけるホスピスの拡充などが図られている。正か誤か。

1 ✗
「ケア」（看護）と「キュア」（治療）を入れ替えれば正文になる。

☑2 正誤 近年，医療現場では，患者が最善の選択をするように，医療関係者が患者に情報を提供したうえで，医療関係者が医療行為に関する最終決定を行うインフォームド・コンセントが実施されている。正か誤か。

2 ✗
医療行為に関する最終決定を行うのは患者自身である。

☑3 正誤 ヒトゲノムはまだ読解されていないが，ゲノム研究が製薬や医療に応用されれば，病気の予防やテーラーメイド医療が可能になると予測されている。正か誤か。

3 ✗
ヒトゲノムは2003年に読解完了が宣言された。

☑4 正誤 生殖補助医療の利用に対して，これは女性のリプロダクティブ・ヘルス／ライツ（性と生殖に関する権利）の行使権の範囲内であり，女性の自己決定権尊重すべきだという意見がある。正か誤か。

4 ○

☑5 正誤 出生前診断や着床前診断は，優生思想（優生学）に繋がる技術であるという批判がある。正か誤か。

5 ○
優生思想（優生学）とは，生きるに値する命とそうではない命があるとする考え方のことである。

☑6 **正誤** クローン技術には未解明な部分も多いため，日本政府はヒトクローン技術規制法を制定し，ヒトクローンの作製のみならず研究全般を禁止している。正か誤か。

**6 ✕**
日本政府は，ヒトクローンの作製などは禁止しているが，「研究全般を禁止」してはいない。

☑7 再生医療において用いられる a は， b とは異なり，その作製に受精卵を必要としないので， b よりも倫理的問題は c とされている。 a ～ c に入る語句の組合せを，次の①～④のうちから一つ選べ。
① a − ES細胞　b − iPS細胞　c − 少ない
② a − ES細胞　b − iPS細胞　c − 多い
③ a − iPS細胞　b − ES細胞　c − 少ない
④ a − iPS細胞　b − ES細胞　c − 多い

**7 ③**
「ES細胞」は「胚性幹細胞」，「iPS細胞」は「人工多能性幹細胞」ともいう。

☑8 **正誤** 大脳や脳幹を含む全脳が不可逆的に機能を停止した状態を「脳死」といい，大脳のみが機能を停止した状態を「植物状態」という。正か誤か。

**8 ◯**

☑9 **正誤** 日本では現在，（改正）臓器移植法によって，本人の意思が不明な場合，家族の同意があろうとも，脳死者から臓器を摘出することはできない。正か誤か。

**9 ✕**
現在は，本人の意思が不明な場合でも，家族の同意があれば脳死者から臓器を摘出できる。

☑10 **正誤** （改正）臓器移植法によれば，臓器移植のドナー（提供者）になれる年齢に制限はなくなったが，誰をレシピエント（被提供者）にするかを事前に書面などで指定することは今なおできない。正か誤か。

**10 ✕**
現在は，親族（配偶者，子ども，父母）に対して臓器を優先的に提供する意思を書面で表示することができる。

# 48 地球環境の危機と人間の生活～環境問題や公害問題など

**本冊 P.218**

☑1 地球温暖化の原因物質は a などの温室効果ガス，酸性雨の原因物質は b である。 a ・ b に入る語句の組合せを，次の①～④のうちから一つ選べ。
① a − $CO_2$　　　　　b − $NO_x$や$SO_x$
② a − $CO_2$　　　　　b − フロン
③ a − $NO_x$や$SO_x$　b − $CO_2$
④ a − $NO_x$や$SO_x$　b − フロン

**1 ①**
「$CO_2$」は二酸化炭素，「$NO_x$」は窒素酸化物，「$SO_x$」は硫黄酸化物である。なお，「フロン」は，オゾン層破壊の原因物質である。

☑2 **正誤** 生物学者のカーソンは，『沈黙の春』において，生態系（エコシステム）を破壊するDDT（農薬）などの化学物質の危険性を告発した。正か誤か。

**2 ◯**

| 60 |

☑ 3 正誤 生態学者のハーディンは，「コモンズ（共有地）の悲劇」論を発表し，誰もが利用できる共有資源を増やして，環境問題を解決すべきだと主張した。正か誤か。

**3 ✕**
ハーディンは，多数者が利用できる共有資源は乱獲されてしまうとし，資源管理の必要性を訴えた。

☑ 4 正誤 石牟礼道子は，「世界全体の幸福なくして個人の幸福はない」と考え，童話などを発表して，宇宙万象とのつながりや，他者への共感の必要性を説いた。正か誤か。

**4 ✕**
「石牟礼道子」を「宮沢賢治」に替えれば正文になる。

☑ 5 正誤 田中正造は，日本の公害事件の原点ともいえる足尾鉱毒事件に際して，「民を殺すは国家を殺すなり」と訴え，天皇に直訴した。正か誤か。

**5 ◯**

☑ 6 正誤 宮沢賢治は，『苦海浄土』において，方言を用いながら，文明の病としての熊本水俣病を告発した。正か誤か。

**6 ✕**
「宮沢賢治」を「石牟礼道子」に替えれば正文になる。

☑ 7 正誤 日本政府は，循環型社会を実現するための実践的な行動指針として，3R（「再使用」を意味するリデュース・「発生抑制」を意味するリユース・「再生利用」を意味するリサイクル）を掲げている。正か誤か。

**7 ✕**
「再使用」と「発生抑制」を入れ替えれば正文になる。

☑ 8 正誤 国連人間環境会議のスローガンは，「持続可能な開発」であり，国連環境開発会議（地球サミット）の共通理念は「かけがえのない地球」である。正か誤か。

**8 ✕**
「持続可能な開発」と「かけがえのない地球」を入れ替えれば正文になる。

☑ 9 正誤 京都議定書は，途上国にのみ温室効果ガスの削減を求めていたが，これに代わるパリ協定は，参加国すべてに温室効果のガスの削減を求めている。正か誤か。

**9 ✕**
「途上国」を「先進国」に替えれば正文になる。

☑ 10 正誤 生態学者のレオポルドは，『責任という原理』において，現代世代には，未来世代（将来世代）の生存可能性に対して責任があると主張した。正か誤か。

**10 ✕**
「生態学者のレオポルド」を「哲学者のヨナス」に替えれば正文になる。なお，レオポルドは土地倫理の提唱者。

---

# 49 高度情報社会を生きる作法～情報やメディアとのつきあい方

本冊 P.222

☑ 1 正誤 「いつでも，どこでも，何でも，誰でも」情報にアクセスできる社会を「ユビキタス社会」という。正か誤か。

**1 ◯**

第3編 現代社会の諸問題

| 61 |

**2** 正誤 現代では，情報通信技術（ICT）を利用して，遠隔授業が行われたり，それまで情報の受け手でしかなかった一般市民が自ら情報を発信したりしている。正か誤か。

**2 ○**

**3** 正誤 AI（人工知能）技術やビッグデータの活用技術は，現在のところ，研究段階にとどまっており，実用化されていない。正か誤か。

**3 ✕**
AIもビッグデータも，一部で，実用化されている。

**4** 正誤 情報通信技術（ICT）の進展に伴う諸問題に対処するには，さまざまな機器を使いこなして，主体的に情報の真偽などを見極める，個々人のサイバースペースを育成することが必要である。正か誤か。

**4 ✕**
「サイバースペース」（仮想空間）を「情報リテラシー」か「メディア・リテラシー」に替えれば正文になる。

**5** 正誤 マスメディアは，三権（立法府・行政府・司法府）をチェックする役割を担っており，常に公平な報道を行ってきた。正か誤か。

**5 ✕**
マスメディアも営利企業であるから，センセーショナリズム（扇情主義）やコマーシャリズム（商業主義）に走ったり，政府の情報統制に加担したりして，偏向した情報を流したことがあった。

**6** 情報機器を使いこなせる者と使いこなせない者の間に生じる待遇や貧富，機会の格差のことを何というか。次の①〜④のうちから一つ選べ。
① ハッキング　② ヴァーチャル・リアリティ
③ ネチケット　④ デジタル・デバイド

**6 ④**
①はコンピュータに不正に侵入する行為などのこと，②は仮想現実のこと，③はインターネットを利用する際に心がけるべきマナーや規範のことである。

**7** 正誤 ブーアスティンは，『世論』において，人々はマスメディアからの情報をもとに，ステレオタイプに従って現実を理解すると論じ，その情報が意図的に操作されると，世論も大きく動くと警告した。正か誤か。

**7 ✕**
「ブーアスティン」を「リップマン」に替えれば正文になる。

**8** 正誤 マクルーハンは，『グーテンベルクの銀河系』などにおいて，メディアが発する情報のコンテンツよりも，その形式や構造などに注目したり，電子的なメディアを人の感覚能力を拡張するものと捉えたりするメディア論を展開した。正か誤か。

**8 ○**

**9** 正誤 リップマンは，『幻影の時代』などにおいて，現代のメディアが提供しているのは，「疑似イベント」にすぎず，視聴者も報道の自然さよりもそうしたものを好むと主張した。正か誤か。

**9 ✕**
「リップマン」を「ブーアスティン」に替えれば正文になる。

62

☑10 **正誤** トフラーは，『脱工業化社会の到来』において，経済活動の重心が財の生産から高度情報サービスなどの提供に移行した「脱工業化社会」の姿を分析した。正か誤か。

**10 ✕**
「トフラー」は，情報社会の出現を「第三の波」と捉えた未来学者。これを「ベル」に替えれば正文になる。

---

## 50 異なる文化との共生へ向けて～グローバル社会を生きる作法
**本冊 P.226**

**第3編 現代社会の諸問題**

☑1 **正誤** UNICEF憲章の前文は，「戦争は人の心の中で生まれるものであるから，人の心の中に平和のとりでを築かなければならない」と謳っている。正か誤か。

**1 ✕**
「UNICEF」（国連児童基金）を「UNESCO」（国連教育科学文化機関）に替えれば正文になる。

☑2 **正誤** 西ドイツ大統領ヴァイツゼッカーは，「過去に目を閉ざす者は，現在にも目を閉ざす」と述べ，ナチスの犯罪を心に刻み込まないと，また同じ過ちを繰り返してしまうと警告した。正か誤か。

**2 ◯**

☑3 **正誤** 異文化の相互理解を進展させるためには，エスノセントリズムを固持していかなければならない。正か誤か。

**3 ✕**
「固持していかなければならない」は不適当。「エスノセントリズム」（自民族中心主義）に陥ることが，異文化の相互理解を阻む。

☑4 **正誤** 異文化の相互理解を進展させるためには，ステレオタイプや過度の一般化によって他者を判断せず，文化相対主義や多文化主義の立場を採ることが必要である。正か誤か。

**4 ◯**

☑5 **正誤** 今日の国際連合は，人間一人ひとりに着目する「人間の安全保障」という理念を掲げ，人間の生存・生活・尊厳を脅かす脅威の除去に取り組んでいる。正か誤か。

**5 ◯**

☑6 **正誤** ODA（政府開発援助）の国際目標は，対GNI比0.7%である。日本は，この目標を達成している。正か誤か。

**6 ✕**
日本の実績は0.3%弱であり，国際目標を達成していない。

☑7 **正誤** インドのグラミン銀行は，土地を所有していない貧困層の自立支援策として小規模融資（マイクロクレジット）を行ったことで知られている。正か誤か。

**7 ✕**
「インド」を「バングラデシュ」に替えれば正文になる。

63

☑ **8** 世界で活躍する代表的なNGO（非政府組織）のうち，死刑の廃止を訴えたり，「良心の囚人」の救済・支援をしたりするための活動を行っている組織を，次の①～④のうちから一つ選べ。
① 赤十字国際委員会
② アムネスティ・インターナショナル
③ 国境なき医師団
④ オックスファム

**8** ②
① は紛争地などで中立的かつ人道的な活動を行っているNGO，③ は危機に瀕した人々への緊急医療援助を行っているNGO，④ は貧困と不正の根絶を求めて活動するNGOである。

☑ **9** 正誤 近年，NGOの活動の成果として，対人地雷禁止条約（オタワ条約）やクラスター爆弾禁止条約（オスロ条約）や核兵器禁止条約が結ばれた。日本も，これらの条約に参加している。正か誤か。

**9** ✕
日本は，オタワ条約とオスロ条約には参加しているが，核兵器禁止条約には参加していない。

☑ **10** 正誤 UNESCO（国連教育科学文化機関）は，世界遺産条約に基づき，「文化遺産」や「自然遺産」などの世界遺産を認定し，それらの保全・修復活動を行っている。しかし，日本には認定された世界遺産はない。正か誤か。

**10** ✕
日本においては，「文化遺産」として姫路城や原爆ドームなど，「自然遺産」として屋久島などが認定されている。

［大学入学共通テスト　倫理　集中講義］別冊　　S2f129

大学入学
共通テスト　必携　一問一答問題集